OPEN是一種人本的寬厚。

OPEN是一種自由的開闊。

OPEN是一種平等的容納。

OPEN 2/8

小邏輯

作者◆黑格爾
譯者◆賀麟
發行人◆王春申
編輯指導◆林明昌
營業部兼任編輯部經理◆高珊
責任編輯◆劉素芬
美術設計◆張士勇 吳郁婷

出版發行：臺灣商務印書館股份有限公司
23150 新北市新店區復興路 43 號 8 樓
電話：(02)8667-3712　傳真：(02)8667-3709
讀者服務專線：0800056196
郵撥：0000165-1
E-mail：ecptw@cptw.com.tw
網路書店網址：www.cptw.com.tw
網路書店臉書：facebook.com.tw/ecptwdoing
臉書：facebook.com.tw/ecptw
部落格：blog.yam.com/ecptw

局版北市業字第 993 號
初版一刷：1998 年 4 月
初版七刷：2016 年 3 月
定價：新台幣 380 元
本書由北京商務印書館授權出版中文繁體字本

ISBN 978-957-05-1456-8

OPEN 2/8

SYSTEM DER PHILOSOPHIE
ERSTER TEIL. DIE LOGIK
小邏輯

黑格爾
G. W. F. Hegel／著
賀　麟／譯

臺灣商務印書館　發行

目次

譯者引言

一

本書是自黑格爾著《哲學全書》中第一部《邏輯學》譯出。這書講黑格爾哲學的人有時稱《全書本邏輯學》，有時稱《小邏輯》，以示有別於他的較大的兩厚册《大邏輯》而言。此册譯本稱爲《小邏輯》，取其方便易於辨別。小邏輯或大邏輯是後人用來區別這兩種邏輯學的名詞，並不是黑格爾原來的書名。

因爲本書名叫《小邏輯》，一提到《小邏輯》就會令人聯想到《大邏輯》。我願意在這裡略談兩者的差別和各自的特點所在，以供讀者參考。《大邏輯》分上、下二册，第一册包含「存在論」及「本質論」，黑格爾叫做「客觀邏輯」。出版於一八一二年，格羅克納本共七二一頁。第二册專討論「概念論」，他叫做「主觀邏輯」。出版於一八一六年，格羅克納本共三五三頁。都是黑格爾在魯恩堡當中學校長時期內寫成的。這書的優點在於思想深邃，問題專門，系統謹嚴，發揮透徹。也可說是黑格爾全部著作中最富於學院氣息的一種。他似乎有意要表現他的科學知識，特別加進了許多科學材料，特別是數學材料，在「量論」裡，單是討論量就占了二〇〇頁左右（《小邏輯》中討論量的材料僅有十九頁），使得全書的分配欠勻稱。這書出版後他從未修改過，直至一八三一年冬他才準備刊行第二版。恰當第二版序言寫成後的第七天（十一月十四日），他就感染霍亂症逝世了。

黑格爾的《小邏輯》是構成他的《哲學全書》的一個主要環節，本來是印發給學生的講義性質。一八一七年出第一版，一八二七年出第二版，內容比第一版增加了一倍。一八三〇年出第三版，內容比第二版只增加了八頁（依格羅克納本共四五二頁，比《大邏輯》篇幅少一半多）。足見《小邏輯》是黑格爾於最後十餘年內隨時留心增刪，最足以代表他晚年成熟的邏輯系統的著作。這書可說是《大邏輯》的提要鉤玄和補充發揮。它的好處在於把握住全系統的輪廓和重點，材料分配均勻，文字簡奧緊湊，而義蘊深厚。初看似頗難解，及細加咀嚼，愈覺意味無窮，啓發人深思。他的學生在他逝世後編訂全集時，再附加以學生筆記作爲附釋，於是使得這書又有了明白曉暢、親切感人的特點。從內容的分配來說，《大邏輯》有四七八頁講「存在論」（中有六十多頁是序和導言），二四三頁講「本質論」，三五三頁講「概念論」。對於「存在論」講得過分的多，講「量」時加入數學材料太多。《小邏輯》一書，序言、導言，綜論邏輯性質、方法，批評對客觀性的三種態度，共占二〇〇頁。「存在論」僅六十頁。「本質論」九二頁。「概念論」一〇〇頁。沒有畸重畸輕的偏差。比較參照兩種邏輯著作的結果，我們發現下面幾個特點：凡是《大邏輯》有，而《小邏輯》上沒有的材料，可以省略。凡兩書皆有的材料，須得詳加貫通研究。凡《小邏輯》有、而《大邏輯》沒有的材料，那便是黑格爾晚年所發揮的較新較成熟的思想，值得特別注意。譬如《小邏輯》中論邏輯的性質和方法，較《大邏輯》爲詳。關於思想對客觀性的三種態度及概念的推論等，也是《大邏輯》所沒有或極少見的，都是特別值得重視的。

講到這裡，我願意附帶介紹列寧著《黑格爾〈邏輯學〉一書摘要》。列寧這書是以《大邏輯》爲主，參讀《小邏輯》寫成的。他摘要的內容和方法以及他所加的評語，是代表馬克思列寧主義者如何批判吸收黑格爾哲學的最高尺度。譬如他在原書二〇〇頁、論量的材料中僅摘錄了三頁，而在一三〇頁論質的材料中卻摘錄了十五頁。足見他的注重之點與黑格爾在《小邏輯》上所注重的相同。又如他在《小邏輯》中摘錄一四五節及一四六節論偶然性必然性和論內在與外在部分，摘錄一五六節論相互關係一大段，摘錄一八二、一八三及一八七節討論抽象概念與具體概念，自由與必然和概念的推論（即辯證法的推論以別於舊三段論式），摘錄二一四節論理念是永遠的生命——辯證法，二一五節論理念是一過程，眞理是過程部分。他不僅是摘錄精要的語句，復加有很多深徹切要的評語。此外他復將《小邏輯》「概念篇」自第二二七節至二四四節討論分析法綜合法和辯證法部分而爲《大邏輯》所未詳加發揮的新材料，特別摘要加以評語，叫做「概要」，附在後面。他復於篇首加了一段對黑格爾最欣讚最深刻的評語道：

「值得注意地，關於『絕對理念』的整個一章，幾乎沒有一句講到神……此外——注意這點——沒有特別包含著唯心論，可是有著辯證的方法作爲自己主要的對象。黑格爾邏輯學的總計和摘要，最後一言的精髓，是辯證的方法，——這是非常值得注意的。還有一點：在黑格爾這部最唯心論的著作中，是最少的唯心論，最多的唯物論。矛盾著，然而是事實！」

總結起來，列寧著《黑格爾〈邏輯學〉一書摘要》，是以《大邏輯》爲主，而又參酌摘錄並評釋了《小邏輯》中許多精要的篇章，予以補充。我們讀這冊《小邏輯》，最好參讀列寧的《摘要》。

二

本書是根據下列三種版本參考對照譯成的。這三種版本是：

㈠格羅克納(Hermann Glockner)一九二九年出版的紀念黑格爾逝世百年的全集本第八册，書名：System der Philosophie. Erster Teil. Die Logik. 簡稱《格羅克納本小邏輯》。

㈡拉松(Georg Lasson)一九一九年再版的校訂本黑格爾著：《哲學全書綱要》，第一部，《邏輯學》。原名爲：Encyclopädie der Philosophischen Wissenschaften im Grundrisse. Erster Teil. Die Wissenschaft der Logik. 簡稱《拉松本小邏輯》。

㈢瓦拉士的英文譯本《黑格爾的邏輯學》(The Logic of Hegel, translated by William Wallace)，一八九二年牛津大學本第二版，簡稱《瓦拉士英譯本小邏輯》。

《拉松本小邏輯》校訂精詳，附有長篇導言，且曾部分地根據保存下來的黑格爾手稿校勘過，因此錯字較少。且他曾比較過《哲學全書》在黑格爾逝世前三次版本的異同，而注明某幾行某幾字是第三版新增，或某幾行某幾字第二版原有，而在第三版删去。此册譯本中對第二版原有的字句，經黑格爾於第三版删去的，曾酌量摘要根據拉松本增譯了幾條過來。可惜拉松本有一大缺陷，他未刊出編者附加的注釋或學生筆記（Zusatz，本書譯作「附釋」）。而這些附加的解釋，篇幅幾乎與正文同樣多，除文字流利，意義曉暢外，尚含有黑格爾許多重要的哲學思想。這是編者所不應省去不刊，更是讀者所不應省去不讀的。

《格羅克納本小邏輯》是現行德文本中最完備的小邏輯。書中雖偶有幾個錯字，我也根據拉松本校正過來了。此冊譯本除正文曾參照拉松本外，全部（正文和附釋）皆係根據格羅克納本譯出。

瓦拉士的英譯本對我有很大的幫助和啓示。德文原著有許多困難和費解的地方，英譯本幫助我更能明白了解。而且瓦拉士本人對黑格爾哲學不僅有譯述，且復有研究與發揮（除譯《小邏輯》外，還譯有黑格爾的《精神哲學》。此外還撰有一冊《黑格爾邏輯學導言》）。他的譯文力求曲折表達黑格爾原來意思和哲學思想，因此他有時不拘泥文字，只求達意。原文同一個字，有時他用三、四個甚或六、七個不同的字去譯它。有時他加一句於一段之首作爲提綱，有時他加一句以補足語意。有時他加第一……第二等字，以標明原文所說的兩層意思。他的啓示使得我比較膽大，有時爲求曲折地清楚有力地表達原文的哲學思想，我不復拘泥於生硬的直譯。有時我也酌量偶爾略增加幾個字以補足語意。凡譯者所增的皆用〔　〕號標出。但整個講來，我仍逐字逐句毫無增損地直譯原文，力求與原文的語氣、句法符合。

瓦拉士英譯本於理解德文原著和翻譯方法方面，對於我雖有很大的助益和啓示，但中譯本很有幾點與英譯本不同和改進的地方，也願順便提出來說一說：

第一，他省略了黑格爾《哲學全書》的三個序言和一篇新到柏林大學的開講詞，未曾譯出。這四篇東西德文本共三十餘頁，譯成中文約二萬餘字。這一部分材料是根據拉松本譯出。而拉松本又是根據黑格爾手稿校訂過的。這些序言和開講詞表示黑格爾：(1)對於邏輯方法與內容結合的注重；(2)指出哲學與熱情及實踐聯繫之必要，堅持哲學有權過問關於信仰及情感方面的問題；(3)對康德的不可知論的嚴刻的批評，及對其他時代思潮的批評。這些序言雖說沒有《精神現象學》那篇有名的長序和《大邏輯》的兩篇序文那樣重要，但譯者似不應完全省去不譯。讀者卻不妨擇要閱讀，無須全讀，關於談到宗教部分或第二版序的長篇小注，可不讀或緩讀。

第二，瓦拉士沒有把德文原書中很詳細且可表明邏輯學內容的辯證發展的目錄表翻譯過來，反將《小邏輯》分成九章。而且每章的分量又很不均勻。譬如，第六章僅十三頁，第九章九三頁。殊不知黑格爾只注重範疇的內在辯證發展，對形式地分章分節素所蔑視。在《大邏輯》序言中他特別提到一般用外在形式去分章分節的不對。所以我們不採納瓦拉士分成九章的辦法，特譯出原書的全目錄。望讀者不僅把它當作目錄看，而要能看出黑格爾三個範疇一組的格式。這些格式也許太機械、太公式化，但可幫助我們了解邏輯範疇矛盾發展的層次和線索。

第三，瓦拉士附有注釋四十多頁於書末。而本書譯者的注釋和按語皆附在正文中間，以免檢閱的不方便。瓦拉士的注釋大都與了解原書並不直接相干，所以我只採用了幾條。大部分的譯者注是用黑格爾解釋黑格爾，特別注重義理的說明，有時或恐名詞和譯文生硬費解，特略加按語使讀者容易理解。

第四，瓦拉士英譯本有多處脫漏和錯誤，我都已經改正。例如英譯本第一六九頁第二二行，將原文 Gegensatz（對立）誤譯成 Object（對象）；第一七七頁倒數第三行，將原文 Gegensatzes（依拉松本校正，格羅克納本誤作 Gegenstandes）譯成 distinction；第二五四頁倒數第十行，原文nur（僅僅）誤譯作more（更多）；第三〇〇頁倒數第一三行，將原文Satz（命題）誤譯作judgment（判斷）；第二〇八節德文Mitte（中，或中項）一字出現幾次，他皆誤譯作means（工具），顯係將Mitte誤認作Mittel之故。此外，英譯本尚有脫落遺漏一、二字或一、二句的地方，因無關重要，且或係手民之誤，用不著指出了。至於英譯本不錯，而我的中文譯本可能還有弄錯了的地方，尚望讀者指正。

第五，瓦拉士英譯本將學生筆記譯出，用小一號的字低一格印出，以示與正文有別。本冊譯本則採德文原本的辦法，排印時用同樣大的字，不低二格，以示與正文幾有同等重要。這些學生的筆記有親切曉暢，聯繫實際，使短簡緊湊的正文活潑生動、有感人力量，這是它們的長處。而且這些附加的解釋是此書的編者，根據黑格爾自己的講稿和幾位高足聽講的筆記整理出來的。中間大部分材料亦已散見於《大邏輯》中，不過此處更用親切明暢的話說出來。所以材料仍十分正確可靠，絕不因其爲附加的注釋而貶損其價值。黑格爾《小邏輯》的學生筆記，有似斯賓諾莎《倫理學》一書中的Scholium（亦可譯作「附釋」）。凡讀過斯賓諾莎《倫理學》的人當可知道他的附釋之親切有味和哲學價值。

我在翻譯本書時，有些名詞的譯法與一般不同，這裡提出幾個較重要的名詞解釋一下。如有不妥，還望讀者多提意見。

㈠「總念」——德文原文是Begriff，英譯本作Notion。我們譯成總念，是爲了表示黑格爾所了解的特殊意義的「總念」和一般所了解的「概念」有著重大區別。概念指抽象的普遍性的觀念，總念指具體的、有內容的、普遍性的觀念。如果照黑格爾的專門名詞來說，則概念指抽象共相，亦即脫離特殊的一般性，總念指具體共相，亦即與特殊相結合的一般性。總念是由事實中或經驗材料中提煉而得，是特殊具體事實的總結。總念不是單純孤立的甲等於甲的同一性，而是包含其對方，或對立統一的觀念。總念不是靜止的觀念，而是由揚棄低級觀念，揚棄對立觀念，經過發展提高而達到的觀念。

㈡共相——德文 Das Allgemeine 很難譯，有譯作「一般者」、「普遍者」的，亦有單純譯作「一般」或「普遍」的，都不能很好表達原意，且在中文文字方面頗不習用。如譯爲「普遍的東西」或「一般的東西」又嫌太笨冗。因此在這册譯本裡，我把它譯作「共相」。「共」表示「普遍」、「一般」，「相」表示「東西」、「觀念」，「共相」實即普遍的東西、普遍的觀念的簡稱。「共相」二字雖是從中國舊哲學中借用而來，並不因此就陷於「古雅」、「陳舊」，讀者試細玩黑格爾對這字的用法，就可以知道，比起「一般」、「一般者」、「一般的東西」等名詞，似乎更簡便而易於通曉。

㈢知性——德文 Verstand 一字，一般多譯作「悟性」，本書中一般譯作「知性」，有時譯作「理智」。我不同意譯 Verstand 爲悟性，因爲悟性指穎悟、了悟、省悟、覺悟等能力，主要包含有直覺的意味，而「悟」也並不是認識外界，理解對象的重要性能，因此談認識論者很少用到「悟」字，柏拉圖所謂「回憶」，多少有中文「悟」字的意思，但那是一種神祕的認識方法，根本與黑格爾所謂 Verstand 的含義相反。按知性(Verstand)是從動詞 Verstehen（理解、了解）轉變成的名詞。本義爲智力、理解力、分析辨別事物的能力，作抽象思想的能力。也就是指一般所謂抽象的形式的理智作用和認識能力。Verstand 與英文的 Understanding 同義，且亦與英文的 Intellect 同義，Intellect 一字一般譯作知力或理智。因此，我把 Verstand 譯作「知性」，以表示它是與理性、感性並列的三個階段的認識能力，有時譯作「理智」以表示它是與情感、欲望、直覺有區別的抽象的理智作用。康德有時稱知性爲「獲得知識的能力」，有時又稱知性爲「形成概念的能力」。黑格爾在本書第八〇節裡，對知性的性質比較有了全面的說明。他說：「思想無疑地本是知性的運用。……知性的活動，概括言之，可以說是在於賦予其內容題材以普遍性的形式。不過由知性所建立的普遍性乃是一抽象的普遍性，此普遍性與特殊性堅執地對立著。……知性對於其對象既持分離和抽象的態度，故知性乃是當下的直觀和感覺的反面。」又說：「在理論方面，理智固屬重要，在實行方面，理智亦復不可少。」（本書第一七四—一七七頁）由此可見，知性或理智在康德哲學以及在黑格爾哲學中有這樣廣泛的意義，絕不是表示直覺穎悟能力的「悟性」二字所能確切表達，因此用意義廣泛的「知性」、「理智」等名詞去表達，似乎更恰當些。

三

我開始著手翻譯黑格爾的《小邏輯》是在一九四一年的春天，但因外務紛擾、工作不集中，直至北平易幟時止，我僅譯了全書的一半，約十一、二萬字。四九年後學習馬克思列寧主義並參加北京哲學界人士的哲學交流會和批判舊哲學的座談會（經常每兩星期舉行一次），得到不少新的啓示和鼓舞，使得我很興奮地在半年之內完成全部譯稿。譯畢之後，一面請人重抄底稿，一面請友好代爲校閱。友人校畢之後，我自己又從頭至尾全稿校改一遍，這又費了半年的工夫。

書首的三篇序言和開講詞，本身就比較難譯，又因無英譯本參考對照，所以更覺困難。這部分譯稿除請馮至先生校閱一遍外，又請王太慶先生校閱一遍。又本册譯稿的前一半曾經鄭昕先生校閱過，又曾經陳鎮南先生校閱過。他們都曾糾正過不少錯誤。此外在四九年前讀過我前一半譯稿的有汪子嵩、陳修齋、謝邦定諸先生。在一九四九至一九五〇這一學年內，我在北京大學授「黑格爾哲學研究」一科，班上有楊憲邦、張豈之、楊祖陶、陳世夫、梅得愚諸同學，並有王太慶、徐家昌二先生參加。上學期我們研讀《小邏輯》，下學期我們研讀列寧的《黑格爾〈邏輯學〉一書摘要》，他們都參讀了我的譯稿，有幾位同學並曾根據我的譯稿與英文或德文本對照讀，作有讀書報告。他們對於名詞和譯文的斟酌修改，都曾貢獻過寶貴的意見。

賀　麟

一九五四年二月八日，北京大學

新版序言

黑格爾著《小邏輯》（《哲學全書》中的「邏輯學」部分）的中譯本，自一九五〇年十月由商務印書館（上海）初版，經修改後於一九五四年七月由三聯書店再版（印刷了四次），一九五九年九月改由商務印書館（北京）出版，原樣又印行了三次，到一九六二年止，累計印行了八次，共八萬餘冊。

這次新版對譯文作了全面的修訂，依據的版本除格羅克納和拉松的德文本外，並參考瓦拉士的英譯本，還對照了莫爾登豪爾和米歇爾 (Eva Moldenhauer und Karl Markus Michel) 所編《黑格爾著作集》二十卷本第八卷《小邏輯》（一九七〇年，法蘭克福）。莫爾登豪爾和米歇爾的一九七〇年版和格羅克納本只在個別詞句上略有出入，有的地方增加了編者注。我這次修訂也採納了該書的幾條編者注。

新版譯本對一些重要名詞的翻譯和前兩版有些不同。這次改譯主要根據「約定俗成」的原則，凡是一般通用的名詞，盡量採納，非不得已時，我不自創新詞。在第二版「譯者引言」中，我曾經就我譯的名詞、術語與一般譯名不盡同一加以說明，現在譯名又有變動，需再解釋一下：

1. 以前用「總念」一詞來翻譯德文Begriff和英譯本的Notion，目的在表明具體概念與抽象概念的區別。這次新版裡我採用了一般的譯法，把「總念」一律改爲「概念」。同時也特別考慮到馬克思主義哲學所了解的Begriff一詞，大都是指具體的概念，而不是抽象的概念。尤其值得注意的是，列寧突出地指出：思維從具體的東西〔指生動的直觀〕上升到正確的抽象的東西〔即抽象概念〕都「不是離開眞理，而是接近眞理」。使我體會到列寧所了解的認識過程，是由生動的直觀過渡到正確的科學的抽象，由正確的抽象思維到實踐的辯證發展的過程。正確的抽象概念也是「認識眞理、認識客觀實在的辯證的途徑」中的一個環節（《列寧全集》第三八卷，第一八一頁〔下面引文，凡出自《列寧全集》第三八卷者均只注卷數和頁碼，不再注卷名〕）。因此我決定放棄「總念」，採納「概念」這一譯名。我國早期黑格爾哲學研究者中有人曾把Begriff譯成「總念」，個別日本學者從強調「具體概念」著眼，也曾表示贊同把Begriff譯成「總念」，也有讀者在與我談話或通信中，曾表示同意譯「總念」的，所以「總念」這一譯名也不是不可用的。但是，無論用「總念」或「概念」，都應該明確了解具體的概念與抽象的概念的差別。並且特別要明確了解列寧指出的：「一切科學的（正確的、鄭重的、不是荒唐的）抽象，都更深刻、更正確、更完全地反映著自然」（第三八卷，第一八一頁）。

2. 關於「共相」一詞，德文原文是Das Allgemeine，與概念 (Der Begriff) 有密切的聯繫，「共相」這一譯法是從中國哲學借用來的。概括它的德文含義可譯成「普遍」、「一般」、「普遍物」、「普遍的東西」、「普遍性」、「共相」、「共體」等等。這次修訂時，我根據上下文不同的具體情況，斟酌採用不同的譯名。

3. 「知性」一詞德文是Verstand，英文是intellect或understanding。這次仍譯「知性」。我

不贊成將 Verstand 譯爲「悟性」。因爲譯爲「悟性」，就把 Verstand 與「了悟」、「省悟」、「回憶」等包含有直覺意味的「悟性」混同起來了。「知性」一詞指理解的性能，包括規定、判斷、分析、推論、區別、比較等認識的性能或求知的能力在內，簡稱「知性」。特別就認識能力而言，感性、知性、理性都是認識能力辯證發展的三個階段。最近見到日本學者畠中尚志把斯賓諾莎著：《Tractatus de Intellectus Emendatione》譯成《知性改善論》（見一九六八年改譯本，一九七六年第三十次印刷，日本岩波書店出版），這和我在一九六四年把原譯本《致知篇》改譯爲《知性改進論》中的「知性」一詞不謀而合（畠中尚志譯有斯賓諾莎主要著作共十卷，其他各卷本也廣泛用「知性」一詞）。日本翻譯家畠中尚志以「知性」代替在日本早已流行的「悟性」一詞，是特別值得注意的。此外在商務印書館一九二六年出版的《哲學詞典》一書中，將「intellect」一詞譯爲「知性」，又將 intellectual attention 譯爲「知性的注意」，可見譯爲「知性」是較爲通行的，並不生僻。有不少人也認識到譯「悟性」不妥，改譯「理智」，至於「理智」一詞的意義和應用及其與意志、情感、欲望、信仰的差別和聯繫，參閱斯賓諾莎、康德、黑格爾等人的有關著作，當可有助於理解。西方十七、十八世紀的各派哲學家多把「理智」與「理性」不加區別，特別是康德既區別開「理智」（或「知性」）與「理性」不同之處，而有時又把「理性」與「理智」混同使用，這是值得進一步探討研究的。

4.列寧說：「自在＝潛在，尚未發展，尚未展開」（第三八卷，第二四四頁）。列寧這句話對於 an sich 的理解完全切合黑格爾的原來意思，也可以與亞里士多德的《形而上學》一書中所講「潛在」(potential)與「現實」(actual)的對立聯繫起來。例如黑格爾的《邏輯學》中，an sich 多是潛在的意思，特別是黑格爾把康德提出不可知的「自在」之物了解爲「潛在」之物，在他看來，所謂物自體或自在之物，就是潛在之物，也就是尚未發展之物，不是不可知的，而是「再也沒有比物自體更容易知道的東西」（見本書§44）。黑格爾所謂自在存在，也就是潛在存在。因此，我把 an sich 不單純譯成「自在」，就是採納列寧的解釋與黑格爾的本意。「潛在」一詞英文本譯成「implicit」，亞里士多德叫做「potenial」。當然康德所謂物自體是指獨立在主體外面持存著的事物本身，有其一定的唯物主義意義，而黑格爾從客觀唯心主義出發，對不可知論的批評也有其合理的地方。

5.關於存在(Sein)一詞，根據黑格爾《邏輯學》是由存在論辯證發展到本質論，並由本質論上升到概念論的，存在論是這一發展過程的最初階段，也即亞里士多德認爲思辨哲學是一種「研究存在之爲存在(Being as Being)以及存在之爲自在自爲的性質的科學」（見亞里士多德《形而上學》第六卷，第一章，並參看黑格爾《哲學史講演錄》中譯本第二卷，第二八九頁）。這裡包含有本體論與邏輯學統一的思想。所以我這次把舊譯本的「有論」改爲「存在論」，有些地方，根據上下文具體情況，特別在談到有與無的對立和同一時，仍保留「有」字。

6.變易，原文是 Werden，英譯本作 becoming，一般譯爲變易或變化。我認爲 Werden 作爲動詞可譯成「變爲」或「變成」，法文是 devenir 譯爲「形成」。作爲名詞，以譯爲「變易」較爲適當，因爲變易既包含有變化（德文是 Veränderung，英文是 change），又包含有發生和消滅兩個環節，簡稱生滅（見《大邏輯》拉松本上卷第九二頁，中譯本上卷，第一一八頁）。形象的說法就叫做「流逝」。《小邏輯》裡「變易」一詞和《易經》一書中的「易」字有近似的含義，後者包含有「變易、簡易、不易」等意義，但主要是變易的意思。它是有與無的統一。列寧《黑格爾〈邏輯學〉一書摘要》中譯本（一九六五年版）也採用了「變易」（見第二七、二八頁）。

7.定在(Dasein)這個名詞，我原譯爲「限有」，指有限的存在，本來是對的，因爲黑格爾也提到「限有」可以說是一種有限的存在。今改爲「定在」，是指存在在那裡(ist da)，或特定的存在。而「定在」一詞似乎出現得很早。在一九四九年前翻譯出版的列寧《黑格爾〈邏輯學〉一書摘要》中，已經把Dasein一詞譯成「定在」了。此外，《馬克思恩格斯全集》中譯本，何思敬先生譯馬克思《經濟學——哲學手稿》（一九五七），以及我本人所譯馬克思《博士論文》（一九六一）和《黑格爾哲學和辯證法一般的批判》（一九五五）也曾把Dasein一詞譯成「定在」。在《小邏輯》中，定在(Dasein)這個詞有時又用德文「bestimmtes Sein」來表達，這也是「特定存在」的意思。但並不是固定不變的存在，也與規定的存在有別，因爲只有知性才有規定能力（參看第三八卷，第六四頁：「理智（知性）提出規定」），而且指在某時某地當前的「特定的存在」。《列寧全集》第三八卷中譯本，根據俄文本把Dasein譯成「現有的存在」，也是可取的。因爲黑格爾所說的「這裡」、「這個」和「這時」，都有特定存在的意思，在某個時刻（現時）的存在，與在某地方某一個東西的存在，都包含有特定存在的意思。但不含有明確規定的具體內容。如果把Dasein譯成「具體的存在」或「客觀的存在」便和黑格爾的原意不完全符合。因爲特定的存在都是指感性方面的某物或他物而言，都是具有偶然性的抽象的存在。雖然比純有或純無或抽象的變易較具體一些，但與黑格爾所了解的有豐富內容的具體對象或具體概念（指多樣性、個體性、特殊性、普遍性的統一和對立統一的對象或概念）是大有差別的。如果說定在是具體的，那也就相當於黑格爾所說的「這裡、這個、這時是最具體的東西，同時也是最抽象的東西」（見本書§85「附釋」，也可參看《精神現象學》「這一個和意謂」那一章）。此外，也不可把「定在」譯成「客觀的存在」。因爲客觀性在黑格爾看來是與必然性不可分離的，應屬於本質論的範疇，是指有必然性普遍性的現實世界來說的，不是屬於存在論階段的範疇。

8.尺度(Das Maβ)是指質與量的統一，質量初步的統一，叫做程度(Grad)，也可譯爲等級，指可以劃分爲第一、第二、……等次序的數量。黑格爾認爲程度或等級是不同於外延之量的內涵之量，即包含有深度的量，如像地理學上的經度、緯度或氣候的溫度、音量大小以及車輛開動的速度等。由於尺度一詞既然包含著限度、程度、等級的意思，如果單用一個「度」字便覺意思不夠明白。黑格爾明確指出：希臘人認爲「所有一切人世間的事物、財富、榮譽、權力、甚至快樂、痛苦等皆有其一定的尺度」（見本書§107）。其次，質與量在尺度中的統一，最初只是潛在的，尚未顯明地實現出來，在這個意義下，量可以增減變動而不致影響它的質或存在。但這種量的增減雖在一定程度內不影響質的變化，但也有其限度，一旦超出其限度，就會引起質的改變（見本書§108「附釋」）。足見「尺度」一詞還和量變引起質變這一辯證規律相聯繫。如果超出尺度，就成爲「無尺度」，但「無尺度」仍然同樣是一種尺度（見本書§109）。簡單講來，「尺度」一詞代表了希臘雅典時期的智者派哲學家普羅泰戈拉所提出的「人（個人）是萬物的尺度(measure)」，也包含著蘇格拉底進一步提出的「思維的人是萬物的尺度」（第三八卷，第三〇五頁，這裡 measure 一詞都譯成「尺度」，而同書一二四頁以下，又將 measure 全譯爲「度」字，顯然前後不一致）。當然也包含著黑格爾這裡所提出的認爲「尺度是『絕對』的一個界說」等意思，同時黑格爾又說：「上帝是萬物的尺度」，並認爲這種看法「構成古代希伯來頌詩的『基調』」（見本書§107）。據我看來，這裡「尺度」一詞還具有柏拉圖所說「節制」和亞里士多德所謂「持中」等有道德意義的概念。「尺度」這個詞不單是指事物的程度、限度或者分寸，而且包含了「權衡」和「標準」的意思。這也足以表明巴門尼德的存在經過一系列的發展到尺度，是古希臘哲學範疇由抽象到比較具體一個較高階段的完成。而尺度潛在的就是本質，而被揚棄的存在也就是本質，本質既是存在的眞理，也是尺度的眞理，這樣就由存在論過渡到本質論。所以尺度這個概念內容是相當豐富的。單用一個度字是不能充分表達清楚的。

9. 實存(Existenz)。過去我一直把 Sein 譯成「有」，把 Existenz 譯成「存在」，顯然不夠恰當。這次反過來把 Sein 譯成「存在」，把 Existenz 譯成「實存」。採納了許多譯者（包括日本譯者）的譯法。據我理解，「實存」這個名詞是「實際的存在」的略寫，而實際存在照黑格爾的規定是「有根據的存在」；或者有理由的存在，因此實存不是屬於存在論中的直接性的感性範疇，而是屬於本質論的有中介性、在關係中的反思範疇。黑格爾指出，「實存」一詞根據拉丁文看來「有從某種事物而來之意」（見本書§123）。他又指出：「如果某一事物(Sache)具備了一切條件，那麼它就是實存的」（第三八卷，一五四頁，拉松本《大邏輯》下卷第九九頁，中譯本《邏輯學》下卷第一一三頁）。簡言之，實存是本質論階段有中介性的、有根據或有理由的、有某些條件而產生出來的「實際存在」。儘管在一般常識看來，存在、定在、實存等名詞，似乎沒有多少差別，但作爲邏輯範疇由抽象而逐漸表述認識上升深化、具體化的過程來說，黑格爾卻把純粹存在、特定存在、實際存在的差別規定得很清楚。

10.反思(Reflexion)，在《大邏輯》和《小邏輯》裡都出現得很多，特別在本質論開始後幾節內，「反思」一詞出現得更多。此詞很費解。過去我的譯法也不一致。現在經過初步摸索，認爲「反思」這個字有(1)反思或後思(nachdenken)，有時也有「回憶」或道德上的「反省」的意思；(2)反映；(3)返回等意義（德文有時叫 sich reflektiert 或 sich zurückreflektiert)。另外「反思」一詞與下面(4)、(5)、(6)諸詞的意義有密切聯繫：(4)反射(Reflex)、(5)假象(Schein)、(6)映現或表現(erscheinen)。列寧也指出，黑格爾論「反思性的種類……非常晦澀」，又指出「怎麼翻譯呢？反思性？反思的規定？譯反思是不合適的」（第三八卷，第一三九頁）。足見「反思」一詞的煩難，因此務請讀者從上下文聯繫去了解「反思」一詞的意義和譯法。

11.理念(Idee)。理念一詞與英文觀念(idea)，及觀念的同義詞德文「表象」(Vorstellung)在哲學史上的含義與用法一般很不相同。一般常識所了解的最廣泛意義的觀念(idea)，英國的經驗派哲學家和聯念派的心理學家所了解的基於感性的觀念以及叔本華所說「觀念(Vorstellung 一般也譯爲「表象」）的世界」，都具有相同的意義。而在哲學史上所謂理念如希臘文的 logos, eidos 和 nous 等詞，從哲學史範疇的發展過程來看，都和「理念」這一詞的含義相近，是各哲學體系的最高範疇，而與「觀念」一詞有顯著差別，不可相混。

黑格爾認爲所有哲學家，特別是一元論的哲學家，不論唯心或唯物論者，其目的都在於追求「絕對」或絕對理念。譬如說巴門尼德認爲存在是眞理，是絕對，而「非存在」只是「意見」。佛教徒或西方的虛無主義者認「無」爲「絕對」。赫拉克利特認「變化」(change)爲絕對，他把變易說成是萬物之父、萬物之王，並肯定變易是理性(logos)。安那克薩哥拉認爲本身內在於自然中的心靈或思維(nous)是最高範疇。德謨克利特認爲原子是自爲的存在，是各自獨立自存，不可分割的存在。後面三個哲學家都是素樸的唯物主義者。德謨克利特形成了系統的唯物主義與柏拉圖的唯心主義體系正相對立。柏拉圖所謂理念(eidos)的意義較爲麻煩費解，各家解釋也有分歧。英譯本一般譯成形式(form)，我國研究柏拉圖哲學的人有的譯爲「範型」、「理型」或「型式」，也有譯成「相」或「式」的，日本新出版的《哲學事典》譯爲「形相」。我這次採納多數哲學史研究者的譯名，把它譯成「理念」。在柏拉圖理念論的體系裡是以「善的理念」作爲最高範疇，他認爲神也要遵循理念的模式創造世界。他最早形成一個諸多理念辯證發展的客觀唯心主義體系。最後黑格爾明確指出：理念經過不同階段的發展作爲我們認識的對象，「現在理念自己以它自身爲對象，這就是亞里士多德早就指明爲最高形式的理念，也就是純思維或思想之思想(νόησιςνόησεως)」（參看本書§236「附釋」）。這就是黑格爾絕對理念從繼承發展亞里士多德的純思維或純形式，亦即作爲「不動之推動者的神」，而形成黑格爾自己的絕對理念的客觀唯心論體系的思想根源。這樣一種在西方哲學史上有思辨高度的理念這一範疇，如果譯爲基於感性認識和一般了解的和日本譯者一貫應用的觀念，是不恰當的。而且即在日本近來出版的《哲學事典》一四七〇頁中，也已明確把意味著超感性事物的原型的Idee與經驗論哲學者所意味著人間意識內容的心理觀念idea區別開了。並且還把康德提出的認識形式的「純粹悟性概念」與人的認識範疇所不可知道的「純粹理性理念」（靈魂、世界、神）也加以明確區別。足見用「觀念」來譯Idee一詞，就在日本哲學界也逐漸過時了。因爲黑格爾認爲理念就是「理性的概念」、「眞理的概念」、「在意識中、在思想中的眞理」（參看本書§213），「無限與有限、主觀與客觀、思想與存在在辯證發展過程中達到否定性的統一的概念」，因此可以簡稱「理念」，理指「眞理」，念指意識、概念、思想。因此理念必須與感性的觀念或表象區別開。

此外，關於「理念」一詞，從哲學史上的意義和用法著眼，我一直和其他哲學翻譯工作者一樣，把Idee一詞譯爲「理念」。在中譯本《列寧全集》第三八卷中，我們讀到「黑格爾細緻地渲染柏拉圖的……荒謬透頂的理念的神祕主義」，原文是Ideenmystik，「亞里士多德對柏拉圖的『理念』的批判」以及「神是λογος、『一切理念的總和』、『純存在』」、「理念（柏拉圖的）和神」等語中的Idee一詞都譯爲「理念」。又馬克思在《黑格爾法哲學批判》中稱黑格爾哲學爲「邏輯的泛神論」（《馬克思恩格斯全集》第一卷），實際上就意味著黑格爾以理念、理性爲神。費爾巴哈也肯定「黑格爾的唯心主義是泛神論的唯心主義」（《費爾巴哈選集》上卷）。「思辨哲學是眞實的徹底的理性的神學」（同上）。馬克思在《黑格爾法哲學批判》裡指出：「黑格爾的主要錯誤在於他把現象的矛盾理解爲本質中的理念中的統一」（《馬克思恩格斯全集》第一卷），又說「在黑格爾看來，本來的物質原則是理念，……是本身不包含任何消極因素、任何物質因素的絕對理念」（同上）。我認爲這些地方，譯Idee爲理念，既符合原文意思，有助於揭露和批判理解黑格爾的客觀唯心主義及其理念神祕主義。當然這裡不是要系統理解、評價和批判黑格爾的理念論思想，不過可以藉此深刻理解列寧扼要概括的話：「關於『絕對理念』的整整一章，幾乎沒有一句話講到神。」事實上，黑格爾所謂的理念即是神。整個理念論，特別是絕對理念就是邏輯的神學、亦即費爾巴哈所謂「泛神的唯心主義」。列寧說，「邏輯學是最唯心主義的著作」，因爲黑格爾的思辨哲學是「理念的神祕主義」（Ideen-mystik，第三八卷），是費爾巴哈所說的「眞實的、徹底的理性的神學」。列寧又說：「在黑格爾這部最唯心的著作中，唯心主義最少，唯物主義最多」。這是因爲它的由感性的反映物質世界，發展爲由知性反映有中介性在關係中的客觀現實世界，最後發展到理性的辯證的上升到主觀與客觀、理論與實踐、有限與無限得到統一的全體的絕對理念。

這次修訂工作始於一九七三年冬。譯文和譯名都作了較大改動，並增加了一些譯者注。抄寫後將其中一些重要章節分別送請幾位專家校閱。外國文學所羅念生先生通讀了全文，並對照英譯本讀了部分章節，校閱了希臘詞句的譯文；哲學所周禮全先生對照德文讀了譯稿，提了不少意見；葉秀山先生校閱了「思想對客觀性的第三態度」；梁存秀先生校閱了「存在論」和「本質論」第一章；王玖興先生校閱了「本質論」；薛華先生校閱了「概念論」；以上各位先生都提出了許多寶貴意見。此外又由洪漢鼎先生校對了全書的清樣。在此一併致謝。

這次修改《小邏輯》的舊譯本雖從一九七三年就已開始，但當時爲了要先修改出版黑格爾《哲學史講演錄》第四卷和《精神現象學》下卷，便將《小邏輯》放下了，直到一九七九年春才最後修改完畢。

本書譯文雖幾經修改，但缺點和錯誤仍屬難免，尚望讀者指正。

賀麟　一九八〇年一月於北京

第一版序言

爲了適應我的哲學講演的聽衆對一種教本的需要起見，我願意讓這個對於哲學全部輪廓的提綱，比我原來所預計的更早一些出版問世。

本書因限於綱要的性質，不僅未能依照理念的內容予以詳盡發揮，而且又特別緊縮了關於理念的系統推演的發揮。而系統的推演必定包含有我們在別的科學裡所了解的證明，而且這種證明是一個夠得上稱爲科學的哲學所必不可缺少的。《哲學全書綱要》這個書名意在一方面表示全體系的輪廓，一方面表示關於個別題目的發揮，尚須留待口頭講述。

但綱要並不僅是爲了適應一個外在的目的而加以編纂排列，像對於已有的現成的熟知的材料，依據某種特殊用意加以縮短或撮要那樣。本書的陳述卻不是這樣，而是要揭示出如何根據一個新的方法去給予哲學以一種新的處理，這方法，我希望，將會公認爲唯一的眞正的與內容相一致的方法。所以也許這樣對於公衆或可更爲有益：如果客觀情況容許我將哲學的別的部門〔自然哲學及精神哲學〕先行有了詳盡的著作發表，有如我對於《哲學全書》的第一部門——

《邏輯學》，曾貢獻給公眾那樣。①但無論如何我相信，在目前的陳述裡，接近表象和熟習的經驗內容那一方面的材料雖說受了限制，但就諸過渡關鍵——這些過渡關鍵只能是通過概念（的發展）而產生的中介作用——看來，至少可以使人明白注意到，（矛盾）發展的方法從兩方面說都是充分足用的，即第一，它異於別的科學所尋求的那種僅僅外在排比；第二，它異於通常處理哲學對象的辦法，即先假定一套格式，然後根據這些格式，與前一辦法一樣，外在地武斷地將所有的材料平行排列。再加以由於最奇特的誤解，硬要使概念發展的必然性滿足於偶然的主觀任性的聯繫。

我們看到，同樣的任性的作風，也占據著哲學的內容，並且走向思想上的冒險；有一時期這種作風頗令篤實平正的哲學工作者表示驚佩，但在別的時候也被人看成一種狂妄到了甚至於發瘋的程度。儘管使人驚佩，儘管使人瘋狂，而它的內容卻常常充滿了人所熟知的支離破碎的事實，同樣它的形式也僅僅是一點有用意的有方法的容易得到的聰明智巧，加以奇異的拼湊成篇和矯揉造作的偏曲意見，但它那表面上對學術嚴肅的外貌卻掩蓋不住自欺欺人的實情。另一方面，我們又看到，一種淺薄的作風，本身缺乏深思，卻以自作聰明的懷疑主義和自謙理性不能認識物自體的批判主義的招牌出現，愈是空疏缺乏理念，他們的誇大虛驕的程度反而愈益增高。學術界的這兩種傾向在某一段時間內曾經愚弄了德國人對學術的認真態度，使得他們深刻

---

① 黑格爾意謂《哲學全書》中的《邏輯學》（即《小邏輯》）先有業已出版的較詳盡的《大邏輯》作底本，而《全書》中的自然哲學及精神哲學，如果先有較詳盡的《大自然哲學》、《大精神哲學》出版，對公眾或讀者了解本書當更有裨益。——譯者

的哲學要求爲之疲緩鬆懈，而且引起了人們對於哲學這門科學的輕視或蔑視，甚至現在這種自命爲理智上謙虛的態度，卻對於哲學上高深的問題，反而勇敢地大放厥詞，聲稱理性的知識——即我們認爲採取證明作爲形式的知識，沒有權力去過問。

剛才所提到的第一種現象可以部分地被看成新時代中青年人的熱忱。這種熱忱表現在科學領域內，正如它表現在政治領域內的情形那樣。當這種熱忱以狂歡的情緒迎接那種精神的新生的朝霞，不經過深沈的勞作，立刻就想直接走去欣賞理念的美妙，在某一時期內陶醉於這種熱忱所激起的種種希望和遠景時，則對於這種過分的不羈的狂想，人們尚易於予以諒解。因爲基本上它的核心是健全的，至於它散播出來圍繞著這核心的浮泛的雲霧，不久必會自身消逝的。但那另一種現象卻更爲討厭，因爲它使人認出一種理智上的軟弱與無能，並努力以一種自欺欺人的，壓倒千古大哲的虛驕之氣來掩蓋這種弱點。

但另有一件令人感到愉快的事值得注意並提出來說一說，就是反對這兩個趨勢的一種哲學興趣，以及對於高深知識的認眞愛好，卻仍然樸素地不浮誇地保持著。這種興趣誠不免大都以直接知識或情感的形式表現出來，但這也足以表明尋求理性的識見的內在的、深入的衝力了。——只有這種理性的識見，才能夠給予人以人的尊嚴。對於這種興趣，理性的識見至多只能作爲哲學知識的成果，所以它最初好像表示輕視的理智論證，卻至少被它承認爲一種（達到較高知識的預備）條件。爲了滿足這種認識眞理的興趣，我奉獻這種嘗試作爲一個導言或緒論。希望這樣一個目的可以獲致順利的接受。

海德堡，一八一七年五月。

第二版序言

敬愛的讀者，在本書的這一新版裡可以看出有許多部分曾經重新改寫，並且曾經以較細密的規定予以發揮。我盡力想要和緩並減輕講演的形式，並附加詳盡而較通俗的「說明」①，使得抽象的概念更接近通常的了解和具體的表象。本書既是一本綱要，就須將本來很艱深晦澀的材料，弄得緊湊短簡，這第二版仍與第一版相同。作爲講義，尚須由口頭的講述予以必要的說明。單就《哲學全書》這書名看來，科學方法在開始的時候似乎本可以不必太謹嚴，也可以有容許外在編排的餘地；但本書的內容實質使得我們必須以邏輯的聯繫作爲基礎。

也許有不少的機緣和激勵似乎使我必須說明我的哲學思想對時代文化精神工作和「無精神工作」的外在態度。這只是寫通俗方式的序言所須做的事。因爲這種工作，雖說與哲學有一定的關係，總不容許科學地引進哲學，因此一般地也不容許進入哲學，而是從外面引進的，並且

---

① 這裡的「說明」(Anmerkungen)指書中多數「節」的正文後面，低兩格排印的附加說明而言，並不是指學生筆記(Zusatz)、中文譯本叫做「附釋」的東西。英文譯本和前兩版的中譯本都沒有把許多節的正文與說明區別開。這次新版才開始加上「〔說明〕」來表明這種區別。——譯者

是對外行人說的一些話。眞正講來，一個著者走入這種與科學疏遠的土地上是不好的，也是不對的。因爲這樣的說明和討論並不需要爲求眞知所不可少的理解力。不過談論一些現象也許不無用處，不無需要。

我的哲學的勞作一般地所曾趨附和所欲趨附的目的就是關於眞理的科學知識。這是一條極艱難的道路，但是唯有這條道路才能夠對精神有價值、有興趣。當精神一走上思想的道路，不陷入虛浮，而能保持著追求眞理的意志和勇氣時，它可以立即發現，只有〔正確的〕方法才能夠規範思想，指導思想去把握實質，並保持於實質中。這樣的進展過程表明其自身不是爲了別的，而是要恢復絕對的內容，我們的思想最初向外離開並超出這內容，正是爲了恢復精神最特有的最自由的素質。

有一種自然的、表面上看來好像很幸運的狀況，恰好才過去不久。在這狀況中哲學與別的科學和文化攜手同行，一種溫和的理智啓蒙，同時可以滿足理智的需要和宗教的信仰。同樣，天賦人權說與現存的國家和政治相安無事，而經驗的物理學採取了自然哲學的名稱。但這種和平實在是表面極了，特別是理智與宗教，正如天賦人權與國家事實上都有內在矛盾。由於分離的結果，矛盾便發展了。但在哲學裡，精神卻恬然自安於這種矛盾。所以這種哲學不過是與上述這些矛盾本身相矛盾，並矛盾地粉飾這些矛盾而已。以爲哲學好像與感官經驗知識，與法律的合理的現實性，與純樸的宗教和虔誠，皆處於對立的地位，這乃是一種很壞的成見。哲學不僅要承認這些形態，而且甚至要說明它們的道理。心靈深入於這些內容，藉它們而得到教訓，增進力量，正如思想在自然、歷史和藝術的偉大直觀中得到教訓，增進力量一樣，因爲這些豐富的內容，只要爲思想所把握，便是思辨理念的自身。它們與哲學的衝突僅在於哲學這片土地脫離了它固有的性格，它的內容在範疇中被認識，因而成爲依賴於範疇，而不把這些範疇引導到概念，並上升到理念。

一般科學教育的理智導致一種重要的消極結果，即認爲採取有限概念的道路就沒有中介可能達到眞理。但這結果常會引起另一正相反對的後果，即誤以爲眞理是包含於直接的情感或信仰裡。這就是說，那種理智的信念毋寧取消了研究範疇的興趣，因而不注意、不留心去應用範疇，反而使得有限的關係和認識有了距離，而範疇的運用，如像在絕望的狀況下那樣，便成爲愈無顧忌，愈不自覺，愈無批判了。誤解有限範疇不足以達到眞理，就會否認客觀知識的可能性。結果當然是依據情感和主觀意見來作肯定或否定。而且在本來應該加以科學證明的地方，便提出一些主觀的論斷和事實的敘述來代替。而這些事實，在意識前面愈是未經過批判，便愈是被認作純粹的事實。對於一個這樣空泛的範疇，如直接性，不加以進一步的研究與發展，就想在它上面寄託精神上的最高需要，並且通過直接性來決定這種最高需要。特別在討論宗教對象時，我們可以看見許多人很明顯地將哲學擱在一邊，好像這樣一來，便袪除了一切的邪惡，獲得了抵制錯誤和欺騙的保證似的。於是眞理的探討便可從任何一個假定的前提開始，並用支離抽象的理論予以證明。這就是說，應用通常的思想範疇，如本質與現象，根據與後果，原因與結果等，從這一有限關係到另一有限關係，予以通常的推論。「他們丟掉了諸惡，那惡仍舊保持著。」①但這惡比原先的更要壞十倍，因爲它〔指後一種惡〕毫不懷疑毫不批判地受到了

① 這話出自歌德著《浮士德》第一部，第五節：女妖的廚房，麥菲斯托夫語。——譯者

信任。哲學就像那被認爲袪除了的惡似的，可以是任何別的東西，獨不是眞理的探討，不過這種眞理探討是意識到那連結著、規定著一切內容的思維關係的本性和價値罷了。

這樣一來，於是哲學在這些人手裡遭遇了最惡劣的命運，當他們裝模做樣要研究哲學，一方面要理解它，一方面要批判它時，許多物質方面，精神方面，特別宗教方面活生生的事實，由於這些反思式的抽象思想不能把捉它們，因而遭受歪曲了。這種認識方式本身也有它的意義，即首先把事實提到意識前面，但它的困難在於從事情到知識的過渡，這過渡是透過反思造成的。這個困難在科學裡面卻不存在。因爲哲學的事實已經是一種現成的知識，而哲學的認識方式只是一種反思，——意指跟隨在事實後面的反覆思考。首先，批判即需要一種普通意義的反思。但那無批判的知性證實它自身既不忠實於對特定的已說出的理念的赤裸裸的認識，而且它對於它所包含的固定的前提也缺乏懷疑能力，所以它更不能重述哲學理念的單純事實。這種知性很奇異地聯合兩方面於它自身，一方面，知性顯得不能充分而不歪曲地把握理念，甚至它應用它的範疇去把握理念即會陷於明顯的矛盾；但另一方面，它同時又毫末揣想到尚存在著別的較高的思想方式，可以應用得更妥當有效，因此它還應採取一種異於原有的思想態度去對待它。在這種方式下，思辨哲學的理念自將固執在抽象的定義裡。人們總以爲一個定義必然是自身明白的、固定的，並且是只有根據它的前提才可以規定和證明的。至少也由於沒有人知道，一個定義的意義和它的必然證明只在於它的發展裡，這就是說，定義只是從發展過程裡產生出來的結果。我們既已見到，理念一般的是具體的精神的統一體。但知性的特點僅在於認識到範疇或概念的抽象性，亦即片面性和有限性。因此知性便將具體的精神的統一性當作一抽象的無精神性的同一性，在這同一性裡，一切是一，沒有區別，在別的範圍內即使善與惡也是一樣的東西。所以在思辨哲學裡同一體系、同一哲學的名稱已經成爲一個大家共同接受的名詞了。假如一個人自述他的宗教信仰說：「我相信天父上帝，這天與地的創造主」，而另外一個人把他這句話的第一部分，孤立地抽出來加以推論，因而說這自述者只相信上帝爲天的創造主，所以他相信地不是上帝創造的，物質是永恆的，那麼我們一定會感到很奇怪。那人在他的自述裡所說他相信上帝是天的創造主，事實是不錯的。但這一事實如另一個人所了解的那樣，便完全錯了。這個例子也許會被認作不可信，瑣屑不足道。但對於哲學理念的看法，情形確是如此。許多人對於這種勉強的二截化①（爲的是不要引起誤會），以及對同一性被確認爲思辨哲學的原則（相反中的聯繫），便不能了解。他們會了解爲主體與對象是有區別的，同樣，有限與無限也是有區別的，好像那具體的精神的統一體本身是無規定的，並且沒有包括區別於自身之內，又好像誰都不知道主體與對象，有限與無限是有區別似的，換句話說，充滿了學院知慧的哲學應該深入到能夠記著：在學院以外，尙有智慧，在它看來，那些區別乃是熟知的東西。

由於哲學在它所不應當熟悉的區別方面，受到相當確定的詆毀，甚至說哲學因此便抹殺了善惡的區別。於是有人自告奮勇，以寬大而富於正義感的態度，出來代爲排解說：「哲學家在他們的闡述裡並沒有常常發揮出與他們的原則結合在一起的危險結論」（也許他們之所以沒有

---

① 二截化(Halbierung)亦可譯為「半分法」或「分成兩半」。這個詞可與下面的另一個辯證法詞彙 Entzweiung（一分為二或分裂為二）聯繫起來看。——譯者

發揮出來，是因爲他們根本沒有想到這些結論）。（注一）哲學對於人們願意恩賜於它的憐憫必須加以蔑視，因爲哲學既缺乏對它的原則的實際後果的識見，又同樣缺乏顯明的後果，所以它更不需要憐憫作它的道德辯護了。我願意對將善惡的區別僅當作一種假象的那種看法的後果加以簡略的說明。爲的是對那種哲學看法的空洞舉一個例子，並不是要替它辯護。爲了適應這個目的，我們願意提出斯賓諾莎哲學來作例子。在他的哲學裡，神僅被規定爲實體，而不是主體或精神。這一區別牽涉到統一性的定義。不過斯賓諾莎的學說並不同於那常稱哲學爲「同一體系」的學說，而且也未採用「同一哲學」的名稱，根據這個哲學，一切是一、一切同一，即善與惡也是等同的——這可以說是最壞方式的「統一」，這種同一完全夠不上稱爲思辨哲學，唯有粗糙的思維才會應用這類觀念。就這種說法而論，在那種哲學裡善惡的區別自在地或眞正講來是沒有效用的。但我們必須問：所謂眞正講來是什麼意思？如果說是指神的本性而言，但神的本性又是無法達到的。而且惡在神性裡又是已經轉化了的，由此足見實體性的統一即是善的本身，惡是一種分裂爲二(Entzweiung)。因此實體性的統一不外是善與惡被融化爲一，而惡已經被排除了。所以在神的本身內並沒有善惡的區別，因爲這種區別只是分裂爲二，而惡的本身就在分裂爲二的東西之內。

再則，斯賓諾莎主義還作出一種區別，即人區別於神。他的體系從這方面看來，理論上也是不令人滿足的。因爲人及一般的有限事物儘管後來被降低爲一個樣式，在他的學說裡仍然處於與實體接近的地位。在這裡，人與神的區別存在的時候，本質上亦即是善與惡的區別存在的時候。因爲人本來就是這樣，有善惡的區別，就是人所特有的命運。假如我們僅著眼於斯賓諾莎主義裡的實體，我們在裡面就找不出善與惡的區別。因爲惡也如同有限事物和一般的世界那樣（參看§50的說明），從他的觀點看來簡直是空無。但假如我們更注意他的體系中論及人、和人與實體的關係，即論到惡及惡與善的區別的地方，我們還須細心研讀他的《倫理學》中討論到善惡、情感、人的奴役和人的自由各部分，才能夠說出他的體系的道德後果。無疑地，我們會欽敬他的以純粹對神的愛爲原則的高尚純潔的道德觀，而且會深信高尙純潔的道德就是他的體系的後果。萊辛當時曾說過：「人們對待斯賓諾莎好像對待一條死狗」①，即在現代我們也很難說，人們對於斯賓諾莎主義及一般的思辨哲學有了較好的待遇，當我們看見一些人提到或批評到它們時，並不想多費點力氣去正確地認識事實，並予以正確的闡述。可以說，對得起斯賓諾莎哲學和思辨哲學，這是我們所能要求的最低限度的「公正」。

哲學的歷史就是發現關於「絕對」的思想的歷史。絕對就是哲學研究的對象。譬如，蘇格拉底，我們可以說，曾經發現目的這一範疇，這一範疇後來由柏拉圖特別是由亞里士多德予以發揮而得到確定的認識，布魯克爾(J. J. Brucker)著的哲學史②其所以太缺乏批評能力，不僅是從外在的史實看來，太缺乏批評精神，即從他對於思想的陳述看來，也失之武斷。我們發現他

---

① 這句話是萊辛一七八〇年六月七日對耶可比說的，經耶可比與門德爾生通信反覆討論宣揚出來後，德國人才開始研究斯賓諾莎的學說。萊辛這話見耶可比全集第四卷，第六三頁。馬克思在《資本論》第二版跋、恩格斯在《自然辯證法》中都曾提到這句名言。——譯者

② 〔原注〕布魯克爾著有《哲學史問題》七卷，一七三一——一七三六年；又著有《批判的哲學史》五卷，一七四二——一七四四年。

從古代希臘哲學家們那裡抽出了二十、三十或更多一些命題作爲他們的哲學思想，但這些命題卻沒有任何一個是眞正屬於他們的。有許多結論是布魯克爾依據他當時壞的形而上學的方式做出的，而硬把它們當作某些希臘哲學家的論斷。結論有兩種，一部分僅是對一個原則更詳細的發揮，一部分卻是返回到一個更深的原則。一個像樣的哲學史即在於指出某些個別哲學家對於某些思想有了更深的發展，並將這些更深的發展過程揭示出來。但這種方法也有其不適宜之處，不僅是因爲那些哲學家自己對於應該包含在他們的原則內的結論沒有推演出來，因而只是沒有明白暢說出來，而不是因爲在哲學史家的這些推論或發揮裡，他們總是武斷地揣想，以爲古代哲學家所應用的並認爲有效用的，是有限的思想方式，而有限方式的推論乃是直接違反有思辨精神的哲學家的意思的，也可說是玷污和歪曲了哲學的理念。像布魯克爾這樣對古代哲學只告訴我們一些孤立的命題，如果有人用古代哲學中一些揣想的正確結論來替這種歪曲辯護，而這些結論又只有少數是我們所認可的命題，那麼這些辯護的理論便會陷入某一種哲學的窠臼，這種哲學一方面在一定的思想中認識了它自身的理念，另一方面明白地研究並規定範疇的價值。但哲學理念如果僅得到片面的認識，那麼在闡述裡便僅能揭示出一個片斷，並將這片斷或部分當作全體（如將同一性當作全體性那樣）。並且在這樣情形下，這些範疇如果很直率地按照比較最方便最接近的方式去貫串起來（如像貫串日常意識那樣），便會被引到片面性和虛妄性的地步。對於思想方式的更進一步認識，乃是正確地把握哲學事實的第一條件。但直接知識的原則不僅對這種粗疏的思想明白地予以保證，並且把它看成定律。思想的認識以及主觀思維的教養絕少是直接的知識，正如任何一種科學或藝術和技能不是直接的知識一樣。

宗教是意識的一種形態，正如眞理是爲了所有的人，各種不同教化的人的。但對於眞理的科學認識乃是這種意識的一特殊形態，尋求這種知識的工作不是所有的人，而只是少數的人所能勝任的。但兩者的內容實質卻是一樣的，有如荷馬所說，有一些星辰①具有兩個名字，一個在神靈的語言裡，另一個在世間人的日常語言裡。所以眞理的內容實質也可說是表現在兩種語言裡，一爲感情的、表象的、理智的，基於有限範疇和片面抽象思維的流行語言，另一爲具體概念的語言。假如我們從宗教出發要想討論和批評哲學，那麼就還有比僅僅具有日常意識所習慣的語言更爲需要的東西。科學知識的基礎是內在的內容、內蘊〔於萬物〕的理念，和它們激動精神的生命力，正如宗教是一種有教養的心靈，一種喚醒了覺性的精神，一種經過發展教導的內容。在最近時期，宗教不斷地愈益收縮了它廣闊的教化內容，而且常將一個內容顯得貧乏枯燥的情感引回到深厚的虔敬或情感。但只要宗教有一個信仰、一個教義、一個信條，那麼它便具有哲學所從事尋求的東西——眞理——在這裡面，哲學和宗教便可結合起來。但這也並不是按照那支配近代宗教觀念的、分離的、壞的理智②來說，因爲照這種理智看來，宗教與哲學兩者是彼此互相排斥的，或者兩者一般地是那樣分離開了的，以致只可以從外面予以聯合。而

---

① 「星辰」，格羅克納本作「事物」，拉松本作「星辰」，均可通。茲據拉松本譯出，與下文較有聯繫。例如「狗」，作為「天狗」或「天狗星」就是荷馬所謂在神靈語言裡的「星辰」。——譯者

② 「壞的理智」原文是“**der schlechte Verstand**”，這個提法別處還沒有出現過。實際上是指抽象的、形而上學的思維形式而言。同樣黑格爾在別處所常提到的「壞的無限」指意與此完全相同，並沒有道德上好壞、善惡的意思。——譯者

且就剛才所提及的看法而論，也包含有這樣的意思：即宗教很可以不要哲學，而哲學卻不可沒有宗教，其實毋寧應該說，哲學即包含有宗教在內。眞正的宗教，精神的宗教，必須具有一種信仰，一種內容。因爲精神本質上即是意識，而意識是爲對象所形成的內容。精神作爲情感還是一個沒有對象的內容〔或用J．波麥(J. Böhme)的話來說，僅有某種「痛苦」或「情調」(Qualiert)〕只是意識的一個最低階段，甚至可以說是在一種與禽獸有共同形式的靈魂裡。思維使靈魂（禽獸也是賦有靈魂的）首先成爲精神。哲學只是對於這種內容、精神和精神的眞理的意識，不過是意識到精神在使人異於禽獸並使宗教可能的本質性的形態裡。那消沈的令人心情嚴重的宗教情緒，必須揚棄它的悲觀苦悶、頹喪絕望之情，使之轉變爲構成它的新生的主要成分。但宗教情緒同時必須謹記著：它是與精神內的「心情」(Herz)打交道的，精神是足以制裁「心情」的力量，而這種力量只有依賴精神自身的新生才能發生。精神之所以能達到這種從自然的無知狀態和自然的迷失錯誤裡解放出來而得新生，是由於教育，並由於以客觀眞理爲內容的信仰，而這信仰又是經過精神的驗證而產生的結果。這種精神的新生也是心情從片面的抽象理智的虛妄裡解脫出來的新生，——這種抽象的理智每自誇它知道有限如何與無限有區別，哲學如何不陷於多神論必（在理智較銳敏的人那裡）陷於泛神論等等，——亦即是從一些可憐的見解裡解脫出來的新生。這些見解，虔誠謙卑的人多誤據以出發來反對哲學，正如銳敏的人反對神學知識一樣。如果宗教虔敬老滯留在這樣內容狹隘因而缺乏精神性的廣度和深度裡，那麼它實際上將會只知道這種最狹隘的或愈益狹隘化的宗教與眞正的宗教教義和哲學學說精神的擴大是對立的。（注二）但是思維著的精神不僅不會以這種純粹素樸的宗教虔敬爲滿足，反之，這種純粹素樸的宗教觀點，從精神看來，本身就是由反思和抽象的理論產生的結果。藉助於膚淺的理智，精神獲得這種從一切學說，優越地解放出來的自由，於是精神便應用它所染有的思維方式，熱烈地反對哲學，並強烈地保持其自身於一抽象的情感狀態的淡薄而無內容的頂點。——說到這裡，我不禁要從巴德爾先生①《知識的酵素》(Fermentis Cognitionis)一書第五卷（一八二三）序言（第Ⅸ頁以下）裡選引一段關於這一形態的虔誠性的恰當批評。

他說：「只要宗教和它的教義，沒有從科學方面獲得基於自由研究從而達到的眞正信念的尊重，則不論虔誠與不虔誠，無論怎樣加上你的一切命令與禁令，你的一切言論與行爲，你皆無法使宗教避免邪惡，而且這種不受尊敬的宗教也就不會成爲受人愛的宗教，因爲我們只能衷心地正當地愛我們所看見的眞誠地曾受人尊重、並明白無疑地確知爲值得尊重的東西。所以只有值得享受這樣一種『普遍的愛』(amor generosus)的宗教，才會受到人們的尊重。換言之，你要想宗教的實踐再行興盛的話，你必須留心使我們重新對宗教獲得一理性的理論，切不要用一些無理性的和褻瀆神明的論斷，替你的反對者（無神論者）多留地位，如說：建立理性的宗教理論乃不可能的事情、不可思議的事情。又如說，宗教僅只是心情方面的事情，對於這方面我們的腦子最好不要去過問，甚至必不可去過問。」（注三）

就宗教缺乏內容看來，還有一點必須注意的，即只能就宗教在某一時期的外在情況和現象

---

① 巴德爾（Fr. von Bader 1765-1841）任慕尼黑哲學神學教授多年，思想受波麥的通神論和神祕主義影響很大。一八二二年過柏林時，曾與黑格爾會晤。——譯者

可以如此說。如果有這樣的需要的話，我們也許可以責難像現在這樣一個時期，僅只提出了對上帝的單純信仰，如高貴的耶科比(Jacobi)所急切需要的那樣，此外只是還喚醒了一種集中的基督徒情緒；同時我們卻不要錯認了即在單純信仰和集中情緒裡面也透露出較高的原則（參看《小邏輯》導言§64說明）。但在科學以前即有百年千年的認識活動所提供的豐富的內容，而且這些豐富的內容在科學以前並不僅是一些歷史的陳述，僅爲別人所擁有，而在我們已成過去，或僅爲記誦之學所從事，只能對頭腦銳敏的人提供考證批評的書本古董知識，好像不能提供精神的眞知和求眞的興趣似的。那最崇高、最深邃和最內在的東西已經透露在各式各樣的宗教、哲學和藝術品裡，採取純粹的或不純粹的，清楚的或模糊的，甚至常常是嚇人的形態透露出來。我們必須認爲那是弗蘭茲・馮・巴德爾先生的特殊功績，即他能繼續指出，這些形態不僅是在回憶裡，而且能以深刻思辨的精神，將它們的內容明白提高到科學的尊榮，因爲他能夠根據這些形態來發揮並證實哲學的理念。波麥的深邃的精神經驗特別足以爲此種工作提供機會和樣式。他這強有力的精神理應享受「條頓民族的哲學家」(Philosophus teutonicus)的榮名。一方面，他曾經把宗教的內容本身擴充爲普遍的理念，在宗教內容裡他設想到理性的最高問題，並力求在其中認識到精神和自然的更確定的範圍和形態。因爲他的基本出發點即在於認上帝按照他的模型（實際上沒有別的，除了三位一體的模型），創造了人的精神以及一切事物，唯有在現世的生活裡那失掉了上帝原型的缺陷才可以得到恢復或補償。反之，另一方面，他又竭力將自然事物的形式（如硫磺、鹽硝等質，苦酸等味），歸結到精神的和思想的形式。巴德爾先生的重知主義，認爲每一個宗教形態都有知識成分和它相聯結，這乃是激勵並促進哲學興趣的一個奇特方式。他的重知主義既然強烈地反對啓蒙主義那種自安於毫無內容的空疏理智，又反對那僅僅停留在單純濃深的虔誠裡的宗教熱忱。巴德爾先生在他所有的著作裡表明，他與這種認宗教上的重知主義爲唯一的知識方式的說法，有很遠的距離。這種重知主義本身誠有其困難，它的形而上學迫使它不能去考察範疇本身，並且不能進而去給予宗教的內容以有方法的發展。它的困難在於認爲理智的概念不適合於把握那樣狂放的或富於精神內容的形式或形態。一般講來，也可以說它的困難在於它以它的絕對內容作爲前提，並根據這前提來解釋、論證和辯駁。（注四）

關於純粹的模糊的種種形態的眞理，我們可以說，我們已經有了夠多，甚至有了多餘，——在古代和近代的宗教和神話裡、重知的和神祕的哲學裡，我們可以感到愉快，因爲在這些形態裡可以發現理念；我們也可以從中贏得一種滿意，即見到哲學的眞理並不僅僅是某種孤寂的東西，它的效力至少可以出現在沸騰的熱情裡。但假如這類的熱情是被一種不成熟的虛驕自大之氣鼓舞起來的，那麼由於他的惰性和沒有作科學思考的能力，他會把熱情中所包含的這種感悟提高爲唯一的認識方式。因爲陷於這類的幻想裡並附會一些武斷的哲學意見在上面，較之將概念發展成系統的工作，並將思想和精神依邏輯的必然性予以發揮，實在太不費力氣了。再則，一個人如果把從別人那裡學來的東西算作自己的發現，這也很接近於虛驕，他愈是容易相信從他人學來的東西，他愈要反對或貶斥那些東西。或者寧可說，他是被刺激起來反對它們的，因爲他的見解是從別人的見解裡創造出來的。

思想的衝力無論怎樣表現其自身（雖然不免歪曲）於時代意識形態中，如我們在這篇序言裡所討論的那樣，但它總是自在自爲地向著精神所形成的思想本身的至高處而邁進，並爲著時代需要的滿足，因此只有我們的科學才配得上處理這種思想。凡從前當作是啓示出來的神祕（在純粹的和更多的模糊形態下啓示出來的，雖對形式思想說來仍然是神奇奧妙的），都是啓示出來作爲思維的材料或內容的，而思維依據它的自由的絕對權利去堅持其頑強性，目的只在於與它的豐富的內容相和解。在這樣的情形下，內容採取最能配得上它自己本身的形式，概念的形式，必然性的形式，這形式結合一切內容與思想，正解放內容與思想。如果一個舊的思想——這是指舊的形式而言，因爲內容實質本身是萬古長新的，——想要更新的話，那麼理念這一形式的思想，如柏拉圖或較深一點如亞里士多德所提出的那樣，無限地值得我們回憶。又因爲對理念的揭示，通過吸收進入我們自己的思想教養裡，這不僅是直接地對於理念的理解，而且是哲學這門科學本身的進步。但同樣，要想了解理念的這些形式，並不在於從表面上去了解，如耶穌教的重知主義者和猶太教中神祕主義者的幻想和臆說那樣，而且要發揮理念更不只是提到或暗示理念的一些聲響，就可完事。

關於眞理，有人曾經很正確地說過：「眞理是它自身的標準，又是辨別錯誤的標準(index sui et falsi)。」①但從錯誤的觀點出發，就不知道什麼是眞理。所以，我們可以說，概念了解它自己本身又了解無概念的形式，但後者從它自以爲眞的立場卻不能了解前者。科學能了解情感和信仰，但科學僅能從它所依據的概念予以判斷。因爲科學是概念的自身發展，所以從概念的

① 這裡引證的話，出自斯賓諾莎：《倫理學》第二部分，「論心靈的性質和起源」第四三命題的附釋。——譯者

觀點去判斷科學，便不僅是對於科學的判斷，而且是一種共同的進展。這類的判斷就是我在本書裡試圖要提出來的，也只有這類的判斷才是我要注意和重視的。

（注一）這是托魯克①先生的話，見於《東方神祕主義選集》（柏林，一八二五），第十三頁。這位感情深刻的托魯克也被世俗大衆對哲學的看法所誤引。他說：「知性僅能在下列兩種方式下進行推論：或者有一個制約一切的原始根據，而我自己的最後本源也包含在內，因之我的存在和自由行爲都不過是幻象；或者我是一個眞實地不同於這原始根據的本質，我的行爲不受這原始根據的制約和影響，於是這個原始根據便不是絕對的制約一切的本質，因此便沒有無限的上帝，而僅有一群神靈等等。前一句話所有的哲學家應當承認其較爲深刻，較爲銳敏。（我眞不知道爲什麼第一句片面的話比第二句更爲深刻銳敏！）次一句話尙沒有依上面提及的方式予以發揮，意思是說：「人的倫理標準也就沒有絕對的眞，眞正講來（著者自己畫的重點號），善與惡是同等的，只有依照現象看來才是不同的。」一個人最好是完全不談哲學，如果他有了下面的情形：即他在一切情感的深處仍陷於抽象理智的片面性，只知道對原始根據的「非此即彼」的看法，依這看法不是個人的存在和他的自由僅是一幻象，就是個人有了絕對的獨立性，而且對這各偏一面，如托魯克所叫做危險的兩難的「非此非彼」的看法，他又毫無所知。雖說托魯克先生在該書第一四頁提到一些精神性的人(Geister)，這些人就是眞正可算作哲學家的人，這些哲學家接受那第二命題（這也就是前面所說的第一命題），但又提出消融一切對立物的一種無差別的原始存在，以揚棄無條件的和有條件的存在的對立。但我們查出托魯克先生沒有說，那無差別的足以消融對立的原始存在與那必會揚棄其片面性的無限存在，完全是同一的東西，反

① 托魯克（Tholuck, F. A. G. 1799-1877）先後任柏林大學和哈勒大學的神學教授。代表當時理性派與極端正統派神學之間的所謂中間派神學。——譯者

之，他一口氣說出了對於片面性的揚棄，卻仍然陷於恰好同樣的片面性，於是他不僅沒有揚棄，反而保持了片面性。當我們說起精神性的人所作的事時，我們必須能夠用精神去把握事實；否則那事實落到人手裡便會成為錯誤的了。再則，我說幾句多餘的話，凡這裡以及別處我所提到的托魯克先生對哲學的觀念，可以說並不是個別地僅僅針對他本人，我們可以在成百本的書籍裡讀到同樣的話，特別在神學家的序言裡。我之所以引用托魯克的說法，一方面是因為碰巧我最近讀了他的書，一方面是因為他具有深邃的情感，這種情感好像把他的著作整個放在理智神學的反面，這確實具有深邃的意義。因為深邃意義的基本特性，對立的和解，並不是無條件的原始存在和類似的抽象的東西，而是內容實質的本身，這實質就是思辨的理念，而理念就是思維著的實質。——這實質，深邃的思想在理念裡絕不可以錯認的。

但托魯克諸種著作在這裡和別處又把他的說法叫做通常所謂泛神論。關於泛神論，我在《哲學全書》較後一節的幾段說明裡①曾有較詳盡的討論。在這裡我只說一說托魯克先生陷於特有的不適宜和顛倒錯誤。由於他把原始根據列入他所懸想的哲學的兩難之一邊，他後來於第三三頁及三八頁稱之為泛神論，於是他復將兩難之另一邊形容為梭西尼派〔**Socinianer**，否認三位一體及基督是天主捨身贖罪以及原始罪惡諸信條的人〕，裴拉幾派〔**Pelagianer**，持性善自救論的人〕和通俗的哲學家。所以依這邊的說法「便沒有無限的上帝，而只有一很大數目的神靈。這數目包含所有不同於所謂原始根據，而有其固有的存在和行為的本質，再加上那個所謂原始根據。」事實上這邊不僅有一很大數目的神靈，而且一切的一切（一切有限事物皆被認為有其固有的存在）都是神靈了。因此只有後面這一邊，照他的一切都是神靈的說法，才可以明白說是泛神論，而不是前面那一邊。因為在前面一邊，他既明白認上帝為唯一的原始根據，所以這只能說是一神論。

（注二）讓我們再一次回到托魯克先生。他可以被認為是宗教上虔誠派最有靈感的代表。他的《論罪惡

---

① 參看《哲學全書》第三部分，即《精神哲學》§573的「說明」，見拉松本第四八五—四九八頁。——譯者

的學說》一書（第二版（一八二五），我剛好讀到這書），最足以表示他缺乏學說。最令我注意的是他的著作中討論三位一體說關於《晚期東方人玄思的三位一體說》（一八二六）部分，對於他所辛勤收集來的歷史報導，我應表誠摯的謝忱。他稱這一學說爲經院的學說，但無論如何這學說也遠比我們叫做經院哲學的爲早。不過他僅從一個揣想的歷史起源的外在方面去觀察它，即僅去捉摸這學說如何出於某些聖經章節，如何受了柏拉圖和亞里士多德哲學的影響方面（第四一頁）。但從《論罪惡的學說》一書看來，我們可以說，他勇敢地討論這一信條，他說，這信條只可當作一個架格把關於信仰的學說（哪一種信仰的學說？）安排進去（第二二〇頁）。是的，我們甚至必須應用那名詞（第二一九頁）來說明這一信條，說它顯得似站立在海岸上（是否多少有點像站立在精神的沙灘上？）有如一海市蜃樓。但托魯克在同書第二二一頁，提到三位一體說時，便說這一信條絕不復是信仰所須依據的基礎。試問：三位一體說，作爲最神聖的東西，不是自來就構成信仰的主要內容，甚至奉爲信條，早已成爲主觀信仰的基礎了嗎？（假如不是自來如此，請問究有多久不是如此？）如果沒有三位一體說，則托魯克先生在所提到的那書中那樣賣氣力以求動人情感所發揮的「和解說」，如何會具有比道德的或異教的較高的基督教意義呢？又關於別的特殊信條此書均沒有討論。托魯克先生老是引導他的讀者到基督的受難與死，但沒有說到他的復活和升天坐在上帝的右方，也沒提到聖靈的來降。和解說的主要特點在於罪惡的懲罰。罪惡的懲罰在托魯克看來（第一一九頁以下）是一種有重負的自我意識，和與之相聯結的爲離開上帝而生活的一切人所難免的災難。上帝才是幸福和聖潔的唯一泉源。所以罪惡，犯罪的意識和災難，是彼此不能分開來思考的（說到這裡，於是他又考慮到，如第一二〇頁所昭示的，甚至人的命運也是從上帝的本性流出的）。這種罪惡懲罰的命運，即是人們所謂罪惡的自然懲罰，而且這種看法（正如他不理會三位一體說）也就是托魯克先生在別處所很厭惡的理性和啓蒙所產生的結果和學說。——前些時候，英國國會的上議院否決了一個處罰「單一宗」（基督教中相信唯一上帝，不信三位一體說的宗派）的法案；這件事情給予英國報紙一個機會揭示出歐洲和美洲單一宗的信徒數目之多，並附帶評論道：「在歐洲大陸上新教和單一宗現在大體上是同義的。」神學家們應能決定，托魯克先生所持的信條是否僅有一兩點與通常啓蒙的學說有區別，或者甚至細看起來，連這一兩點的區別也沒有。

（注三）托魯克先生有幾個地方引用安瑟爾謨《神人論》(Traktat cur Deus Homo)的話，並於第一二七頁稱讚爲：「這個偉大思想家深邃的卑謙。」但何以沒有考慮到並引用同書另一地方（《哲學全書》§77曾引用過），即：「依我看來，這乃是由於懈怠，如果當我們業已承認一個信仰，而不努力去理解我們所信仰的對象。」——如果信條僅縮減爲一些少數的條款，則需要理解的材料已所餘無幾，並且很少是從知識裡出來的。

（注四）我很高興，我看出巴德爾先生新近幾種著作的內容，與他書中所提及的許多我說過的話，兩者間甚相契合。對於他所爭辯的大部分甚至全部，我不難予以同情的理解，因爲我可以指出，事實上我的思想同他的見解並沒有什麼出入。僅有一點小疵，在《論現時一些反宗教的哲學思想》一書（一八二四，第五頁，並比較第五六頁以下各頁）裡出現，我願意說幾句，在那裡面他說到一種哲學，這哲學「是從自然哲學學派裡產生出來的，它提出一種錯誤的物質觀念，因爲它對於這個世界的本質，對於本身含有墮落和無常的本質有一種說法，認爲這種直接地永恆地從上帝產生和消逝的過程，即是上帝永恆的外流（外在化）永遠制約著他的永恆的回歸（作爲精神）」。就這個觀念的第一部分，就物質之自上帝產生出來（「產生」一般地是一個我不大喜歡應用的範疇，因爲它只是一個圖畫式的名詞，而不是一哲學的範疇）而論，我以爲這一命題沒有別的意思，只是含有上帝即是世界的創造者之意。但就另一部分而論，即就上帝永恆的外流制約著上帝的永恆的回歸（作爲精神）而論，則巴德爾先生便在這地方提出一個條件，一個在這裡本身不配合，而且我絕少在這方面應用過的範疇。這就使我記起了我上面所說的關於思想範疇的無批判地交換使用了。要討論物質的直接或間接的產生或起源，只會引起一些極其形式的定義。巴德爾先生在第五四頁以下所提出的物質觀念，據我看來，與我的說法並無出入，而且恰好相合。所以我實在不知道，用什麼方法可以完成那絕對的課題，將世界的創造作爲概念來把握，在概念裡即包含有巴德爾先生（第五八頁）所指出的「物質並非統一體的直接產物，而是它的一些原則（它的全權代表），叫做「埃洛希姆(Elohîm)的產物。」他這話的意思是不是說（因爲就文法的構造看來，他的話意思並不很清楚），物質是這些原則的產物，或者說，物質是這些埃洛希姆創造的，而埃洛希姆自身又是由這些原則產生的，所以那些埃洛希姆（或者上帝→埃洛希姆→物質這一整個圈子）一起都必須認作和上帝處在一個關係內，這關係由於插進了埃洛希姆便無法說明了。①

柏林，一八二七年五月二十五日。

---

① 編者拉松注釋：「巴德爾的意思顯然認為統一性（即神）產生這些原則（即這些埃洛希姆），而這些原則又產生物質。」又《馬恩全集》第三八卷，第一〇三頁，恩格斯致拉法格信中曾提到希伯來語中「ruăch Elohîm——埃洛希姆的靈」（《創世記》第一章，第二節）問題。恩格斯並指出Elohîm是複數。——譯者

第三版序言

在這第三版裡許多地方都有了改進，特別是力求陳述得清楚和確定。不過因這書既是一種教本，目的在於撮要，文字仍不免緊湊、形式而且抽象。爲了完成它的使命，還須在口頭的演講裡予以必要的解釋和說明。

自本書第二版以後，有了許多對於我的哲學思想的批評出現。這些批評大部分表示他們對於哲學這一行道很少作專門研究。對於一個經過多年的透徹思想，而且以鄭重認眞的態度、以謹嚴的科學方法加以透徹加工的著作，予以這樣輕心的討論，是不會給人以任何愉快的印象的。而且透過充滿了傲慢、虛驕、嫉忌、嘲諷等壞情緒的眼光來讀書，也更不會產生什麼有教益的東西的。西塞羅說過：「眞正的哲學是滿足於少數評判者的，它有意地避免群衆。因爲對於群衆，哲學是可厭的，可疑的。所以假如任何人想要攻擊哲學，他是很能夠得到群衆讚許的。」(Cicero: Tusculan. Quaest. I. II.①)所以對於哲學的攻擊，見解愈稀少，理論愈缺乏徹底性，便愈可得到大衆的讚揚。在他人的反響中，常常遇見一種狹隘的敵意的激情，似懂非懂地夾雜在一起，

---

① 引自西塞羅著：《圖斯庫蘭（羅馬東南郊西塞羅別墅所在地）討論集》，公元前四六年。——譯者

其所以會有這種激情，是不難了解的。別的對象呈現在感官前面，或者以整個的直觀印象呈現在表象前面。若一個人想要討論這些對象，他總感覺到對它們有先具備某種程度——不管如何低微——的知識之必要。同時這些對象也較爲容易令人注意到健康的常識，因爲它們都立腳於熟悉的固定的現在。但人們缺乏這一切〔既無些微知識，又不依據健康常識〕，便可大膽地反對哲學，或者毋寧說反對任何一個關於哲學的妄誕的空虛的形象，這形象是由於他對哲學無知而想像出來、杜撰出來的。他們沒有什麼東西作爲討論的出發點，於是他們只好徘徊於模糊空疏，因而毫無意義的東西之中。——我在別處曾做過這件不愉快而又無收穫的事，將類似這種由無知和激情交織起來的現象，給予了赤裸裸的揭露。①

不久以前，從神學甚至從宗教意識的基地出發，對於上帝、神聖事物和理性，好像在較廣範圍內曾經激勵起一個科學的認眞的探討。②但這個運動一開始就阻礙了所抱的那種希望。因爲這個論辯是從人身攻擊出發。無論那控訴的虔誠信仰者一邊，或那被控訴的自由理性一邊，所持的論據都沒有涉及內容實質本身，更很少意識到爲了正確地討論內容實質起見，雙方均必須進入哲學的領域。基於宗教上很特殊的外在小節而作人身的攻擊，顯示出以一種妄自尊大的驕傲，對於個人的基督教信仰想要從自己武斷的權威來判決，因而對個人蓋上一個世間或永恆

① 參看《科學批判年報》（一八二九）兩篇評論。收在《黑格爾全集》第一九卷，第一四九頁以下。——編者原注

② 自此以下黑格爾是指當時德國報章雜誌上關於宗教問題的一場熱烈爭辯而言。教會方面的人代表虔誠信仰一邊，哈勒大學有幾位教授代表啟蒙派一邊。——譯者

的定罪的印章。但丁通過《神曲》詩篇的靈感，敢於使用彼得的鑰匙，對他許多同時代的人——當然全都業已死去——甚至連教皇和皇帝均包括在內，都判決到地獄去受罪。近代哲學曾受到一個不名譽的攻擊，即哲學把個體的人推尊到上帝的地位。但正與這個基於錯誤推論的攻擊相反，卻另有一個完全現實的僭越的作風，即自己以世界的裁判官自居，來判斷個人對於基督教的信仰，並對個人宣判最內在的罪名。這種絕對權威的口頭禪就是假借我主基督的名字，並武斷地說，主居住在這些裁判官內心裡。基督說（〈馬太福音〉七、二〇）：「汝須憑他們的果實去認識他們」，像這種誇大的侮慢的定罪與判決，卻並不是好的果實。他繼續說道：「並不是所有向我叫主呀主呀的人都可以進到天國。在那一天有許多人將向我說：主呀主呀，我們不是曾用你的名字宣道嗎？我們不是曾用你的名字驅走魔鬼嗎？我們不是曾用你的名字作過許多奇蹟嗎？我必須明白告訴你們：我還不認識你們，全離開我吧，你們這些作惡的人！」那些自詡並自信其獨占有基督教，並要求他人接受他的這種信仰的人，並不比那些藉基督之名驅逐魔鬼的人高明多少。反之，寧可說，他們這樣的人，正如相信普雷沃斯特的女預言家的人一樣，自矜其善於聽取流浪的鬼魂的意旨，並敬畏它們，而不知驅逐並排斥這些反基督教的、奴性的迷信謊言。同樣，他們也很少有充分能力可以說出幾句有智慧的話，而且完全不能夠做出增進知識和科學的偉大的行爲來，而增進知識和科學才是他們的使命和義務。學識廣博尚不能算是科學。他們以一大堆不相干的宗教信仰的外在節目作爲他們的繁瑣工作，但就信仰的內容和實質看來，他們反而僅僅枯燥地崇奉我主基督的名字，只憑成見去輕蔑並譏嘲學理的發揮，殊不知學理才是基督教教會信仰的基礎。因爲精神的、充滿了思想和科學的擴大，擾亂了甚至阻止了、廓清了他們主觀自負的誇大狂，亦即他們對於無精神性的、無良好果實的和富於惡果的武斷自信，自信他們掌握了基督教，並獨家包辦了基督教。這種精神的擴大在聖經裡最明確地有別於單純的信仰，而且後者唯有透過前者才可成爲眞理。耶穌說（〈約翰福音〉七、三八）：「任便誰人相信我，從他的腹中將會流出活水的江河來。」這話下面§39立即有解釋和說明，意謂並不是相信那暫時的、肉體的、現世的基督的人身就可以有這種效果，他還不是眞理的本身。在§39裡，信仰是這樣被規定的，即這話是對那些相信他並將要接受聖靈的人說的。因爲聖靈尚未下降，因爲耶穌尚未得到光榮——那尚未得到光榮的基督的形象就是那時還以肉身出現在時間裡的，或者（同樣的內容），即是後來所想像的作爲信仰的直接對象的人身。在現世，基督曾把他的永恆的本性和使命，親身口頭啓示給青年們目的在於促使他自身與上帝和解，世人與他和解，並啓示人以解救之道和道德教訓。而青年們對他所抱的信仰即包括有這一切在內。無論如何，這個絕不缺乏最堅強的確定性的信仰，只能解釋爲一種開始，爲一種有條件的基礎，爲尚未完成的東西。那些具有這樣的信仰的人，尚沒有得到聖靈，雖說他們最初即應接受聖靈，——這聖靈就是眞理自身。直到這聖靈後來成爲一種信仰，便足以引導人達到一切眞理。但有那種信仰的人總是停留在那種確定性和有限的條件裡。但確定性本身僅是主觀的，僅能引導至主觀的形式的確信的果實，因而隨即引起虛驕傲慢，詆毀並責罰他人的後果。他們違反了聖經的教訓，只是固執著主觀的確定性以反對聖靈。而聖靈或精神即是知識的擴大，也才是眞理。

宗教上的虔誠派與它所直接作爲攻擊和排斥的對象的啓蒙派，都同樣缺乏科學的和一般精神的內容。注重抽象理智的啓蒙派憑藉它的形式的抽象的無內容的思維已把宗教的一切內容都排除淨盡了，與那將信仰歸結爲念主呀主呀的口頭禪的虔誠派之空無內容，實並無二致。誰也不比誰較勝一籌。當他們爭辯在一起時，也沒有任何使他們可以接觸的材料或共同基礎，因此也不可能達到學理的探討，並進而獲得知識和眞理。啓蒙派的神學一方面堅持它的形式主義，只知高叫良心的自由、思想的自由、教學的自由，甚至高叫理性和科學。這種自由誠然是精神的無限權利的範疇，並且是眞理對於那第一條件——信仰的另一特殊條件。但什麼是眞正的自由的良心所包含的理性原則和律令，什麼是自由信仰和自由思想所具有和所教導的內容，諸如此類涉及內容實質之處，他們皆不能切實說明，而只停留在一種消極的形式主義和一種自由任性、自由亂發表意見的「自由」裡面。因此內容本身便成爲不相干的了。再則，他們之不能達到眞理的內容，乃因爲基督教的社團必須爲一個教義一個信仰的紐帶所聯合起來的一個社團。而那淡薄無味的無生命的理智主義的一般性的抽象的思想，是不能容許那本身確定的、有了發展的特殊內容和教義的基督教的。與此相反，另一方面，那虔誠派自豪於主呀主呀的名字，直率地公開地輕蔑那些將信仰發展或擴充爲精神、實質和眞理的工作。

所以這一場關於宗教的爭辯，雖說引起了虛驕、憤恨、人身攻擊以及空疏浮泛的議論，弄得甚囂塵上，然而卻沒有結出果實來。他們這場爭辯不能把握實質，不能引導到實在和知識。——哲學只得滿意於被遺棄在這場把戲之外，哲學也樂得逍遙於那種人身攻擊以及抽象概括的議論所侵侮的地盤之外，假使它也被牽扯進了這種場合，那麼，它只能碰見些不愉快和無益的東西。

人性中最偉大的無條件的興趣一旦缺乏深邃和豐富的實質，而宗教意識（兼就虔誠派的和抽象理智派的宗教意識而言）便會只得到沒有內容的最高滿足，於是哲學也只成爲一種偶然的主觀的需要了。那無條件的興趣，在這兩種宗教意識裡，特別在抽象理論派的宗教意識裡，是這樣處理的：即它並不需要哲學來滿足那種興趣。它甚至以爲，並且很正當地以爲這種新創的通過哲學的滿足將會擾亂了那原來的狹義的宗教的滿足。這樣一來，哲學便完全從屬於個人主觀的自由的需要。但對於主觀的個人，哲學並不是什麼少不了的東西。只有當他遇到了懷疑和譏評的時候，他才會感到需要哲學去支持自己，反駁對方。哲學僅作爲一個內心的必然性而存在，這必然性強於主體自身。當人的精神被這必然性不安息地驅迫著時，它便努力克服，並且爲理性的衝力尋找有價值的享受。所以沒有任何一種刺激，甚至沒有宗教權威的刺激，那麼哲學便可看成一種多餘的事物和危險的，或者至少是一種可慮的奢侈品，而這門科學的工作也就更自由地單獨放在尋求實質和眞理的興趣上面。假如像亞里士多德所說①理論是能給人以最高福祉者，是有價值的事物中的最好者，那麼凡曾經分享過這種幸福的人，就可以知道，他們所享有的，也就是他們精神本性所必需的滿足，他們都可以不要勉強向別人要求，而能夠聽任他們自己的需要和滿足在自己的範圍之內得到實現。上面所想到的，乃是一種自然地踏入哲學範圍的作風。當這種風氣鬧得愈響亮，我們深切從事哲學研究就愈少。所以愈徹底愈深邃地從事哲學研究，自身就愈孤寂，對外愈沈默。哲學界淺薄無聊的風氣快要完結，而且很快就會迫使它自己進到深入鑽研。但以謹嚴認眞的態度從事於一個本身偉大的而且自身滿足的事業(Sache)，

---

① 參看亞里士多德：《形而上學》XII篇，七章。——原編者

只有經過長時間完成其發展的艱苦工作，並長期埋頭沈浸於其中的任務，方可望有所成就。

此册全書式的綱要，是我依據上面所提的哲學使命而辛苦完成的工作。本書第二版能很快地售完，使我感到欣慰，覺得除了淺薄無聊的叫囂而外，還有許多人在那裡從事沈默的可嘉許的哲學研究，而這也就是我刊行本書這一新版所企望的。

柏林，一八三〇年九月十九日。

黑格爾對聽衆的致辭

——一八一八年十月二十二日在柏林大學的開講辭

諸位先生：

今天我是奉了國王陛下的詔命，初次到本大學履行哲學教師的職務。請讓我先說幾句話，就是我能有機會在這個時刻承擔這個有廣大學院效用的職位，我感到異常榮幸和欣愉。就時刻來說，似乎這樣的情況已經到來，即哲學已有了引人注意和愛好的展望，而這幾乎很消沈的科學也許可以重新提起它的呼聲。因爲在短期前，一方面由於時代的艱苦，使人對於日常生活的瑣事予以太大的重視，另一方面，現實上最高的興趣，卻在於努力奮鬥首先去復興並拯救國家民族生活上政治上的整個局勢。這些工作占據了精神上的一切能力，各階層人民的一切力量，以及外在的手段，致使我們精神上的內心生活不能贏得寧靜。世界精神太忙碌於現實，太馳鶩於外界，而不遑回到內心，轉回自身，以徜徉自怡於自己原有的家園中。現在現實潮流的重負已漸減輕，日耳曼民族已經把他們的國家，一切有生命有意義的生活的根源，拯救過來了，於是時間已經到來，在國家內，除了現實世界的治理之外，思想的自由世界也會獨立繁榮起來。一般講來，精神的力量在時間裡已有了如此廣大的效力：即凡現時尚能保存的東西，可以說只是理念和符合理念的東西，並且凡能有效力的東西必然可以在識見和思想的前面獲得證明。特別是我們現在所寄託的這個國家，由於精神力量的高度發展，而提高其重量於現實世界和政治事件中，就力量和獨立性來說，已經和那些在外在手段上曾經勝過我國的那些國家居於同等地位了。由此足見教育和科學所開的花本身即是國家生活中一個主要的環節。我們這個大學既是大學的中心，對於一切精神教育，一切科學和眞理的中心，哲學，必須尊重其地位，優予培植。

不僅是說一般的精神生活構成國家存在的一個基本環節，而是進一步說，人民與貴族階級的聯合，爲獨立，爲自由，爲消滅外來的無情的暴君統治的偉大鬥爭，其較高的開端是起於精神之內。精神上的道德力量發揮了它的潛能，舉起了它的旗幟，於是我們的愛國熱情和正義感在現實中均得施展其威力和作用。我們必須重視這種無價的熱情，我們這一代的人均生活於、行動於、並發揮其作用於這種熱情之中。而且一切正義的、道德的、宗教的情緒皆集中在這種熱情之中。——在這種深邃廣泛的作用裡，精神提高了它的尊嚴，而生活的浮泛無根，興趣的淺薄無聊，因而就被徹底摧毀。而淺薄表面的識見和意見，均被暴露出來，因而也就煙消雲散了。這種精神上情緒上深刻的認眞態度也是哲學的眞正的基礎。哲學所要反對的，一方面是精神沈陷在日常急迫的興趣中，一方面是意見的空疏淺薄。精神一旦爲這些空疏淺薄的意見所占據，理性便不能追尋它自身的目的，因而沒有活動的餘地。當人們感到努力以尋求實體性的內容的必要性，並轉而認爲只有具實體性內容的東西才有效力時，這種空疏淺薄的意見必會消逝無蹤。但是在這種實體性的內容裡，我們看見了時代，我們又看見了這樣一種核心的形成，這核心向政治、倫理、宗教、科學各方面廣泛的開展，都已付託給我們的時代了。

我們的使命和任務就是在這青春化和強有力的實體性基礎上培養起哲學的發展。這種實體性的內容的青春化現在正顯示其直接的作用和表現於政治現實方面，同時進一步表現在更偉大的倫理和宗教的嚴肅性方面，表現在一切生活關係均要求堅實性與徹底性方面。最堅實的嚴肅性本身就是認識眞理的嚴肅性。這種要求——由於這要求使得人的精神本性區別於他的單純感覺和享受的生活——也正是精神最深刻的要求，它本身就是一普遍的要求。一方面可說是時代的嚴肅性激動起這種深刻的要求，一方面也可說這種要求乃是日耳曼精神的固有財產。就日耳曼人在哲學這一文化部門的優異成果而論，哲學研究的狀況、哲學這個名詞的意義即可表示出來。在別的民族裡哲學的名詞雖還保存著，但意義已經改變了，而且哲學的實質也已敗壞了，消失了，以致幾乎連對於它的記憶和預感一點兒也都沒有存留了。哲學這門科學已經轉移到我們日耳曼人這裡了，並且還要繼續生活於日耳曼人之中。保存這神聖的光明的責任已經付託給我們了，我們的使命就在於愛護它、培育它，並小心護持，不要使人類所具有的最高的光明，對人的本質的自覺熄滅了、淪落了。

但就在德國在她新生前一些時候，哲學已空疏淺薄到了這樣的程度，即哲學自己以爲並確信它曾經發現並證明沒有對於眞理的知識；上帝，世界和精神的本質，乃是一個不可把握不可認知的東西。精神必須停留在宗教裡，宗教必須停留在信仰、情感和預感裡，而沒有理性知識的可能。知識不能涉及絕對和上帝的本性，不能涉及自然界和精神界的眞理和絕對本質，但一方面它僅能認識那消極的東西，換言之，眞理不可知，只有那不眞的、有時間性的和變幻不居的東西才能夠享受被知的權利。——一方面屬於知識範圍的，僅是那些外在的、歷史的偶然的情況，據說只有從這裡面才會得到他們所臆想的或假想的知識。而且這種知識也只能當作一種歷史性的知識，須從它的外在方面蒐集廣博的材料予以批判的研究，而從它的內容我們卻得不到眞誠嚴肅的東西。他們的態度很有些像拜拉特①的態度，當他從耶穌口裡聽到眞理這名詞時，他反問道：眞理是什麼東西？他的意思是說，他已經看透了眞理是什麼東西，他已經不願再理會這名詞了，並且知道天地間並沒有關於眞理的知識。所以放棄對眞理的知識，自古就被當作最可輕視的、最無價值的事情，卻被我們的時代推崇爲精神上最高的勝利。

這個時代之走到對於理性的絕望，最初尙帶有一些痛苦和傷感的心情。但不久宗教上和倫理上的輕浮任性，繼之而來的知識上的庸俗淺薄——這就是所謂啓蒙——便坦然自得地自認其無能，並自矜其根本忘記了較高興趣。最後所謂批判哲學曾經把這種對永恆和神聖對象的無知當成了良知，因爲它確信曾證明了我們對永恆、神聖、眞理什麼也不知道。這種臆想的知識甚至也自詡爲哲學。爲知識膚淺、性格浮薄的人最受歡迎，最易接受的也莫過於這樣的學說了。因爲根據這個學說來看，正是這種無知，這種淺薄空疏都被宣稱爲最優秀的，爲一切理智努力的目的和結果。

不去認識眞理，只去認識那表面的有時間性的偶然的東西，——只去認識虛浮的東西，這種虛浮習氣在哲學裡已經廣泛地造成，在我們的時代裡更爲流行，甚至還加以大吹大擂。我們很可以說，自從哲學在德國開始出現以來，這門科學似乎從來沒有這樣惡劣過，竟會達到這樣

① 拜拉特(Pilatus)羅馬總督，審訊耶穌基督的官長。——譯者

的看法，這樣的蔑視理性知識，這樣的自誇自詡，這樣的廣泛流行。——這種看法仍然是從前一時期帶過來的，但與那眞誠的感情和新的實體性的精神卻極爲矛盾。對於這種眞誠的精神的黎明，我致敬，我歡呼。對於這種精神我所能作的，僅在於此：因爲我曾經主張哲學必須有眞實內容，我就打算將這個內容在諸君前面發揮出來。

但我要特別呼籲青年的精神，因爲青春是生命中最美好的一段時間，尙沒有受到迫切需要的狹隘目的系統的束縛，而且還有從事於無關自己利益的科學工作的自由。——同樣青年人也還沒有受過虛妄性的否定精神，和一種僅只是批判勞作的無內容的哲學的沾染。一個有健全心情的青年還有勇氣去追求眞理。眞理的王國是哲學所最熟習的領域，也是哲學所締造的，通過哲學的研究，我們是可以分享的。凡生活中眞實的偉大的神聖的事物，其所以眞實、偉大、神聖，均由於理念。哲學的目的就在於掌握理念的普遍性和眞形相。自然界是注定了只有用必然性去完成理性。但精神的世界就是自由的世界。舉凡一切維繫人類生活的，有價值的，行得通的，都是精神性的。而精神世界只有通過對眞理和正義的意識，通過對理念的掌握，才能取得實際存在。

我祝願並且希望，在我們所走的道路上，我可以贏得並值得諸君的信任。但我首先要求諸君信任科學，相信理性，信任自己並相信自己。追求眞理的勇氣，相信精神的力量，乃是哲學研究的第一條件。人應尊敬他自己，並應自視能配得上最高尙的東西。精神的偉大和力量是不可以低估和小視的。那隱蔽著的宇宙本質自身並沒有力量足以抗拒求知的勇氣。對於勇毅的求知者，它只能揭開它的祕密，將它的財富和奧妙公開給他，讓他享受。

導言

§1

哲學缺乏別的科學所享有的一種優越性：哲學不似別的科學可以假定表象所直接接受的爲其對象，或者可以假定在認識的開端和進程裡有一種現成的認識方法。哲學的對象與宗教的對象誠然大體上是相同的。兩者皆以眞理爲對象——就眞理的最高意義而言，上帝即是眞理，而且唯有上帝才是眞理。此外，兩者皆研究有限事物的世界，研究自然界和人的精神，研究自然界和人的精神相互間的關係，以及它們與上帝（即二者的眞理）的關係。所以哲學當能熟知其對象①，而且也必能熟知其對象，——因爲哲學不僅對於這些對象本來就有興趣，而且按照時間的次序，人的意識，對於對象總是先形成表象，後才形成概念，而且唯有通過表象，依靠表象，人的能思的心靈才進而達到對於事物的思維的認識和把握。

但是既然要想對於事物作思維著的考察，很明顯，對於思維的內容必須指出其必然性，對

① 熟知與真知有別。熟知只是對於眼前事物熟視無睹，未加深思。黑格爾在《精神現象學》序言裡，有「熟知非真知」的名言。——譯者

於思維的對象的存在及其規定，必須加以證明，才足以滿足思維著的考察的要求。於是我們原來對於事物的那種熟知便顯得不夠充分，而我們原來所提出的或認爲有效用的假定和論斷便顯得不可接受了。但是，同時要尋得一個哲學的開端的困難因而就出現了。因爲如果以一個當前直接的東西作爲開端，就是提出一個假定，或者毋寧說，哲學的開端就是一個假定。

§ 2

概括講來，哲學可以定義爲對於事物的思維著的考察。如果說「人之所以異於禽獸在於他能思維」這話是對的（這話當然是對的），則人之所以爲人，全憑他的思維在起作用。不過哲學乃是一種特殊的思維方式，——在這種方式中，思維成爲認識，成爲把握對象的概念式的認識。所以哲學思維無論與一般思維如何相同，無論本質上與一般思維同是一個思維，但總是與活動於人類一切行爲裡的思維，與使人類的一切活動具有人性的思維有了區別。這種區別又與這一事實相聯繫，即：基於思維、表現人性的意識內容，每每首先不藉思想的形式以出現，而是作爲情感、直覺或表象等形式而出現。——這些形式必須與作爲形式的思維本身區別開來。

〔說明〕說人之所以異於禽獸由於人有思想，已經是一個古老的成見，一句無關輕重的舊話。這話雖說是無關輕重，但在特殊情形下，似乎也有記起這個老信念的需要。即使在我們現在的時代，就流行一種成見，令人感到有記起這句舊話的必要。這種成見將情緒和思維截然分開，認爲二者彼此對立，甚至認爲二者彼此敵對，以爲情緒，特別宗教情緒，可以被思維所玷污，被思維引入歧途，甚至可以被思維所消滅。依這種成見，宗教和宗教熱忱並不植根於思維，甚至在思維中毫無位置。作這種分離的人，忘記了只有人才能夠有宗教，禽獸沒有宗教，也說不上有法律和道德。

那些堅持宗教和思維分離的人，心目中所謂思維，大約是指一種後思(Nachdenken)，亦即反思。反思以思想的本身爲內容，力求思想自覺其爲思想。忽視了哲學對於思維所明確劃分的這種區別，以致引起對於哲學許多粗陋的誤解和非難。須知只有人有宗教、法律和道德。也只有因爲人是能思維的存在，他才有宗教、法律和道德。所以在這些領域裡，思維化身爲情緒，信仰或表象，一般並不是不在那裡活動。思維的活動和成果，可以說是都表現和包含在它們裡面。不過具有爲思維所決定所浸透的情緒和表象是一回事，而具有關於這些情緒和表象的思想又是一回事。由於對這些意識的方式加以「後思」所產生的思想，就包含在反思、推理等等之內，也就包含在哲學之內。

忽略了一般的思想與哲學上的反思的區別，還常會引起另一種誤會：誤以爲這類的反思是我們達到永恆或達到眞理的主要條件，甚至是唯一途徑。例如，現在已經過時的對於上帝存在的形而上學的證明，曾經被尊崇爲欲獲得上帝存在的信仰或信心，好像除非知道這些證明，除非深信這些證明的眞理，別無他道的樣子。這種說法，無異於認爲在沒有知道食物的化學的、植物學的或動物學的性質以前，我們就不能飲食；而且要等到我們完成了解剖學和生理學的研究之後，才能進行消化。如果眞是這樣，這些科學在它們各自的領域內，與夫哲學在思想的範圍裡將會贏得極大的實用價値，甚至它們的實用將升到一絕對的普遍的不可少的程度。反之，也可以說是，所有這些科學，不是不可少，而是簡直不會存在了。

§3

充滿了我們意識的內容，無論是哪一種內容，都是構成情緒、直觀、印象、表象、目的、義務等等，以及思想和概念的規定性的要素。依此看來，情緒、直觀、印象等，就是這個內容所表現的諸形式。這個內容，無論它僅是單純被感覺著，或摻雜有思想在內而被感覺著、直觀著等等，甚或完全單純地被思維著，它都保持爲一樣的東西。在任何一種形式裡，或在多種混合的形式裡，這個內容都是意識的對象。但當內容成爲意識的對象時，這些不同規定性的形式也就歸在內容一邊，而呈現在意識前面。因此每一形式便好像又成爲一個特殊的對象。於是本來是同樣的東西，看來就好像是許多不同的內容了。

〔說明〕我們所意識到的情緒、直觀、欲望、意志等規定，一般被稱爲表象。所以大體上我們可以說，哲學是以思想、範疇，或更確切地說，是以概念去代替表象。像這樣的表象，一般地講來可看成思想和概念的譬喻。但一個人具有表象，卻未必能理解這些表象對於思維的意義，也未必能深一層理解這些表象所表現的思想和概念。反之，具有思想與概念是一回事，知道符合這些思想和概念的表象、直觀、情緒又是一回事。

這種區別在一定程度內，足以解釋一般人所說的哲學的難懂性。他們的困難，一部分由於他們不能夠，實即不慣於作抽象的思維，亦即不能夠或不慣於緊抓住純粹的思想，並運動於純粹思想之中。在平常的意識狀態裡，思想每每穿上當時流行的感覺上和精神上的材料的外衣，混合在這些材料裡面，而難於分辨。在後思、反思和推理裡，我們往往把思想摻雜在情緒、直觀和表象裡（譬如在一個純是感覺材料的命題裡：「這片樹葉是綠的」，就已經摻雜有存在和個體性的範疇在其中）。但是把思想本身，單純不雜地，作為思考的對象，卻又是另外一回事。至於哲學難懂的另一部分困難，是由於求知者沒有耐心，亟欲將意識中的思想和概念用表象的方式表達出來。所以假如有一個意思，要叫人用概念去把握，他每每不知道如何用概念去思維。因為對於一個概念，除了思維那個概念的本身外，更沒有別的可以思維。但是要想表示那個意思，普通總是竭力尋求一個熟習的流行的觀念或表象來表達。假如摒棄熟習流行的觀念不用，則我們的意識就會感覺到原來所依據的堅定自如的基礎，好像是根本動搖了。意識一經提升到概念的純思的領域時，它就不知道究竟走進世界的什麼地方了。因此最易懂得的，莫過於著作家、傳教師和演說家等人所說的話，他們對讀者和聽眾所說的，都是後者已經知道得爛熟的東西，或者是甚為流行的，和自身明白用不著解釋的東西。

§4

對於一般人的普通意識，哲學須證明其特有的知識方式的需要，甚至必須喚醒一般人認識哲學的特有知識方式的需要。對於宗教的對象，對於眞理的一般，哲學必須證明從哲學自身出發，即有能力加以認識。假如哲學的看法與宗教的觀念之間出現了差異，哲學必須辨明它的各種規定何以異於宗教觀念的理由。

§5

為了對於上面所指出的區別以及與這區別相關聯的見解（即認為意識的眞實內容，一經翻譯為思想和概念的形式，反而更能保持其眞相，甚且反而能更正確的認識的見解），有一初步的了解起見，還可以回想起一個舊信念。這個信念認為要想眞正知道外界對象和事變，以及內心的情緒、直觀、意見、表象等的眞理必須加以反覆思索(Nachdenken)。而對於情緒、表象等加以反覆思索，無論如何，至少可以說是把情緒表象等轉化為思想了。

〔說明〕哲學的職責既以研究思維為其特有的形式，而且既然人皆有天賦的思維能力，因此忽視了上面第三節所指出的區別，又會引起另一種錯誤觀念。這種觀念與認哲學為難懂的看法，恰好相反。常有人將哲學這一門學問看得太輕易，他們雖從未致力於哲學，然而他們可以高談哲學，好像非常內行的樣子。他們對於哲學的常識還無充分準備，然而他們可以毫不遲疑地，特別當他們為宗教的情緒所鼓動時，走出來討論哲學，批評哲學。他們承認要知道別的科學，必須先加以專門的研究，而且必須先對該科有專門的知識，方有資格去下判斷。人人承認要想製成一雙鞋子，必須有鞋匠的技術，雖說每人都有他自己的腳做模型，而且也都有學習製鞋的天賦能力，然而他未經學習，就不敢妄事製作①。唯有對於哲學，大家都覺得似乎沒有研

① 恩格斯在《自然辯證法》中曾記下「論製鞋」三字，利用這個譬喻指責畢希納妄圖非難社會主義和經濟學。見《馬克思恩格斯全集》第二十卷，第五四六頁。——譯者

究、學習和費力從事的必要。——對這種便易的說法，最近哲學上又有一派主張直接的知識、憑直觀去求知識的學說，去予以理論的贊助。

§ 6

以上所說似重在說明哲學知識的形式是屬於純思和概念的範圍。就另一方面看來，同樣也須注重的，即應將哲學的內容理解爲屬於活生生的精神的範圍、屬於原始創造的和自身產生的精神所形成的世界，亦即屬於意識所形成的外在和內心的世界。簡言之，哲學的內容就是現實(Wirklichkeit)。我們對於這種內容的最初的意識便叫做經驗。只是就對於世界的經驗的觀察來看，也已足能辨別在廣大的外在和內心存在的世界中，什麼東西只是飄忽即逝、沒有意義的現象，什麼東西是本身眞實夠得上冠以現實的名義。對於這個同一內容的意識，哲學與別的認識方式，既然僅有形式上的區別，所以哲學必然與現實和經驗相一致。甚至可以說，哲學與經驗的一致至少可以看成是考驗哲學眞理的外在的試金石。同樣也可以說，哲學的最高目的就在於確認思想與經驗的一致，並達到自覺的理性與存在於事物中的理性的和解，亦即達到理性與現實的和解。

在我的《法哲學》的序言裡①，我曾經說過這樣一句話：

凡是合乎理性的東西都是現實的，

---

① 見中文譯本《法哲學原理》第二頁，北京，商務印書館，一九六一年。——譯者

凡是現實的東西都是合乎理性的。

這兩句簡單的話，曾經引起許多人的詫異和反對，甚至有些認爲沒有哲學，特別是沒有宗教的修養爲恥辱的人，也對此說持異議。這裡，我們無須引用宗教來作例證，因爲宗教上關於神聖的世界宰治的學說，實在太確定地道出我這兩句話的意旨了。就此說的哲學意義而言，稍有教養的人，應該知道上帝不僅是現實的，是最現實的，是唯一眞正地現實的，而且從邏輯的觀點看來，就定在一般說來，一部分是**現象**，僅有一部分是現實。在日常生活中，任何幻想、錯誤、罪惡以及一切壞東西、一切腐敗幻滅的存在，儘管人們都隨便把它們叫做現實。但是，甚至在平常的感覺裡，也會覺得一個偶然的存在不配享受**現實**的美名。因爲所謂偶然的存在，只是一個沒有什麼價值的、**可能**的存在，亦即可有可無的東西。但是當我提到「現實」時，我希望讀者能夠注意我用這個名詞的意義，因爲我曾經在一部系統的《邏輯學》裡，詳細討論過現實的性質，我不僅把現實與偶然的事物加以區別，而且進而對於「現實」與「定在」①，「實存」以及其他範疇，也加以準確的區別。

認爲**合理性的**東西就是**現實**性這種說法頗與一般的觀念相違反。因爲一般的表象，一方面大都認理念和理想爲幻想，認爲哲學不過是腦中虛構的幻想體系而已；另一方面，又認理念與

---

① 原文作 Dasein 亦可譯作限在，指受時間空間限制的存在，受「無」限制的「有」，簡言之，就是特定的存在或有限的存在。定在或限在為黑格爾《邏輯學》中特有的一個重要範疇，參看下面§89——§95及《大邏輯》論定在和論現實部分。——譯者

理想爲太高尚純潔，沒有現實性，或太軟弱無力，不易實現其自身。①但慣於運用理智的人特別喜歡把理念與現實分離開，他們把理智的抽象作用所產生的夢想當成眞實可靠，以命令式的「應當」自誇，並且尤其喜歡在政治領域中去規定「應當」。這個世界好像是在靜候他們的睿智，以便向他們學習什麼是應當的，但又是這個世界所未曾達到的。因爲，如果這個世界已經達到了「應當如此」的程度，哪裡還有他們表現其老成深慮的餘地呢？如果將理智所提出的「應當」，用來反對外表的瑣屑的變幻事物、社會狀況、典章制度等等，那麼在某一時期，在特殊範圍內，倒還可以有相當大的重要性，甚至還可以是正確的。而且在這種情形下，他們不難發現許多不正當不合理想的現狀。因爲誰沒有一些聰明去發現在他們周圍的事物中，有許多東西事實上沒有達到應該如此的地步呢？但是，如果把能夠指出周圍瑣屑事物的不滿處與應當處的這一點聰明，便當成在討論哲學這門科學上的問題，那就錯了。哲學所研究的對象是理念，而理念並不會軟弱無力到永遠只是應當如此，而不是眞實如此的程度。所以哲學研究的對象就是現實性，而前面所說的那些事物、社會狀況、典章制度等等，只不過是現實性的淺顯外在的方面而已。

§7

① 對於下面這段話，恩格斯曾有所評注。見《自然辯證法》、《馬克思恩格斯全集》第二十卷，第五四六頁。——譯者

由此足見後思（Nachdenken反覆思索）——一般講來，首先包含了哲學的原則（原則在此處兼有原始或開端的意義在內）。而當這種反思在近代（即在路德的宗教改革之後），取得獨立，重新開花時，一開始就不是單純抽象的思想，如像希臘哲學初起時那樣和現實缺乏聯繫，而是於初起之時，立即轉而指向著現象界的無限量的材料方面。哲學一名詞已用來指謂許多不同部門的知識，凡是在無限量的經驗的個體事物之海洋中，尋求普遍和確定的標準，以及在無窮的偶然事物表面上顯得無秩序的繁雜體中，尋求規律與必然性所得來的知識，都已廣泛地被稱爲哲學知識了。所以現代哲學思想的內容，同時曾取材於人類對於外界和內心，對於當前的外界自然和當前的心靈和心情的自己的直觀和知覺。

〔說明〕這種經驗的原則，包含有一個無限重要的規定，就是爲了要接受或承認任何事物爲眞，必須與那一事物有親密的接觸，或更確切地說，我們必須發現那一事物與我們自身的確定性相一致和相結合。我們必須與對象有親密的接觸，不論用我們的外部感官也好，或是用我們較深邃的心靈和眞切的自我意識也好。①——這個原則也就是今日許多哲學家所謂信仰，直

① 黑格爾素來認為近代經驗主義的發生，有兩大潮流，一個注重自然的或感性的經驗，此為經驗科學的傾向，以培根為代表。一個注重精神經驗，此為重精神生活或文化陶養的傾向，以德國的神祕主義者波麥為代表。前者即此處所謂自「外部感官」出發，後者即此處所謂有「較深邃的心靈，或真切的自我意識出發」，兩者皆同樣注重對事物有親密的接觸，而反對中古空疏抽象的經院哲學。參看黑格爾：《哲學史講演錄》論述培根和波麥部分。——譯者

接知識，外界和主要是自己內心的啓示。這些科學雖被稱爲哲學，我們卻叫做經驗科學，因爲它們是以經驗爲出發點。但是這些科學所欲達到的主要目標，所欲創造的主要成績，在於求得規律，普遍命題，或一種理論，簡言之，在於求得關於當前事物的思想。所以，牛頓的物理學便叫做自然哲學。又如，雨果・格老秀斯(Hugo Grotius)蒐集歷史上國家對國家的行爲加以比較，並根據通常的論證予以支持，因而提出一些普遍的原則，構成一個學說，就叫做國際公法的哲學。在英國，直至現在，哲學一名詞通常都是指這一類學問而言。牛頓至今仍繼續享受最偉大的哲學家的聲譽。甚至科學儀器製造家也慣用哲學一名詞，將凡不能用電磁眩括的種種儀器如寒暑表風雨表之類，皆叫做哲學的儀器。不用說，木頭鐵片之類集合起來，是不應該稱爲哲學的儀器的。眞正講來，只有思維才配稱爲哲學的儀器或工具。①又如新近成立的政治經濟學、在德國稱爲理性的國家經濟學或理智的國家經濟學，在英國亦常被稱爲哲學。②

① 原注一：又有湯姆生所發行的刊物，叫做《哲學年報或研究化學、礦物學、力學、自然歷史、農藝學的雜誌》。只消從這個刊物的名稱，我們便不難揣想此處所謂哲學是指些什麼材料。最後在一英文報紙上我發現一新出版的書的廣告如下：「保護頭髮的藝術，根據哲學原則，整潔地印成八開本，定價八先令。」此處所謂根據哲學的原則以保護頭髮，其實大概是指根據化學或生理學的原則。

② 原注二：與普通政治經濟學原理被稱為哲學的原理有關的「哲學原理」一詞，也常見於英國政治家公開的演說中。在英國國會一八二五年二月二日的集會上，布魯漢在一篇回答英王致辭的演說裡，提到：「有政治家風度並且有哲學原理的自由貿易——因為這些原理無疑是哲學的——對於自由貿易政策的接受，今日英王陛下為此對議會表示欣慰。」哲學一名詞的這種用法，固不僅限於議會中反對派的分子，在英國船主公會每年舉行的宴會上，主席為首相利物浦公爵，同黨的有外相甘寧及

§8

這種經驗知識，在它自己範圍內，初看起來似乎相當滿意。但還有兩方面不能滿足理性的要求：第一，在另一範圍內，有許多對象爲經驗的知識所無法把握的，這就是：自由、精神和上帝。這些對象之所以不能在經驗科學的領域內尋得，並不是由於它們與經驗無關。因爲它們誠然不是感官所能經驗到的，但同樣也可以說，凡是在意識內的都是可以經驗的。這些對象之所以屬於另一範圍，乃因爲它們的內容是無限的。

〔說明〕有一句話，曾被誤認是亞里士多德所說，而且以爲足以表示他的哲學立場：「沒有在思想中的東西，不是曾經在感官中的(nihil est in intellectu, quod non fuerit in sensu.)」如果思辨哲學不承認這句話，那只是由於一種誤解。但反過來也同樣可以說：「沒有在感官中的東西，不是曾經在思想中的(nihil est in sensu, quod non fuerit in intellectu)。」這句話可以有兩種解釋：就廣義講來，這話是說心靈(νοῦς)或精神（精神表示心靈的較深刻的意義），是世界的原因。就狹義講來（參看上面§2，這話是說，法律的、道德的和宗教的情緒——這種情緒也就是經

陸軍軍需官朗格勳爵。甘寧在他答覆主席的祝辭中說：「一個新時期業已開始，在此時期中，國務員於治理國家時，可以應用深邃哲學的正確通則。」英國哲學與德國哲學儘管不同，但當別的地方，常常把哲學的名稱用來作綽號或嘲笑人的名詞，甚或認為令人生厭的名詞時，而我們看見哲學在英國政府要員的口裡這樣受尊重，倒是一件可喜的事。

驗，——其內容都只是以思維爲根源和基地。

§9

第二，主觀的理性，按照它的形式，總要求〔比經驗知識所提供的〕更進一步的滿足。這種足以令理性自身滿足的形式，就是廣義的必然性（參看§1）。然而在一般經驗科學的範圍內，一方面其中所包含的普遍性或類等等本身是空泛的、不確定的，而且是與特殊的東西沒有內在聯繫的。兩者間彼此的關係，純是外在的和偶然的。同樣，特殊的東西之間彼此相互的關係也是外在的和偶然的。另一方面，一切科學方法總是基於直接的事實，給予的材料，或權宜的假設。在這兩種情形之下，都不能滿足必然性的形式。所以，凡是志在彌補這種缺陷以達到眞正必然性的知識的反思，就是思辨的思維，亦即眞正的哲學思維。這種足以達到眞正必然性的反思，就其爲一種反思而言，與上面所講的那種抽象的反思有共同點，但同時又有區別。這種思辨思維所特有的普遍形式，就是概念。

〔說明〕思辨的科學與別的科學的關係，可以說是這樣的：思辨科學對於經驗科學的內容並不是置之不理，而是加以承認與利用，將經驗科學中的普遍原則、規律和分類等加以承認和應用，以充實其自身的內容。此外，它把哲學上的一些範疇引入科學的範疇之內，並使它們通行有效。由此看來，哲學與科學的區別乃在於範疇的變換。所以思辨的邏輯，包含有以前的邏輯與形而上學，保存有同樣的思想形式、規律和對象，但同時又用較深廣的範疇去發揮和改造它們。

對於思辨意義的概念與通常所謂概念必須加以區別。認爲概念永不能把握無限的說法之所以被人們重述了千百遍，直至成爲一個深入人心的成見，就是由於人們只知道狹義的概念，而不知道思辨意義的概念。

§ 10

上面所說的足以求得哲學知識的概念式的思維，既自詡爲足以認識絕對對象（上帝、精神、自由），則對它的這種認識方式的必然性何在，能力如何，必須加以考察和論證。但考察與論證這種思維的努力，已經屬於哲學認識本身的事情，所以只有在哲學範圍之內才能執行這種工作。如果只是加以初步的解釋，未免有失哲學的本色，結果所得恐不過只是一套無憑的假說，主觀的肯定，形式的推理，換言之，不過是些偶然的武斷而已。與此種片面的武斷相對立的反面，亦未嘗不可以同樣有理。

〔說明〕康德的批判哲學的主要觀點，即在於教人在進行探究上帝以及事物的本質等問題之前，先對於認識能力本身，作一番考察工夫，看人是否有達到此種知識的能力。他指出，人們在進行工作以前，必須對於用來工作的工具，先行認識，假如工具不完善，則一切工作，將歸徒勞。——康德這種思想看來異常可取，曾經引起很大的驚佩和贊同。但結果使得認識活動將探討對象，把握對象的興趣，轉向其自身，轉向著認識的形式方面。如果不爲文字所騙的話，那我們就不難看出，對於別的工作的工具，我們誠然能夠在別種方式下加以考察，加以批判，不必一定限於那個工具所適用的特殊工作內。但要想執行考察認識的工作，卻只有在認識的活動過程中才可進行。考察所謂認識的工具，與對認識加以認識，乃是一回事。但是想要認識於人們進行認識之前，其可笑實無異於某學究的聰明辦法，在沒有學會游泳以前，切勿冒險下水①。

萊茵哈特②見到了哲學上這種開端的困難，特提出一種初步的假說和試探式的哲學思考，以作哲學的開端，藉以補救康德的困難。他以為這樣就可以循序進行（其實誰也不知道如何進行），直至我們達到原始眞理為止。仔細考察一下，他的方法並沒有超出普通的辦法，即從分析經驗的基礎開始，或從分析一初步假定的概念的界說開始。不庸否認，就他把普通認識過程中的前提和初步假定解釋作假設的或試探的步驟而言，其中確包含有正確的見解。但是他這種正確看法，並未改變他的哲學方法的性質，而且適足以表明那種方法的不完善。

§11

更進一步，哲學的要求可以說是這樣的：精神，作為感覺和直觀，以感性事物為對象；作為想像，以形象為對象；作為意志，以目的為對象。但就精神相反於或僅是相異於它的這些特

① 參看下面§41，附釋一。——譯者

② 萊茵哈特（K. L. Reinhold, 1758-1823），以發表《關於康德哲學的書信》（一七八六）一書著稱。這書使得他在費希特、謝林、黑格爾之前，被聘為耶拿大學教授（一七八八—一七九四）。此後他一直在基爾大學任教，逐漸脫離了康德哲學。——譯者

定存在形式和它的各個對象而言，復要求它自己的最高的內在性——思維——的滿足。而以思維爲它的對象。這樣，精神在最深的意義下，便可說是回到它的自己本身了。因爲思維才是它的原則、它的眞純的自身。但當精神在進行它的思維的本務時，思維自身卻糾纏於矛盾中，這就是說，喪失它自身於思想的堅固的「不同一」中，因而不但未能達到它自身的回歸與實現，反而老是爲它的反面所束縛。這種僅是抽象理智的思維所達到的結果，復引起的超出這種結果的較高要求，即基於思維堅持不放，在這種意識到的喪失了它的獨立自在的過程中，仍然繼續忠於它自身，力求征服它的對方，即在思維自身中以完成解決它自身矛盾的工作。

〔說明〕認識到思維自身的本性即是辯證法，認識到思維作爲理智必陷於矛盾、必自己否定其自身這一根本見解，構成邏輯學上一個主要的課題。當思維對於依靠自身的能力以解除它自身所引起的矛盾表示失望時，每退而藉助於精神的別的方式或形態〔如情感、信仰、想像等〕，以求得解決或滿足。但思維的這種消極態度，每每會引起一種不必要的理性恨(misologie)，有如柏拉圖所早已陳述過的經驗那樣，對於思維自身的努力取一種仇視的態度，有如把所謂直接知識當作認識眞理的唯一方式的人所取的態度那樣。

§ 12

從上面所說的那種要求而興起的哲學是以經驗爲出發點的，所謂經驗是指直接的意識和抽象推理的意識而言。所以，這種要求就成爲鼓勵思維進展的刺激，而思維進展的次序，總是超出那自然的、感覺的意識，超出自感覺材料而推論的意識，而提高到思維本身純粹不雜的要素，因此首先對經驗開始的狀態取一種疏遠的、否定的關係。這樣，在這些現象的普遍本質的理念裡，思維才得到自身的滿足。這理念（絕對或上帝）多少總是抽象的。反之，經驗科學也給思維一種激勵，使它克服將豐富的經驗內容僅當作直接、現成、散漫雜多、偶然而無條理的材料的知識形式，從而把此種內容提高到必然性——這種激勵使思維得以從抽象的普遍性與僅僅是可能的滿足裡超拔出來，進而依靠自己去發展。這種發展一方面可說是思維對經驗科學的內容及其所提供的諸規定加以吸取，另一方面，使同樣內容以原始自由思維的意義，只按事情本身的必然性發展出來。

〔說明〕對於直接性與間接性在意識中的關係，下面將加以明白詳細的討論。不過這裡須首先促使注意的，即是直接性與間接性兩環節表面上雖有區別，但兩者實際上不可缺一，而且有不可分離的聯繫。——所以關於上帝以及其他一切超感官的東西的知識，本質上都包含有對感官的感覺或直觀的一種提高。此種超感官的知識，因此對於前階段的感覺具有一種否定的態度，這裡面就可以說是包含有間接性。因為間接過程是由一個起點而進展到第二點，所以第二點的達到只是基於從一個與它正相反對的事物出發。但不能因此就說關於上帝的知識並不是獨立於經驗意識。其實關於上帝的知識的獨立性，本質上即是通過否定感官經驗與超脫感官經驗而得到的。——但假如對知識的間接性加以片面的著重，把它認作制約性的條件，那麼，我們更可以說（不過這種說法並沒有多少意義），哲學最初起源於後天的事實，是依靠經驗而產生的（其實，思維本質上就是對當前的直接經驗的否定），正如人的飲食依靠食物，因爲沒有食物，人即無法飲食。就這種關係而論，飲食對於食物，可以說是太不知感恩了。因爲飲食全靠有食物，而且全靠消滅食物。在這個意義下，思維對於感官經驗也可以說是一樣地不知感恩（因爲思維所以成爲思維，全靠有感官材料，而且全靠消化，否定感官材料）。

但是思維因對自身進行反思，從而自身達到經過中介的直接性，這就是思維的先天成分(das Apriorische)，亦即思維的普遍性，思維一般存在它自身內。在普遍性裡，思維得到自身的滿足，但假如思維對於特殊性採取漠視態度，從而思維對於它自身的發展，也就採取漠視態度了。正如宗教，無論高度發達的或草昧未開的宗教，無論經過科學意識教養的或單純內心信仰的宗教，也具有同樣內在本性的滿足和福祉。如果思維停留在理念的普遍性中，有如古代哲學思想的情形（例如愛利亞學派所謂存在，和赫拉克利特所謂變易等等），自應被指斥爲形式主義。即在一種比較發展的哲學思想裡，我們也可以找到一些抽象的命題或公式，例如，「在絕對中一切是一」、「主客同一」等話，遇著特殊事物時，也只有重複抬出這千篇一律的公式去解釋。爲補救思維的這種抽象普遍性起見，我們可以在正確有據的意義下說，哲學的發展應歸功於經驗。因爲，一方面，經驗科學並不停留在個別性現象的知覺裡，乃是能用思維對於材料加工整理，發現普遍的特質、類別和規律，以供哲學思考。那些特殊的內容，經過經驗科學這番整理預備工夫，也可以吸收進哲學裡面。另一方面，這些經驗科學也包含有思維本身要進展到這些具體部門的眞理的迫切要求。這些被吸收進哲學中的科學內容，由於已經過思維的加工，從而取消其頑固的直接性和與料性，同時也就是思維基於自身的一種發展。由此可見，一方面，哲學的發展實歸功於經驗科學，另一方面，哲學賦予科學內容以最主要的成分：思維的自由（思維的先天因素）。哲學又能賦予科學以必然性的保證，使此種內容不僅是對於經驗中所發現的事實的信念，而且使經驗中的事實成為原始的完全自主的思維活動的說明和摹寫。

§ 13

上面所討論的可以說是純粹從邏輯方面去說明哲學的起源和發展。另外我們也可以從哲學史，從外在歷史特有的形態裡去揭示哲學的起源和發展。從外在的歷史觀點來看，便會以為理念發展的階段似乎只是偶然的彼此相承，而根本原則的分歧，以及各哲學體系對其根本原則的發揮，也好像紛然雜陳，沒有聯繫。但是，幾千年來，這哲學工程的建築師，即那唯一的活生生的精神，它的本性就是思維，即在於使它自己思維著的本性得到意識。當它（精神）自身這樣成為思維的對象時，同時它自己就因而超出自己，而達到它自身存在的一個較高階段。哲學史上所表現的種種不同的體系，一方面我們可以說，只是一個哲學體系，在發展過程中的不同階段罷了。另一方面我們也可以說，那些作為各個哲學體系的基礎的特殊原則，只不過是同一思想整體的一些分支罷了。那在時間上最晚出的哲學體系，乃是前此一切體系的成果，因而必定包括前此各體系的原則在內；所以一個真正名副其實的哲學體系，必定是最淵博、最豐富和最具體的哲學體系。

〔說明〕鑒於有如此多表面上不同的哲學體系，我們實有把普遍與特殊的真正規定加以區別的必要。如果只就形式方面去看普遍，把它與特殊並列起來，那麼普遍自身也就會降爲某種特殊的東西。這種並列的辦法，即使應用在日常生活的事物中，也顯然不適宜和行不通。例如①，在日常生活裡，怎麼會有人只是要水果，而不要櫻桃、梨和葡萄，因爲它們只是櫻桃、梨、葡萄，而不是水果。但是，一提到哲學，許多人便藉口說，由於哲學有許多不同的體系，故每一體系只是一種哲學，而不是哲學本身，藉以作爲輕蔑哲學的根據，依此種說法，就好像櫻桃並不是水果似的。有時常有人拿一個以普遍爲原則的哲學體系與一個以特殊爲原則，甚至與一個根本否認哲學的學說平列起來。他們認爲二者只是對於哲學不同的看法。這多少有些像認爲光明與黑暗只是兩種不同的光一樣。

§14

在哲學歷史上所表述的思維進展的過程，也同樣是在哲學本身裡所表述的思維進展的過程，不過在哲學本身裡，它是擺脫了那歷史的外在性或偶然性，而純粹從思維的本質去發揮思維進展的邏輯過程罷了。眞正的自由的思想本身就是具體的，而且就是理念，並且就思想的全部普遍性而言，它就是理念或絕對。關於理念或絕對的科學，本質上應是一個體系，因爲眞理作爲具體的，它必定是在自身中展開其自身，而且必定是聯繫在一起和保持在一起的統一體，換言

① 恩格斯在《自然辯證法》中，曾引證了下面這個例子。見《馬克思恩格斯選集》第三卷，第五五六頁。——譯者

之，眞理就是全體。全體的自由性，與各個環節的必然性，只有通過對各環節加以區別和規定才有可能。

〔說明〕哲學若沒有體系，就不能成爲科學。沒有體系的哲學理論，只能表示個人主觀的特殊心情，它的內容必定是帶偶然性的。哲學的內容，只有作爲全體中的有機環節，才能得到正確的證明，否則便只能是無根據的假設或個人主觀的確信而已。許多哲學著作大都不外是這種表示著者個人的意見與情緒的一些方式。所謂體系常被錯誤地理解爲狹隘的、排斥別的不同原則的哲學。與此相反，眞正的哲學是以包括一切特殊原則於自身之內爲原則。

§15

哲學的每一部分都是一個哲學全體，一個自身完整的圓圈。但哲學的理念在每一部分裡只表達出一個特殊的規定性或因素。每個單一的圓圈，因它自身也是整體，就要打破它的特殊因素所給它的限制，從而建立一個較大的圓圈。因此全體便有如許多圓圈所構成的大圓圈。這裡面每一圓圈都是一個必然的環節，這些特殊因素的體系構成了整個理念，理念也同樣表現在每一個別環節之中。

§16

本書既是全書式的，則我們對它的特殊部門將不能加以詳細的發揮，但將僅限於對這幾門特殊科學的端緒及基本概念加以闡述。

〔說明〕究竟需要多少特殊部分，才可構成一特殊科學，迄今尚不確定，但可以確知的，即每一部分不僅是一個孤立的環節，而且必須是一個有機的全體，不然，就不成為一眞實的部分。因此哲學的全體，眞正地構成一個科學。但同時它也可認為是由好幾個特殊科學所組成的全體。——哲學全書與一般別的百科全書有別，其區別之處，在於一般百科全書只是許多科學的湊合體，而這些科學大都只是由偶然的和經驗的方式得來，為方便起見，排列在一起，甚至裡面有的科學雖具有科學之名，其實只是一些零碎知識的聚集而已。這些科學聚合在一起，只是外在的統一，所以只能算是一種外在的集合、外在的次序〔而不是一個體系〕。由於同樣的原因，特別由於這些材料具有偶然的性質，這種排列總是一種嘗試，而且各部門總難排列得勻稱適當。而哲學全書則不然。第一、哲學全書排斥只是零碎的知識的聚集，例如，文字學似屬於此類的知識。第二、哲學全書還排斥基於武斷任意而成立的學科，例如紋章學。這類的學科可以說是完全是實證的。第三、也有別的稱為實證的科學，但有理性的根據和開端。這類科學的理性部分屬於哲學，它的實證方面，則屬於該學科特有範圍。這類科學的實證部分又可分為下列各種：⑴有的學科開端本身是理性的，但在它把普遍原則應用到經驗中個別的和現實的事物時，便陷於偶然而失掉了理性準則。在這種變化性和偶然性的領域裡，我們無法形成正確的概念，最多只能對變化的偶然事實的根據或原由加以解釋而已。例如法律科學，或直接稅和間接稅的系統，首先必須有許多最後準確決定的條款，這些條款的設定，是在概念的純理決定的範圍以外。因此頗有視實際情形而自由伸縮的餘地，有時，根據此點，可以如此決定，根據彼點，又可以另作決定，而不承認有最後確定的準則。同樣，如「自然」這個理念，在對它進行個別研究時，亦轉化為偶然的事實。如自然歷史、地理學和醫學等皆陷於實際存在的規定，分類與區別，皆為外在的偶然事實和主觀的特殊興趣所規定，而不是由理性所規定。歷史一科也屬此類，雖說理念構成歷史的本質，但理念的表現卻入於偶然性與主觀任性的範圍。⑵這樣的科學也可以說是實證的，由於它們不認識它們所運用的範疇為有限，也不能揭示出這些有限的範疇和它們的整個階段進展到一個較高階段的過渡，而只是把這些有限的範疇當作絕對有效用。此種實證科學的缺陷在於形式的有限，正如前一種實證科學的缺陷在於質料的有限。⑶與此相關的，另有一種實證科學，其缺陷在於它的結論所本的根據欠充分。這類的實證知識大都一部分基於形式的推理，一部分基於情感、信仰和別的權威，一般說來，基於外界的感覺和內心的直觀的權威。例如，許多建築在人類學、意識的事實（心理學）、內心直觀和外在經驗上面的哲學，便屬於這類實證科學。此外還有一種科學，即僅僅這門科學的敘述的形式是經驗的，而把僅僅是現象材料的感性直觀加以排列整理，使符合概念的內在次序。像這樣的經驗科學，把聚集在一起的雜多現象對立化，而揚棄制約它們那些條件的外在偶然的情況，從而使得普遍原則明白顯現出來。——依這種方法，實驗物理學和歷史學等將可闡述成為以外在形象反映概念自身發展過程的科學，前者為認識自然的理性科學，後者為理解人事以及人類行為的科學。

§17

談到哲學的開端，似乎哲學與別的科學一樣，也須從一個主觀的假定開始。每一科學均須各自假定它所研究的對象，如空間、數等等，而哲學似乎也須先假定思維的存在，作為思維的對象。不過哲學是由於思維的自由活動，而建立其自身於這樣的觀點上，即哲學是獨立自為的，因而自己創造自己的對象，自己提供自己的對象。而且哲學開端所採取的直接的觀點，必須在哲學體系發揮的過程裡，轉變成為終點，亦即成為最後的結論。當哲學達到這個終點時，也就是哲學重新達到其起點而回歸到它自身之時。這樣一來，哲學就儼然是一個自己返回到自己的圓圈，因而哲學便沒有與別的科學同樣意義的起點。所以哲學上的起點，只是就研究哲學的主體的方便而言，才可以這樣說，至於哲學本身卻無所謂起點。換句話說，科學的概念，我們據以開始的概念，即因其為這一科學的出發點，所以它包含作為對象的思維與一個（似乎外在的）哲學思考的主體間的分離，必須由科學本身加以把握。簡言之，達到概念的概念，自己返回自己，自己滿足自己，就是哲學這一科學唯一的目的、工作和目標。

§ 18

對於哲學無法給予一初步的概括的觀念，因為只有全科學的全體才是理念的表述。所以對於科學內各部門的劃分，也只有從理念出發，才能夠把握。故科學各部門的初步劃分，正如最初對於理念的認識一樣，只能是某種預想的東西。但理念完全是自己與自己同一的思維，並且理念同時又是藉自己與自己對立以實現自己，而且在這個對方裡只是在自己本身內的活動。因此〔哲學〕這門科學可以分為三部分：

1.邏輯學，研究理念自在自爲的科學。

2.自然哲學，研究理念的異在或外在化的科學。

3.精神哲學，研究理念由它的異在而返回到它自身的科學。

上面§115裡曾說過，哲學各特殊部門間的區別，只是理念自身的各個規定，而這一理念也只是表現在各個不同的要素裡。在自然界中所認識的無非是理念，不過是理念在外在化的形式中。同樣，在精神中所認識的，是自爲存在著、並正向自在自爲發展著的理念。理念這樣顯現的每一規定，同時是理念顯現的一個過渡的或流逝著的環節。因此須認識到個別部門的科學，每一部門的內容既是存在著的對象，同樣又是直接地在這內容中向著它的較高圓圈(Kreis)〔或範圍〕的過渡。所以這種劃分部門的觀念，實易引起誤會，因爲這樣劃分，未免將各特殊部門或各門科學並列在一起，它們好像只是靜止著的，而且各部門科學也好像是根本不同類，有了實質性的區別似的。

邏輯學

邏輯學概念的初步規定

§19

邏輯學是研究純粹理念的科學，所謂純粹理念就是思維的最抽象的要素所形成的理念。

〔說明〕在這部分初步論邏輯學的概念裡，所包含對於邏輯學以及其他概念的規定，也同樣適用於哲學上許多基本概念。這些規定都是由於並對於全體有了綜觀而據以創立出來的。

我們可以說邏輯學是研究思維、思維的規定和規律的科學。但是只有思維本身才構成使得理念成爲邏輯的理念的普遍規定性或要素。理念並不是形式的思維，而是思維的特有規定和規律自身發展而成的全體，這些規定和規律，乃是思維自身給予的，絕不是已經存在於外面的現成的事物。

在某種意義下，邏輯學可以說是最難的科學，因爲它所處理的題材，不是直觀，也不像幾何學的題材，是抽象的感覺表象，而是純粹抽象的東西，而且需要一種特殊的能力和技巧，才能夠回溯到純粹思想，緊緊抓住純粹思想，並活動於純粹思想之中。但在另一種意義下，也可以把邏輯學看作最易的科學。因爲它的內容不是別的，即是我們自己的思維，和思維的熟習的規定，而這些規定同時又是最簡單、最初步的，而且也是人人最熟知的，例如：有與無，質與量，自在存在與自爲存在，一與多等等。但是，這種熟知反而加重了邏輯研究的困難。因爲，一方面我們總以爲不值得費力氣去研究這樣熟習的東西。另一方面，對於這些觀念，邏輯學去研究、去理解所採取的方式，卻又與普通人所業已熟習的方式不相同，甚至正相反。

邏輯學的有用與否，取決於它對學習的人能給予多少訓練以達到別的目的。學習的人通過邏輯學所獲得的教養，在於訓練思維，使人在頭腦中得到眞正純粹的思想，因爲這門科學乃是思維的思維。——但是就邏輯學作爲眞理的絕對形式來說，尤其是就邏輯學作爲純粹眞理的本身來說，它絕不單純是某種有用的東西。但如果凡是最高尚的、最自由的和最獨立的東西也就是最有用的東西，那麼邏輯學也未嘗不可認爲是有用的，不過它的用處，卻不僅是對於思維的形式練習，而必須另外加以估價。

附釋一：第一問題是：什麼是邏輯學的對象？對於這個問題的最簡單、最明瞭的答覆是，眞理就是邏輯學的對象。眞理是一個高尚的名詞，而它的實質尤爲高尚。只要人的精神和心情是健康的，則眞理的追求必會引起他心坎中高度的熱忱。但是一說到這裡立刻就會有人提出反問道：「究竟我們是否有能力認識眞理呢？」在我們這些有限的人與自在自爲存在著的眞理之間，似乎有一種不調協，自然會引起尋求有限與無限間的橋樑的問題。上帝是眞理；但我們如何才能認識他呢？這種知天求眞的企圖似乎與謙遜和謙虛的美德相違反。但因此又有許多人發出我們是否能夠認識眞理的疑問，其用意在於爲他們留戀於平庸的有限目的的生活作辯解。類似這種的謙卑卻毫無可取之處。類似這樣的說法：「像我這種塵世的可憐蟲，如何能認識眞理呢？」可以說是已成過去了。代之而起的另一種誕妄和虛驕，大多自詡以爲直接就呼吸於眞理之中，而青年人也多爲這種空氣所鼓舞，竟相信他們一生下來現成地便具有宗教和倫理上的眞理。從同樣的觀點，特別又有人說，所有那些成年人大多墮落、麻木、僵化於虛妄謬誤之中。青年人所見的有似朝霞的輝映，而老輩的人則陷於白日的沼澤與泥淖之中。他們承認特殊部門的科學無論如何是應該探討的，但也單純把它們認爲是達到生活的外在目的的工具。這樣一來，則妨礙對於眞理的認識與研究的，卻不是上面所說的那種卑謙，而是認爲已經完全得到眞理的自詡與自信了。老輩的人寄託其希望於青年的人，因爲青年人應該能夠促進這世界和科學。但老輩所屬望於青年人的不是望他們停滯不前，自滿自詡，而是望他們擔負起精神上的嚴肅的艱苦的工作。

此外，還有一種反對眞理的謙遜。這是一種貴族式的對於眞理的漠視，有如我們所見得，拜拉特(Pilatus)對於基督所表示的態度。拜拉特問道：「眞理是什麼東西？」意思是說，一切還不是那麼一回事，沒有什麼東西是有意義的。他的意思頗似梭羅門所說的：一切都是虛幻的——這樣一來，便只剩下主觀的虛幻了。

更有一種畏縮也足以阻礙對於眞理的認知。大凡心靈懶惰的人每易於這樣說：不要那樣想，以爲我們對於哲學研究是很認眞的。我們自然也樂意學一學邏輯，但是學了邏輯之後，我們還不是那樣。他們以爲當思維超出了日常表象的範圍，便會走上魔窟；那就好像任他們自身飄浮在思想的海洋上，爲思想自身的波浪所拋來拋去，末了又復回到這無常世界的沙岸，與最初離開此沙岸時一樣地毫無所謂，毫無所得。這種看法的後果如何，我們在世界中便可看得出來。我們可以學習到許多知識和技能，可以成爲循例辦公的人員，也可以養成爲達到特殊目的的專門技術人員。但人們，培養自己的精神，努力從事於高尚神聖的事業，卻完全是另外一回事。而且我們可以希望，我們這個時代的青年，內心中似乎激勵起一種對於更高尚神聖事物的渴求，而不會僅僅滿足於外在知識的草芥了。

附釋二：認思維爲邏輯學的對象這一點，是人人所贊同的。但是我們對於思維的估價，可以很低，也可以很高。一方面，我們說：這不過是一個思想罷了。——這裡的意思是說，思想只是主觀的，任意的，偶然的，而並不是實質本身，並不是眞實的和現實的東西。另一方面，我們對於思想，也可以有很高的估價，認爲只有思想才能達到至高無上的存在、上帝的性質，而憑感官則對上帝毫無所知。我們說，上帝是精神，我們不可離開精神和眞理去崇拜上帝。但我們承認，可感覺到的或感性的東西並不是精神的，而精神的內在核心則是思想，並且只有精神才能認識精神。精神誠然也可表現其自身爲感覺（例如在宗教裡），但感覺的本身，或感覺的方式是一事，而感覺的內容又是另一事。感覺的本身一般是一切感性事物的形式，這是人類與禽獸所共有的。這種感覺的形式也許可以把握最具體的內容，但這種內容卻非此種形式所能達到。感覺的形式是達到精神內容的最低級形式。精神的內容，上帝本身，只有在思維中，或作爲思維時，才有其眞理性。在這種意義下，思想不僅僅是單純的思想，而且是把握永恆和絕對存在的最高方式，嚴格說來，是唯一方式。

對於以思想爲對象的科學，也是和思想一樣，有很高或很低的估價。有人以爲，每個人無須學習邏輯都能思考，正如無須研究生理學，都能消化一樣。即使人研究了邏輯之後，他的思想仍不過與前此一樣，也許更有方法一些，但也不會有多大的變化。如果邏輯除了使人僅僅熟習於形式思維的活動外，沒有別的任務，則邏輯對於我們平時已經同樣能夠作的思維活動，將不會帶來什麼新的東西。其實舊日的邏輯也只有這種地位。此外，一方面，對於人來說，思維的知識即使只是單純的主觀活動，也是對他很光榮而有興趣的事。因爲人之所以異於禽獸，即由於人能知道他是什麼，他作什麼。而且另一方面，就邏輯作爲研究思維的科學來看（思想既是唯一足以體驗眞理和最高存在的活動），邏輯也會占有很高的地位。所以，如果邏輯科學研究思維的活動和它的產物（而思維並不是沒有內容的活動，因爲思維能產生思想，而且能產生它所需要的特定思想），那麼邏輯科學的內容一般講來，乃是超感官的世界，而探討這超感官的世界亦即遨遊於超感官的世界。數學研究數和空間的抽象對象。數學上的抽象還是感性的東西，雖然是沒有特定存在的抽象的感性東西。思想甚至於進一步「辭別」（或脫離）這種最後的感性東西，自由自在，捨棄外的和內的感覺，排斥一切特殊的興趣和傾向。對於有了這樣基礎的邏輯學，則我們對於它的估價，當然會較一般人通常對於邏輯的看法爲高。

附釋三：認識到比起那單純形式思維的科學具有更深意義的邏輯學的需要，由於宗教、政治、法律、倫理各方面的興趣而加強了。從前人們都以爲思想是無足重輕，不能爲害的，不妨放任於新鮮大膽的思想。他們思考上帝、自然和國家，他們深信只是通過思想，人們就可以認識到眞理是什麼，不是通過感官，或者通過偶然的表象和意見所能達到。當他們這樣思想時，其結果便漸漸嚴重地影響到生活的最高關係。傳統的典章制度皆因思想的行使而失去了權威。國家的憲章成爲思想的犧牲品，宗教受到了思想的打擊；許多素來被認作天啓的堅固的宗教觀念也被思想摧毀了，在許多人心中，傳統的宗教信仰根本動搖了。例如在希臘，哲學家起來反對舊式宗教，因而摧毀了舊式宗教的信仰。因此便有哲學家由於摧毀宗教，動搖政治，而被驅逐被處死的事，因爲宗教與政治本質上是聯繫在一起的。這樣，思維便在現實世界裡成爲一種力量，產生異常之大的影響。於是人們才開始注意到思維的威力，進而仔細考察思維的權能，想要發現，思維自詡過甚，未能完成其所擔負的工作。思維不但未能認識上帝、自然和精神的本質，總而言之，不但未能認識眞理，反而推翻了政府和宗教。因此亟須對於思維的效果或效用，加以辯護，所以考察思維的本性，維護思維的權能，便構成了近代哲學的主要興趣。

§ 20

試從思維的表面意義看來，則

(一)首先就思維的通常主觀的意義來說，思維似乎是精神的許多活動或能力之一，與感覺、直觀、想像、欲望、意志等並列雜陳。不過思維活動的產物，思想的形式或規定性一般是普遍的抽象的東西。思維作爲能動性，因而便可稱爲能動的普遍。而且既然思維活動的產物是有普遍性的，則思想便可稱爲自身實現的普遍體。就思維被認作主體而言，便是能思者，存在著的能思的主體的簡稱就叫做我。

〔說明〕這裡和下面幾節所提出的一些規定，絕不可認爲是我個人對於思想的主張或意見。但在這些初步的討論裡，既不能說是有嚴格的演繹或證明，只可算作事實(Facta)的陳述。換言之，在每個人的意識裡，只要他有思想，並考察他的思想，他便可經驗地發現他的思想具有普遍性和下面的種種特性。當然，要正確地觀察他的意識和他的表象中的事實，就要求他事先對注意力和抽象力具有相當的訓練。

在這初步的陳述裡已經提到感覺、表象與思想的區別。這種區別對於了解認識的本性和類別最關緊要。所以這裡先將這個區別提出來促使人們注意，以便有助於他們的了解。——要對感性的東西加以規定，自應首先追溯其外在的來源，感官或感覺官能。但是，只是叫出感覺官能的名稱，還不能規定感官所感到的內容。感性事物與思想的區別，在於前者的特點是個別性的。既然個別之物（最抽象的個別之物是原子）也是彼此有聯繫的，所以凡是感性事物都是些彼此相外(Aussereinander)的個別東西，它們確切抽象的形式，是彼此並列(Nebeneinander)和彼此相續(Nacheinander)的。①至於表象便以那樣的感性材料爲內容，但是這種內容是被設定爲在我之內，具有我的東西的規定，因而也具有普遍性，自身聯繫性、簡單性。除了以感性材料爲內容而外，表象又能以出自自我意識的思維材料爲內容，如關於法律的、倫理的和宗教的表象，

① 恩格斯在《自然辯證法》中評論到這裡所說的感性的東西或表象有著相外、並列、相續諸規定或特點問題。見《馬克思恩格斯全集》第二十卷，第五四七頁。——譯者

甚至關於思維自身的表象。①要劃分這些表象與對於這些表象的思想之間的區別，卻並不那麼容易。因爲表象既具有思想的內容，又具有普遍性的形式，而普遍性爲在我之內的任何內容所必具，亦爲任何表象所同具。但表象的特性，一般講來，又必須在內容的個別性中去找。誠然，法律、正義和類似的規定，不存在於空間內彼此相外的感性事物中的。即就時間而言，這些規定雖好似彼此相續，但其內容也不受時間的影響，也不能認爲會在時間中消逝和變化。但是，這樣的一些潛在的精神的規定，在一般表象之內在的抽象的普遍性的較廣基地上，也同樣地個別化了。在這種個別化的情形下，這些精神規定都是簡單的，不相聯繫的，例如，權利、義務、上帝。在這種情形下的表象，不是表面上停留在權利就是權利，上帝就是上帝等說法上，就是進而提出一些規定，例如說，上帝是世界的造物主，是全知的，萬能的等等。像這樣，多種個別化的、簡單的規定或謂詞，不管其有無內在聯繫，勉強連綴在一起，這些謂詞雖是以其主詞爲聯繫，但它們之間仍然是相互外在的。就這點而論，表象與知性相同，其唯一的區別，在於知性尚能建立普遍與特殊，原因與效果等關係，從而使表象的孤立化的表象規定有了必然性的聯繫。反之，表象便只能讓這些孤立化的規定在模糊的意識背景裡彼此挨近地排列著，僅僅憑一個又(auch)字去聯繫。表象和思想的區別，還具有更大的重要性，因爲一般講來，哲學除了把表象轉變成思想——當然，更進一步哲學還要把單純抽象的思想轉變成概念——之外，沒有

---

① 按德文 Vorstellung 一詞，一般譯為「表象」，有時譯為「觀念」，前者指這裡所說的「以感性材料為內容」的表象；後者則指「以思維材料為內容」的表象。——譯者

別的工作。

我們在上面曾經指出，感覺事物都具有個別性和相互外在性，這裡我們還可補說一句，即個別性和相互外在性也是思想，也是有普遍性的東西。在邏輯學中將指出，思想和普遍東西的性質，思想是思想的自身又是思想的對方，思想統攝其對方，絕不讓對方逃出其範圍。由於語言既是思想的產物，所以凡語言所說出的，也沒有不是具有普遍性的。凡只是我自己意謂的，便是我的，亦即屬於我這個特殊個人的。但語言既只能表示共同的意謂，所以我不能說出我僅僅意謂著的。而凡不可言說的，如情緒、感覺之類，並不是最優良最眞實之物，而是最無意義、最不眞實之物。當我說：「這個東西」、「這一東西」、「此地」、「此時」時，我所說的這些都是普遍性的。一切東西和任何東西都是「個別的」、「這個」，而任何一切的感性事物都是「此地」、「此時」。①同樣，當我說「我」時，我的意思是指這個排斥一切別的事物的「我」，但是我所說的「我」，亦即是每一個排斥一切別的事物的「我」。②康德曾用很笨拙的話來表達這個意思，他說，「我」伴隨著一切我的表象，以及我的情感、欲望、行爲等等。③「我」是一個自在自爲的普遍性，共同性也是一種普遍性，不過是普遍性的一種外在形式。一切別的人都和我共同地有「我」、是「我」，正如一切我的情感，我的表象，都共有著我，「伴

---

①《精神現象學》論意識部分「第一章：感性確定性，這個和意謂」。——譯者

② 據本書第二版，此下尚有「我的普遍性卻不是一個單純的共同性，而是內在的普遍性自己本身」一語，第三版刪去，茲特補譯於此。——譯者

③ 參看康德：《純粹理性批判》，B 一三一。——譯者

隨」是屬於我的東西，就作爲抽象的我來說，「我」是純粹的自身聯繫。①在這種的自身聯繫裡，「我」從我的表象、情感，從每一個心理狀態以及從每一性情、才能和經驗的特殊性裡抽離出來。「我」，在這個意義下，只是一個完全抽象的普遍性的存在，一個抽象的自由的主體。因此「我」是作爲主體的思維，「我」既然同時在我的一切表象、情感、意識狀態等之內，則思想也就無所不在，是一個貫串在這一切規定之中的範疇。

附釋：當我們一提到思維，總覺得是指一種主觀的活動，或我們所有的多種能力，如記憶力、表象力、意志力等等之一種。如果思維僅是一種主觀的活動，因而便成爲邏輯的對象，那麼邏輯也將會與別的科學一樣，有了特定的對象了。但這又未免有些武斷，何以我們單將思維列爲一種特殊科學的對象，而不另外成立一些專門科學來研究意志、想像等活動呢？思維之所以作爲特殊科學研究的對象的權利，其理由也許是基於這一件事實，即我們承認思維有某種權威，承認思維可以表示人的眞實本性，爲劃分人與禽獸的區別的關鍵。而且即使單純把作爲主觀活動的思維，加以認識、研究，也並不是毫無興趣的事。對思維的細密研究，將會揭示其規律與規則，而對其規律與規則的知識，我們可以從經驗中得來。從這種觀點來研究思維的規律，曾構成往常所謂邏輯的內容。亞里士多德就是這門科學的創始人。他把他認爲思維所具有的那

① 純粹自身聯繫(die reine Beziehung auf sich selbst)在這裡是用來表示形式的抽象概念或聯繫的術語。如甲是甲，我是我，與非甲非我毫無關涉的純甲或純我，就是黑格爾所謂的純粹自身關係。——譯者

種力量，都揭示出來了。我們的思維本來是很具體的，但是在思維的複雜的內容裡，我們必須劃分出什麼是屬於思維本身的或屬於思維的抽象作用的。思維的作用，一種微妙的理智的聯繫，綜合起思維所有的內容，亞氏把這種理智的聯繫，這種思維形式的本身，特別突出起來加以規定。亞里士多德這種邏輯一直到現在還是大家所公認的邏輯，經過中世紀的經院哲學家雖有所推衍，卻沒有增加什麼材料，只是對於原有材料上更加細緻的發揮罷了。近代人關於邏輯的工作，可以說主要地一方面是放棄了一些自亞里士多德及經院哲學家所傳襲下來的許多邏輯規定，一方面又摻進去許多心理學的材料。這門科學的主旨在於認識有限思維的運用過程，只要這門科學所採取的方法能夠適合於處理其所設定的題材，這門科學就算是正確的。從事這種形式邏輯的研究，無疑有其用處，可以藉此使人頭腦清楚，有如一般人所常說，也可以教人練習集中思想，練習作抽象的思考，而在日常的意識裡，我們所應付的大多是些混淆錯綜的感覺的表象。但是在作抽象思考時，我們必須集中精神於一點，藉以養成一種從事於考察內心活動的習慣。人們可以利用關於有限思維的形式的知識，把它作爲研究經驗科學的工具，由於經驗科學是依照這些形式進行的，所以，在這個意義下，也有人稱形式邏輯爲工具邏輯。誠然，我們尚可超出狹隘的實用觀點說：研究邏輯並不是爲了實用，而是爲了這門科學的本身，因爲探索最優良的東西，並不是爲了單純實用的目的。這話一方面固然不錯，但從另一方面看來，最優良的東西，也就是最有用的東西。因爲實體性的東西，堅定不移的東西，才是特殊目的的負荷者，並可以促進和實現這些特殊目的。人們必不可將特殊目的放在第一位，但是那最優良的東西卻能促進特殊目的的實現。譬如，宗教自有其本身的絕對價值，但同時許多別的目的也通過宗教而得到促進和支持。基督說過：「首先要尋求天國，別的東西也會加上給你們。」①只有當達到了自在自爲的存在時，才可以達到特殊的目的。

§21

(二)在前面我們既認思維和對象的關係是主動的，是對於某物的反思，因此思維活動的產物、普遍概念，就包含有事情的價值，亦即本質、內在實質、眞理。

〔說明〕在§5裡曾提及一種舊信念認爲所有對象、性質、事變的眞實性，內在性，本質及一切事物所依據的實質，都不是直接地呈現在意識的前面，也不是隨對象的最初外貌或偶然發生的印象所提供給意識的那個樣子，反之，要獲得對象的眞實性質，我們必須對它進行反思。②唯有通過反思才能達到這種知識。

附釋：甚至兒童也已經多少學到一些反思的能力。例如，兒童首先須學習如何把形容詞和實物名詞連接起來。這裡他必須注意觀察並區別異同。他必須緊記一條規則，並把它應用於特

---

① 參看《馬太福音》第六章，第三三節，引文與原文有出入。——譯者

② 反思德文作 Nachdenken，英文作 Reflection，直譯應作「後思」，實即反覆思索，作反省回溯的思維之意。人對感覺所得的表象材料，加以反思而得概念，猶如反芻動物將初步吃進胃中的食物，加以反芻，使可消化。參看前第二節、第五節及下節。——譯者

殊事物。這規則不是別的，而是一普遍的東西。兒童也會使特殊東西遵循這個普遍規則。再如在生活中我們有了目的。於是我們便反覆思索達到這個目的的種種方法。在這裡，目的便是普遍，或指導原則。按照目的，我們便決定達到這目的的手段或工具。同樣，反思在道德生活裡也在起作用。在這裡，反思是回憶正義觀念或義務觀念，亦即回憶我們需要當作固定的規則去遵循以指導我們在當前特殊情形下的行爲的普遍。這個普遍規定必須包含在我們的特殊行爲裡，而且是通過特殊行爲可以認識的。又如在我們對自然現象①的研究裡，也有反思作用在活動。例如我們觀察雷和電。這是我們所極熟習的現象，也是我們常常知覺到的事實。但人們對於單純表面上的熟習，只是感性的現象，總是不能滿意，而是要進一步追尋到它的後面，要知道那究竟是怎樣一回事，要把握它的本質。因此我們便加以反思，想要知道有以異於單純現象的原因所在，並且想要知道有以異於單純外面的內面所在。這樣一來，我們便把現象分析成兩面(entzwei)，內面與外面，力量與表現，原因與結果。在這裡，內面、力量，也仍然是普遍的、有永久性的，非這一電閃或那一電閃，非這一植物或那一植物，而是在一切特殊現象中持存著的普遍。感性的東西是個別的，是變滅的，而對於其中的永久性東西，我們必須通過反思才能認識。自然所表現給我們的是個別形態和個別現象的無限量的雜多體，我們有在此雜多中尋求統一的要求。因此，我們加以比較研究，力求認識每一事物的普遍。個體生滅無常，而類則是其中持

① 恩格斯在《自然辯證法》裡只寫下「自然現象」四字以概括黑格爾這裡對認識自然現象的反思過程所作的辯證分析，藉以反對畢希納。《馬克思恩格斯全集》第二十卷，第五四七頁。——譯者

續存在的東西，而且重現在每一個體中，類的存在只有反思才能認識。自然律也是這樣，例如關於星球運行的規律。天上的星球，今夜我們看見在這裡，明夜我們看見在那裡，這種不規則的情形，我們心中總覺得不敢於信賴，因爲我們的心靈總相信一種秩序，一種簡單恆常而有普遍性的規定。心中有了這種信念，於是對這種淩亂的現象加以反思，而認識其規律，確定星球運動的普遍方式，依據這個規律，可以了解並測算星球位置的每一變動。同樣的方式，可以用來研究支配複雜萬分的人類行爲的種種力量。在這一方面，我們還是同樣相信有一普遍性的支配原則。從上面所有這些例子裡，可以看出反思作用總是去尋求那固定的、長住的、自身規定的、統攝特殊的普遍原則。這種普遍原則就是事物的本質和眞理，不是感官所能把握的。例如義務或正義就是行爲的本質，而道德行爲所以成爲眞正道德行爲，即在於能符合這些有普遍性的規定。

當我們這樣規定普遍時，我們便發現普遍與它的對方形成對立。它的對方就是單純直接的、外在的和個別的東西，與間接的、內在的和普遍的東西相對立。須知普遍作爲普遍並不是存在於外面的。類作爲類是不能被知覺的，星球運動的規律並不是寫在天上的。所以普遍是人所不見不聞，而只是對精神而存在的。宗教指引我們達到一個普遍，這普遍廣包一切，爲一切其他的東西所由以產生的絕對，此絕對也不是感官的對象，而只是精神和思想的對象。

§22

(三)經過反思，最初在感覺、直觀、表象中的內容，必有所改變，因此只有通過以反思作爲中介的改變，對象的眞實本性才可呈現於意識前面。

附釋：凡是經反思作用而產生出來的就是思維的產物。例如，梭倫爲雅典人所立的法律，可說是從他自己的頭腦裡產生出來的①。但反之另一方面，我們又必須將共體（如梭倫所立的）這些法律，認作僅僅的主觀觀念的反面，並且還要從這裡面認識到事物本質的、眞實的和客觀的東西。要想發現事物中的眞理，單憑注意力或觀察力並不濟事，而必須發揮主觀的（思維）活動，以便將直接呈現在當前的東西加以形態的改變。這點初看起來似乎有些顚倒，而且好像違反尋求知識的目的。但同樣我們可以說，唯有借助於反思作用去改造直接的東西，才能達到實體性的東西，這是一切時代共有的信念。到了近代才有人首先對於此點提出疑問，而堅持思維的產物和事物本身間的區別。據說，事物自身與我們對於事物自身的認識，完全是兩回事。這種將思想與事物自身截然分開的觀點，特別是康德的批判哲學所發揮出來的，與前些時代認爲事情(Sache)②與思想相符合是不成問題的信心，正相反對。這種思想與事情的對立是近代哲學興趣的轉折點。但人類的自然信念卻不以爲這種對立是眞實的。在日常生活中，我們也進行反思，但並未特別意識到單憑反思即可達到眞理；我們進行思考，不顧其他，只是堅決相信思

---

① 恩格斯在《自然辯證法》中引用了梭倫的例子來指斥畢希納。參看《馬克思恩格斯全集》第二十卷，第五四七頁。——譯者

② das Ding 一般譯作「物」或「事物」。die Sache 一般譯成「事情」，有時譯成「實質」，含有事物的「內容實質」之意。——譯者

想與事情是符合的，而這種信念確是異常重要。但我們這時代有一種不健康的態度，足以引起懷疑與失望，認爲我們的知識只是一種主觀的知識，並且誤認這種主觀的知識是最後的東西。但是，眞正講來，眞理應是客觀的，並且應是規定一切個人信念的標準，只要個人的信念不符合這標準，這信念便是錯誤的。反之，據近來的看法，主觀信念本身，單就其僅爲主觀形式的信念而言，不管其內容如何，已經就是好的，這樣便沒有評判它的眞僞的標準。——前面我們曾說過，「人心的使命即在於認識眞理」，這是人類的一個舊信念，這話還包含有一層道理，即任何對象，外在的自然和內心的本性，舉凡一切事物，其自身的眞相，必然是思維所思的那樣，所以思維即在於揭示出對象的眞理。哲學的任務只在於使人類自古以來所相信於思維的性質，能得到顯明的自覺而已。所以，哲學並無新的發明，我們這裡通過我們的反思作用所提出的說法，已經是人人所直接固有的信念。

§23

㈣反思既能揭示出事物的眞實本性，而這種思維同樣也是我的活動，如是則事物的眞實本性也同樣是我的精神的產物，就我作爲能思的主體，就我作爲我的簡單的普遍性而言的產物，也可以說是完全自己存在著的我或我的自由的產物。

〔說明〕我們常常聽見爲自己思考的說法，好像這話包含有重大的意義似的。其實，沒有人能夠替別人思考，正如沒有人能夠替別人飲食一樣。所以這話是重複的。在思維內即直接包含自由，因為思想是有普遍性的活動，因而是一種抽象的自己和自己聯繫，換言之，就思維的主觀性而言，乃是一個沒有規定的自在存在，但就思維的內容而言，卻又同時包含有事情及事情的各種規定。因此，如果說到哲學研究上的謙遜或卑謙與驕傲，則謙遜或卑謙在於不附加任何特殊的特質或行動給主觀性，所以就內容來說，只有思維深入於事物的實質，方能算得眞思想；就形式來說，思維不是主體的私有的特殊狀態或行動，而是擺脫了一切特殊性、任何特質、情況等等抽象的自我意識，並且只是讓普遍的東西在活動，在這種活動裡，思維只是和一切個體相同一。在這種情形下，我們至少可以說哲學是擺脫掉驕傲了。——所以當亞里士多德要求思想須保持一種高貴態度時，他所說的高貴性應即在於擺脫一切特殊的意見和揣測，而讓事物的實質當權。

§24

思想，按照這樣的規定，可以叫做客觀的思想，甚至那些最初在普通形式邏輯裡慣於只當作被意識了的思維形式，也可以算作客觀的形式。因此邏輯學便與形而上學合流了。形而上學是研究思想所把握住的事物的科學，而思想是能夠表達事物的本質性的。①

---

① 關於這一節，恩格斯作了簡要摘評：「形而上學——關於事物的科學——不是關於運動的科學。」巧妙地既否定了形而上學的唯心論性質，又批評了形而上學不研究運動的反辯證法性質。見《馬克思恩格斯全集》第二十卷，第五四七頁。——譯者

〔說明〕關於思想的某些形式如概念、判斷和推論與其他的形式如因果律等等的關係，只是在邏輯學本身內才能加以研究。但現時至少有這樣多是可以清楚看見的，就是當思想對事物要形成一個概念時，這概念及其最直接的形式判斷和推論，絕不會是由一些生疏的、外在的規定和關係所形成的。反思，有如上面所說，能深入於事物的共性，而共性本身即是概念的一個環節。說知性或理性是在世界中，同樣地說出了客觀思想所包含的相同的意義。這種說法也仍然有些不方便，因爲一般的習慣總以爲思想只是屬於精神或意識的，而客觀一詞最初也只是用來指謂非精神的東西。

附釋一：當我們說思想作爲客觀思想是世界的內在本質時，似乎這樣一來就會以爲自然事物也是有意識的。對此我們還會感覺一種矛盾，一方面把思維看成事物的內在活動，一方面又說人與自然事物的區別在於有思維。因此我們必須說自然界是一個沒有意識的思想體系，或者像謝林所說的那樣，自然是一種頑冥化的(Versteinerte)理智。爲了免除誤會起見，最好用思想規定或思想範疇以代替思想一詞。——據前面所說，邏輯的原則一般必須在思想範疇的體系中去尋求。在這個思想範疇的體系裡，普遍意義下的主觀與客觀的對立是消除了的。這裡所說的思想和思想範疇的意義，可以較確切地用古代哲學家所謂「Nous（理性）統治這世界」一語來表示。——或者用我們的說法，理性是在世界中，我們所了解的意思是說，理性是世界的靈魂，理性居住在世界中，理性構成世界的內在的、固有的、深邃的本性，或者說，理性是世界的共性。舉一個切近的例子，如我們指著某一特定的動物說：這是一個動物。動物本身是不能指出的，能指出的只是一個特定的動物。動物本身並不存在，它是個別動物的普遍本性，而每一個存在著的動物是一個遠為具體的特定的東西，一個特殊的東西。但既是一個動物，則此一動物必從屬於其類，從屬於其共性之下，而此類或共性即構成其特定的本質。譬如，把狗的動物性去掉，則〔狗便失其為狗〕，我們就無法說出它是什麼了。任何事物莫不有一長住的內在的本性和一外在的定在。萬物生死，興滅；其本性，其共性即其類，而類是不可以單純當作各物共同之點來理解的。

思想不但構成外界事物的實體(Substanz)，而且構成精神性的東西的普遍實體。在人的一切直觀中都有思維。同樣，思維是〔貫穿〕在一切表象、記憶中，一般講來，在每一精神活動和在一切意志、欲望等等之中的普遍的東西。所有這一切只是思想進一步的特殊化或特殊形態。這種理解下的思維便與通常單純把思維能力與別的能力如直觀、表象、意志等能力平列起來的看法，有不同的意義了。當我們把思維認為是一切自然和精神事物的眞實共性時，思維便統攝這一切而成為這一切的基礎了。我們可以首先把認思維為理性這種對思維的客觀意義的看法，和什麼是思維的主觀意義相結合。我們曾經說，人是有思想的。但同時我們又說，人是有直觀、有意志的。就人是有思想的來說，他是一個有普遍性者，但只有當他意識到他自身的普遍性時，他才是有思想的。動物也是具有潛在的普遍的東西，但動物並不能意識到它自身的普遍性，而總是只感覺到它的個別性。動物看見一個別的東西，例如它的食物或一個人。這一切在它看來，都是個別的東西。同樣，感覺所涉及的也只是個別事物（如此處的痛苦，此時感覺到的美味等）。自然界不能使它所含蘊的理性(Nous)得到意識，只有人才具有雙重的性能，是一個能意識到普遍性的普遍者。人的這種性能的最初發動，即在於當他知道他是我的時候，當我說我時，我意謂著我自己作爲這個個別的始終是特定的人。其實我這裡所說出的，並沒有什麼特殊關於我自己的東西。因爲每一個其他的人也仍然是一個我，當我自己稱自己爲「我」時，雖然我無疑地是指這個個別的我自己，但同時我也說出了一個完全普遍的東西。因此我乃是一純粹的「自爲存在」(Fürsichsein)，在其中任何特殊的東西都是被否定或揚棄了的。這種自爲的我，乃是意識中最後的、簡單的、純粹的東西。我們可以說：我與思維是同樣的東西，或更確定地說，我是作爲能思者的思維。凡是在我的意識中的，即是爲我而存在的。我是一種接受任何事物或每一事物的空曠的收容器①，一切皆爲我而存在，一切皆保存其自身在我中。每一個人都是諸多表象的整個世界，而所有這些表象皆埋葬在這個自我的黑夜中。由此足見我是一個抽掉了一切個別事物的普遍者，但同時一切事物又潛伏於其中。所以我不是單純抽象的普遍性，而是包含一切的普遍性。平常我們使用這個「我」字，最初漫不覺其重要，只有在哲學的反思裡，才將「我」當作一個考察的對象。在「我」裡面我們才有完全純粹的思想出現。動物就不能說出一個「我」字。只有人才能說「我」，因爲只有人才有思維。在「我」裡面就具有各式各樣內的和外的內容，由於這種內容的性質不同，我也因而成爲能感覺的我，能表象的我，有意志的我等等。但在這一切活動中都有我，或者也可以說在這一切活動中都有思維。因此人總是在思維著的，即使當他只在直觀的時候，他也是在思維。假如他觀察某種東西，他總是把它當作一種

① 直譯應作「空虛和收容器」。——譯者

普遍的東西，著重其一點，把它特別提出來，以致忽略了其他部分，把它當作抽象的和普遍的東西，即使只是在形式上是普遍的東西。

我們的表象表現出兩種情況：或者內容雖是一個經過思考的內容，而形式卻未經過思考，或者正與此相反，形式雖屬於思想，而內容則與思想不相干。譬如，當我說，忿怒、玫瑰、希望等詞時，這些詞所包含的內容，都是我的感覺所熟習的，但我用普遍的方式，用思想的形式，把這些內容說出來。這樣一來，我就排斥了許多個別的情況，只用普遍的語言來表達那個內容，但是那個內容卻仍然是感性的。反之，當我有上帝的表象時，這內容誠然是純思的，但形式卻是感性的，像我直接親自感覺到的上帝的形式那樣。所以在表象裡，內容不僅僅是感性的，像在直觀裡那樣，而且有著兩種情況：或者內容是感性的，而形式卻屬於思維，或者正與此相反，內容是純思的，而形式卻又是感性的。在前種情況下，材料是外界給與的，而形式則屬於思維，在第二種情況下，思維是內容的泉源，但通過感覺的形式這內容表現為給與的東西，因此是外在地來到精神裡的。

附釋二：邏輯學是以純粹思想或純粹思維形式為研究的對象。就思想的通常意義來說，我們所表象的東西，總不僅僅是純粹的思想，因為我們總以為一種思想它的內容必定是經驗的東西。而邏輯學中所理解的思想則不然，除了屬於思維本身，和通過思維所產生的東西之外，它不能有別的內容。所以，邏輯學中所說的思想是指純粹思想而言。所以邏輯學中所說的精神也是純粹自在的精神，亦即自由的精神，因為自由正是在他物中即是在自己本身中、自己依賴自己、自己是自己的決定者。所以思想與衝動不同。在一切衝動中，我是從一個他物，從一個外在於我的事物開始。在這裡，我們說的是依賴，不是自由。只有當沒有外在於我的他物和不是我自己本身的對方時，我才能說是自由。那只是被他自己的衝動所決定的自然人，並不是在自己本身內：即使他被衝動驅使，表現一些癖性，但他的意志和意見的內容卻不是他自己的，他的自由也只是一種形式上的自由。但當我思維時，我放棄我的主觀的特殊性，我深入於事情之中，讓思維自爲地作主，倘若我摻雜一些主觀意思於其中，那我就思維得很壞。

如果依前此所說，認爲邏輯學是純粹思維規定的體系，那麼別的部門的哲學科學，如像自然哲學和精神哲學，似乎就是應用的邏輯學，因爲邏輯學是自然哲學和精神哲學中富有生氣的靈魂。其餘部門的哲學興趣，都只在於認識在自然和精神形態中的邏輯形式，而自然或精神的形態只是純粹思維形式的特殊的表現。譬如，我們試取推論來說（不是指舊形式邏輯的三段論法，而是指眞正的推論①），我們可以看見推論是這樣的一個規定，即特殊是普遍與個別這兩個極端結合起來的中項。這種推論的形式，就是一切事物的普遍形式。因爲一切事物都是將普遍與個別結合起來的特殊。但自然軟弱無力使得它自身不能夠純粹地表述出邏輯的形式。自然

① 這裡所謂「推論」(Schluß)或眞正的推論(Schluß in seine Wahrheit)一般也叫三段式(syllogism)，黑格爾這裡經過辯證法改造的推論或三段式是指「兩個極端結合起來的中項」，也就是指對立統一體。因此他進一步由邏輯上的三段式兩極端的結合，聯繫到認識論或存在論上的三段式，說「這種推論形式就是一切事物的普遍形式」，也就是說，一切事物都具有對立統一的邏輯規定。參看下面§197以下各節。——譯者

所表述的軟弱無力的推論，可用磁力爲例來說明。在磁針的中間或無差異點，把它的兩極結合起來，這兩極雖說彼此有差別，但直接地就被這磁針結合爲一。物理學也可教我們從自然中認識到共性或本質。物理學與自然哲學的區別，只在於自然哲學能使我們在自然事物裡意識到概念的眞正形式。——由此可見邏輯學是使一切科學生氣蓬勃的精神，邏輯學中的思維規定是一些純粹的精神力量。這些思維規定就是事物內在的核心，但是它們同時又是我們常常掛在口邊上的名詞，因此又顯得是異常熟知的東西。但是這類熟知的東西往往又是我們最無所知的東西。例如，存在就是一純粹思維規定，但我們平時絕沒有想到把存在或是作爲考察的對象。大家平時總以爲，絕對必遠在彼岸，殊不知絕對卻正在目前，是我們凡有思想的人所日用而不自知的。所有這類的思維規定大多包含在語言裡面，所以兒童學習文法的用處，即在於使兒童不自覺地注意到人們平日思維中的種種區別。

人們慣常說，邏輯只是研究形式，它的內容卻來自別處。其實，我們可以說，邏輯思想比起一切別的內容來，倒並不只是形式，反之，一切別的內容比起邏輯思想來，卻反而只是（缺乏實質的）形式。邏輯思想是一切事物的自在自爲地存在著的根據。要有相當高教養的人，才能夠把他的興趣指向這種邏輯的純粹規定。對這些邏輯規定加以自在自爲的考察，還有一層較深遠的意義，即在於我們是從思維的本身去推演出這些思維的規定，並且即從這些思維規定的本身來看它們是否是眞的。我們並不是從外面把它們襲取而來，並勉強給予定義，我們也不是把它們拿來與它們出現在我們意識中的形態漫加比較而指出其價值和有效性。因爲如果這樣做，我們就會從觀察和經驗出發，例如，這樣說：「力」這個範疇有效，是由於我們習慣於在某種情形下和在某種意義下使用力這個詞。只要這個定義與我們對於通常呈現在我們意識中的對象的表象相符合，這樣的定義也可說是正確的。在這種方式下，一個概念的規定，並不是按照它的自在自爲的本質，而是按照一個〔外在的〕前提，這前提將會成爲判斷這一概念正確與否的標準和尺度。但在邏輯學範圍內，我們用不著這類外在的標準，我們只須讓那本身活潑自如的思維規定循著它們自己的進程逐步發展。

關於思想規定眞與不眞的問題，一定是很少出現在一般意識中的。因爲思想規定只有應用在一些給予的對象的過程中才獲得它們的眞理，因此，離開這種應用過程，去問思想規定本身眞與不眞，似乎沒有意義。但須知，這一問題的提出，正是解答其他一切問題的關鍵。說到這裡，我們首先必須知道，我們對於眞理應該如何理解。通常我們總是認爲我們的表象與一個對象相符合叫做眞理。這說法預先假定有一個對象，我們的表象應與這對象相符合。但反之，從哲學的意義來看，概括地抽象地講來，眞理就是思想的內容與其自身的符合。所以這與剛才所說的眞理的意義，完全是另一種看法。但同時，即在平常習用的言語中，已經可以部分地尋得著較深的（哲學的）意義的眞理。譬如我們常說到一個眞朋友，所謂一個眞朋友，就是指一個朋友的言行態度能夠符合友誼的概念。同樣，我們也常說一件眞的藝術品。在這個意義下，不眞即可說是相當於不好，或自己不符合自己本身。一個不好的政府即是不眞的政府，一般說來，不好與不眞皆由於一個對象的規定或概念與其實際存在之間發生了矛盾。對於這樣一種不好的對象，我們當然能夠得著一個正確的觀念或表象，但這個觀念的內容本身卻是不眞的。像這類正確的同時又是不眞的觀念，我們腦子裡面可以有很多。——唯有上帝才是概念與實在的眞正符合。但一切有限事物，自在地都具有一種不眞實性，因爲凡物莫不有其概念，有其存在，而其存在總不能與概念相符合。因此，所有有限事物皆必不免於毀滅，而其概念與存在間的不符合，都由此表現出來。個別的動物以類爲其概念，通過個別動物的死亡，類便從其個別性裡解脫出來了。①

在剛才所解釋的意義下，把眞理認作自身的符合，構成邏輯學的眞正興趣。因爲在通常意識裡，關於思維規定的眞理問題就完全不會發生。因此，邏輯學的職務也可以說是在於考察思維規定把握眞理的能力和限度。這問題於是歸結到這裡：什麼是無限事物的形式，什麼是有限事物的形式，在通常意識裡，我們對於有限的思維形式從來沒有懷疑過，而是聽任其無條件地通行有效。但按照有限的規定去思維和行動，就是導致一切幻覺和錯誤後果的來源。

附釋三：我們可以用種種不同的方式去認識眞理，而每一種認識的方式，只可認作一種思想的形式。我們總是首先通過經驗去認識眞理，但經驗也只是一種形式。一說到經驗②，一切取決於用什麼樣的精神(Sinn)去把握現實。一個偉大的精神創造出偉大的經驗，能夠在紛然雜陳的現象中洞見到有決定意義的東西。理念是當前存在的，也是現實的，並不是某種遠在天外隱在物後的東西。偉大的精神，譬如像歌德這類的精神，靜觀自然，透視歷史，能創造偉大的經

① 類與個體的關係在本書§220至§222裡，尚有詳細說明。——譯者

② 以下三行，恩格斯在《自然辯證法》中曾摘錄過，參看《馬克思恩格斯全集》第二十卷，第五四七頁。——譯者

驗，能洞見理性原則，並把它發抒出來。此外還有一種認識眞理的方法，就是反思，反思的方式用思想的關係來規定眞理。但這兩種方式還不是表述自在自爲的眞理的眞正形式。認識眞理最完善的方式，就是思維的純粹形式。人採取純思維方式時，也就最爲自由。

認爲思維的形式是最高的形式，認爲思維的形式可以把握絕對眞理的本來面目，是一般哲學通有的信念。要證明這信念，其意義首先在於指出認識的其他形式都是有限的形式。那高超的、古代的懷疑主義，當它指出所有那些有限的認識形式本身都含有矛盾時，也曾完成了這項工作。但當古代的懷疑主義在攻擊理性時，也須採取一些理性的形式，而且首先把某些有限的東西摻雜在理性的形式之中，以便把握住它們。有限思維的全部形式將會在邏輯發展的過程中依次出現，而且是依必然的次序而出現。這裡在導言部分，只得權且以非科學的方式把這些形式當作給予的材料。在邏輯研究本身，不僅要指出這些形式的否定方面，而且要指示出它們的肯定方面。

當我們把認識的各種形式加以互相比較，第一種形式，直接知識，容易被看成最適宜、最美和最高的一種形式，這種形式包括道德觀點上所謂天眞，以及宗教的情緒，純樸的信賴，忠愛和自然的信仰。其他兩種形式，首先反思認識的形式，其次，哲學的認識，就超出了那種直接的天籟的和諧。由於這兩種形式有這種共同點，所以通過思維以把握眞理的方式，容易被看成是人類一種驕傲，一種全憑自己固有的力量以認識眞理的驕傲。但這種觀點包含一種普遍的分離(Trennung)，這種分離的觀點當然會被認爲是一切罪惡的根源，或原始的犯罪，因此要想返回本眞，達到和解，似乎非放棄思想，摒絕知識不可。這裡所說的離開了自然的統一（或諧和〕，自古以來，各民族的先哲，早已意識到這種精神上的奇異的分裂。①在大自然裡，這樣的內心的分裂沒有出現，自然事物也不知道作惡。

關於人的墮落的摩西神話，對於這種分裂的起源和後果曾經給了我們一個古老的觀念。這個神話的內容形成了宗教信仰的理論基礎，即關於人的原始罪惡及人有賴於神力的解救之必要的學說。在邏輯學的開端，對人的墮落這個神話加以考察，也許是很適宜的事，因爲邏輯學以知識爲研究的對象，而這個神話也牽涉到知識的起源與意義的問題。而且哲學不應迴避宗教的問題，也不應放棄自己批評的職守，好像只要宗教對哲學採取容忍態度，哲學便自覺滿意，一切可不聞不問似地；同樣，另一方面，哲學也不可抱這樣的看法，以爲這類神話和宗教觀念既已受了各民族數千年的尊敬，似乎已經毫無問題，可以置之不理。

試就人類墮落的神話加以仔細考察，便可看出，有如上面所說，這神話卻表達了知識和精神生活間的普遍關係。精神生活在其素樸的本能的階段，表現爲無邪的天眞和淳樸的信賴。但精神的本質在於揚棄這種自然素樸的狀態，因爲精神生活之所以異於自然生活，特別是異於禽獸的生活，即在其不停留在它的自在存在的階段，而力求達到自爲存在。但這種分裂境地，同樣也須加以揚棄，而精神總是要通過自力以返回它原來的統一。這樣贏得的統一乃是精神的統一。而導致返回到這種統一的根本動力，即在於思維本身。這就是「擊傷的是他的手，醫傷的

① 按「分裂」，德文原文為 Entzweiung 有分而為二或分裂為二的意義，這裡指脫離了最初神人合一，自然與人一體的諧和境界。《精神現象學》第四章，作為一種意識形態分析了「苦腦意識」的矛盾發展過程。——譯者

也是他的手」①的意思。

神話中曾經這樣說：亞當和夏娃，最初的人，或典型的人，被安置在一個果園裡面，園中有一棵生命之樹，有一棵善與惡知識之樹。據說，上帝曾告誡過他們，禁止摘食知識之樹的果子。關於生命之樹暫且不提。這裡所表示的意思，顯然是說人不應尋求知識，而須長保持天眞的境界。即在其他有較深沈意識的民族裡，我們也發現有同樣觀念，認爲人類最初的境界是天眞無邪和諧和一致的。這種看法，就其認爲「分裂狀態」(Entzweiung)是所有人類無法避免的，不是最後安息之所而言，顯然是對的。但如果認爲這種自然素樸的境界是至善境界，那就不對了。精神不只是直接的素樸的，它本質上包含有曲折的中介的階段。嬰兒式的天眞，無疑地，有其可歆羨和感人之處，只在於促使我們注意，使我們知道這天眞諧和的境界，須通過精神的努力才會出現的。在兒童的生活裡所看見的諧和乃是自然的賜予，而我們所須返回的諧和應是勞動和精神的教養的收穫。基督曾說過：「如果你不變成同小孩一樣」等語，足見他並不是說我們應該長久作小孩。

再則，在摩西的神話裡，使人離開那原始的諧和的機緣，乃是一外在的誘力（即蛇的引誘）。其實，個人進入對立面，即是人本身意識的覺醒，這種受外力引誘是每個人所不斷重演的歷史。所以蛇的引誘象徵善惡的分別，也包含在神性之內。而這種對於善惡的知識，實際上

① 此語見《舊約全書》，約伯記，第五章，中譯本此句全文如下：「你不可輕看全能者的管教，因為他打破又纏裹；他擊傷，用手醫治。」——譯者

也是人所分享的。當人分享了這種知識時，他便享受了禁果，而與他自己的直接的存在破裂了。對自己的覺醒意識的初次反思，人們發現他們自身是裸體的。赤裸可以說是人的很樸素而基本的特性。他認裸體爲可羞恥包含著他的自然存在和感性存在的分離。禽獸便沒有進展到有這種分離，因此也就不知羞恥。所以在人的羞恥的情緒裡，又可以找到穿衣服的精神的和道德的起源，而衣服適應單純物質上的需要，倒反而只居於次要地位。

其次，尚須提一下上帝加諸世人的所謂譴責或災難。天譴觀念所著重之點，即在於指出天譴主要的關涉到人與自然的對立。男子應該汗流滿面去勞動，女子應該忍受痛苦去生育。此種勞動，細究起來，一方面固是與自然分裂的結果，一方面也是對於這種分裂的征服。禽獸對於足以滿足其需要之物，俯拾即是，不費氣力。反之，人對於足以滿足其需要手段，必須由他自己去製造培植。所以，即就他對於外界事物的關係來說，人總是通過外物而和他自身相聯繫。

摩西的神話，並不以亞當和夏娃被逐出樂園而結束。它還意味著更多的東西：「上帝說，看呀，亞當也成爲相似於我們當中的一分子了，因爲他知道什麼是善和惡。」①這些話表明知識是神聖的了，不似從前那樣，把知識認爲是不應該存在的東西了。在這裡還包含有對於認爲哲學只屬於精神的有限性那樣說法的一種顯明的反駁。哲學是認識，也只有通過認識，人作爲上帝的肖像這一原始的使命才會得到實現。這個神話又說到：上帝把人從伊甸園裡驅逐出去了，以便阻止他吃那生命之樹。這話的眞義即在於指出就人的自然方面來說，他確是有限的，同時

① 《舊約全書》，創世記，第三章，第二二節。——譯者

也是有死的，但就他在認識方面來說，他卻是無限的。

教會上有一熟知的信條，認爲人的本性是惡的，並稱本性之惡爲原始的罪惡。依這個說法，我們必須放棄一種膚淺的觀念，即認原始罪惡只是基於最初的人的一種偶然行爲。其實由精神的概念即可表明本性是惡的，我們無法想像除認人性爲惡之外尚有別種看法。只要就人作爲自然的人，就人的行爲作爲自然的人的行爲來說，他所有的一切活動，都是他所不應有的。精神卻正與自然相反，精神應是自由的，它是通過自己本身而成爲它自己所應該的那樣。自然對人來說，只是人應當加以改造的出發點。與這個有深刻意義的教會信條原始罪惡說正相反對的，便是近代啓蒙時期興起的一個學說，即認人性是善的，因此人應忠於他的本性。

人能超出他的自然存在，即由於作爲一個有自我意識的存在，區別於外部的自然界。這種人與自然分離的觀點(Standpunkt der Trennung)雖屬於精神概念本身的一個必然環節，但也不是人應該停留的地方。因爲人的思維和意志的有限性，皆屬於這種分裂的觀點(Standpunkt der Entzweiung)。在這有限的階段裡，各人追求自己的目的，各人根據自身的氣質決定自己的行爲。當他向著最高峰追求自己的目的，只知自己，只知滿足自己特殊的意欲，而離開了共體時，他便陷於罪惡，而這個罪惡即是他的主觀性。在這裡，初看起來我們似乎有一種雙重的惡，但二者實際上又是一回事。就人作爲精神來說，他不是一個自然存在。但當他作出自然的行爲，順從其私欲的要求時，他便志願作一個自然存在。所以，人的自然的惡與動物的自然存在並不相同。因此自然性可以更確切地說是具有這樣的規定，即自然人本身即是個別人，因爲一般說來，自然即是個別化的紐帶。所以說人志在作一自然人，實無異於說他志在作一個個別的人。和這種出於衝動和嗜欲、屬於自然的個別性的行爲相反對的，便是規律或普遍的原則。這規律也許是一外在的暴力，或具有神聖權威的形式。只要人老是停留在自然狀態的階段，他就會成爲這種規律的奴隸。在自然的本能和情感裡，人誠然也有超出自己的個別性的善意的、社會的傾向，同情心，愛情等等。但只要這些傾向仍然是出於素樸的本能，則這些本來具有普遍內容的情欲，仍不能擺脫其主觀性，因而總仍不免受自私自利和偶然任性的支配。

§25

根據上節所說，客觀思想一詞最能夠表明眞理，——眞理不僅應是哲學所追求的目標，而且應是哲學研究的絕對對象。但客觀思想一詞立即提示出一種對立，甚至可以說，現時哲學觀點的主要興趣，均在於說明思想與客觀對立的性質和效用，而且關於眞理的問題，以及關於認識眞理是否可能的問題，也都圍繞思想與客觀的對立問題而旋轉。如果所有思維規定都受一種固定的對立的限制，這就是說，如果這些思維規定的本性都只是有限的，那麼思維便不適合於把握眞理，認識絕對，而眞理也不能顯現於思維中。那只能產生有限規定，並且只能在有限規定中活動的思維，便叫做知性（就知性二字嚴格的意思而言）。而且思維規定的有限性可以有兩層看法。第一、認爲思維規定只是主觀的，永遠有一客觀的（對象）和它們對立。第二、認爲各思維規定的內容是有限的，因此各規定間即彼此對立，而且更尤其和絕對對立。爲了說明並發揮這裡所提示的邏輯學的意義和觀點起見，對於思維對客觀性的各種態度將加以考察，作爲邏輯學進一步的導言。

〔說明〕在我的《精神現象學》一書裡，我是採取這樣的進程，從最初、最簡單的精神現象，直接意識開始，進而從直接意識的辯證進展(Dialektik)逐步發展以達到哲學的觀點，完全從意識辯證進展的過程去指出達到哲學觀點的必然性（也就因爲這個緣故，在那本書出版的時候，我把它當作科學體系的第一部分）。因此哲學的探討，不能僅停留在單純意識的形式裡。因爲哲學知識的觀點本身同時就是內容最豐富和最具體的觀點，是許多過程所達到的結果。所以哲學知識須以意識的許多具體的形態，如道德、倫理、藝術、宗教等爲前提。意識發展的過程，最初似乎僅限於形式，但同時即包含有內容發展的過程，這些內容構成哲學各特殊部門的對象。但內容發展的過程（在邏輯上）必須跟隨在意識發展的過程之後，因爲內容與意識的關係，乃是潛在（與形式）的關係。因此對於思維形式的闡述，較爲煩難，因爲有許多屬於哲學各特殊部門的具體材料，都部分地已經在那作爲哲學體系的導言裡，加以討論了。本書的探討，如果只限於用歷史的和形式推理的方式，那就會有更多的不方便之處。但本書主要的是在發揮一種根本見解，即指出，一般人對於認識、信仰等等的本性的觀念，總以爲完全是具體的東西，其實均可回溯到簡單的思想範疇，這些思想範疇只有在邏輯學裡才得到眞正透徹的處理。

A. 思想對客觀性的第一態度；形而上學

§26

思想對於客觀性的第一態度是一種素樸的態度，它還沒有意識到思想自身所包含的矛盾和思想自身與信仰的對立，卻相信，只靠反思作用即可認識眞理，即可使客體的眞實性質呈現在意識前面。有了這種信仰，思想進而直接去把握對象，再造感覺和直觀的內容，把它當作思想自身的內容，這樣自以爲得到眞理，而引爲滿意了。一切初期的哲學，一切科學，甚至一切日常生活和意識活動，都可說是全憑此種信仰而生活下去。

§ 27

這種態度的思維，由於它沒有意識到自己的對立，就內容言，既可成爲眞正玄思的哲學學說，同樣也可老停滯在有限的思維規定裡，亦即老停滯在尙未解除的對立裡。現在在這導言裡，我們的興趣只在於觀察這種思維態度的限度，並進而首先考察代表這種思想態度的最近的哲學系統。最明確而且與我們相距最近的例證，當推過去的形而上學，如康德以前的那些形而上學。但這種形而上學只有就哲學史來說才可以說是某種過去了的東西；就其本身來說，即單純用抽象理智的觀點去把握理性的對象，卻仍然一般地總是出現的。因此，對於這種思想態度的外表面貌和主要內容加以細密的考察，同時也有其切近現實的興趣。

§ 28

康德以前的形而上學認爲思維的規定即是事物的基本規定，並且根據這個前提，堅持思想可以認識一切存在，因而凡是思維所想的，本身就是被認識了的。因此其立腳點好像比稍後的批判哲學還更高深一些。但是，㈠它們認爲抽象的孤立的思想概念即本身自足，可以用來表達眞理而有效準。這種形而上學大多以爲只須用一些名詞概念〔謂詞〕，便可得到關於絕對的知識，它既沒有考察知性概念的眞正內容和價值，也沒有考察純用名言〔謂詞〕，去說明絕對的形式是否妥當。

〔說明〕用來說明絕對的概念或謂詞，例如存在用在「上帝有存在」這個命題裡。又如有限或無限用在「世界究竟是有限或無限」這個問題裡，再如簡單或複雜用在「靈魂是簡單的」這個命題裡。又如物是單一的或是一全體等等。人們既沒有考察究竟這些謂詞是否具有獨立自存的眞理，也沒有考察一下，究竟命題的形式是否能夠表達眞理的正確形式。

附釋：舊形而上學的前提與一般素樸信仰的前提相同，即認爲思想可以把握事物的本身，且認爲事物的眞實性質就是思想所認識的那樣。人的心靈和自然是變化莫測的精怪，須有一種切近的反思，才可以發現呈現在當前的事物並非事物的本身。——這裡所提到的舊形而上學的觀點，恰好與康德的批判哲學所達到的結果相反。這結果，我們很可以說，乃是教人單憑秕糠去充食物。

今試進而細察舊形而上學的方法，便可看出這種形而上學並未能超出單純抽象理智的思維。它只知直接採取一些抽象的思維規定，以爲只消運用這些抽象規定，便可有效地作爲表達眞理的謂詞。須知，一說到思維，我們必須把有限的、單純理智的思維與無限的理性的思維區別開。

凡是直接地、個別地得來的思維規定，都是有限的規定。但眞理本身是無限的，它是不能用有限的範疇所能表達並帶進意識的。無限思維一詞，對於那堅持新近一種看法，認爲思維總是有限制的人們，也許會顯得驚異。但須知，思維的本質事實上本身就是無限的。就形式上講來，所謂有限之物是指那物有它的終點，它的存在到某種限度爲止，即當它與它的對方聯繫起來，因而受對方的限制時，它的存在便告終止。所以有限之物的持存，在於與它的對方有聯繫，這對方就是它的否定，並表明它自己就是那有限之物的界限，但是思維卻是自己在自己本身內，自己與自己本身相關聯，並且以自己本身爲對象。當我以一個思想作爲思考的對象時，我便是在我自己的本身內。因此，我、思維，是無限的。因爲，當我思維時，我便與一個對象發生關聯，而對象就是我自己本身。一般講來，對象就是我的對方，我的否定者。但當思維思維它自己本身時，則思維的對象同時已不是對象了。換言之，此對象的客觀外在性已變成被揚棄了的、觀念性的東西了。因此純粹思維本身是沒有限制的。思維是有限的，只有當它停留在有限的規定裡，並且認這些有限規定爲究竟至極的東西。反之，無限的或思辨的思維，一方面同樣是有規定的，但一方面即在規定和限制過程之中就揚棄了規定和限制的缺陷。所以無限並不似通常所想像的那樣，被看成一種抽象的往外伸張和無窮的往外伸張，而是即如上面所說那樣簡單的方式。

舊形而上學的思維是有限的思維，因爲它老是活動於有限思維規定的某種界限之內，並把這種界限看成固定的東西，而不對它再加以否定。譬如，就「上帝有存在嗎？」一問題而言，舊形而上學家便認這裡的存在爲一純粹肯定的、究竟至極的、無上優美的東西。但以後我們便可看到，存在並不單純是一種肯定的東西，而是一太低級的規定，不足以表達理念，也不配表達上帝。又如再就世界是有限或無限這一問題而言，他們也以爲這裡的有限與無限是固定對立的。但這卻很容易看出，當有限與無限兩者互相對立時，這本應認作代表全體的無限，僅表現爲偏於一面，被有限所限制著的一面。但被限制的無限仍不過只是一有限之物而已。在同樣情形下，當我們問及：「靈魂是簡單的或複雜的？」一問題時，他們還是認爲「簡單」是一個足以表示眞理的最後規定。但須知，簡單正如存在一樣，都是一個異常貧乏、抽象、片面的規定，我們往後便可看出，它本身並不眞實，不能夠把握眞理。如果把靈魂認作僅是簡單的，則靈魂將會被這種抽象看法說成僅是片面的和有限的了。

由此足見，舊形而上學的主要興趣，即在於研究剛才所提到的那些謂詞是否應用來加給它們的對象。但這些謂詞都是有限制的知性概念，只能表示一種限制，而不能表達眞理。尤須特別注意的：這個方法的特點乃在於把名字或謂詞加給被認知的對象，如上帝。但這只是對於對象的外在反思，因爲用來稱謂對象的規定或謂詞，乃是我自己的現成的表象，只是外在地加給那對象罷了。反之，要想得到對於一個對象的眞知，必須由這對象自己去規定自己，不可從外面採取一些謂詞來加給它。如果我們試用謂詞的方式以表達眞理，則我們的心思便不禁感覺到這些名言無法窮盡對象的意義。從這種觀點出發，東方的哲人每每稱神爲多名的或無盡名的，是完全正確的。凡是有限的名言，絕不能令心靈滿足。於是那東方的哲人不得不盡量蒐集更多的名言。無疑地，對有限事物必須用有限的名言以稱謂之，這正是知性施展其功能的處所。知性本身是有限的，也只能認識有限事物的性質。譬如，當我稱某種的行爲爲偷竊時，則偷竊一名詞已足描述那行爲的主要內容，對於一個審判官，這樣的知識已算充分。同樣，有限事物彼此有因與果，力與表現的關係，如果用這些規定去表述它們，則就其有限性而言，它們便算被認識了。但理性的對象卻不是這些有限的謂詞所能規定，然而企圖用有限的名言去規定理性的對象，就是舊形而上學的缺陷。

§ 29

類似這樣的謂詞，其內容本身都是有限制的，它們是不適宜於表達上帝、自然、精神等內容豐富的觀念，而且是絕不足以窮盡其含義的。再則，因爲這些謂詞既是稱謂一個主詞的賓詞，它們彼此間是有聯繫的，但就它們的內容而言，它們又是有差別的，所以它們都是從外面拾取而來的，彼此間缺乏有機聯繫。

〔說明〕對於第一種缺陷，東方的哲人則用多名的說法去補救，譬如，當他們在規定神時，便加給神許多名字。但同時，他們也承認，名字的數目應該是無限多。

§ 30

㈡形而上學的對象誠然是大全，如靈魂、世界、上帝，本身都是屬於理性的理念，屬於具體共相的思維範圍的對象。但形而上學家把這些對象從表象中接受過來，當作給與的現成的題材，應用知性的規定去處理它們。這些對象既來自表象，故只有用表象爲標準去評判那些謂詞是否恰當和是否充分足以表達理性的對象。

§ 31

靈魂、世界、上帝諸表象初看似乎給予思維以一個堅實的據點。但其實不然，不僅摻雜有特殊的主觀的性格於這些表象之中，因此它們可以各有異常紛歧的意義，所以它們還須首先通過思維才會獲得固定的規定。從任何一個須通過謂詞（即在哲學上通過思維範疇）以說明什麼是主詞或什麼是最初的表象的命題裡，均可看見思維的活動使表象的意思更爲明確的事實。

〔說明〕在這樣一個命題，如「上帝是永恆的」裡面，我們從上帝的表象開始，但還不知道上帝究竟是什麼，還須用一個謂詞，才能把上帝是什麼說出來。因此，在邏輯學裡，其內容須純全爲思想的形式所決定，如果將這些範疇用來作爲上帝或較寬泛的絕對這類主詞的謂詞，不但是多餘的，而且還有一種弱點，就是會令人誤以爲除了思想本身的性質之外，尙另有別的標準。不僅如此，命題的形式，或確切點說，判斷的形式，不適於表達具體的和玄思的眞理（眞理是具體的）。因爲判斷的形式總是片面的，就其只是片面的而言，它就是不眞的。

附釋：這種形而上學並不是自由的和客觀的思想，因爲它不讓客體自由地從自己本身來規定其自身，而把客體假定爲現成的。——說到自由思想，我們必須承認希臘哲學代表典型的自由思想，而經院哲學則否，因爲經院哲學，正如這種形而上學，也同樣接受一種現成給予的東西，亦即由教會給予的信條爲其內容。我們近代的人，通過我們整個文化教養，已經被許多具有豐富深邃內容的觀念所薰陶，要想超出其籠罩，是極其困難的。而古代希臘的哲學家，大多自覺他們是人，完全生活於活潑具體的感官的直觀世界中，除了上天下地之外，別無其他前提，因爲神話中的一些觀念已早被他們拋在一邊了。在這種有眞實內容的環境中，思想是自由的，並且能返回到自己本身，純粹自在，擺脫一切材料的限制。這種純粹自在的思想就是翺翔於海闊天空的自由思想，在我們上面，或在我們下面，都沒有東西束縛我們，我們孤寂地獨立在那裡沈思默想。

§ 32

㈢這種形而上學便成爲獨斷論，因爲按照有限規定的本性，這種形而上學的思想必須於兩個相反的論斷之中，如上面那類的命題所代表的，肯定其一必眞，而另一必錯。

附釋：獨斷論的對立面是懷疑論。古代的懷疑論者，對於只要持有特定學說的任何哲學，都概稱爲獨斷論。在這樣的廣義下，懷疑論者對於眞正的思辨哲學，也可加以獨斷論的徽號。至於狹義的獨斷論，則僅在於堅執片面的知性規定，而排斥其反面。獨斷論堅執著嚴格的非此必彼的方式。譬如說，世界不是有限的，則必是無限的，兩者之中，只有一種說法是眞的。殊不知，具體的玄思的眞理恰好不是這樣，恰好沒有這種片面的堅執，因此也非片面的規定所能窮盡。玄思的眞理包含有這些片面的規定自身聯合起來的全體，而獨斷論則堅持各分離的規定，當作固定的眞理。

在哲學中常有這種情形，把片面性提出來與全體性並列，而固執一種論斷、一種特殊的、固定的東西，以與全體對立。但事實上，片面的東西並不是固定的、獨立自存的東西，而是作爲被揚棄了的東西包含在全體內。知性形而上學的獨斷論主要在於堅執孤立化的片面的思想規定，反之，玄思哲學的唯心論則具有全體的原則，表明其自身足以統攝抽象的知性規定的片面性。所以唯心論可以說：靈魂既非僅是有限的，也非僅是無限的，但本質上靈魂既是有限，也是無限，因此既非有限，也非無限。換言之，這類孤立化的規定是應加揚棄的一偏之見，不適於表達靈魂的性質。即在我們通常的意識裡，也已經隨處表現出這種唯心論。譬如對於感性事物，我們說它們是變化的。所謂變化的，就是說它們是「有」，同時也是「非有」。但對於知性的規定，我們似乎比較固執一些。我們總把它們當作固定的，甚至當作絕對固定的思維規定。我們認爲有一無限深的鴻溝把它們分離開，所以那些彼此對立的規定永不能得到調解。理性的鬥爭即在於努力將知性所固執著的分別，加以克服。

§ 33

形而上學的第一部分是本體論，即關於本質的抽象規定的學說。對於這些規定的多樣性及其有限的效用，也缺乏一個根本原則。所以這些規定必須經驗地和偶然地漫無次序地列舉出來，而它們的詳細內容，只能以表象以字義或字根爲根據去說明，宣稱某些字有某種含義，故可用來表示某種內容。因此，這部門的形而上學只能尋求經驗的完備性，和符合語言習慣的字面分析的正確性，而沒有考慮到這些規定自在自爲的眞理性和必然性。

〔說明〕關於存在、定在、或有限性、單純性、複合性等等本身是否眞的概念這一問題，那些相信只有一個命題才有眞錯，只能問一個概念加在一個主詞上是眞是錯的問題的人，定會覺得奇怪，因爲他們認爲眞與不眞只取決於表象的主詞與用來稱謂主詞的概念之間有了矛盾。但概念是具體的，概念自身，甚至每一個規定性，本質上一般都是許多不同規定的統一體。因此如果眞理除了沒有矛盾外別無其他性質，則對於每一概念首先必須考察就它本身說來是不包含這樣一種內在矛盾。

§ 34

形而上學的第二部分是理性心理學或靈魂學，它研究靈魂的形而上學的本性，亦即把精神當作一個實物去研究。

〔說明〕這種研究要想在複合性、時間性、質的變化、量的增減的定律支配的範圍內去尋求靈魂不滅。

附釋：這部分的心理學之所以稱爲理性的，用意在表示它和對靈魂外化現象的經驗研究相對立。理性心理學通過抽象思維的規定去研究靈魂的形而上的本性。這門學問的目的在於認識靈魂的內在本性，靈魂自身，靈魂被思想所把握的眞面目。——現時，哲學裡很少談到靈魂了，而主要的是在談精神。精神是和靈魂有區別的，靈魂好像是肉體與精神之間的中介，或者兩者之間的聯繫。精神沈浸在全身內爲靈魂，靈魂是使身體有生命的原則。

舊形而上學把靈魂理解爲物(Ding)。但「物」是一個很含混的名詞。所謂物首先是指一個當前實存著的物而言，是我們感官所能表象的一種東西，於是人們也就在這一意義下，說靈魂是感官所能表象之物。所以人們會發生靈魂所寄居的地方問題。靈魂既有居住的地方，當然是在空間中，可以用感官去表象的。同樣，既認靈魂爲一個物，因此便可問靈魂是單純的還是複合的了。這個問題對於靈魂不滅特關重要，因爲靈魂的不滅是被認爲以靈魂的單純性爲條件的。但是事實上，抽象的單純性這一規定和複合性一樣，都不符合靈魂的本質。

說到理性心理學與經驗心理學的關係，前者顯然比後者較爲高深些，因爲前者的任務在通過思維以認識精神，並進而證明這種思想內容的眞實性，而經驗心理學則以知覺爲出發點，只限於列舉並描述知覺所供給的當前事實。但我們既然以精神爲思考的對象，就不可太迴避精神的特殊現象。精神是主動的，這裡所謂主動的意義與經院哲學家曾經說上帝是絕對的主動性的意義是相同的。但由於精神既是主動的，則精神必會表現其自身於外。因此我們不能把精神看成一個沒有過程的存在(ens)，像舊形而上學的辦法，把精神無過程的內在性和它的外在性截然分開。我們主要的必須從精神的具體現實性和能動性去考察精神，這樣就可以認識到精神的外在表現是由它的內在力量所決定的。

§35

形而上學的第三部分是宇宙論，探討世界，世界的偶然性、必然性、永恆性、在時空中的限制，世界在變化中的形式的規律，以及人類的自由和惡的起源。

〔說明〕宇宙論中所認爲絕對對立的，主要有下列各範疇：偶然性與必然性；外在必然性與內在必然性；致動因與目的因，或因果律一般與目的；本質或實體與現象；形式與質料；自由與必然；幸福與痛苦；善與惡。

附釋：宇宙論研究的對象，不僅限於自然，而且包括精神、它的外在的錯綜複雜的關係。精神的現象一般說來，宇宙論以一切定在、一切有限事物的總體爲其研究的對象。但是宇宙論並不把它的對象看成是一個具體的全體，而是只按照抽象的規定去看對象。因此它只研究這類的問題，例如，究竟是偶然性抑或必然性支配這世界？這世界是永恆的抑或是被創造的？這種宇宙論的主要興趣只在於揭示出所謂普遍的宇宙規律，例如說，自然界中沒有飛躍(Sprung)。飛躍在這裡是指沒有經過中介性而出現的質的差別及質的變化而言，與此相反，量的逐漸變化顯然是有中介性的。

關於精神如何表現其自身於世界中的問題，宇宙論所討論的主要是關於人的自由和惡的起源問題。無疑地這些是人人極感興趣的問題。但要想對這些問題提出一個滿意的答覆，最緊要的是我們切不可把抽象的知性規定堅執爲最後的規定，這意思是說，不可認爲對立的兩個規定的任何一方好像有其本身的持存性似的，或者認爲任何一方在其孤立的狀態下就有其實體性與眞理性似的。但康德以前的形而上學家，卻大多採取這種固執孤立的觀點，所以他們在宇宙論的討論裡，便不能達到他們想要把握世界現象的目的。譬如，試看他們如何把自由與必然區別開，以及如何應用這些規定來討論自然和精神。他們總是認爲自然現象受必然規律的支配，而精神則是自由的。這種區別無疑是很重要的，而且是以精神本身最深處的要求爲根據的。但把自由和必然認作彼此抽象地對立著，只屬於有限世界，而且也只有在有限世界內才有效用。這種不包含必然性的自由，或者一種沒有自由的單純必然性，只是一些抽象而不眞實的觀點。自由本質上是具體的，它永遠自己決定自己，因此同時又是必然的。一說到必然性，一般人總以爲只是從外面去決定的意思，例如在有限的力學裡，一個物體只有在受到另一物體的撞擊時，才有運動，而且運動所循的方向也是被另一物體的撞擊所決定的。但這只是一種外在的必然性，而非眞正內在的必然性，因爲內在的必然性就是自由。

同樣，善與惡的對立也是這樣。善與惡的這種對立，在近代世界中可以說是愈益深刻化了。假如，我們認惡爲本身固定，認惡不是善，這誠然完全是對的，它們兩者之間實有相反處。即使那些認爲善惡的對立只是表面的或相對的人，也並不承認善與惡在絕對中是同一的，有如近來許多人所常說的，一物之所以成爲惡，只是由於我們的〔主觀的〕看法有以使然。但如果我們認惡爲固定的肯定的東西，那就錯了。因爲，惡只是一種否定物，它本身沒有持久的存在，但只是想要堅持其獨立自爲存在，其實，惡只是否定性自身的絕對假象。

§ 36

形而上學的第四部分是自然的或理性的神學，它研究上帝的概念或上帝存在的可能性，上帝存在的證明和上帝的特性。

〔說明〕㈠從知性的觀點去探討上帝，其主要的目的在於尋求哪些謂詞適合或不適合於表達我們表象中的上帝。因此實在性與否定性的對立出現在這裡便成爲絕對的。這樣一來，這爲知性所堅持的上帝概念，最後便只是一個空洞抽象的無確定性的本質，一個純粹的實在性或實證性，——這就是近代啓蒙思想的一種毫無生命的產物。

㈡用有限認識去證明上帝的存在總會陷於本末倒置：目的在尋求上帝存在的客觀根據，而這客觀根據又被表述爲是以另一物爲條件的一種東西。這種證明是以知性的抽象同一爲準則，陷於由有限過渡到無限的困難。其後果或者是不能將上帝從存在世界無法逃避的有限性中解放出來，從而將上帝認作這有限世界的直接的實體——這就會流入泛神論；或者是認上帝爲永遠與主體對立的客體，這樣一來，上帝也是有限的——這就陷於二元論。

㈢上帝的特性，本應是多樣的，而且也應是確定的，然而照這種看法也就難免沈陷於純粹實在或不確定的本質的抽象概念中。但如果把有限世界認作眞實的存在，把上帝看成與它對立，就又會引起認爲上帝與世界有種種不同的關係的看法。這些不同的關係就被認作上帝的特性，一方面它們必須是對於一切有限情況的關係，其本身即是有限的性格（例如說：上帝具有公正、仁慈、威力、智慧等特性）。另一方面，它們同時又必須是無限的。按照這個觀點，對於這種矛盾，只能通過各種特性之量的增加的辦法得到一個模糊溶解，而將上帝的各種特性引到不確定的惝恍迷離的至高無上的感覺(Sensum eminentiosem)之中。

附釋：舊形而上學中的理性神學部分，其目的在於確定理性的本身究竟能夠認識上帝到什麼限度。無疑地，通過理性去認識上帝是哲學的最高課題。宗教最初所包含的都是些關於上帝的表象。這些表象彙集爲信條，自幼便傳授給我們當作宗教的教義。只要個人相信這些教義，覺得它們是眞理，他便算具有作一個基督徒應有的條件。神學是研究這種宗教信仰的科學。但如果神學只是一些宗教教義的外在的列舉與彙集，則這種神學尚不得稱爲科學。即以現時極盛行的單純對於宗教對象的歷史的研究而論（例如關於這個或那個神父所說的話的報告），也還不能使神學具有科學性。要想使神學成爲科學，首先必須進而對於宗教達到思維的把握，這就是哲學的任務了。所以眞正的神學本質上同時必是宗教哲學，即在中世紀，那時的神學也是宗教哲學。

試對舊形而上學中的理性神學細加考察，便可看出這種神學不是探討上帝的理性科學，而只是知性科學，其思維僅僅活動於抽象的思想規定之中。這裡所要探討的是上帝的概念，卻以上帝的表象作爲關於上帝的知識的標準。但思維必須在自己本身內自由運用，不過同時卻須注意，自由思維的結果與基督教的教義應該是一致的，因爲基督教的教義就是理性的啓示。但理性的神學卻說不上達到了這種一致。因爲理性神學所從事的，在於通過思維去規定上帝的表象，因此所得到的關於上帝的概念只是些肯定性和實在性的抽象概念，而排斥一切否定性的概念，於是上帝就被界說爲一切存在中的最眞實的存在。但是任何人也易於看出，說這個萬有中的最眞實的存在沒有任何否定性，恰好是他應當如此，和知性以爲他是如何的反面。他不僅不是最豐富最充實的存在，由於這種抽象的看法，反而成爲最貧乏最空虛的東西。人的性靈很正當地要求具體的內容。但這種具體內容的出現，必須包含有規定性或否定性在自身內。如果上帝的概念只是被認作抽象的或萬有中最眞實的存在，則上帝將因而對於我們只是一縹緲的他界，更說不上對於上帝可能有什麼知識。因爲如果沒有規定性，也就不可能有知識。純粹的光明就是純粹的黑暗。

理性神學的第二問題①涉及到上帝存在的證明。這問題的主要之點，就是按照知性的觀點所謂證明，指此一規定依賴另一規定而言。在知性的證明裡，先有一個固定的前提，從這一前提推出另一個規定，因此必須指出某一規定依賴某一前提。如果用這種方式去證明上帝的存在，這意思就是說，上帝的存在是依賴另一些規定，這些規定構成上帝存在的根據。我們立即會覺得這顯然有些不對，因爲上帝應是一切事物的絕對無條件的根據，因此絕不會依賴別的根據。由於這種緣故，所以近代有人說，上帝的存在是不能〔用理智〕證明的，而須直接體認。但理性，甚至健康的常識所了解的證明與知性所了解的證明，完全兩樣。理性的證明誠然仍須以一

① 此處直譯應作第二興趣(Interesse)，茲意譯作問題。其第一問題為本節附釋開首所提出，即理性究竟能夠認識上帝到什麼程度。——譯者

個不是上帝的「他物」作出發點，不過在證明的進程裡，理性不讓這個「他物」作爲一個直接的東西、存在著的東西，而是要指出，這個出發點乃是一個中介的東西和設定起來的東西，因而最後歸結到同時認爲上帝是自己揚棄中介、包含中介在自身內、眞正直接的、原始的、自依而不依他的存在。譬如我們說：「試向外諦觀自然，自然將會引導你到上帝，你將會察見絕對的天意。」這話並不是說，上帝是從自然裡產生出來的，而是說，這只是我們憑藉一有限事物以達到上帝的進程，在這進程裡，上帝一方面好像是後於有限事物，但同時又是先於有限事物，而爲它的絕對根據。因此二者的地位便恰好顚倒。那最初好像是在後的，經揭示出來成爲在先的根據，而那最初好像是在先的根據，經指明而降爲在後的結果了。理性證明的進程也是這樣。

根據前此的一番討論，試再對於舊形而上學的方法加以概觀，則我們便可見到，其主要特點，在於以抽象的有限的知性規定去把握理性的對象，並將抽象的同一性認作最高原則。但是這種知性的無限性，這種純粹的本質，本身仍然只是有限之物，因爲它把特殊性排斥在外面，於是這特殊性便在外面否定它，限制它，與它對立。這種形而上學未能達到具體的同一性，而只是固執著抽象的同一性。但它的好處在於意識到，只有思想才是存在著的事物的本質。這種形而上學的材料是從古代哲學家、特別經院哲學家那裡得來的。在思辨的哲學裡，知性也是必不可少的一個「階段」(Moment)或環節，但這個環節卻是不能老停滯不前進的「階段」。柏拉圖並不是這種〔抽象的獨斷的〕形而上學家，亞里士多德更不是，雖說有許多人常常以爲他們也是這樣的形而上學家。

B. 思想對客觀性的第二態度

I. 經驗主義

§ 37

爲補救上述形而上學的偏蔽，開始感覺到有兩層需要：一方面的需要是要求一具體的內容，以補救知性的抽象理論，因爲知性自身無法從它的抽象概念進展到特殊的規定的事實。另一方面的需要是尋求一堅實的據點以反對在抽象的知性範圍內，按照有限思想規定的方法，去證明一切事物的可能性。這兩層需要首先有助於引導哲學思想趨向經驗主義。經驗主義力求從經驗中，從外在和內心的當前經驗中去把握眞理，以代替純從思想本身去尋求眞理。

附釋：經驗主義的起源，是由於上述兩種要求具體內容和堅實據點的需要，而這種需要非抽象的知性形而上學所能滿足。這裡所涉及的具體內容一般是指意識的諸對象必須認爲是自身規定的，而且是許多有差別的規定的統一。但我們已經知道，在知性形而上學裡，按知性的原則來說，卻並不是這樣。那單純抽象的知性思維侷限在抽象共相的形式裡，不能進展到對這種共相的特殊化。譬如就發生關於靈魂的本質或根本性質的問題，舊形而上學便通過抽象思維的作用，得到靈魂是單純的答案。這裡所指的靈魂的單純性，意思是指抽象的不包含區別的單純性而言。區別性被看成是複合性，是肉體以及物質一般的根本規定。不用說，這種抽象的單純性乃是一個異常貧乏的規定，絕不能據以把握靈魂或精神的豐富內容。當這種抽象的形而上學思維表明其自身不能令人滿足時，人們便感到有逃避到經驗的心理學去求援救的必要。理性物理學的情形與此正好相同。譬如說，空間是無限的，自然界沒有飛躍等等抽象的說法，顯然太不能道出自然的充實豐富和生機洋溢之處，因而無法令人滿意。

§ 38

在某種意義下，經驗主義與形而上學有一個相同的源泉。一方面，形而上學爲其界說（包括它的前提和它更確定的內容）尋求根據起見，須從表象裡，亦即首先從經驗流出的內容裡去求保證。另一方面，須知個別的知覺與經驗有別，而經驗主義者將屬於知覺、感覺、和直觀的內容提升爲普遍的觀念、命題和規律。但經驗主義者把這類具體的內容抽象化，只有在這種條件下，這些抽象的原則或概念（如物理學中力的概念）在其所從出的知覺印象範圍之外，便沒有更廣的意義和效用，而且除了在現象中即可說明的（因果）聯繫外，也沒有別的聯繫或規律可以認爲是合法的。所以經驗的知識便在主觀方面得到一堅實據點，這就是說，意識從知覺裡得到它自己的確定性和直接當前的可靠性。

〔說明〕經驗主義中有一重大的原則，即凡是眞的，必定在現實世界中爲感官所能感知。這一現實原則正好與應有相對立。憑藉應有的原則能作反省思考的人，常以矜驕的態度提出一

〔理想的應當的〕彼岸觀念，而表示他們對現實或現在的世界的輕蔑。而這種彼岸的觀念也只有在主觀的理智裡才有其地位和定在。與經驗主義一樣，哲學也只認識什麼是如此（參看§7），凡是僅是應如此，而非是如此的事物，哲學並不過問。再則，就主觀方面來看，同樣必須承認經驗主義中還包含有一個重要的自由原則，即凡我們認爲應有效用的知識，我們必須親眼看到，親身經歷到。

經驗主義的徹底發揮，只要其內容僅限於有限事物而言，就必須否認一切超感官的事物，至少，必須否認對於超感官事物的知識與說明的可能性，因而只承認思維有形成抽象概念和形式的普遍性或同一性的能力。但科學的經驗主義者總難免不陷於一個根本的錯覺，他應用物質、力、以及一、多、普遍性、無限性等形而上學範疇，更進而依靠這些範疇的線索向前推論，因此他便不能不假定並應用推論的形式。在這些情形下，他不知道，經驗主義中即已包含並運用形而上學的原則了。不過他只是完全在無批判的、不自覺的狀態中運用形而上學的範疇和範疇的聯繫罷了。

附釋：從經驗主義發出這樣的呼聲：不要馳騖於空洞的抽象概念之中，而要注目當前，欣賞現在，把握住自然和人類的現實狀況。無人可以否認這話包含有不少眞理。以此時，此地，當前世界去代替那空洞虛玄的彼岸，去代替那抽象理智的空想和幻影，當然是很合算的交易。而且在這裡又復贏得了舊形而上學所憧憬，而未能得到的堅實據點或無限原則。知性僅能摭拾一些有限範疇。有限範疇本身就是無根據的、不堅實的，建築在它們上面的結構，必然會塌毀。

尋求一個無限的原則，可以說是理性的通有的驅迫力，但是要想在思維中找到無限原則的時機卻尚未成熟。於是這理性的驅迫力便捉住這此時、此地、此物。此時、此地、此物無疑是具有無限的形式的，不過它們並非無限形式的眞正實際存在。那外在世界本身是眞實的，因爲眞理是現實的，而且是必定有實際存在的。所以理性所尋求的無限原則是內在於這世界之中的，不過在感官所見的個別形象裡，不足以表現其眞正面目罷了。

尤有進者，經驗主義者以知覺爲把握當前實事的形式。這就是經驗主義的缺點之所在了。因爲知覺作爲知覺，總是個別的，總是轉瞬即逝的。但知識不能老停滯在知覺的階段，必將進而在被知覺的個別事物中去尋求有普遍性和永久性的原則。這就是由單純知覺進展到經驗的過程。

爲了形成經驗起見，經驗主義必須主要地應用分析方法。在知覺裡，我們具有一個多樣性的具體的內容，對於它的種種規定，我們必須一層一層地加以分析，有如剝葱一般。這種分解過程的主旨，即在於分解並拆散那些集在一起的規定，除了我們主觀的分解活動外，不增加任何成分。但分析乃是從知覺的直接性進展到思想的過程，只要把這被分析的對象所包含的聯合在一起的一些規定分辨明白了，這些規定便具有普遍性的形式了，但經驗主義在分析對象時，便陷於錯覺：它自以爲它是讓對象呈現其本來面目，不增減改變任何成分，但事實上，卻將對象具體的內容轉變成爲抽象的了。這樣一來，那有生命的內容便成爲僵死的了，因爲只有具體的、整個的才是有生命的。不用說，要想把握對象，分別作用總是不可少的，而且精神自身本來就是一種分別作用。但分別僅是認識過程的一個方面，主要事情在於使分解開了的各分子復歸於聯合。至於分析工作老是停留在只是分解而不能聯合的階段，下面所引的詩人的一段話，頗足以表明其缺點：

> 化學家所謂自然的化驗，
> 不過是自我嘲弄，而不知其所以然。
> 各部分很清楚地擺在他面前，
> 可惜的，就是沒有精神的聯繫。
> （見歌德著《浮士德》第一部，書齋）

分析從具體的材料出發，有了具體的材料，自然比起舊形而上學的抽象思維似略勝一籌。分析堅持著事物的區別，這點關係異常重要。但究其實，這些區別仍然只是一些抽象概念，這就是說，是一些思想。當這些思想被認作對象的本身時，這就又退回到形而上學的前提，認為事物的眞理即在思想中了。

讓我們現在進一步比較經驗主義與舊形而上學的觀點，特別就兩派的內容來看，就可以發現如前面所看見的，後者以有普遍性的理性對象、上帝、靈魂和世界為其內容。而這內容卻是從流行的表象接受來的，哲學的任務即在於把這些內容歸結為思想的形式。這與經院哲學的方法頗為相同。因為經院哲學接受基督教教會的信條，把它們作為不容懷疑的內容，其任務即在用思維對於這些信條加以較嚴密的規定和系統化。經驗主義也接受了一種現成的內容作為前提，不過與經院哲學所接受的內容不同類罷了。經驗主義所接受的前提乃是自然的感覺內容和有限心靈的內容。換言之，經驗主義所處理的是有限材料，而形而上學所探討的是無限的對象。但這無限的對象卻被知性的有限形式有限化了。在經驗主義裡，其形式的有限性，與形而上學相同，不過它的內容也還是有限的罷了。所以，兩派哲學皆堅持一種前提作爲出發點，它們所用的方法可以說是一樣的。經驗主義一般以外在的世界爲眞實，雖然也承認有超感官的世界，但又認爲對那一世界的知識是不可能找到的，因而認爲我們的知識須完全限於知覺的範圍。這個基本原則若徹底發揮下去，就會成爲後來所叫做的唯物論。唯物論認爲物質的本身是眞實的客觀的東西。但物質本身已經是一個抽象的東西，物質之爲物質是無法知覺的。所以我們可以說，沒有物質這個東西，因爲就存在著的物質來說，它永遠是一種特定的具體的事物。然而，抽象的物質觀念卻被認作一切感官事物的基礎，——被認作一般的感性的東西，絕對的個體化，亦即互相外在的個體事物的基礎。只要經驗主義認爲感官事物老是外界給予的材料，那麼這學說便是一個不自由的學說。因爲自由的眞義在於沒有絕對的外物與我對立，而依賴一種「內容」，這內容就是我自己。再則，從經驗主義的觀點看來，理性與非理性都只是主觀的，換言之，我們必須接受外界給予的事實，是怎樣就是怎樣，我們沒有權利去追問，究竟這種給予的東西是否合理或在何種程度內它本身才是合理的。

§39

關於經驗主義的原則，曾經有一個正確的看法，就是所謂經驗，就其有別於單純的個別事實的個別知覺而言，它有兩個成分。一爲個別的無限雜多的材料，一爲具有普遍性與必然性的規定的形式。經驗中誠然呈現出很多甚或不可勝數的相同的知覺，但普遍性與一大堆事實卻完全是兩回事。

同樣，經驗中還呈現許多前後相續的變化的知覺和地位接近的對象的知覺，但是經驗並不提供必然性的聯繫。如果老是把知覺當做眞理的基礎，普遍性與必然性便會成爲不合法的，一種主觀的偶然性，一種單純的習慣，其內容可以如此，也可以不如此的。

〔說明〕這種理論的一個重要後果，就是在這種經驗的方式內，道德禮教上的規章、法律、以及宗教上的信仰都顯得帶有偶然性，而失掉其客觀性和內在的眞理性了。

休謨的懷疑論，也就是上面這一段想法所自出的主要根據，卻與希臘的懷疑論大有區別。休謨根本上假定經驗、感覺、直觀爲眞，進而懷疑普遍的原則和規律，由於他在感覺方面找不到證據。而古代的懷疑論卻遠沒有把感覺直觀作爲判斷眞理的準則，反而首先對於感官事物的眞實性加以懷疑（對於近代懷疑論與古代懷疑論的比較，請參看謝林、黑格爾合編的《哲學評論雜誌》一八〇二年第一卷第一期）。

II. 批判哲學

§40

批判哲學與經驗主義相同，把經驗當做知識的唯一基礎，不過不以基於經驗的知識爲眞理，而僅把它看成對於現象的知識。

批判哲學首先把從經驗分析中所得來的要素即感覺的材料和感覺的普遍聯繫兩者的區別作爲出發點。一方面承認上節所提到的那個看法，認爲知覺本身所包含的只是些個別的東西，只是些連續發生的事情。一方面同時又堅持普遍性與必然性對於構成我們所謂經驗也有其主要的功能。因爲這有普遍性和必然性的成分，是不能從經驗的或感覺的成分產生的，所以是屬於思維的自發性，或者說，是先天的。思維的範疇或知性的概念構成經驗知識的客觀性。它們一般包含有聯繫作用，憑藉這些範疇或概念的聯繫作用，形成了先天的綜合判斷，這就是說，形成了對立者的原始的聯繫。

〔說明〕知識中有普遍性與必然性的成分的事實，就是休謨的懷疑論也並不否認。這一事實即在康德哲學中也仍然一樣地被認爲是前提。用科學上普遍的話來說，康德只不過是對於同一的事實加以不同的解釋罷了。

§ 41

批判哲學於是首先進而對形而上學以及別的科學上和日常觀念中所用的知性概念的價值加以考察。然而這種批判工作並未進入這些思想範疇的內容和彼此相互間的關係，而只是按照主觀性與客觀性一般的對立的關係去考察它們。這種對立，就這裡所了解的，涉及上節所說的經驗內的兩種成分的區別。這裡所謂客觀性是指那有普遍性和必然性的成分，亦即指思想範疇的本身或所謂先天的〔成分〕。但批判哲學把主觀的對立擴大了，它所謂主觀性包括經驗的總體，換言之，把經驗的兩個成分都包括在內，除了物自體以外，更沒有別的與主觀性相對立的客觀性了。

思維的特殊的先天形式雖說具有客觀性，但仍然只是被認作主觀的活動，用一種系統化的方式列舉了出來，而這些系統化的範疇，只是建築在心理的和歷史的基礎上的。

附釋一：對於舊形而上學上的範疇加以考察，無疑地是一步很重要的進展。素樸的意識大多應用一些現成的自然而然的範疇，漫不加以懷疑，也從來沒有追問過，究竟這些範疇本身在什麼限度內具有價值和效用。前面我們已經說過，自由的思想就是不接受未經考察過的前提的思想。由此可見，舊形而上學的思想並不是自由的思想。因爲舊形而上學漫不經心地未經思想考驗便接受其範疇，把它們當作先在的或先天的前提。而批判哲學正與此相反，其主要課題是考察在什麼限度內，思想的形式能夠得到關於眞理的知識。康德特別要求在求知以前先考驗知識的能力。這個要求無疑是不錯的，即思維的形式本身也必須當作知識的對象加以考察。但這裡立即會引起一種誤解，以爲在得到知識以前已在認識，或是在沒有學會游泳以前勿先下水游泳。不用說，思維的形式誠不應不加考察便遽爾應用，但須知，考察思維形式已經是一種認識歷程了。所以，我們必須在認識的過程中將思維形式的活動和對於思維形式的批判，結合在一起。我們必須對於思維形式的本質及其整個的發展加以考察。思維形式既是研究的對象，同時又是對象自身的活動。因此可以說，這乃是思維形式考察思維形式自身，故必須由其自身去規定其自身的限度，並揭示其自身的缺陷。這種思想活動便叫做思想的「矛盾發展」(Dialektik)，往後我們將加以特殊探討，這裡只消先行指出，矛盾發展並不是從外面加給思維範疇的，而毋寧是即內在於思維範疇本身內。

由此可見，康德哲學主要在於指出，思維應該自己考察自己認識能力的限度。現今我們已超出康德哲學，每個人都想推進他的哲學。但所謂推進卻有兩層意義，即向前走或向後走。我們現時許多哲學上的努力，從批判哲學的觀點看來，其實除了退回到舊形而上學的窠臼外，並無別的，只不過是照各人的自然傾向，往前作無批判的思考而已。

附釋二：康德對於思維範疇的考察，有一個重要的缺點，就是他沒有從這些思維範疇的本身去考察它們，而只是從這樣一種觀點去考察它們，即只是問：它們是主觀的或者是客觀的。所謂客觀在日常生活習用的語言中，大多是指存在於我們之外的事物，並從外面通過我們的知覺而達到的事物。康德否認思維範疇，如因與果，具有剛才所說的客觀性的意義，換言之，他否認思維範疇是給予知覺的材料。反之，他認為思維範疇乃屬於我們思維本身的自發性，在這個意義下，乃是主觀的。但他卻又稱有普遍性和必然性的思想內容為客觀的，而稱那只是在感覺中的材料為主觀的。康德似乎把習用語言中所謂主觀客觀的意義完全顛倒過來，因此有人責備康德，說他紊亂了語言的用法；但這種責備是很不對的。仔細考量一下，實際情形正是這樣的。通常意義總以為那與自己對立、感官可以覺察的（如這個動物、這個星宿等），是本身存在，獨立不依的，反過來又以爲思想是依賴他物，沒有獨立存在的。但眞正講來，只有感官可以覺察之物才是眞正附屬的，無獨立存在的，而思想倒是原始的，眞正獨立自存的。因此康德把符合思想規律的東西（有普遍性和必然性的東西）叫做客觀的，在這個意義下，他完全是對的。從另一方面看來，感官所知覺的事物無疑地是主觀的，因爲它們本身沒有固定性，只是飄浮的和轉瞬即逝的，而思想則具有永久性和內在持存性。這裡所說的康德對於客觀和主觀所作的區別，現在即在受過高等教育的人的思想中，也成爲習用語。譬如，在評判一件藝術品時，大家總是說，這種批評應該力求客觀，而不應該陷於主觀。這就是說，我們對於藝術品的品評，不是出於一時偶然的特殊的感覺或嗜好，而是基於從藝術的普遍性或〔美的〕本質著眼的觀點。在同樣意義下，對於科學的研究，我們也可據以區別開客觀的興趣和主觀的興趣之不同的出發點。

但進一步來看，康德所謂思維的客觀性，在某意義下，仍然只是主觀的。因爲，按照康德的說法，思想雖說有普遍性和必然性的範疇，但只是我們的思想，而與物自體間卻有一個無法逾越的鴻溝隔開著。與此相反，思想的眞正客觀性應該是：思想不僅是我們的思想，同時又是事物的自身(an sich)，或對象性的東西的本質——客觀與主觀乃是人人習用的流行的方便的名詞，在用這些名詞時，自易引起混淆。根據上面的討論，便知客觀性一詞實具有三個意義。第一爲外在事物的意義，以示有別於只是主觀的、意謂的或夢想的東西。第二爲康德所確認的意義，指普遍性與必然性，以示有別於屬於我們感覺的偶然、特殊和主觀的東西。第三爲剛才所提出的意義，客觀性是指思想所把握的事物自身，以示有別於只是我們的思想，與事物的實質或事物的自身有區別的主觀思想。

§42

(A)理論的能力——論知識之所以爲知識

康德的批判哲學指出，自我在思想中的原始的同一性（即自我意識的先驗的統一性），就是知性概念的特定根據。通過感覺和直觀所給予的一些表象，就其內容看來，乃是雜多的東西。而且就其形式看來，就其在感性中的互相外在，在時間和空間兩個直觀形式中來看，所有一切表象也同樣是雜多的東西。雖說空間與時間本身，作爲直觀的普遍形式，卻是先天的。感覺和直觀的這種雜多東西，由於自我把它同自己相聯繫，並且把它聯繫在一個意識（即純粹統覺）中，於是便得到同一性或得到一個原始的綜合。自我與感覺的雜多事物相聯繫的各種特定方式就是純知性概念範疇。

康德有一個很方便的法門可以發現那些範疇，這是人們很熟知的事。自我，自我意識的統一，既是很抽象，又是完全無規定性的，於是問題便發生了，我們如何得到自我的規定或範疇呢？很幸運的是，在普遍邏輯學裡，已經根據經驗揭示出各種不同的判斷了。但判斷即是對於一個特定對象的思維。那已經列舉出來的各種判斷的形式因此也就同時把思維的各種範疇告訴了我們。——費希特的哲學卻有一個大的功績，他促使我們注意到一點：即須揭示出思維範疇的必然性，並主要地推演出範疇的必然性來。——費希特的哲學對於邏輯的方法至少產生了一個效果，就是說，他曾昭示人，一般的思維範疇，或通常的邏輯材料，概念，判斷，和推論的種類，均不能只是從事實的觀察取得，或只是根據經驗去處理，而必須從思維自身推演出來。如果思維能夠證明什麼東西是眞的，如果邏輯要求提出理論證明，如果邏輯是要教人如何證明，那麼，邏輯必須首先能夠對它自己的特有內容加以證明，並看到它的必然性。

附釋一：康德的主張是說，思維的範疇以自我爲其本源，而普遍性與必然性皆出於自我。我們試觀察近在眼前的事物，則所得的盡是些雜多的東西，而範疇卻是些簡單的〔格式〕，這些雜多事實，皆可分別歸於其中。感性的事物是互相排斥，互相外在的。這是感性事物所特有的基本性質。譬如說，「現在」只有與過去和將來相聯繫，才有意義。同樣，紅之爲紅，只有與黃和藍相對立才顯明。但這個他物乃外在於感性之物，而感性之物之所以存在，只是由於他物存在，並且由於他物與它對立。但思想或自我的情形恰與此相反，無有絕對排斥它或外在於它的對立者。自我是一個原始的同一，自己與自己爲一，自己在自己之內。當我說「我」時，我便與我自己發生抽象的聯繫。凡是與自我的統一性發生關係的事物，都必受自我的感化，或轉化成自我之一體。所以，自我儼如一洪爐，一烈火，吞併銷熔一切散漫雜多的感官材料，把它們歸結爲統一體。這就是康德所謂純粹的統覺(reine apperception)，以示有別於只是接受複雜材料的普通統覺，與此相反，純粹統覺則被康德看作是自我化(Vermeinigen)〔外物〕的能動性。

無疑地，康德這種說法，已正確地道出了所有一切意識的本性了。人的努力，一般講來，總是趨向於認識世界，同化(anzueignen)並控制世界，好像是在於將世界的實在加以陶鑄鍛煉，換言之，加以理想化，使符合自己的目的。但同時還須注意，那使感覺的雜多性得到絕對統一的力量，並不是自我意識的主觀活動。我們可以說，這個同一性即是絕對，即是眞理自身。這絕對一方面好像是很寬大，讓雜多的個體事物各從所好，一方面，它又驅使它們返回到絕對的統一。

附釋二：康德所用的名詞，如「自我意識的先驗統一」，看起來好像很嚴重，就好像那後面藏匿著有什麼巨大的怪物似的，但其實，意義卻異常簡單。康德所說的「先驗的」的意義，可從他所劃分的「先驗的」和「超越的」區別，紬繹出來。所謂「超越的」是指超出知性的範疇而言，這種意義的用法，最初見於數學裡面。譬如，在幾何學裡，我們必須假定一個圓周的圈線，是由無限多和無限小的直線形成的。在這裡，知性認爲絕對不相同的概念，直線與曲線，要假設爲相同（這便是超越知性的看法了）。這種意義的「超越」，那本身無限，自己與自己同一的自我意識，也是有的。因爲自我意識有別於（或超出了）受有限材料限制的普通意識。但康德認爲自我意識的統一只是「先驗的」，他的意思是說，自我意識的統一只是主觀的，而不歸屬於知識以外的對象自身。

附釋三：認範疇爲只是屬於我們的，只是主觀的，這在自然意識看來，必定覺得很奇怪，無疑地，這種看法確有些欠妥。範疇絕不包含在當前的感覺裡，這誠然不錯。例如，我們試看一塊糖。這塊糖是硬的、白的、甜的等等。於是我們說，所有這些特質都統一在一個對象裡，但這統一卻不在感覺裡。同樣的道理，當我們認爲兩件事實彼此間有了因果的關係時，我們這裡所感到的，只是兩件依時間順序相連續的個別的事實。至於兩件事之中，一件爲原因，一件爲結果，換言之，兩件事的因果聯繫，都不是感覺到的，而只是出現在我們思維內的。這些範疇，如統一性、因果等等，雖說是思維本身的功能，但也絕不能因此便說，只是我們的主觀的東西，而不又是客觀對象本身的規定。但照康德的看法，範圍卻只是屬於我們的，而不是對象的規定，所以，他的哲學就是主觀唯心論，因爲他認爲自我或能知的主體既供給認識的形式，又供給認識的材料。認識的形式作爲能思之我，而認識的材料則作爲感覺之我。

關於康德的主觀唯心論的內容，此處毋庸贅述。初看或以爲對象的統一性既然屬於主體，這樣一來，對象豈不失掉實在性了麼？如果，只是說，對象有存在，這於對象和主體雙方均毫無所得。主要的是要說明對象的內容是否眞實。只是說事物的存在，對於事物的「眞實性」並無幫助。凡是存在的，必受時間的限制，轉瞬可以變爲不存在。人們也可以說，主觀唯心論足以引起人的自我誇大的心理。但假如他的世界只是一堆感覺印象的聚集體，那麼他就沒有理由以這種世界自豪。所以，我們最好拋開主觀性和客觀性的區別，而著重對象內容的眞實性，內容作爲內容，既是主觀的，又是客觀的。如果只是〔在時間上〕存在便叫做客觀實在，那麼，一個犯罪的行爲也可說是客觀實在，但是犯罪的行爲本質上是沒有眞實存在的，由罪行後來受到懲罰或禁止來看，更足以顯得它沒有眞實的存在。

§43

一方面，通過範疇的作用，單純的知覺被提升爲客觀性或經驗，但另一方面，這些概念，又只是主觀意識的統一體，受外界給予的材料的制約，本身是空的，而且只能在經驗之內才可應用有效。而經驗的另一組成部分，感覺和直觀的諸規定，同樣也只是主觀的東西。

附釋：說範疇本身是空的，在某種意義下，這話是沒有根據的，因爲這些範疇至少是有規定的，亦即有其特殊內容的。範疇的內容誠然不是感官可見的，不是在時空之內的。但並不能認爲這是範疇的缺陷，反倒是範疇的優點。這種意義的內容（即不是感官可見，不在時空內的內容），即在通常意識裡，也早已得到承認的。譬如，當我們說一本書或一篇演說包含甚多或內容豐富時，大多是指這書或演說中具有很多的思想和普遍性的道理而言。反之，一本書，或確切點說，例如一本小說，我們絕不因爲書中堆集有許多個別的事實或情節等等，就說那本書內容豐富。由此可見，通常意識也明白承認，屬於內容的必比感覺材料爲多，而這多於感覺材料的內容就是思想，這裡首先就指範疇了。但說到這裡，另有一面必須注意的，就是認範疇本身是空虛的這一說法，也還是有它的正確意義。因爲這些範疇和範疇的總體（即邏輯的理念）並不是停滯不動，而是要向前進展到自然和精神的眞實領域去的，但這種進展卻不可認爲是邏輯的理念藉此從外面獲得一種異己的內容，而應是邏輯理念出於自身的主動，進一步規定並展開其自身爲自然和精神。

§ 44

由此看來，範疇是不能夠表達絕對的，絕對不是在感覺中給予的。因此知性或通過範疇得來的知識，是不能認識物自體的。

〔說明〕物自體（這裡所謂「物」也包含精神和上帝在內）表示一種抽象的對象。——從一個對象抽出它對意識的一切聯繫、一切感覺印象，以及一切特定的思想，就得到物自體的概念。很容易看出，這裡所剩餘的只是一個極端抽象，完全空虛的東西，只可以認作否定了表象、感覺、特定思維等等的彼岸世界。而且同樣簡單地可以看到，這剩餘的渣滓或殭屍(caput mortum)，仍不過只是思維的產物，只是空虛的自我或不斷趨向純粹抽象思維的產物。這個空虛自我把它自己本身的空虛的同一性當作對象，因而形成物自體的觀念。這種抽象的同一性作為對象所具有的否定規定性，也已由康德列在他的範疇表之中，這種否定的規定性正如那空虛的同一性，都是大家所熟知的。當我們常常不斷地聽說物自體不可知時，我們不禁感到驚訝。其實，再也沒有比物自體更容易知道的東西。

§ 45

發現經驗知識是有條件的，那是理性的能力，——理性即是認識無條件的事物的能力。至於這裡所謂理性的對象，無條件的或無限的事物，不是別的，而是自我同一性，或即上面(§42)所提及的在思維中的自我之原始同一性。理性就是把這純粹的同一性本身作為對象或目的之抽象的自我或思維（請參看前節的說明）。這種完全沒有規定性的同一性，是經驗知識所不能把握的，因為經驗知識總是涉及特定的內容的。如果承認這種無條件的對象為絕對、為理性的眞理（爲理念），那就會認爲經驗知識不是眞理，而是現象了。

附釋：康德是最早明確地提出知性與理性的區別的人。他明確地指出：知性以有限的和有條件的事物爲對象，而理性則以無限的和無條件的事物爲對象。他指出只是基於經驗的知性知識的有限性，並稱其內容爲現象，這不能不說是康德哲學之一重大成果。但他卻不可老停滯在這種否定的成果裡，也不可只把理性的無條件性歸結爲純粹抽象的、排斥任何區別的自我同一性。如果只認理性爲知性中有限的或有條件的事物的超越，則這種無限事實上將會降低其自身爲一種有限或有條件的事物，因爲眞正的無限並不僅僅是超越有限，而且包括有限並揚棄有限於自身內。同樣，再就理念而論，康德誠然使人知道重新尊重理念，他確證理念是屬於理性的，並竭力把理念與抽象的知性範疇或單純感覺的表象區別開（因爲在日常生活中，我們大家漫無區別地稱感覺的表象爲觀念，也稱理性的理念爲觀念）。但關於理念，他同樣只是停留在否定的和單純的應當階段。

認構成經驗知識內容的直接意識的對象爲單純現象的觀點，無論如何必須承認是康德哲學的一個重大成果。常識（即感覺與理智相混的意識）總認爲人們所知道的對象都是各個獨立自存的。如當他們明白了這些對象彼此是互相聯繫、互相影響的事實時，則他們也會認爲這些對象的互相依賴只是外在的關係，而不屬於它們的本質。與此相反，康德確認，我們直接認知的對象只是現象，這就是說，這些對象存在的根據不在自己本身內，而在別的事物裡。於是又須進一步說明這裡所謂「別的事物」是指的什麼東西。照康德哲學來說，我們所知道的事物只是對我們來說是現象，而這些事物的自身卻總是我們所不能達到的彼岸。這種主觀的唯心論認為凡是構成我們意識內容的東西，只是我們的，只是我們主觀設定的，難怪這會引起素樸意識的抗議。事實上，眞正的關係是這樣的：我們直接認識的事物並不只是就我們來說是現象，而且即就其本身而言，也只是現象。而且這些有限事物自己特有的命運、它們存在的根據不是在它們自己本身內，而是在一個普遍神聖的理念裡。這種對於事物的看法，同樣也是唯心論，但有別於批判哲學那種的主觀唯心論，而應稱為絕對唯心論。這種絕對唯心論雖說超出了通常現實的意識，但就其內容實質而論，它不僅只是哲學上的特有財產，而且又構成一切宗教意識的基礎，因為宗教也相信我們所看見的當前世界，一切存在的總體，都是出於上帝的創造，受上帝的統治。

§46

但單說有理性的對象存在，尚不能令我們滿足。求知欲使我們不能不要求去認識這自我同一性或空洞的物自體。所謂認識不是別的，即是知道一個對象的特定的內容。但特定的內容包含多樣性的東西結合在它自身內，而且這種結合是建築在與許多別的對象的聯繫上的。如今要想規定那無限之物或物自體的性質，則理性除了應用它的範疇外，就會沒有別的認識工具了。但如果設法應用範疇去把握無限，則理性便成為飛揚的或超越的了。

〔說明〕說到這裡，就進到康德理性批判的第二方面了，這一方面就其本身而論，較之前一部分，尤爲重要。批判哲學的第一部分就是前面所提到的觀點，即認所有範疇都以自我意識的統一性爲本源，因此通過這些範疇所得到的知識，事實上不包含任何客觀性，即在前面（§40和§41）所歸給範疇的客觀性，也只是主觀的了。所以，如單就這點看來，則康德的批判只是一種粗淺的主觀唯心論。它並未深入到範疇的內容，只是列舉一些主觀性的抽象形式，而且甚至片面地停留在主觀方面，認主觀性爲最後的絕對肯定的規定。但到了批判哲學的第二部分，康德考察他所謂範疇的應用，即理性應用範疇以求得到關於對象的知識時，他至少曾略略提到範疇的內容。或至少他曾給了一個可以討論範疇的內容的機會。我們有特殊興趣去看康德討論範疇如何應用於無條件的對象，亦即如何批判形而上學。對於他進行的方法，我們在這裡將略加敘述和批判。

§47

㈠康德所考察的第一個無條件的對象，就是靈魂〔參看上面（§34）〕。他指出，在我的意識裡，我總是發現：⑴我是一個能規定的主體；⑵我是單一的東西或抽象地簡單的東西；⑶在我的一切雜多的意識經驗中，我意識著我是同一的、一而不二的；⑷我是能思維的，我是與一切外在於我的事物有區別的。

康德很正確地指出，舊形而上學在於將上面這些經驗的規定，用思維規定或相應的範疇去代替，於是產生了下面四個新的命題：⑴靈魂是一實體；⑵靈魂是一簡單的實體；⑶靈魂在它不同時間的特定存在裡，數目上是同一的；⑷靈魂和空間有關係。

由前面經驗的說法過渡到後面這些形而上學的說法，其缺點顯而易見，即是將兩種不同範圍的規定，將經驗中的規定和邏輯上的範疇，弄得互相混淆了，這就陷於一種背理的論證(Paralogismus)。康德認為由經驗的規定推到思想的範疇，用思維範疇以代替經驗的規定，我們是沒有權利那樣做的。

我們可以看出，康德的批判所表明的只不過是重述上面§39所說的休謨的觀點，即認為思維的範疇總是具有普遍性與必然性的，是不能在感覺之內遇見的，並認為經驗的事實，無論就內容或形式而言，都是與思想的範疇不同的。

〔說明〕如果把經驗的事實認作構成思想之所以為思想的證件，那麼無疑地就必須能在知覺中去準確地指出思想的本源。——為了說明靈魂不能認作是實體，有單純性，自我同一性，且與物質世界接觸仍能保持其獨立性起見，康德於批判形而上學的心理學時，特別指出我們在經驗中所意識著的靈魂的各種規定與思維的活動所產生的規定並不完全相同。但根據上面的陳述，康德認為一切知識，甚至一切經驗，都是經過思想的知覺所構成。換言之，他將原來屬於知覺的規定，轉變成思維的範疇。

康德的批判有一很好的後果值得注意，即是他把對於精神的哲學研究從靈魂是實物，從思想的範疇，因而從關於靈魂的單純性、複合性、物質性等問題裡解放出來。這種種形式之所以不能容許，甚至一般人的常識也都知道，真的看法不是因為這些形式不是思想，而是因為這種思想的本身並不包含真理。

如果思想與現象彼此不完全相符合，那麼我們至少可以自由選擇，究竟是兩者中的哪一個有了缺陷。在康德的唯心哲學裡，就涉及理性的世界而論，他把這種缺陷歸之於思想。他說思想有了缺點不能符合現象，因為思想〔的範疇〕不適合於把握知覺或把握限於知覺範圍的意識，而且在知覺裡也尋不著思想的痕跡。但對於思想內容的本身，他卻並沒有提到。

附釋：背理的論證一般說來是一種謬誤的推理，細究起來，其錯誤在於將兩個前提中同一的名詞加以不同的意義的應用。據康德的看法，舊形而上學家的理性心理學所採取的方法，就是基於這種背理的論證，因為他們把僅僅具有經驗規定的靈魂認作靈魂的本質。無疑地康德是很對的，他說簡單性、不變性等謂詞是不能應用在靈魂上面的。但所以如此的道理，卻不是像康德所提示的，理性超出了特定的範圍那個理由所能解釋。眞正的原因，乃在於這些抽象的知性範疇本身太拙劣，不能表達靈魂的性質，而靈魂的內容遠較那只是簡單性、不變性等等所指謂的更為豐富。所以，譬如說，一方面自須承認靈魂是簡單的自我同一性，但同時另一方面也可說靈魂是能動的，自己區別自己的。凡屬「只是」的，或抽象地簡單的，可以說即是死的東西。康德在攻擊舊形而上學時，把這些抽象的謂詞從靈魂或精神中掃除淨盡，可以看作一個大的成就。至於他所陳述的理由，卻是錯的。

§48

(二)第二個無條件的對象就是世界（參看§35）。理性在試圖認識世界時，便陷於矛盾

〔Antinomie 二律背反〕。這就是說，對於同一對象持兩個相反的命題，甚至必須認爲這兩個相反的命題中的每一個命題都有同樣的必然性。世界既有這種矛盾的規定，由此可見世界的內容不能是自在的實在，只能是現象。康德所提出的解答認爲這矛盾並不是對象自己本身所固有，而僅是屬於認識這對象的理性。

〔說明〕因此他便提出引起矛盾的是內容自身或範疇本身的說法。康德這種思想認爲知性的範疇所引起的理性世界的矛盾，乃是本質的，並且是必然的，這必須認爲是近代哲學界一個最重要的和最深刻的一種進步。但康德的見解是如此的深遠，而他的解答又是如此的瑣碎；它只出於對世界事物的一種溫情主義。他似乎認爲世界的本質是不應具有矛盾的污點的，只好把矛盾歸於思維著的理性，或心靈的本質。恐怕沒有人能夠否認現象界會呈現許多矛盾於觀察的意識之前。——這裡所謂現象界指表現在主觀的心靈，表現在感性或知性之前的世界而言。但當把世界的本質與心靈的本質比較時，我們眞會覺得奇怪，何以竟會有人那樣坦率無疑地提出，並有人附和這種謙遜的說法，即認爲那本身具有矛盾的不是世界的本質，而是思維的本質，理性。雖轉了一個說法，謂只有在應用範疇〔去把握世界〕時才陷於矛盾，也不足以糾正上說之偏。因爲既堅持範疇的應用是必然的，而理性在求知時除了應用範疇外，並無其他認識的規定。其實認識就是規定著的和規定了的思維；如果理性只是空洞的、沒有規定的思維，則理性將毫無思維。所以如果最後將理性歸結爲一種空虛的同一性（參看下節），則最後理性只有輕易犧牲一切的內容和實質，以求倖而換取自身矛盾的解除。

還須注意，康德對於理性的矛盾缺乏更深刻的研究，所以他只列舉了四種矛盾。他提出這四種，正如對所謂背理的論證的討論那樣，是以他的範疇表爲基礎的。他照他後來所喜愛的辦法，應用他的範疇表，不是從一個對象的概念去求出對象的性質，而只是把那對象安排在現成的圖式之內。康德對於理性矛盾發揮的缺點，在我的《邏輯學》①裡，我曾順便有所闡述。主要之點，此處可以指出的，就是不僅可以在那四個特別從宇宙論中提出來的對象裡發現矛盾，而且可以在一切種類的對象中，在一切的表象、概念和理念中發現矛盾。認識矛盾並且認識對象的這種矛盾特性就是哲學思考的本質。這種矛盾的性質構成我們後來將要指明的邏輯思維的辯證的環節(das dialektische Moment)。

附釋：按照舊形而上學的觀點看來，如果知識陷於矛盾，乃是一種偶然的錯差，基於推論和說理方面的主觀錯誤。但照康德的說法，當思維要去認識無限時，思維自身的本性裡便有陷於矛盾（二律背反）的趨勢。在上節的說明裡，已經附帶指出，就康德理性矛盾說在破除知性形而上學的僵硬獨斷，指引到思維的辯證運動的方向而論，必須看成是哲學知識上一個很重要的推進。但同時也須注意，就是康德在這裡僅停滯在物自體不可知性的消極結果裡，而沒有更進一步達到對於理性矛盾有眞正積極的意義的知識。理性矛盾的眞正積極的意義，在於認識一切現實之物都包含有相反的規定於自身。因此認識甚或把握一個對象，正在於意識到這個對象

---

① 指《大邏輯》。——譯者

作爲相反的規定之具體的統一。而舊形而上學，我們已經看到，在考察對象以求得形而上學知識時，總是抽象地去應用一些片面的知性範疇，而排斥其反面。康德卻與此相反，他盡力去證明，用這種抽象的方法所得來的結論，總是可以另外提出一些和它正相反對但具有同樣的必然性的說法，去加以否定。當他列舉理性的矛盾時，他只限於舊形而上學的宇宙論中的矛盾，他一共舉出了四種矛盾來加以駁斥，這四種矛盾是建立在他的範疇表上面的。第一種矛盾是關於我們是否要設想這世界爲限制在時空中的問題。在第二種矛盾裡，他討論到一種兩難的問題。須認物質爲無限可分呢？還是須認物質爲原子所構成？第三種矛盾涉及自由與必然的對立，他特別提起這樣的問題：須認世界內一切事物都受因果律的支配呢？還是可以假定在世界中有自由的存在，換言之，有行爲的絕對起點呢？最後，第四種矛盾爲這樣的兩難問題：究竟這世界總的講來有一原因呢？還是沒有原因？

康德在討論理性的矛盾時所遵循的方法是這樣的：他並列兩難問題中所包含的兩個相反的命題，作爲正題與反題，而分別加以證明，這就是說，他力求表明這些相反的命題都是對這些問題加以反思所應有的必然結果，這樣他就明顯地避免了建立論證於幻覺之上，偏爲一面辯護的嫌疑。但事實上康德爲他的正題和反題所提出的證明，只能認作似是而非的證明。因爲他要證明的理論總是已經包含在他據以作出發點的前提裡，他的證明之所以表面上似有道理，都是由於他那冗長的和慣於用來證明其反面不通的方法所致。但無論如何，他之揭示出這些矛盾，總不失爲批判哲學中一個很重要而值得承認的收穫。因爲這樣一來他說出了，雖說只主觀地未充分發揮地說出了，那爲知性所呆板地分開了的範疇之間的實際的統一性。譬如，在宇宙論的第一個矛盾裡，便包含有須認時間與空間有其分離的方面亦有其連續的方面的學說，反之，舊形而上學則老是承認時空的連續性，因此便認這世界在時間和空間中爲無限。的確不錯，我們可以超出每一特定的空間，並超出每一特定的時間，但須知，同樣是不錯的，只有特定的時空（如此時此地）才是眞實的，而且規定性即包含在時空的概念之中。這層道理也可同樣地適用於別的理性矛盾。譬如以自由與必然的矛盾爲例。眞正講來，知性所了解的自由與必然實際上只構成眞自由和眞必然的抽象的環節，而將自由與必然截然分開爲二事，則兩者皆失其眞理性了。

§49

(三)第三個理性的對象就是上帝(§36)。上帝也是必須認識的，換言之，也是必須通過思維去規定的。從知性的觀點看來，對於單純的同一性，一切規定都只是一種限制，一種否定。因此一切實在只可當作是無限制的或不確定的。於是這一切實在的總體或最眞實的存在——上帝，便成爲一單純的抽象物，而對於上帝的定義也只剩下一絕對抽象的規定性叫做存在了。抽象的同一性（在這裡也叫做概念）和存在就是理性想要加以統一的兩個環節。完成它們兩者的統一，就是理性的理想。

§50

要達到這種統一，可能有兩個途徑或形式。我們可以從存在開始，由存在過渡到思維的抽象物，或者，相反地，可以從抽象物出發而回歸到存在。

今試採取從存在開始的途徑，就存在作爲直接的存在而論，它便被看成一個具有無限多的特性的存在，一個無所不包的世界。這個世界還可進一步認爲是一個無限多的偶然事實的聚集體（這是宇宙論的證明的看法），或者可以認爲是無限多的目的及無限多的有目的的相互關係的聚集體（這是自然神學的證明的看法）。如果把這個無所不包的存在叫做思維，那就必須排除其個別性和偶然性，而把它認作一普遍的、本身必然的、按照普遍的目的而自身規定的、能動的存在。這個存在有異於前面那種的存在，就是上帝。——康德對於整個這種思想過程的批判，其主旨在於否認這是一種推論或過渡。康德認爲，知覺和知覺的聚集體或我們所謂世界，其本身既然不表現有普遍性（因爲普遍性乃是思想純化知覺內容的產物），可見通過這種經驗的世界觀念，並不能證實其普遍性。所以思想要想從經驗的世界觀念一躍而升到上帝的觀念，顯然是違反休謨的觀點的（如在背理論證中所討論的那樣，參看§47）。照休謨的觀點，不容許對知覺加以思維，換言之，不容許從知覺中去紬繹出普遍性與必然性。

〔說明〕因爲人是有思想的，所以人的常識和哲學，都絕不會讓他放棄從經驗的世界觀出發並超出它以提高到上帝的權利。這種提高的基礎不外是對於世界的思維著的考察，而不僅是對它加以感性的動物式的考察。唯有思維才能夠把握本性、實體、世界的普遍力量和究竟目的。所謂對於上帝存在的證明，眞正講來，只應認作是對於整個能思的心靈思索感官材料過程的描述和分析罷了。思維之超出感官世界，思維之由有限提高到無限，思維之打破感官事物的鎖鏈而進到超感官界的飛躍，凡此一切的過渡都是思維自身造成的，而且也只是思維自身的活動。如果說沒有造成這種過渡或提高的過程，那應說是沒有思想。事實上，禽獸便沒有這種過渡；它們只是停滯在感性的感覺和直觀階段，因此它們也就沒有宗教。

對於思維的這種提高作用的批判，無論一般地和特殊地講來，有兩點必須注意。第一、就形式而論，這種提高表現爲推論的形式（亦即所謂上帝存在的證明），則這種推論的出發點，自不免認世界爲一種偶然事變的聚集體，或者爲種種目的和有目的性的諸多相互關係的聚集體。這種出發點，就僅作三段論式的推論的思想家看來，似乎是很堅實的基礎，並且始終保持在經驗的範圍內。這樣，出發點與所要達到的終結點的關係，將被看成只是肯定的，即是由一個存在而且保持存在之物推論到另一物，而此物亦一樣地存在。但這種推論的重大錯誤，即在於以爲只在這種抽象理智的形式裡即可認識思維的本性。殊不知，對經驗世界加以思維，本質上實即是改變其經驗的形式，而將它轉化成一個普遍的東西——共相。所以思維對於其所出發的經驗基礎同時即開展一個否定的活動；感性材料經過思維或共性加以規定後，已不復保持其原來的經驗形狀了。對於外殼加以否定與排斥，則感性材料的內在實質，即可揭示出來了（參看§13和§23）。對於上帝存在的形而上學證明，所以只是對於精神由世界提高到上帝的過程之一種不完善的表達和描述，因爲在這個證明裡，未能將精神的提高過程裡所包含的否定環節顯著地表達或者突出出來。因爲如果世界只是偶然事變的聚集體，則這世界便只是一個幻滅的現象的東西，其本身即是空無的。精神的提高，其意義在於表示這世界雖然存在，但其存在只是假象，而非眞實存在，非絕對眞理，而且表明絕對眞理只在超出現象之外的上帝裡，只有上帝才是眞實的存在。精神的提高固然是一種過渡和中介的過程，但同時也是對過渡和中介的揚棄。因爲那似乎作爲中介可以達到上帝的世界，也由此而被宣示爲空無了。只有通過否定世界的存在，精神的提高才有了依據，於是那只是當作中介的東西消逝了，因此即在中介的過程中便揚棄了中介。當耶柯比反對理智的證明時，他心目中所要反對的，主要也只是指把這種否定性的中介關係看成兩個存在物間平列互依的肯定的關係而言。他公允地攻擊那種由有條件的事物（世界）去尋求無條件的上帝，因而認無限的上帝爲有所依賴、有所根據的那種證明方法。然而在那種精神的提高裡便校正了這種假相，也可以說，精神提高的整個意義即在於校正這個假相。但耶柯比沒有認清本質的思維的眞實性質，即在中介的過程中便揚棄了中介本身。因此他的批評如僅用以攻擊反思式的理智證明，倒還恰當，但如用來攻擊整個的思想，特別是理性的思想，那就陷於錯誤了。

爲了說明對於思想中否定環節的忽視，可用一般人認斯賓諾莎學說爲泛神論和無神論的攻擊，作爲例證。斯賓諾莎的絕對實體誠然還不是絕對精神，而上帝應該界說爲絕對精神，乃是正當的要求。但當斯賓諾莎的界說被認爲將上帝與自然及有限世界相混，並且使世界與上帝同一，這就假定了認爲有限世界具有眞正的現實性和肯定的實在性。如果承認這個假定，則上帝與世界合而爲一，是不啻將上帝純然有限化了，貶低成爲一個僅屬有限的存在之外在的複合體了。從這點看來，我們必須注意：斯賓諾莎並沒有把上帝界說爲上帝與世界的統一，而是認上帝爲思想與形體（物質世界）的統一。即使我們接受他對於統一原來那種異常笨拙的說法，他也只是認這世界爲現象，並沒有現實的實在性，所以他的體系並不是無神論，寧可認爲是無世界論(Akosmismus)。一個堅持上帝存在，堅持唯有上帝存在的哲學，至少是不應被稱爲無神論的。何況對於許多把猴猿、母牛、石像或銅像等當作神靈去崇拜的民族，我們尚且承認其有某種的宗教。但常人的想像總深信這叫做世界的有限事物的聚集體，是有眞實存在的。要他放棄這種信念，他們是絕不願意的。如果要說沒有世界，他們很容易認爲那是不可能的，至少他們會覺得相信沒有世界，比相信沒有上帝的可能性還少。人們總是相信（這對他們並不是很光榮的事）一個體系要否認上帝遠較否認世界爲容易。大家總是覺得否認上帝遠較否認世界爲更可以理解。

第二點值得注意的是關於對上述那種思想提高所贏得的內容的批判。這些內容如果只包含一些說上帝是世界的實體，世界的必然本質，或主導並主宰世界的目的因等規定，當然不適合於表達我們所了解或我們所應了解的上帝的性質。但除了可將這種對於上帝的普通觀念作爲初步假定，並根據這種假定以評判其結果外，則剛才提到的那些規定仍然有很大的價値，而且是上帝的理念中所包含的必然環節。所以，如果我們要想這樣用思維去明白認識上帝的眞理念而把握其內容的眞性質，那麼，我們切不可採取較低級的事物爲出發點。世界中單純偶然的事物，只是一種異常抽象的規定，不足以作爲理解實在的出發點。有機的結構和其互相適應的目的性雖屬於較高的、生命的範圍。但是除了對有生命的自然和當前事物與目的的種種聯繫的看法，都由於目的之瑣屑不足道，甚或由於對目的和目的與手段的聯繫的許多幼稚的說法，會玷污了目的論之外，即單就有生命的自然本身來說，事實上還是不足以表達上帝這一理念的眞實性質。上帝不僅是生命，他主要是精神。如果思維要想採取一個出發點而且要想採取一個最近的出發點，那麼，唯有精神的本性才是思維絕對〔或上帝〕最有價值和最眞實的出發點。

§ 51

達到思維和存在的統一，並藉以實現理性的理想之另一途徑，是從思維的抽象物出發，以達到明確的規定。爲了達到這個目的，便只剩下存在這個概念比較合用了。這就是對於上帝存在的本體論的證明所取的途徑。在這裡出現的對立，便是思維與存在的對立，而在前一途徑裡，存在是對立的雙方所共同的，其對立所在，僅在於個體化的存在與普遍性的存在的對立。知性據以反對這第二個途徑的理由，與上面提到過的反駁第一途徑的理論本質上相同，即知性認爲在經驗事物中尋不出普遍概念，反之，在普遍概念中也不包含有特定事物。所謂特定事物即指這裡的存在。換言之，從概念中推不出存在來，也分析不出存在來。

〔說明〕康德對於本體論證明的批判之所以如此無條件地受歡迎和被接受，無疑地大半是由於當他說明思維與存在的區別時所舉的一百元錢的例子。一百元錢就其在思想中來說，無論是眞實的或僅是可能的，都同是抽象的概念。但就我的實際的經濟狀況來說，眞正一百元錢在錢袋中與可能的一百元錢在思想中，卻有重大的區別。沒有比類似這樣的事更顯明的了，即我心中所想的或所表象的東西，絕不能因其被思想或被表象便認爲眞實；思想、表象，甚或概念還不夠資格叫做存在。姑且不說稱類似一百元錢的東西爲概念，難免貽用語粗野之譏，但那些老是不斷地根據思維與存在的差別以反對哲學理念的人，總應該承認哲學家絕不會完全不知道一百元現款與一百元錢的思想不相同這一回事。事實上還有比這種知識更粗淺的嗎？但須知，一說到上帝，這一對象便與一百元錢的對象根本不同類，而且也和任何一種特殊概念、表象，或任何其他名稱的東西不相同。事實上，時空中的特定存在與其概念的差異，正是一切有限事物的特徵，而且是唯一的特徵。反之，上帝顯然應該，只能「設想為存在著」，上帝的概念即包含他的存在。這種概念與存在的統一構成上帝的概念。

如果上帝的性質就像這裡所說的這樣，則我們對於上帝只算得到一形式的界說，這界說實際上只包含著概念本身的性質。即就概念最抽象的意義而言，它已包含有存在在自身內，這是顯而易見的事。因為無論概念的別的性質如何，它至少是由於揚棄了間接性而成立的，所以概念自身即具有與它自身直接的聯繫，但所謂存在不是別的，即是這種自身聯繫。我們很可以說，精神的最深處，概念，甚至於自我或具體的大全，即上帝，竟會不夠豐富，連像存在這樣貧乏的範疇，這樣最貧乏、最抽象的範疇，都不能包含於其中，豈非怪事。因為就內容而論，思想中再也沒有比存在這個範疇更無足重輕的了。只有人們最初當作存在的東西，如外界感性存在，誰我面前的一張紙的存在，也許還比存在更是無足重輕。但關於有限的變滅事物的感性存在，誰也不願無條件地說它存在。此外，康德書中關於「思維與存在的差別」的粗淺的說法，對於人心由上帝的思想到上帝存在的過程，最多僅能予以干擾，但絕不能予以取消。這種基於上帝的思想和他的存在絕對不可分的過程，也就是近來關於直接知識或信仰的學說所要重新恢復其權威的。關於此點，下面將有討論。

§ 52

在這種方式下，思維的規定性即在它的最高點，也總有某種外在的東西。這種思維的方式，雖說也老是叫作理性，但只是徹頭徹尾的抽象思維。這樣，其結果，理性除了提供簡單化系統化經驗所需的形式統一以外，沒有別的，在這樣的意義下，理性只是眞理的規則，不是眞理的工具。理性只能提供知識的批判，而不能提供關於無限者的理論。這種批判，分析到極致，可以總結在這樣一句斷語裡：即思維本身只是一種無規定性的統一，或只是這個無規定性的統一的活動。

附釋：康德誠然曾經認理性爲〔理解〕無條件的事物的能力。但如果理性單純被歸結爲抽象的同一性，則理性不啻放棄其無條件性，事實上，除了只是空疏的理智以外，沒有別的了。理性之能爲無條件的，只有由於理性不是爲外來的異己的內容所決定，而是自己決定自己的，因此，在它的內容中即是在它自己本身內。但康德卻明白宣稱，理性的活動只在於應用範疇把知覺所供給的材料加以系統化，換言之，使它有一種外在的條理，而系統化或條理化知覺材料所依據的原則仍不過僅僅是那個不矛盾的原則。

§ 53

(B)實踐理性——康德所謂實踐理性是指一種能思維的意志，亦即指依據普遍原則自己決定自己的意志。實踐理性的任務在於建立命令性的、客觀的自由規律，這就是說，指示行爲應該如此的規律。這樣就假定了思維爲一種在客觀上決定著的活動（換言之，思維事實上是一種理性），這樣就有理由認爲通過經驗可以證明實踐的自由，換言之，即有通過自我意識的現象以證明實踐的自由。與此相反，決定論者則同樣根據經驗中重複多次出現的事實，特別是對人類所認作權利和義務（即對客觀上應如此的自由規律）根據雜多紛歧的事實去歸納出懷疑性的（亦即休謨式的）決定論的觀點。

§54

實踐理性自己立法所依據的規律，或自己決定所遵循的標準，除了同樣的理智的抽象同一性，即：「於自己決定時不得有矛盾」一原則以外，沒有別的了。因此康德的實踐理性並未超出那理論理性的最後觀點——形式主義。

但這種實踐理性設定善這個普遍規定不僅是內在的東西，而且實踐理性之所以成爲眞正的實踐的理性，是由於它首先要求眞正地實踐上的善，必須在世界中有其實際存在，有其外在的客觀性，換言之，它要求思想必須不僅僅是主觀的，而且須有普遍的客觀性。關於實踐理性的這種要求或公設(Postulate)，下面再討論。

附釋：康德否認了理論理性的自由自決的能力，而彰明顯著地在實踐理性中去予以保證。康德哲學的這一方面特別贏得許多人盛大的讚許，誠然不無理由。要想正確地估量康德在這方面的貢獻，首先必須明瞭盛行於康德當時的實踐哲學，確切點說，道德哲學的情形。那時的道德哲學，一般講來，是一種快樂主義(Eudaemo nismus)。當我們問什麼是人生的使命和究竟目的時，這種道德學說便答道，在於求快樂。所謂快樂是指人的特殊嗜好、願望、需要等等的滿足而言。這樣就把偶然的特殊的東西，提高到意志所須追求實現的原則。對於這本身缺乏堅實據點爲一切情欲和任性大開方便之門的快樂主義，康德提出實踐理性去加以反對，並指出一個人人都應該遵守的有普遍性的意志原則的需要。上面幾節所討論到的理論理性，據康德看來，只是認識「無限」的消極能力，既然沒有積極內容，故其作用只限於揭穿經驗知識的有限性。反之，對於實踐理性，康德卻顯明地承認其有積極的無限性，認爲意志有能力採取普遍方式，亦即依據理性思維著以決定自身。無疑地，意志誠然具有這種自決的力量，而且最要緊的是要知道唯有具有這種自決的力量，並把它發揮在行爲上，人才可以算是自由的。但雖承認人有這種力量，然而對於意志或實踐理性的內容的問題卻仍然還沒有加以解答。因此，當其說人應當以善作爲他意志的內容時，立刻就會再發生關於什麼是意志的內容的規定性問題。只是根據意志須自身一致的原則，或只是提出爲義務而履行義務的要求，是不夠的。

§ 55

(C) **判斷力批判**——康德認爲反思的判斷力是一種直觀的理智的原則。這就是說，特殊，對抽象共相或抽象同一性來說，只是偶然的，是不能從共相中推演出來的，但就直觀的理智看來，特殊是被普遍本身所規定的。——這種普遍和特殊的結合，在藝術品和有機自然的產物裡一般是可以體察到的。

〔說明〕康德的《判斷力批判》的特色，在於說出了什麼是理念的性質，使我們對理念有了表象，甚至有了思想。直觀的理智或內在的目的性的觀念，提示給我們一種共相，但同時這共相又被看成一種本身具體的東西。只有在這方面的思想裡，康德哲學才算達到了思辨的高度。席勒以及許多別的人曾經在藝術美的理念中，在思想與感覺表象的具體統一中尋得一擺脫割裂了的理智之抽象概念的出路。另有許多人復於一般生命（無論自然的生命或理智的生命）的直觀和意志中找到了同樣的解脫。——不過，藝術品以及有生命的個體，其內容誠然是有偈限的；但康德於其所設定的自然或必然性與自由目的的諧和，於其所設想爲實現了的世界目的時，曾發揮出內容極其廣泛的理念。不過由於所謂思想的懶惰，使這一最高的理念只在應當中得到一輕易的出路，只知堅持著概念與實在的分離，而未能注重最後的目的的眞正實現。但這在思想中所未能實現的東西，反而在有機組織和藝術美的當前現實裡，感官和直觀卻能看見理想的現實。所以康德對於這些對象的反思，最適宜於引導人的意識去把握並思考那具體的理念。

§ 56

這裡康德就提出了關於知性的普遍概念，與感性的特殊事物之間的另外一種關係的思想，——不同於理論理性和實踐理性所依據的，對於普遍與特殊關係的學說。但這種關係的新看法，並沒有明確承認普遍與特殊統一的關係爲眞正關係、甚或爲眞理本身的見解。他毋寧只承認這種統一是存在於有限的現象中，而且只是在經驗中得到體現。主體具有這種經驗，一方面是出於天才創造美的理念的能力。所謂美的理念即是出於自由想像力的表象，這些表象有助於暗示理念，啓發思想，但其內容並未用概念的形式表達出來，而且也不容許用概念去表達。美的經驗另一方面則係出於趣味判斷(Geschmacksurteil)，一種對於自由的直觀或表象和理智的勻稱合度之間的適當配合的敏感。

§ 57

再則，反思的判斷力所據以規定有生命的自然產物的原則，便稱爲目的。目的是一種能動的概念，一種自身決定而又能決定他物的共相。同時康德又排斥了外在目的或有限目的，因爲在有限目的裡，目的僅是所欲藉以實現其自身的工具和材料的外在形式。反之，在有機體中，目的乃是其材料的內在的規定和推動，而且有機體的所有各環節都是彼此互爲手段，互爲目的。

§ 58

有了這樣的理念，知性所堅持的目的與手段，主觀與客觀間的對立關係立刻就被揚棄了。但康德至此又不免陷於矛盾，因爲目的的理念又僅僅被解釋爲一種實存並活動著的一個原因，這原因又僅僅被看作表象，亦即主觀的東西，於是目的性又被解釋爲僅屬於我們知性的品評原則。

〔說明〕當批判哲學得到了理性只能認識現象的結論之後，這時我們至少對於有機的自然可以在兩個同等主觀的思想方式之間選擇一個。而且即使按照康德自己的陳述，也不得不承認要想認識自然產物，單純依照質量、因果、組合和組成部分等範疇是不夠的了。內在目的這一原則，如果堅持加以科學的應用和發揮，對於觀察自然，將可以導致一種較高的而且完全不同的方式。

§59

如果依據內在目的的這一原則完全不加以限制，那麼，由理性所規定的普遍性，絕對目的，或善，就會在世界中實現了。而且甚至是通過一個第三者，一個建立並實現這最後目的的力量——上帝而實現的。於是在上帝中，在絕對眞理中，那些普遍與個體，主觀與客觀的對立都被解除了，而且被解釋爲既不堅定，也不眞實了。

§60

但這被建立爲世界最後目的的「善」，一直就只是作爲我們的善，只是作爲我們的實踐理性所規定的道德律。這樣一來，則剛才所提及的統一，除僅限於使世界情況和世界進程與我們的道德觀念相一致外，並沒有別的東西。①此外即使加上這層限制，那最後目的或善，仍然只

①〔原注〕依康德自己的話（見《判斷力批判》第一版，第四二七頁（§88））：「目的因只是我們實踐理性的一個概念，既不能從任何經驗的與材料推演出來作為批評自然的理論準則，也不能應

是一個沒有規定性的抽象概念，正如實踐理性中的義務觀念那樣。更進一步，這種和諧又會重新喚起或引起一種對立，這種對立的內容本身即被設定爲不眞實的。因此這種和諧只被認作主觀的東西，——一種只是應該存在，亦即同時並無實在性的東西，或者只被認作一種信仰，只具有主觀的確定性，但沒有眞實性，換言之，沒有具有符合那個理念的客觀性。這種矛盾似乎可以有辦法加以掩蔽，即將理念實現的時間推遲到將來（因爲在將來，理念也會存在的）。但一個像時間這樣的感性的條件，恐怕正是解除矛盾的反面，而且知性用來表示時間的表象，一種無窮的延長，也不過老是這種矛盾之無窮的重演而已。

〔說明〕關於認識的性質，批判哲學所達到的結果，幾乎已經成爲當時共信的成見或普遍的前提。對於這個結果，我們還想提出一個概括的評論。

在每種二元論體系裡，有一個根本缺陷，可以從它努力去聯合那即在前一瞬間所宣稱爲獨立自在、不可能聯合之物時所產生的不一致裡看得出來。即當一方面宣稱那聯合之物爲眞實時，一方面即又說這有聯繫的兩個環節，於其聯合中並無獨立自存的眞理性，唯有於其分離中，才

用去求得對於自然的知識。除了依據道德律唯一可以用在實踐理性上面以外，沒有應用目的因這概念的任何可能。創造世界的最後目的乃表示世界是與我們所可唯一依據普遍原則去規定的目的，亦即與我們的純粹實踐理性（就其應該是實踐的理性而言），所建立的最後目的相和諧一致的一種結構。」

具有眞理性和實在性。像這種哲學思想缺少一種簡單的認識，它沒有意識到像這樣反覆往返即足以表明單是兩者中的任一環節均不能令人滿足。其缺陷是由於沒有能力將兩個思想（因爲就形式看來，只有兩個思想）聯繫在一起。因此這實在是一個很大的矛盾，一方面承認知性僅能認識現象，另一方面又斷言這種認識有其絕對性，如謂「認識至此止步」，「這就是人類知識之自然的絕對限度」。自然事物誠然是受限制的，而且自然事物之所以爲自然事物，也只是由於它們不自知其普遍限制，並且由於它們的規定性只是從我們的觀點，不是從它們自己的觀點才是一種限制。當一個人只消意識到或感覺到他的限制或缺陷，同時他便已經超出他的限制或缺陷了。有生命的事物可以說是有一種感受痛苦的優先權利，而爲無生命的東西所沒有的，甚至在有生命的事物裡，每一個別的規定性都可變成一種否定的感覺。因爲凡屬有生命的存在都普遍地具有一種生命力，促使它超出其個別性，並包含其個別性在自身內。因此在否定其自身又保持其自身的過程裡，它們感覺到這種矛盾實際存在於它們自身中。但也只有由於在同一主體裡包含有兩個方面：生命情調的普遍性與否定這生命情調的個別性，這種矛盾才存在於它們自身中。同樣，認識的限度或缺陷之所以被規定爲限度、缺陷，也只是由於有了一個普遍的理念，一個全體或完整的理念在前面與它相比較。因此，只是由於沒有意識才會看不到，正是當一件事物被標明爲有限或受限制的東西時，它即包含有無限或無限制東西的眞實現在的證明。這就是說，只有無限的東西已經在我們意識裡面時，我們才會有對於限制的知識。

康德關於認識的學說，其結果還可引起另外一種的評論，即是說康德哲學對於科學的研究沒有什麼影響。他的認識論使得認識的範疇與一般認識的方法各不相涉。也許偶然於當時科學著作的開首幾頁裡，我們或可發現引用康德哲學幾句話，但從全部著作看來，便可看出所引用康德那幾句話，只是些裝點門面的多餘的話。而且即使把那開首幾頁删節掉了，也不會絲毫影響那本書的實際內容。①

試以康德哲學與形而上學化的經驗論細加比較：那素樸的經驗論雖堅持感性知覺，但還同樣承認精神的現實性，超感官的世界，不管它的內容是如何形成，或出於思想，或出於幻想、單就形式而論，這種超感官世界的內容有一種基於心靈的權威而來的證據，正如經驗的知識有一種基於外界知覺而來的證據。但這種反思的，邏輯上有了一貫原則的經驗論，就要反對這種有最後最高內容的二元論，並且否認思想原則和從思想中發展出來的精神世界的獨立性。所以唯物論，自然主義就是經驗論的一貫地發揮出來的體系。康德的哲學提出一思想的原則和自由的原則，以反對這種經驗論而贊成第一種素樸的經驗論，而且對這種素樸經驗論的普遍原則從未稍有違背。所以在康德哲學中仍保留有二元論的色彩。一方面有知覺世界和思索知覺的知性世界。他雖宣稱這是現象世界，但這不過只是一個名稱，只是一個形式的說法。因爲其本源、其內容實質、其觀察方式與經驗論大體上都是一樣。另一方面有獨立的、自己理解自身的思想，

① 〔原注〕即如在赫爾曼的《韻律學教本》一書中，開首即引用了幾段康德哲學。在書中§8裡即申論音節的定律必須是：⑴客觀的，⑵形式的，⑶先天規定的定律。試把這幾種規定和下面提到的因果關係和相互作用的原則拿來和書中討論音節的地方相比較，就可看到這些形式的原則對於內容實毫無影響。

或自由的原則。這種思想或原則在康德哲學中，仍與前此一般形而上學相同，但掃空了一切內容，而又未能加進一些新的內容。這種思維（此處叫做理性）沒有任何特殊規定，因此也沒有任何權威。康德哲學的主要作用在於曾經喚醒了理性的意識，或思想的絕對內在性。雖說過於抽象，既未能使這種內在性得到充分的規定，也不能從其中推演出一些或關於知識或關於道德的原則；但它絕對拒絕接受或容許任何具有外在性的東西，這卻有重大的意義。自此以後，理性獨立的原則，理性的絕對自主性，便成爲哲學上的普遍原則，也成爲當時共信的見解。

附釋一：批判哲學有一很大的消極的功績，在於它使人確信，知性的範疇是屬於有限的範圍，並使人確信，在這些範疇內活動的知識沒有達到眞理。但批判哲學的片面性，在於認爲知性範疇之所以有限，乃因爲它們僅屬於我們的主觀思維，而物自體永遠停留在彼岸世界裡。事實上，知性範疇的有限性卻並不由於其主觀性，而是由於其本身性質，即可從其本身指出其有限性。然而依康德看來，我們思想的內容之所以有錯誤，是因爲我們自己在思維。——康德哲學的另一缺點，在於它對思維活動只加以歷史的敘述，對意識的各環節，只加以事實的列舉。他所列舉的各項誠然大體上是對的，但他對於這樣根據經驗得來的材料並沒有說明其必然性。他對於意識各階段所作的反思，其結果可以總括在「凡我們所認識的一切內容只是現象」一句話裡面。既然凡屬有限的思維只能涉及現象的說法，都是對的，則他這種結論當然也是對的。但須知，到了現象的階段，思維並沒有完結，此外尙有一較高的領域。但這領域對於康德哲學是一個無法問津的「他界」。

附釋二：因爲在康德哲學裡，思維作爲自身規定的原則，只是形式地建立起來的，至於思維如何自身規定，自身規定到什麼程度，康德並無詳細指示。這是費希特才首先發現這種缺欠，並宣揚有推演範疇的需要。同時他也曾試圖這樣作過，而且的確提出了一個那樣的範疇推演的體系。費希特哲學以自我作爲哲學發展的出發點，各種範疇都要證明爲出於自我的活動。但是費希特所謂自我，似乎並不是眞正地自由的、自發的活動。因爲這自我被認爲最初是由於受外界的刺激而激勵起來的，對於外界的刺激，自我就要反抗，唯有由於反抗外界刺激，自我才會達到對自身的意識——同時，刺激的性質永遠是一個異己的外力，而自我便永遠是一個有限的存在，永遠有一個「他物」和它對立。因此，費希特也仍然停滯在康德哲學的結論裡，認爲只有有限的東西才可認識，而無限便超出思維的範圍。康德叫做物自體的，費希特便叫做外來的刺激。這外來的刺激是自我以外的一個抽象體，沒有別的法子可以規定，只好概括地把它叫做否定者或非我。這樣便將自我認作與非我處於一種關係中，通過這種關係才激勵起自我的自身規定的活動，於是在這種情形下，自我只是自身不斷的活動，以便從外來刺激裡求得解放，但永遠得不到眞正的自由。因爲自我的存在，既基於刺激的活動，如果沒有了刺激，也隨之就沒有了自我。而且自我活動所產生的內容，除了通常經驗的內容以外，也沒有別的，只不過加了一點補充，說自我活動所產生的內容只是現象而已。

C.思想對客觀性的第三態度

直接知識或直觀知識

§ 61

批判哲學認爲思維是主觀的，並且認爲思維的終極的、不可克服的規定是抽象的普遍性、形式的同一性。於是就把思維當作是與眞理相反對的，因爲眞理不是抽象的普遍性，而是具體的普遍性。在思維的這種最高規定即理性裡，範疇沒有得到重視。——與此正相反對的觀點便認思維只是一種特殊的活動，因此便宣稱思維不能夠認識眞理。

§ 62

依照這種理論，思維既然是特殊的活動，就只能以範疇爲其整個的內容和產物。但範疇既然是知性所堅持的，所以就是受限制的規定，是認識有條件的、有中介性的、有依賴性的東西的形式。像這樣受限制的思維是說不上認識無限，認識眞理的。因爲這種思維是不能從有限過渡到無限的（它是反對關於上帝存在的證明的）。這些思維範疇也叫做概念。按照這種說法，要把握一個對象，不外用一個認識有條件的、有中介性的事物的形式去認識那個對象。因此只要對象是眞理、無限或無條件的東西，就只有用我們的範疇把它改變成一個有條件、有中介的東西。在這樣的方式下，我們不但沒有用思想掌握住眞理，反而把它歪曲成爲不眞的了。

〔說明〕這就是唯一簡單的論證，提出來支持對於上帝和眞理只有直接知識或直觀知識的說法的。在從前，各式各樣關於上帝的所謂擬人的觀念，都當作只是有限的，不配認識無限而予以排斥。因此，上帝便成爲一異常空洞的存在了。但那時還沒有將一般的思維規定認作屬於「擬人」①的觀念之列。無寧是說，人們相信思維的作用在於掃除絕對中的許多表象的有限性。——這種信念頗符合於上面（§5）所提及的一切時代所共有的成見，即我們只有通過反思才可達到眞理。但到現在，思維規定最後也一概被認作是擬人主義，甚至思維也被宣稱爲只是一種有限化的活動。——耶柯比在他討論斯賓諾莎學說的書信第七篇「補錄」②裡對於這種評論，曾加以最明確的陳述。他應用斯賓諾莎哲學裡得來的論證，來攻擊一般的知識。在他對於知識的抨擊裡，他將知識認作僅是對於有限事物的知識，認作僅是由一系列有限事物到有限事物的思想進程，其中每一有限之物與另一有限之物彼此互爲條件。依此看法，解釋與理解只是通過他物爲中介以說明某物的間接過程。因此一切知識的內容只是特殊的、依賴的和有限的。無限、眞理、上帝則在這些機械聯繫之外，而認識便侷限在這種範圍之內。——最可注意的，就是康德哲學肯定範疇的有限性主要僅在於它們的主觀性的形式規定方面，在這個評論裡，是就範疇的規定性加以討論，認爲即就範疇本身來說，它們也是有限的。耶柯比心目中所特別著重的，乃是當時的自然科學（精確科學）在認識自然力量和自然規律時所取得的燦爛的成就。當然，

---

① 認神與人有相同的情意，即以人的觀念情意去揣度神的觀念情意，叫做擬人主義。——譯者

② 耶柯比（一七四三～一八一九）著有《關於斯賓諾莎學說給孟德爾生的書信集》一書，初發表於一七八五年，於一七八九年再版時，又加上八篇「補錄」。——譯者

在這種有限事物的基礎上，人們是無法尋找到內在於其中的無限者的。誠有如拉朗德①所說，他曾〔用望遠鏡〕搜遍了整個天宇，但沒有尋找到上帝（參看§60說明）。在這種自然科學的範圍裡，所可得到的普遍性，亦即科學知識的最後成果，只是外界的有限事物之無確定性的聚集，換言之，物質而已。耶柯比很正確地看到了這種只是中介性的知識進程沒有別的出路。

§63

與此同時，耶柯比主張眞理只能爲精神所理解，認爲人之所以爲人，只是由於具有理性，而理性即是對於上帝的知識。但因間接知識僅限於有限的內容，所以理性即是直接知識、信仰。

〔說明〕知識、信仰、思維、直觀，便是在這一派的觀點裡所時常出現的範疇。耶柯比既假定這些範疇是人人所熟知的，因而就常常僅按照心理學的單純表象和區別，加以武斷的使用，而對其最關重要的本性和概念，卻漫不加以考察。因此我們常常發現，知識總是與信仰對立，而同時又把信仰規定爲直接的知識，所以我們也要承認信仰是一種知識。再則，這也是經驗的事實：即凡我們所信仰的，必在我們意識中，這就是說，對於我們確信的東西，我們至少對它必有所知。還有我們經常看見，思維與直接知識和信仰對立，而且特別與直觀對立。但如果直觀可以規定爲理智的直觀的話，那麼理智的直觀只能叫做思維著的直觀，除非我們對於以上帝

① 拉朗德(Lalande, J. J. 1732-1807)，法國天文學家。——譯者

爲對象的理智的直觀有別的不同理解，想要把它理解爲想像中的影像或表象。在耶柯比哲學的語言裡，信仰一詞也可以用來指謂呈現在當前感性裡的日常事物。耶柯比說，我們相信我們有身體，我們相信感性事物的實際存在。但是，當我們說對於眞理或永恆有信仰，或說上帝在直接知識或直觀中啓示給我們時，我們所說的並不是感性的東西，而是一個本身具有普遍性的內容，只是能思的心靈的對象。再則，當個體是指自我、人格，而不是指經驗的自我或特殊的人格時，特別當我們心目中所想到的是上帝的人格時，我們所說的乃是指純人格，本身具有普遍性的人格而言。像這樣的純人格即是思想，而且只是指思想。——而且純直觀與純思想只是完全同一的東西。直觀和信仰最初總是表示普通意識所賦予這些字眼的特定意義，因而直觀和信仰實與思想有區別，而它們之間的這種區別，也差不多是盡人皆知的。但是如今我們要就信仰和直觀的最高意義來看，即是把它們作爲對上帝的信仰、作爲理智的直觀來看，這就是說，我們要排除直觀、信仰與思想之間的區別來看。直觀和信仰一旦被提升到這種較高的領域裡，便無法再去說它們與思想的區別了。然而人們總以爲有了這些空洞的字面的區別，他們就說出重要的眞理了，殊不知他們所攻擊的種種說法，與他們所堅持的都是同樣的東西。

耶柯比所用的信仰一詞卻具有特別的便利，因爲一提到信仰一詞，便令人想起對於基督教的信仰，令人覺得信仰一詞似乎包含基督教信仰，甚至以爲就是指基督教的信仰。於是，耶柯比的信仰哲學看來本質上好像是虔誠的，而且具有基督教虔誠的熱忱。基於這種虔誠，他便得著特殊自由，更可以自負和權威的態度任意下斷語。但我們切不可僅因字面上偶爾相同的假象便被欺騙，而須緊記兩者間的區別。一則，基督教信仰包含有教會的權威在內，而基於這種哲學立場的信仰，卻只是憑藉個人主觀的啓示的權威。再則基督教的信仰是一個客觀的、本身內容豐富的、一個具有教義和知識的體系。而耶柯比這種信仰本身卻並無確定的內容，既可接受基督教的信仰作爲內容，又可容許任何內容摻入，甚至可以包括相信達賴喇嘛、猿猴，或牡牛爲上帝的信仰於其內。這樣一來，他所謂信仰便只限制於以單純空泛的神、最高存在爲內容了。於是，信仰一詞就這種自命爲哲學的意義看來，不過只是一種直接知識的枯燥的抽象物罷了，也不過只是一個可以應用來指謂許多異常不同的事物的純粹形式的範疇，無論就在信仰者心靈內的信仰而言，或者就聖靈內在於人心中而言，或就內容充實的神學理論而言，都絕不可把它與具有豐富的精神內容的基督教信仰混爲一談。

耶柯比這裡所謂信仰或直接知識，其實也就與別處叫做靈感，內心的啓示，天賦予人的眞理，特別更與所謂人們的健康理智、常識、普通意見是同樣的東西。所有這些形式，都同樣以一個直接呈現於意識內的內容或事實作爲基本原則。

§64

這種直接知識確認它所知道的東西是存在的，即在我們觀念之內的無限、永恆、上帝，也是存在的。這就是說，它確認：在意識內，它們的存在的確定性，同這個觀念直接地、不可分離地聯繫在一起。

〔說明〕要反對這直接知識的原則恐怕是哲學家們很少想到的事。他們反倒會感到欣幸，當他們看見這些足以表示哲學的普遍內容的古老學說，雖說是在這種非哲學的方式下，在某種限度內，會成為這時代的普遍信念。人們倒是會感到驚異的，即何以竟會有人以為這些原則——眞理內在於人心，人心可以把握眞理（參看§63），——是違反哲學的。從形式的觀點看來，上帝的存在與上帝的思想，客觀性與思想所首先具有的主觀性有直接而不可分離的聯繫這一原則，特別令人感到興趣。甚至還可以說，直接知識的哲學不僅以為單獨關於上帝的思想是與存在不可分的，而且還認為甚至在直觀中，存在這一規定與人們對於自己的身體以及外界事物的觀念也有不可分離的聯繫。——如果哲學的職責在於努力證明，亦即揭示這種思維與存在的統一，即包含在思想的本性或主觀性本身內就是與存在和客觀性有不可分離的關係，那麼不管這些證明的性質如何，價值多高，無論如何，當哲學看見它的原則被證明，而且被揭示出也是意識中的事實，因而與經驗相符合時，它必然會感到異常滿意的。至於哲學與直接知識的說法的區別，只在於直接知識所抱的態度過於狹隘，也可以說是只在於它所採取的反對哲學思考的態度。

但是當笛卡兒提出他的可以說是轉移近代哲學興趣的樞紐的「我思故我在」(cogito, ergo sum)這一原則時，他也是用直接自明的眞理方式說出來的。如果有人把笛卡兒這一命題認作是三段式的推論的話，那麼這人恐怕除了認識這命題中的「故」字以外，對於三段式推論的性質知道得似乎並不很多。因為在這個命題內，你從哪裡去找中項(medius terminus)呢？而且中項在三段式推論中，較之那一個「故」字，卻遠為主要。如果我們一定要用「推論」這個詞，把笛卡兒這類概念的聯合叫做「直接的推論」，那麼，這多餘的一種推論形式，只不過是把不同的規定加以完全沒有中項作媒介的聯合罷了。照這樣說來，則持直接知識說者所表述的，認存在與我們的觀念相聯繫的原則，也不多不少地是一種推論了。——我從何佗①(Hotho, F. G.)先生於一八二六年出版的《關於笛卡兒哲學》的論文中，借用他所引用笛卡兒的一些文句，以表明笛卡兒自己的說法，即他那「我思故我在」的命題，並不是三段式推論〔散見於《答第二反駁》（見《沈思錄》），《方法論》第四章，及《書信集》第一卷，第一一八頁等處〕。從第一段落裡我引用下面一句最切要的話。笛卡兒首先說，我們是能思的存在，這「乃是一種本原的概念，並不是從三段式推論出來的」。他接著又說「當一個人說我思故我在，或者我思故我存在時，他也並非用三段式的推論從思維裡推出存在來」。笛卡兒知道三段式的推論所須具備的條件，所以他補充道，要使那命題成為三段式的推論，我們還須加上一個大前提：「凡能思者都在或者都存在」一句話，但這個大前提卻又須首先從最初那一命題演繹出來。

笛卡兒關於我的思想與我的存在不可分離這一原則的種種說法，如果說這種我思與我在的聯繫，即呈現於並涵蘊於意識的簡單直觀裡，又謂這種聯繫是絕對的第一，是最確定、最明白的原則，因此無法設想任何極端的懷疑思想可以不承認這一原則。——他這種種說法是如此明晰而確定，致使近代耶柯比等人關於直接聯繫的許多言論，只可以當作笛卡兒的原則之多餘的重述。

§ 65

① 何佗（一八〇二～一八七三）黑格爾的學生，一八二九年任柏林大學美學教授，一八三二年後參加編訂黑格爾全集工作。——譯者

這種直接知識的觀點，並不以指出孤立起來的間接知識不能夠把握眞理爲滿足，而其特點在於堅持單是孤立的直接知識，排斥任何中介性，即具有眞理爲其內容。這種孤立的排他性表明，這種觀點仍然陷於堅持著非此即彼的形而上學的理智觀念裡，亦即事實上仍然陷於外在的間接關係中，所謂外在的間接關係，即是基於堅持著有限的或片面的範疇的關係。持直接知識的人，錯誤地以爲他們業已超出了有限的範疇，而實際上則尚未達到。但關於此點，讓我們此刻勿庸詳加發揮。這種排他性的直接知識只被確認爲一種事實，在此處的導言裡，我們也只能按照這種外在的反思去考察它。至於直接知識的本身將俟我討論直接性與中介性相對立的邏輯關係時再加以說明。但像剛才這種外在的觀點不容許我們考察直接知識這事情的本性或概念，因爲這種考察將會引導我們到中介性，甚至於使我們達到知識。故眞正的、基於邏輯立場的考察，必須在邏輯學本身以內去尋求。

〔說明〕《邏輯學》的整個第二部分，關於本質的學說，便是主要地對直接性與中介性自己建立起來的統一性的考察。

§66

所以我們就只能在這裡停留住，權且把直接知識當作一種事實。但這樣一來，我們的考察便導致經驗的範圍、一種心理的現象。照這樣看來，我們必須指出，這是屬於最普通不過的經驗，即許多眞理我們深知係由於極其複雜的、高度中介化的考察所得到的成果，這種成果卻毫不費力地直接呈現其自身於熟習此種知識的人的意識之前。正如每一個對於某一門科學有訓練的人那樣，對於許多問題得到直接當下的解答，然而他得出這些解答是經過很複雜的分析才達到的。每一個有學問的人，大多具有許多普遍的觀點和基本的原則直接呈現在他的意識裡，然而這些直接的觀點和原則，也只能是反覆思索和長時間生活經驗的產物。我們在任何一種知識、藝術和技巧裡所得到的熟練，也包含有這樣的知識或動作直接出現於意識中，甚或直接表現於向外面反應的活動中和靈活機動地從他的肢體內發出。在所有這些情境中，知識的直接性不但不排斥間接性，而且兩者是這樣結合著的：即直接知識實際上就是間接知識的產物和成果。

〔說明〕同樣，直接存在與間接存在顯然也是結合著的。胚種和父母，從其所產生的枝葉和後裔看來，只可以說是直接的、創始的存在。不過胚種和父母的存在雖說是直接的，但它們仍然是有根源的，是衍生出來的；而枝葉和後裔，其存在儘管是中介性的，卻仍然可說是直接的，因爲它們存在。譬如，我在柏林，我的直接存在是在這裡，然而我所以在這裡，是有中介性的，即由於我走了一段旅程才來到這裡的。

§ 67

就關於上帝，關於法律和倫理原則的直接知識而論（這裡面包括有從別的方面看來叫做本能，天賦觀念，或先天觀念、常識和自然的理性等等，總之，係指這種自發的原始性而言，不管其表現的形式是什麼），這乃是極普通的經驗：即這種直接的原始性所包含的內容，總需要經過教化，經過發展，才能夠達到自覺，也可以說才能達到柏拉圖所謂「回憶」（又如基督教的洗禮，雖然是一種儀式，也包含有進一步接受基督教的訓誨的義務）。換言之，就宗教和倫理而論，儘管它們是一種信仰和直接知識，但仍然完全是受中介性的制約，所謂中介性，是指發展、教育和教養的過程而言。

〔說明〕主張天賦觀念以及反對天賦觀念的人，都同樣為互相排斥的對立所支配，即雙方都認為某些普遍規定和心靈在本質上的直接的聯合（如果可以這樣說的話）與另一種由外在的方式而產生的、通過給予的對象和表象作為中介而引起的聯合之間，有了堅不可破的對立。有人對於天賦觀念說曾予以經驗論的反駁，認為既然人人皆具有天賦觀念，譬如矛盾原則既是人人意識中所共同具有的，那麼他們必然知道這個原則。因為矛盾原則以及別的類似的原則，均算作天賦觀念。我們可以將這個反駁認作是一個誤解。因為這裡所說的原則，雖是天賦的，卻並不因此便具有我們所意識著的觀念或表象的形式。但這個反駁用來反對直接知識，卻完全中肯，因為持直接知識說的人明白宣稱只有在意識之內的內容才可以說是具有直接知識的性質。如果我們假定持直接知識說的人也多少承認，特別就宗教信仰而言，必然是包含有基督教的或宗教的教養和發展的，那麼，當他一說到信仰時又想抹殺中介性，這就未免陷於偏見。或者，既然承認了教養的必要性，而又不知道中介性的重要，這也未免太缺乏思考了。

附釋：當柏拉圖哲學說到理念的回憶時，意思是說理念是潛伏在人心中，而不是如智者派所主張的那樣，認爲理念是從外面灌輸到人心中的。但認知識爲一種回憶，卻並不排斥把人心中潛在的東西加以發展，而發展不是別的，即是一種中介的過程。同樣的道理可以應用來說明笛卡兒和那些蘇格蘭哲學家所提出的天賦觀念。這些觀念原來也不過是潛伏的觀念，必須看成是人所固有的稟賦。

§ 68

在上面所說的這些經驗裡，總是向與直接知識相聯結的對象中去尋求眞理。這種聯結最初雖僅不過是外在的經驗的聯繫，所以只要對經驗的考察本身來說，這聯繫足以表明它自身是本質的和不可分的，那麼，這種聯繫就是長久的。再則，如果按照在經驗中的這種直接知識自己本身，就其爲對於上帝和神聖事物的知識而言，則這種意識一般地將被認爲是高出於感性的，有限的事物以及高出於自然心情中直接的欲求和嗜好。這種提高就是過渡到並且歸宿到對於上帝和神聖事物的信仰的過程。所以這種信仰就是直接知識和確定性。但它並不因此便沒有中介過程作爲它的前提和條件。

〔說明〕我們已經指明過，那從有限存在出發的所謂對於上帝存在的證明，也表明了這種提高。從這個觀點看來，這些證明並不是矯揉造作的反思作用所臆創，而是精神自己本身的、必然的曲折進展的中介過程，雖說在通常的形式裡，這些證明沒有得著充分而正確的表現。

§69

直接知識論的主要興趣乃在於指出從主觀的理念到〔客觀的〕存在的過渡（有如上面§64所表明的那樣），並斷言理念與存在之間有一個原始的無中介性的聯繫。即使完全不考慮由經驗中映現出來的聯繫，單就由理念過渡到存在這一中心點來說，在它本身內也是包含有中介過程的。而且在它的這種〔中介性〕的規定裡，它既然是眞實的，並不是一種和外在東西並通過外在東西而形成的中介過程，而是自己包含著前提與結論在自己本身內的中介過程。

§70

這種觀點的主張是這樣的，即無論作爲單純的主觀思想的理念，或者作爲單純的自爲存在，都不是眞理；——一個僅僅是自爲的存在，一個與理念無涉的存在，只是世界中有限的感性存在。因此，這種說法，只是直接地斷言，理念只有存在爲中介，反之，存在只有以理念爲中介，才是眞理。直接知識的原則自應排斥無規定性的空洞的直接性、抽象存在或純粹的、自爲的統一，而力持理念與存在的統一。恐怕只有由於不用思想才會看不見，舉凡兩個相異的規定或範疇的統一，並不僅是純粹直接的或漫無規定性的空洞的統一，反之，必須認定其中的一個規定只有通過另一個規定爲中介才會有眞理。——或者可以說，每一個規定只有通過另一規定的中介才得與眞理相結合。——至於中介性的規定即包括在那個直接性自身之內，這種說法，在這裡就被表明是一種事實，對於這種事實，知性，依照直接知識自己的根本原則，也不會出來反對。只有通常的抽象的理智作用〔知性〕，才會把直接性與中介性雙方，每一方都各自認作絕對，以為兩者之間有一堅固的鴻溝。因而在設法去聯合雙方時，自己給自己造成一個不可克服的困難。這個困難，有如我們所指出的，事實上並不存在，而且也是消失在玄思的概念裡的。

§ 71

直接知識論的片面性給自己帶來了一些規定和後果，除了其基本原則已於上面討論之外，其要點尚須略加指出。第一、既然真理的標準，不是內容的本性，而是意識的事實，那麼凡被宣稱為真理的，除了主觀的知識或確信，除了我在我的意識內發現的某種內容外，就沒有別的基礎了。這樣一來，凡我在我的意識內發現的東西，便擴大成為在人人意識內發現的東西，甚至被說成是意識自身的本性。

〔說明〕從前對於上帝存在的證明常提出「眾心一致」(Consensus gentium)的論證，西塞羅最早曾援引過這種論證。「眾心一致」誠不失為極有意義的權威，而且要援引這種權威，說某種內容即在人人意識中，因而必定是基於意識的本性，出於意識的必然，這乃是極自然而且又很容易的事。但在這眾心一致的範疇內卻含有一主要看法，甚至那最無教化的人也可以看得到的，這就是，個人的意識同時是一特殊的、偶然的意識。如果對於這種意識不加以考察，不將意識中特殊的偶然的東西排除掉，換言之，如果不通過反思的艱苦工作，將意識中自在自為的普遍的東西揭示出來，則所謂眾心的一致不過只是大家對於某一內容表示共同贊成，以為足以建立起一個合乎禮俗的成見，因而就硬說是屬於意識的本性罷了。所以，如果思想的要求，在於從普遍常見的事物中更進而尋求其必然性，則衆心一致的說法絕不足以滿足這種要求。而且即使承認事實上的普遍性可以作爲一個充足的證明，但根據這種論證也不足以證明對於上帝的信仰，因爲經驗曾經告訴我們，有些個人和民族並沒有對於上帝的信仰。①但只是單純地斷言，我發現一個內容在我心中，我確知這內容是眞的，並且宣稱這確定性並非出於我個人特殊的主體，而是基於心靈的本性。——恐怕天地間沒有比這種辦法更簡捷便易的了。

① 〔原注〕要想知道根據經驗的調查，無神論或信仰上帝廣泛程度的大小如何，取決於我們是否僅僅滿足於一個上帝的空泛觀念，或者要求一個對於上帝的確切知識。在信仰基督教的社會裡，絕不會承認中國人和印度人所崇拜的偶像、非洲人的拜物教、甚或希臘人的衆神靈為上帝。足見相信諸如此類的偶像的人，絕不能說是相信上帝。反之，也許有人認為像這類偶像的崇拜，也多少潛伏有某種對於上帝一般的信仰，正如種之於類然，如是，則崇拜偶像不僅是對於偶像的崇拜，也可算作對於上帝的信仰。但至少希臘人的看法卻與此相反。希臘人把那些認「宙斯」(Zeus)等神僅為雲氣，而持唯一的上帝之說的詩人和哲學家，皆斥為無神論者。問題只在於人的意識實際上對於一個對象怎樣理解，而不在於那個對象潛在地包含著什麼。如果我們忽略這個區別，那麼人的最普通的感官印象，都可以算作宗教。因為每一感官印象，甚至每一心靈活動，都潛伏地包含有一原則，這原則如果加以純化，加以發揮，都可提升到宗教的領域。但有宗教的潛能是一事，具有宗教信仰另是一事。未經發揮的宗教，只是宗教的潛能或可能而已。所以近來有許多旅行家曾經發現一些部落，例如羅斯和巴利兩船長(Capitane Ross und Parry)所發現的愛斯基摩人，據他們說，就連非洲的巫師所有的那一點宗教痕跡，或希羅多德(Herodotus)所說的 Goëtes 也沒有宗教。但另一方面，一個英國人前幾個月在羅馬參加天主教五十年舉行一次的大紀念會上，據他關於近代羅馬人的敘述中說：羅馬的普通民衆都是些執迷的信徒，而那些能讀能寫的人差不多全是無神論者。在近代已經很少聽見用「無神論」一詞來攻擊人了。主要是因為宗教的內容和所必具的條件已減至最低限度了（參看§73）。

§72

第二、認直接知識爲眞理的標準還可引起另一種結果，即把一切的迷信和偶像崇拜均可宣稱爲眞理，並且對任何毫無道理並違反道德內容的意志要求，均可進行辯護。印度人就不根據我們所說的中介性的知識，不根據理論和推理，而是信仰母牛、猿猴或婆羅門、喇嘛爲神。但自然的意欲和傾向都自發地寄託其興趣於意識之內，而那些違反道德的目的也完全直接出現在意識之內。無論善的品性或惡的品性都會表示意志的特定的存在，而意志的特定存在，又會在興趣和目的中被認識，甚至是最直接地被認識。

§73

第三、對於上帝的直接知識只告訴我們上帝存在，而沒有告訴我們上帝是什麼。因爲如果能說出上帝是什麼，將會是一種知識，而且將會導致中介性的知識。因此，直接知識論就把宗教上崇拜的上帝明白地縮小爲一種空泛的神，限制在不確定的超感官的事物方面去，並且把宗教的內容縮減至最小限度了。

〔說明〕如果眞止有必要，只須能辨到並且保持一個神存在的信仰，或者甚至能創造一個神存在那樣的信仰，便算滿足，那麼我們對於這個時代的貧乏，不能不感到驚異。這個時代竟以贏得一些淺陋的宗教知識爲無上收穫，並且在教堂的神龕中退回到供奉千百年前在雅典即已供奉過的生疏（異己）的神！

§74

我們還須對於直接性的形式的一般性質略加說明。因爲直接性的形式本身是片面性的，致使其內容本身也帶有片面性，並且因而成爲有限的。直接性使共相成爲片面的抽象性，而且使上帝成爲無規定性的存在，但是上帝也可以叫做精神，就上帝被理解爲自己在自己本身內，自己和自己中介而言。只有這樣，上帝才是具體的，有生命的，才是精神。像這樣知道上帝是精神，即包含有間接性或中介性在自身內。第二、直接性的形式給予特殊的東西自己存在、自己和自己相聯繫的規定。但正因爲這樣特殊事物自身是與外在於它自己的他物相聯繫。從直接知識的形式看來，有限的特殊的東西便被設定爲絕對了。而且既然直接性是異常抽象的，對於每一內容都抱中立態度，正因爲如此，它也可以接受任何不同的內容。所以直接性既可以承認偶像式的違反道德的內容，也同樣可以承認和它正相反對的內容。只有當我們洞見了直接性不是獨立不依的，而是通過他物爲中介的，才揭穿其有限性與非眞實性。這種識見，由於內容包含有中介性在內，也是一種包含有中介性的知識。因爲眞正可以認作眞理的內容的，並不是以他物爲中介之物，也不是受他物限制之物，而是以自己爲自己的中介之物所以中介性與直接的自我聯繫的統一。那執著的知性，自以爲足以解除有限知識，超出形而上學和啓蒙思想的理智的同一性，卻仍然不免直接地以直接性或抽象的自我聯繫，或抽象同一性作爲眞理的原則和標準。抽象的思想（反思的形而上學的形式）與抽象的直觀（直接知識的形式）實是同一的東西。

附釋：假如堅持直接性的形式與中介性的形式是對立的，則直接性便陷於片面，而且使得屬於直接性的形式下的每一內容也趨於片面了。大體說來，直接性即是抽象的自我聯繫，因此同時即是抽象的同一性、抽象的普遍性。如果自在自為的普遍性既然只採取直接性的形式，那麼，它就只能是抽象的普遍性。而且從這種觀點看來，上帝也只能具有完全無規定性的存在的意義。像這樣，我們也許還可以說上帝是精神，但這只是一句空話，因為精神作為意識和自我意識，無論如何即包含有意識自己與它本身的區別和與他物的區別，因此即包含有中介性在內。

§75

要批判思想對待眞理的第三態度，只能採取這種觀點本身所直接表明和承認的方式。直接知識論認為直接知識是一事實，並且說：有一種直接知識，但又沒有中介性，與他物沒有聯繫，或者只是在它自身內和它自己有聯繫，——這是錯誤的。同樣，又宣稱：思想只是通過其他中介性的（有限的、有條件的）範疇而進展，——這也不是眞實的事實，因為這就忘記了當思想以他物為中介時，它又能揚棄這種中介。但是要指出事實上有一種知識的進展，既不偏於直接性，也不偏於間接性，這就須以邏輯學自身和全部哲學作為樣本。

§76

假如我們試把直接知識的原則與我們上面所據以出發的、素樸的形而上學比較考察一下，就可以看出耶柯比的直接知識論是退回到這種形而上學在近代的開端，即退回到笛卡兒的哲學。耶柯比與笛卡兒兩人皆主張下列三點：

㈠思維與思維者的存在的簡單的不可分性，——「我思故我在」(cogito, ergo sum)，與我的存在、我的實在、我的生存直接地啓示在我的意識裡，是完全相同的（同時笛卡兒曾明白宣稱，他所理解的思想是指一般的意識。見《哲學原理》第一章第九節）。此種思維與思維者的存在的不可分，是絕對第一的（而非間接的，經過證明的）原理和最確定的知識。

㈡上帝的存在和上帝的觀念不可分。上帝的存在即包含在上帝本身的觀念中，換言之，上帝的觀念絕不能沒有存在的規定，因此上帝的存在是必然的和永恆的。①

---

①〔原注〕笛卡兒的《哲理原理》第一章第十五節，「讀者將會更相信有一個無上圓滿的存在，假如他能注意到，他不能在任何別的事物裡面去發現一個包含有必然存在的觀念，有如上帝的觀念一樣。他將可知道，上帝的理念表示一真實而不變的本質，此本質必定存在，因為它包含有必然存在。」緊接這段話，下面還有幾句話，好似含有證明和中介性之意，但不致影響根本原則的大旨。在斯賓諾莎書中，我們遇著同樣的話頭，他說：「上帝的本質，換言之，上帝的抽象觀念，即包含存在。」斯賓諾莎的第一個界說，即關於自因(Causa Sui)的界說，即謂「自因之物，其本性包含存在，其性質除認作存在外，不能設想」。概念和存在的不可分，也是斯賓諾莎系統中的根本思想和前提。但與存在不可分的概念，究竟是什麼東西的概念呢？當然不是有限事物的概念，因為有限事物只有一偶然的和被創造的存在。斯賓諾莎的第十一命題，說上帝必然存在，並繼之以證明，同樣他的第二十命題，說上帝的存在和他的本性是同一之物，其實這種證明都是多餘的形式主義。因為說上帝是實體，而且是唯一的實體；但實體是自因，故上帝的存在是必然的，這無異於說上帝是概念與存在不可分的存在。

㈢關於外界事物存在的直接意識，他們都同樣認爲除了指感性的意識外，沒有別的了。意思是說，我們具有這種感性意識，乃是最無關重要的知識。我們唯一有興趣要知道的，就是對於外界事物的存在的直接知識是錯誤的、虛幻的，而感性事物本身是沒有眞實性的。外界事物的存在也只是偶然的、幻滅的一種假相。外界事物本質上只有存在，而它們的存在與它們的概念和本質是分離的。

§ 77

但是這兩種觀點之間也有一些差別：

㈠笛卡兒的哲學從這些未經證明並且認爲不能證明的前提出發，進而達到更擴充發展的知識，這樣一來，便促進了近代科學的興起。反之，近時耶柯比的學說（參看§62），卻得到一個本身異常重要的結論，即認爲憑藉有限的中介過程而進行的認識只能認識有限事物，而不能把握眞理，而且關於上帝的意識也只好停留在前面所說的完全抽象的信仰階段。①

㈡近代的觀點，一方面，並沒有改變笛卡兒所提出的通常的求科學知識的方法，其進行研究的方式也採取與產生經驗科學和有限科學完全相同的方式。但另一方面，這個觀點一遇到以無限爲內容的知識時，便放棄了這種方法，而且因爲它不知道有別的方法，所以對於認識內容

---

① 〔原注〕反之，安瑟爾謨說過：「依我看來，這乃是由於懈怠，如果在我們業已承認一個信仰之後，而不努力去理解我們所信仰的對象。」（見安氏著《神人論》）安瑟爾謨這番話，對於基督教義的具體內容在知識上提出一遠較耶柯比所謂信仰更為艱巨的任務。

無限的東西時，便放棄一切方法。因此，這種觀點便放縱於想像與確信之狂妄的任意中，沈溺於道德的自大和情感的傲慢中，或陷入於粗魯的獨斷和枯燥的辯論中，所有這些，都強烈地反對哲學和哲學的研究。哲學當然不容許單純的武斷或妄自尊大，也不容許任意無端的往復辯論。

§78

所以我們首先必須放棄，在知識或內容方面，一個獨立的直接性與一個同等獨立、無法與直接性聯合的中介性之間的對立。因為這種對立只是一個單純的假設和一個任意的武斷。同樣，所有一切別的假設和成見，不論其出於表象，或出於思維，都須在走進哲學的大門之前摒棄不用。因為哲學對於類此的想法，首須加以考察，而對於它們自身的意義和種種對立，也須加以理解。

〔說明〕懷疑主義，可以作為徹底懷疑一切認識形式的否定性科學，也可以作為一個導言，以揭露那樣的假定的虛妄性。但是懷疑主義的導言，不僅是一種不令人愉快的工作，而且也是一段多餘的路程，因為，有如下面即將指陳的，辯證過程或矛盾進展本身就是一個積極的科學的主要環節。再則，懷疑主義只能在經驗中去尋求有限的形式，而且只能接受這些形式作為給予的材料，而不能加以邏輯的推演。對於這種徹底的懷疑主義有其需要，猶如堅持科學的研究必須先有普遍的懷疑，或者完全不需任何前提。真正講來，在要求純粹思維的決心裡，這種需要實通過自由而達到完成了。所謂自由，即從一切「有限」事物中擺脫出來，抓住事物的純粹抽象性或思維的簡單性。

邏輯學概念的進一步規定和部門劃分

§79

邏輯思想就形式而論有三方面：⑴抽象的或知性〔理智〕的方面，⑵辯證的或否定的理性的方面，⑶思辨的或肯定理性的方面。

〔說明〕這三方面並不構成邏輯學的三部分，而是每一邏輯眞實體的各環節，一般說來，亦即是每一概念或每一眞理的各環節。它們可以全部被安置在第一階段即知性的階段，如是，則它們便被認作彼此孤立，因而不能見到它們的眞理性。我們此處所提出來的關於邏輯學的規定和部門的劃分，在現階段同樣只能說是預擬的和歷史性的敘述。

§80

㈠就思維作爲知性〔理智〕來說，它堅持著固定的規定性和各規定性之間彼此的差別。以與對方相對立。知性式的思維將每一有限的抽象概念當作本身自存或存在著的東西。

附釋：當我們說到思維一般或確切點說概念時，我們心目中平常總以爲只是指知性的活動。誠然，思維無疑地首先是知性的思維。但思想並不僅是老停滯在知性的階段，而概念也不僅僅是知性的規定。知性的活動，一般可以說是在於賦予它的內容以普遍性的形式。不過由知性所建立的普遍性乃是一種抽象的普遍性，這種普遍性與特殊性堅持地對立著，致使其自身同時也成爲一特殊的東西了。知性對於它的對象既持分離和抽象的態度，因而它就是直接的直觀和感覺的反面，而直接的直觀和感覺只涉及具體的內容，而且始終停留在具體性裡。

許多常常一再提出來的對於思維的攻擊，都可說是和理智與感覺的對立有關，這些對於思維的攻擊大多不外說思維太固執，太片面，如果加以一貫發揮，將會導致有危害的破壞性的後果。這些攻擊，如果其內容有相當理由的話，首先可以這樣回答說：它們並沒有涉及思維一般，更沒有涉及理性的思維，而只涉及理智的抽象思維。但還有一點必須補充，即無論如何，我們必須首先承認理智思維的權利和優點，大概講來，無論在理論的或實踐的範圍內，沒有理智，便不會有堅定性和規定性。

先就認識方面來說，認識起始於理解當前的對象而得到其特定的區別。例如在自然研究裡，我們必須區別質料、力量、類別等等，將每一類孤立起來，而固定其特性。在這裡，思維是作爲分析的理智而進行，而知性的定律是同一律，單純的自身聯繫。也就是通過這種同一律，認識的過程首先才能夠由一個範疇推進到別一個範疇。譬如，在數學裡，量就是排除了它的別的特性而加以突出的範疇。所以，在幾何學裡，我們把一個圖形與另一個圖形加以比較，藉以突出其同一性。同樣，在別的認識範圍裡，例如在法學裡，也是主要地依據同一律而進行研究。在法學裡，我們由一條特殊的法理推到另一條特殊的法理，這種推論，也是依據同一律而進行的。

在理論方面，理智固屬重要，在實踐方面，理智也不可少。品格是行爲的要素，一個有品格的人即是一個有理智的人。由於他心目中有確定的目標，並且堅定不移地以求達到他的目標。一個志在有大成就的人，他必須，如歌德所說，知道限制自己。反之，那些什麼事都想做的人，其實什麼事都不能做，而終歸於失敗。世界上有趣味的東西異常之多：西班牙詩、化學、政治、音樂都很有趣味，如果有人對這些東西感覺興趣，我們絕不能說他不對。但一個人在特定的環境內，如欲有所成就，他必須專注於一事，而不可分散他的精力於多方面。同樣，無論於哪一項職業，主要的是用理智去從事。譬如，法官必須專注於法律，按照法律判決案件，不可爲這樣那樣的考慮而遲疑，不可左顧右盼而有所寬宥。此外，知性又是教養中一個主要成分。一個有教養的人絕不以混沌模糊的印象爲滿足，他必力求把握現象，而得其固定的規定性。反之，一個缺乏教養的人，每每游移不定，而且須費許多麻煩才能理解他所討論的是什麼問題，並促使自己集中視線，專注於所討論的特定論點。

按照前面的討論，邏輯的思維一般地講來，並不僅是一個主觀的活動，而是十分普遍的東西，因而同時可以認作是客觀的東西。這種說法，現在在這表示邏輯眞理之第一形式的理智裡，卻得到一適當的應用或說明。在這裡，理智的意義約略相當於我們所說的上帝的仁德，就上帝的仁德被了解爲賦予有限事物以存在或持續存在而言。譬如，在自然界，我們可以認識到，上帝的仁德在於對一切不同種類的動物和植物，凡爲了保持其存在，增進其生活所必需的一切東西，皆一律供應。對於人類，上帝也一視同仁。無論就個人或整個民族而言，凡是對人類的維持和發展所需要的東西，一部分如當前直接的環境、氣候、土壤的性質和出產等，一部分如人所具有的稟賦和才能等，皆出於上帝的恩賜。像這樣的理智，可以說是表現在客觀世界的一切領域裡。而且一個對象完善與否，完全視其能否滿足理智的原則為準。譬如，一個國家就是不完善的，如果這個國家還沒有達到等級與職業的明確區分，而且如果在這個國家裡，那些性質上各不相同的政治的和行政的功能，並沒有發展出特殊的機構去加以治理，如像高度發展的動物的機體，均有特殊的機構以行使感覺、運動、消化等功能那樣。

從前此的一番討論，我們還可以看出，即按照通常的觀念，以為距知性最遠的活動範圍裡，如在藝術、宗教和哲學的領域裡，理智也同樣不可缺少。如果這些部門愈益缺乏理智，則將愈有缺陷。例如，在藝術裡，那些在性質上不同的美的形式，如得到嚴格的區別和得到明白的闡述，這都有理智活動在起作用。即就每一件藝術品而論，理智的活動情形亦復相同。因此一齣劇詩的完美，在於不同的劇中人的性格的純粹性與規定性得到透徹的描繪，而且在於對各人所以要如此行動的不同目的和興趣加以明白確切的表達。其次，試再就宗教領域而論。希臘神話較優於北歐神話之處（除了題材和認識方面的其他異點而外），主要在於希臘神話中的每一神靈都有極清楚的雕像式的刻畫，而北歐神話中的諸神靈，則是模糊不清的，彼此混淆的。末了，試就哲學來說，經過上面這一番討論之後，哲學不可缺少理智，似已用不著特加論述了。在哲學裡，最緊要的，就是對每一思想都必須充分準確地把握住，而絕不容許有空泛和不確定之處。

再則，也常有人說，理智不可太趨於極端。這話也是正確的。因為理智並非究竟至極之物，而毋寧是有限之物，而且理智的發揮，如果到了頂點，必定轉化到它的反面。青年人總喜歡馳騖於抽象概念之中，反之，有生活閱歷的人絕不容許陷於抽象的非此即彼，而保持其自身於具體事物之中。

§ 81

㈡在辯證的階段，這些有限的規定揚棄它們自身，並且過渡到它們的反面。

〔說明〕⑴當辯證法原則被知性孤立地、單獨地應用時，特別是當它這樣地被應用來處理科學的概念時，就形成懷疑主義。懷疑主義，作爲運用辯證法的結果，包含單純的否定。⑵辯證法通常被看成一種外在的技術，通過主觀的任性使確定的概念發生混亂，並給這些概念帶來矛盾的假象。從而不以這些規定爲眞實，反而以這種虛妄的假象和知性的抽象概念爲眞實。辯證法又常常被認作一種主觀任性的往復辯難之術。這種辯難乃出於機智，缺乏眞實內容，徒以單純的機智掩蓋其內容的空疏。——但就它的特有的規定性來說，辯證法倒是知性的規定和一般有限事物特有的、眞實的本性。反思首先超出孤立的規定性，把它關聯起來，使其與別的規定性處於關係之中，但仍然保持那個規定性的孤立有效性。反之，辯證法卻是一種內在的超越(immanente Hinausgehen)，由於這種內在的超越過程，知性概念的片面性和侷限性的本來面目，即知性概念的自身否定性就表述出來了。凡有限之物莫不揚棄其自身。因此，辯證法構成科學進展的推動的靈魂。只有通過辯證法原則，科學內容才達到內在聯繫和必然性，並且只有在辯證法裡，一般才包含有眞實的超出有限，而不只是外在的超出有限。

附釋一：正確地認識並掌握辯證法是極關重要的。辯證法是現實世界中一切運動、一切生命、一切事業的推動原則。同樣，辯證法又是知識範圍內一切眞正科學認識的靈魂。在通常意識看來，不要呆板停留在抽象的知性規定裡，似乎只是一種公平適當的辦法。就像按照「自己生活也讓別人生活」(Leben und leben lassen)這句諺語，似乎自己生活與讓別人生活，各有其輪次，前者我們固然承認，後者我們也不得不承認。但其實，細究起來，凡有限之物不僅受外面的限制，而且又爲它自己的本性所揚棄，由於自身的活動而自己過渡到自己的反面。所以，譬如人們說，人是要死的，似乎以爲人之所以要死，只是以外在的情況爲根據，照這種看法，人具有兩種特性：有生也有死。但對這事的眞正看法應該是，生命本身即具有死亡的種子①。凡有限之物都是自相矛盾的，並且由於自相矛盾而自己揚棄自己。

又辯證法切不可與單純的詭辯相混淆。詭辯的本質在於孤立起來看事物，把本身片面的、抽象的規定，認爲是可靠的，只要這樣的規定能夠帶來個人當時特殊情形下的利益。譬如，我生存和我應有生存的手段本來可說是我的行爲的一個主要動機。但假如我單獨突出考慮我個人的福利這一原則，而排斥其他，因此就推出這樣的結論，說爲維持生存起見，我可以偷竊別人的物品，或可以出賣祖國，那麼這就是詭辯。同樣，在行爲上，我須保持我主觀的自由，這意思是說，凡我所作所爲，我都以我的見解和我的自信爲一個主要原則。但如果單獨根據這一原

① 恩格斯：在《自然辯證法》中，曾評釋了這句話，稱為「辯證的生命觀」。見《馬克思恩格斯選集》第三卷，第五七〇頁。——譯者

則來替我的一切自由行爲作辯護，那就會陷於詭辯，會推翻一切的倫理原理。辯證法與這類的行爲本質上不同，因爲辯證法的出發點，是就事物本身的存在和過程加以客觀的考察，藉以揭示出片面的知性規定的有限性。

此外，辯證法在哲學上並不是什麼新東西。在古代，柏拉圖被稱爲辯證法的發明者。就其指在柏拉圖哲學中，辯證法第一次以自由的科學的形式，亦即以客觀的形式出現而言，這話的確是對的。辯證法在蘇格拉底手中，與他的哲學探討的一般性格相一致，仍帶有強烈的主觀色彩，叫做諷刺的風趣(die Ironie)。蘇格拉底常運用他的辯證法去攻擊一般人的通常意識，特別攻擊智者派。當他同別人談話時，他總是採取虛心領教的態度，好像他想要向別人就當時所討論的問題，求得一些更深切的啓示似的。根據這種意向，他向對方發出種種疑問，把與他談話的人引導到他們當初自以爲是的反面。譬如當智者派自詡爲教師時，蘇格拉底便通過一系列的問題，使得有名的智者普洛泰戈拉自己也必須承認一切的學習只是回憶①。在他的較嚴格的純哲學的對話裡，柏拉圖運用辯證法以指出一切固定的知性規定的有限性。譬如，在《巴曼尼得斯

---

① 按在柏拉圖《普洛泰戈拉對話》中，普洛泰戈拉以青年導師自命，自詡欲教訓青年懂得道德。蘇格拉底與普洛泰戈拉詰難的結果，使得後者自己承認道德不可教。今以教訓青年道德自命的人，而被蘇格拉底用辯證法問得自認道德不可教，因而陷於自相矛盾。至於學習只是回憶之說，在《曼諾篇》中始加發揮，在《裴都篇》中亦有較多討論。黑格爾此處只是想當然耳，並不完全契合柏拉圖原書，當然這也可能是由於學生筆記之誤。——譯者

篇》中，他從一推演出多，但仍然指出多之所以爲多，復只能規定爲一。柏拉圖處理辯證法，大多是採用這種宏大的方式。在近代，主要的代表人物是康德，他又促使人們注意辯證法，而且重新回復它光榮的地位。他指出辯證法是通過我們上面已經提及的（§48）對於理性矛盾〔二律背反〕的發揮。在理性矛盾的討論裡，他並不只是在揭示出兩方論據的反覆辯駁，或評論兩方主觀的辯難；而他所研討的、寧可說是，在於指出每一抽象的知性概念，如果單就其自身的性質來看，如何立刻就會轉化到它的反面。

無論知性如何常常竭力去反對辯證法，我們卻不可以爲只限於在哲學意識內才有辯證法或矛盾進展原則。相反，它是一種普遍存在於其他各級意識和普通經驗裡的法則。舉凡環繞著我們的一切事物，都可以認作是辯證法的例證。我們知道，一切有限之物並不是堅定不移，究竟至極的，而毋寧是變化、消逝的。而有限事物的變化消逝不外是有限事物的辯證法。有限事物，本來以它物爲其自身，由於內在的矛盾而被迫超出當下的存在，因而轉化到它的反面。在前面（§80）我們曾經說過，知性可以認作包含有普通觀念所謂上帝的仁德。現在我們可以說，辯證法在同樣客觀的意義下，約略相當於普通觀念所謂上帝的力量。當我們說，「一切事物（亦即指一切有限事物）都注定了免不掉矛盾」這話時，我們確見到了矛盾是一普遍而無法抵抗的力量，在這個大力之前，無論表面上如何穩定堅固的事物，沒有一個能夠持久不搖。雖則力量這個範疇不足以窮盡神聖本質或上帝的概念的深邃性，但無疑的，力量是任何宗教意識中的一個主要環節。

此外，自然世界和精神世界的一切特殊領域和特殊形態，也莫不受辯證法的支配。例如，在天體的運動裡，一個星球現刻在此處，但它潛在地又在另一處。由於它自身的運動，使得它又存在於另一處。同樣，物理的元素也是矛盾進展的，同樣氣象變化的過程也可說是它的內在矛盾的表現。同一矛盾原則是構成其他一切自然現象的基本原則，由於有了內在矛盾，同時自然被迫超出其自身。就辯證法表現在精神世界中，特別是就法律和道德範圍來說，我們只消記起，按照一般經驗就可以表明，如果事物或行動到了極端總要轉化到它的反面。這種辯證法在流行的諺語裡，也得到多方面的承認。譬如在 Summum jus Summa injuria（至公正即至不公正）一諺語裡，意思是說抽象的公正如果堅持到它的極端，就會轉化爲不公正。同樣，在政治生活裡，人人都熟知，極端的無政府主義與極端的專制主義是可以相互轉化的。在道德意識內，特別在個人修養方面，對於這種辯證法的認識表現在許多著名的諺語裡：如「太驕則折」、「太銳則缺」等等。即在感情方面、生理方面以及心靈方面也有它們的辯證法。最熟知的例子，如極端的痛苦與極端的快樂，可以互相過渡。心情充滿快樂，會喜得流出淚來。最深刻的憂愁常藉一種苦笑以顯示出來。

附釋二：懷疑主義不應該被看成一種單純懷疑的學說。懷疑主義者也有其絕對確信不疑的事情，即確信一切有限事物的虛妄不實。一個單純懷疑的人仍然抱著希望，希望他的懷疑終有解決之時，並且希望著在他所徘徊不決的兩個特定的觀點之間，總有一個會成爲堅定的眞實的結論。反之，眞正的懷疑主義，乃是對於知性所堅持爲堅固不移的東西，加以完全徹底的懷疑。由於這樣，徹底懷疑（或絕望）所引起的心境，是一種不可動搖的安定和內在的寧靜。這是古代的高尚的懷疑主義，有如塞克滔斯・恩披里庫斯(Sextus Empiricus)的著作所陳述的那樣。在晚期的羅馬時代，這種懷疑主義被斯多葛學派和伊壁鳩魯學派加以系統化，成爲他們的獨斷體系的補充。這種古代的高尚的懷疑主義切不可與前面（§93）所提到的近代懷疑主義相混淆。後者是一方面先於批判哲學，一方面又出自批判哲學的懷疑主義，其目的僅在於否認超感官事物的眞理性和確定性，並指出感官的事實和當前感覺所呈現的材料，才是我們所須保持的。

即在今日，懷疑主義還常被認作尋求一切實證知識的一個不可抗拒的仇敵，因此又被認作以考察實證知識爲任務的哲學的仇敵。但必須指出，事實上，只有抽象理智的有限思維才畏懼懷疑主義，才不能抗拒懷疑主義。與此相反，哲學把懷疑主義作爲一個環節包括在它自身內，——這就是哲學的辯證階段。但哲學不能像懷疑主義那樣，僅僅停留在辯證法的否定結果方面。懷疑主義沒有認清它自己的眞結果，它堅持懷疑的結果是單純抽象的否定。辯證法既然以否定爲其結果，那麼就否定作爲結果來說，至少同時也可說是肯定的。因爲肯定中即包含有它所自出的否定，並且揚棄其對方〔否定〕在自身內，沒有對方它就不存在。但這種揚棄否定、否定中包含肯定的基本特性，就具有邏輯眞理的第三形式，即思辨的形式或肯定理性的形式。

§82

㈢**思辨的**階段或**肯定理性的**階段在對立的規定中認識到它們的統一，或在對立雙方的分解和過渡中，認識到它們所包含的**肯定**。

〔說明〕(1)辯證法具有肯定的結果，因爲它有確定的內容，或因爲它的眞實結果不是空的、抽象的虛無，而是對於某些規定的否定，而這些被否定的規定也包含在結果中，因爲這結果確是一結果，而不是直接的虛無。(2)由此可知，這結果是理性的東西，雖說只是思想的、抽象的東西，但同時也是具體的東西，因爲它並不是簡單的形式的統一，而是有差別的規定的統一。所以對於單純的抽象概念或形式思想，哲學簡直毫不相干涉，哲學所從事的只是具體的思想。(3)思辨邏輯內即包含有單純的知性邏輯，而且從前者即可抽得出後者。我們只消把思辨邏輯中辯證法的和理性的成分排除掉，就可以得到知性邏輯。這樣一來，我們就得著普通的邏輯，這只是各式各樣的思想形式或規定排比在一起的事實紀錄，卻把它們當作某種無限的東西。

附釋：就其內容來說，理性不僅是哲學所特有的財產，無寧應該說，理性是人人所同具。無論在什麼階段的文化或精神發展裡，總可在人心中發現理性。所以自古以來，人就被稱爲理性的存在，這的確是很有道理的。從經驗的普遍方式去認知理性的對象，最初得到的不外是成見和假定；而理性事物的性格，根據前面的討論（§45）一般是一個無條件的東西，因此是一個包含自己的規定性在自身內的東西。在這個意義下，當人知道上帝，並知道上帝是絕對自己規定自己的存在時，他便先於一切事物已經知道理性的對象了。同樣，一個公民對於他的祖國和祖國法令的知識，也可以說是對於理性法則的認識，只要他認爲這些法令是無條件的，而且是普遍有效的東西，他自願抑制他的個人意志，去遵循它們。在同樣意義下，一個兒童的知識和意志也可以說是合乎理性的，只要他知道他父母的意志，並且以父母之意志爲意志。

再則，思辨的眞理不是別的，只是經過思想的理性法則（不用說，這是指肯定理性的法則）。在日常生活裡，「思辨」一詞常用來表示揣測或懸想的意思，這個用法殊屬空泛，而且同時只是使用這詞的次要意義。譬如，當大家說到婚姻的揣測或商業的推測(Handels-spekulation)①時，其用法便是如此。但這種日常用法，至多僅可表示兩點意思：一方面，思辨或懸想表示凡是直接呈現在面前的東西應加以超出，另一方面，形成這種懸想或推測的內容，最初雖只是主觀的，但不可聽其老是如此，而須使其實現，或者使它轉化爲客觀性。

前些時候所說的關於理念的話，很可以適用於「思辨」一詞的普通用法。於此尚須補充一點，就是許多自命爲有學問的人，當他們說到「思辨」時，甚至也明確把它只當作單純主觀的意義。他們總以爲關於自然或心靈的現象或關係的某種理論，單就其爲純粹的思辨或懸想而論，也許很好、很對，但與經驗不相符合，事實上這類的理論卻無法可以接受。對於這種看法，我們可以說，思辨的眞理，就其眞義而言，旣非初步地亦非確定地僅是主觀的，而是顯明地包括了並揚棄了知性所堅持的主觀與客觀的對立，正因此證明其自身乃是完整、具體的眞理。因此思辨的眞理也是絕不能用片面的命題去表述的。譬如，我們說，絕對是主觀與客觀的統一。這話誠然不錯，但仍然不免於片面，因爲這裡只說到絕對的統一性，也只著重絕對的統一性，而忽略了，事實上在絕對裡主觀與客觀不僅是同一的，而又是有區別的。

思辨眞理，這裡還可略加提示，其意義頗與宗教意識和宗教學說裡所謂神祕主義相近。但

① 商業推測，普通叫做商業投機。——譯者

在現時，一說到神祕主義，大家總一律把它當作與神奇奧妙和不可思議同一意義。由於各人的思想路徑和前此的教育背景不同，對於他們所了解的神祕主義，就會有不同的估價。虔誠信教的人大多信以爲眞實無妄，而在思想開明的人，卻又認爲是迷信和虛幻。關於此點，我們首先要指出，只有對於那以抽象的同一性爲原則的知性，神祕的眞理才是神奇奧妙的；而那與思辨眞理同義的神祕眞理，乃是那樣一些規定的具體統一，這些規定只有在它們分離和對立的情況下，對知性來說才是眞實的。如果那些承認神祕眞理爲眞實無妄的人，也同樣聽任人們把神祕眞理純粹當作神奇奧妙的東西，因而只讓知性一面大放厥詞，以致思維對他們來說也同樣只有設定抽象同一性的意義。因此，依他們看來，爲了達到眞理，必須摒棄思維，或者正如一般人所常說的那樣，人們必須把理性禁閉起來。但我們已經看見，抽象的理智思維並不是堅定不移、究竟至極的東西，而是在不斷地表明自己揚棄自己和自己過渡到自己的反面的過程中。與此相反，理性的思辨眞理即在於把對立的雙方包含在自身之內，作爲兩個觀念性的環節。因此一切理性的眞理均可以同時稱爲神祕的，但這只是說，這種眞理是超出知性範圍的，但這絕不是說，理性眞理完全非思維所能接近和掌握。

§ 83

邏輯學可分爲三部分：

1. 存在論。

2.本質論。
3.概念論和理念論。

這就是說，邏輯學作爲關於思想的理論可分爲這樣三部分：

1.關於思想的直接性——自在或潛在的概念的學說。
2.關於思想的反思性或間接性——自爲存在和假象的概念的學說。
3.關於思想返回到自己本身和思想的發展了的自身持存——自在自爲的概念的學說。

附釋：這裡所提出的邏輯學的分目，與前面關於思維的性質的全部討論一樣，只可當作一種預擬。對於它的證明或說明須俟對於思維本身的性質加以詳細的發揮時才可提出。因爲在哲學裡證明即是指出一個對象所以如此，是如何地由於自身的本性有以使然。這裡所提出的思想或邏輯理念的三個主要階段，其彼此的關係可以這樣去看：只有概念才是眞理，或更確切點說，概念是存在和本質的眞理，這兩者若堅持在其孤立的狀態中，絕不能認爲是眞理。——一經孤立之後，存在，因爲它只是直接的東西；本質，因爲它最初只是間接的東西，所以兩者都不能說是眞理。至此，也許有人要提出這樣的問題，既然如此，爲什麼要從不眞的階段開始，而不直接從眞的階段開始呢？我們可以回答說，眞理既是眞理，必須證實其自身是眞理，此種證實，這裡單就邏輯學範圍之內來說，在於證明概念是自己通過自己，自己與自己相聯繫的中介性，因而就證明了概念同時是眞正的直接性。這裡所提出的邏輯理念中三個階段的關係，其眞實而具體的形式可以這樣表示：上帝既是眞理，我們要認識他的眞面目，要認識他是絕對精神，只有賴於我們同時承認他所創造的世界，自然和有限的精神，當它們與上帝分離開和區別開時，都是不眞實的。

第一篇
存在論 (Die Lehre vom Sein)

§84

存在只是潛在的概念。存在的各個規定或範疇都可用是去指謂。把存在的這些規定分別開來看，它們是彼此互相對立的。從它們進一步的規定（或辯證法的形式）來看，它們是互相過渡到對方。這種向對方過渡的進程，一方面是一種向外的設定，因而是潛在存在著的概念的開展，並且同時也是存在的向內回復或深入於其自己本身。因此在存在論的範圍內去解釋概念，固然要發揮存在的全部內容，同時也要揚棄存在的直接性或揚棄存在本來的形式。

§85

存在自身以及從存在中推出來的各個規定或範疇，不僅是屬於存在的範疇，而且是一般邏輯上的範疇。這些範疇也可以看成對於絕對的界說，或對於上帝的形而上學的界說。然而確切地說，卻總是只有第一和第三範疇可以這樣看，因爲第一範疇表示一個範圍內的簡單規定，而第三範疇則表示由分化而回復到簡單的自身聯繫。因爲對上帝予以形而上學的界說，就是把他的本性表達在思想裡；但是邏輯學卻包括了一切具有思想形式的思想。反之，第二範疇則表示一個範圍內的分化階段，因此只是對於有限事物的界說。但當我們應用界說的形式時，這形式便包含有一種基質(Substrat)浮起在我們觀念中的意思。這樣一來，即使絕對——這應是用思想的意義和形式去表達上帝的最高範疇——與用來界說上帝的謂詞或特定的實際思想中的名詞相比，也不過僅是一意謂的思想，一本身無確定性的基質罷了。因爲這裡所特別討論的思想或事情，只是包括在謂詞裡，所以命題的形式，正如剛才所說的那個主體或絕對，都完全是某種多餘的東西（比較§31和下面討論判斷的章節〔§166以下〕）。

附釋：邏輯理念的每一範圍或階段，皆可證明其自身爲許多思想範疇的全體，或者爲絕對理念的一種表述。譬如在「存在」的範圍內，就包含有質、量和尺度三個階段。質首先就具有與存在相同一的性質，兩者的性質相同到這樣程度，如果某物失掉它的質，則這物便失其所以爲這物的存在。反之，量的性質便與存在相外在，量之多少並不影響到存在。譬如，一所房子，仍然是一所房子，無論大一點或小一點。同樣，紅色仍然是紅色，無論深一點或淺一點。尺度第三階段的存在，是前兩個階段的統一，是有質的量。一切事物莫不有「尺度」，這就是說，一切事物都是有量的，但量的大小並不影響它們的存在。不過這種「不影響」同時也是有限度的。通過更加增多，或更加減少，就會超出此種限度，從而那些事物就會停止其爲那些事物。

於是從尺度出發，就可進展到理念的第二個大範圍，本質。

這裡所提及的「存在」的三個形式，正因爲它們是最初的，所以又是最貧乏的，亦即最抽象的。直接的感性意識，因爲它同時包含有思想的成分，所以特別侷限在質和量的抽象範疇。這種感性意識通常被認作最具體的，因而同時也常被看成是最豐富的。但這僅是就其材料而言，倘若就它所包含的思想內容來看，其實可以說是最貧乏的和最抽象的。

A. 質 (Die Qualität)

I. 存在 (Sein)

§ 86

純存在或純有之所以當成邏輯學的開端，是因爲純有既是純思，又是無規定性的單純的直接性，而最初的開端不能是任何間接性的東西，也不能是得到了進一步規定的東西。

〔說明〕只要我們能夠簡單地意識到開端的性質所包含的意義，那麼，一切可以提出來反對用抽象空洞的存在或有作爲邏輯學開端的一切懷疑和責難，就都會消失。存在或有可以界說爲「我即是我」，爲絕對無差別性或同一性等等。只要感覺到有從絕對確定性，亦即自我確定性開始，或從對於絕對眞理的界說或直觀開始的必要，則這些形式或別的同類的形式就可以看成必然是最初的出發點。但是由於這些形式中每一個都包含著中介性，因此不能是眞正的最初開端。因爲中介性包含由第一進展到第二，由此一物出發到別的一些有差別的東西的過程。如果「我即是我」，甚或理智的直觀眞的被認作只是最初的開端，則它在這單純的直接性裡僅不過是有罷了。反之，純有若不再是抽象的直接性，而是包含間接性在內的「有」，則是純思維或純直觀。

如果我們宣稱存在或有是絕對的一個謂詞，則我們就得到絕對的第一界說，即：「絕對就是有」。這就是純全（在思想中）最先提出的界說，最抽象也最空疏。這就是愛利亞學派所提出來的界說，同時也是最著名的界說，認上帝是一切實在的總和。簡言之，依這種看法，我們須排除每一實在內的限制，這樣才可以表明，只有上帝才是一切實在中之眞實者，最高的實在。如果實在已包含有反思在內，那麼，當耶柯比說斯賓諾莎的上帝是一切有限存在中的存在原理時，就已經直接說出這種看法了。

附釋一：開始思維時，除了純粹無規定性的思想外，沒有別的，因爲在規定性中已包含有「其一」與「其他」；但在開始時，我們尙沒有「其他」。這裡我們所有的無規定性的思想乃是一種直接性，不是經過中介的無規定性；不是一切規定性的揚棄，而是無規定性的直接性，先於一切規定性的無規定性，最原始的無規定性。這就是我們所說的「有」。這種「有」是不可感覺，不可直觀，不可表象的，而是一種純思，並因而以這種純思作爲邏輯學的開端。本質也是一無規定性的東西，但本質乃是通過中介的過程已經揚棄了規定並把它包括在自身內的無規定性。

附釋二：在哲學史上，邏輯理念的不同階段是以前後相繼的不同的哲學體系的姿態而出現，其中每一體系皆基於對絕對的一個特殊的界說。正如邏輯理念的開展是由抽象進展到具體，同樣在哲學史上，那最早的體系每每是最抽象的，因而也是最貧乏的。故早期的哲學體系與後來的哲學體系的關係，大體上相當於前階段的邏輯理念與後階段的邏輯理念的關係，這就是說，早期的體系被後來的體系所揚棄，並被包括在自身之內。這種看法就表明了哲學史上常被誤解的現象——一個哲學體系為另一哲學體系所推翻，或前面的哲學體系被後來的哲學體系推翻的眞意義。每當說到推翻一個哲學體系時，總是常常被認為只有抽象的否定的意義，以為那被推翻的哲學已經毫無效用，被置諸一旁，而根本完結了。如果眞是這樣，那麼，哲學史的研究必定會被看成異常苦悶的工作，因為這種研究所顯示的，將會只是所有在時間的進程裡發生的哲學體系如何一個一個地被推翻的情形。雖然我們應當承認，一切哲學都曾被推翻了，但我們同時也須堅持，沒有一個哲學是被推翻了的，甚或沒有一個哲學是可以推翻的。這有兩方面的解釋：第一、每一值得享受哲學的名義的哲學，一般都以理念為內容；第二、每一哲學體系均可看作是表示理念發展的一個特殊階段或特殊環節。因此所謂推翻一個哲學，意思只是指超出了那一哲學的限制，並將那一哲學的特定原則降為較完備的體系中的一個環節罷了。所以，哲學史的主要內容並不是涉及過去，而是涉及永恆及眞正現在的東西。而且哲學史的結果，不可與人類理智活動的錯誤陳跡的展覽相比擬，而只可與衆神像的廟堂相比擬。這些神像就是理念在辯證發展中依次出現的各階段。所以哲學史總有責任去確切指出哲學內容的歷史開展與純邏輯理念的辯證開展一方面如何一致，另一方面又如何有出入。但這裡須首先提出的，就是邏輯開始之處實即眞正的哲學史開始之處。我們知道，哲學史開始於愛利亞學派，或確切點說，開始於巴曼尼得斯的哲學。因爲巴曼尼得斯認「絕對」爲「有」，他說：「唯『有』在，『無』不在。」這須看成是哲學的眞正開始點，因爲哲學一般是思維著的認識活動，而在這裡第一次抓住了純思維，並且以純思維本身作爲認識的對象。

人類誠然自始就在思想，因爲只有思維才使人有以異於禽獸，但是經過不知若干千年，人類才進而認識到思維的純粹性，並同時把純思維理解爲眞正的客觀對象。愛利亞學派是以勇敢的思想家著稱。但與這種表面的讚美相隨的，常常就有這樣的評語，即這些哲學家太趨於極端了，因爲他們只承認只有「有」是眞的，而否認意識中一切別的對象的眞理性。說我們不應老停滯在單純的「有」的階段，這當然是很對的。但認爲我們意識中別的內容好像是在「有」之旁和在「有」之外似的，或把「有」與某種別的東西等量齊觀，說有「有」，某種別的東西也「有」，那就未免太缺乏思想了。眞正的關係應該是這樣：有之爲有並非固定之物，也非至極之物，而是有辯證法性質，要過渡到它的對方的。「有」的對方，直接地說來，也就是無。總結起來，「有」是第一個純思想，無論從任何別的範疇開始（如從我即是我，從絕對無差別，或從上帝自身開始），都只是從一個表象的東西，而非從一個思想開始；而且這種出發點就其思想內容來看，仍然只是「有」。

§ 87

但這種純有是純粹的抽象，因此是絕對的否定。這種否定，直接地說來，也就是無。

〔說明〕㈠由此便推演出對於絕對的第二界說：絕對即是無。其實，這個界說所包含的意思不外說：物自身是無規定性的東西，完全沒有形式因而是毫無內容的。或是說，上帝只是最高的本質，此外什麼東西也不是。因爲這實無異於說，上帝仍然只是同樣的否定性。那些佛教徒認作萬事萬物的普遍原則、究竟目的和最後歸宿的「無」，也是同樣的抽象體。

㈡如果把這種直接性中的對立表述爲有與無的對立，因而便說這種對立爲虛妄不實，似乎未免太令人詫異，以致使得人不禁想要設法去固定「有」的性質，以防止它過渡到「無」。爲達到這目的起見，我們的反思作用自易想到爲「有」去尋求一個確定的界說，以便把「有」與「無」區別開。譬如，我們認「有」爲萬變中之不變者，爲可以容受無限的規定之質料等，甚或漫不加思索地認「有」爲任何個別的存在，任何一個感覺中或心靈中偶然的東西。但所有這些對「有」加以進一步較具體的規定，均足以使「有」失其爲剛才所說的開始那種直接性的純有。只有就「有」作爲純粹無規定性來說，「有」才是無——一個不可言說之物；它與「無」的區別，只是一個單純的指謂上的區別。

凡此所說，目的只在於使人意識到這些開始的範疇只是些空虛的抽象物，有與無兩者彼此都是同樣的空虛。我們想要在「有」中，或在「有」和「無」兩者中，去尋求一個固定的意義的要求，即是對「有」和「無」加以進一步的發揮，並給予它們以眞實的，亦即具體的意義的必然性。這種進展就是邏輯的推演，或按照邏輯次序加以闡述的思維過程。那能在「有」和「無」中發現更深一層含義的反思作用，即是對此種含義加以發揮（但不是偶然的而是必然的發揮）的邏輯思維。因此「有」和「無」獲得更深一層的意義，只可以看成是對於絕對的一個更確切的規定和更眞實的界說。於是這樣的界說便不復與「有」和「無」一樣只是空虛的抽象物，而毋寧是一個具體的東西，在其中，「有」和「無」兩者皆只是它的環節。「無」的最高形式，就其爲一個獨立的原則而言，可以說就是「自由」。這種自由，雖是一種否定，但因爲它深入於它自身的最高限度，自己本身即是一種肯定，甚至即是一種絕對的肯定。

附釋：「有」與「無」最初只是應該有區別罷了，換言之，兩者之間的區別最初只是潛在的，還沒有眞正發揮出來。一般講來，所謂區別，必包含有二物，其中每一物各具有一種爲他物所沒有的規定性。但「有」既只是純粹無規定者，而「無」也同樣的沒有規定性。因此，兩者之間的區別，只是一指謂上的區別，或完全抽象的區別，這種區別同時又是無區別。在他種區別開的東西中，總會有包括雙方的共同點。譬如，試就兩個不同「類」的事物而言，類便是兩種事物間的共同點。依據同樣的道理，我們說，有自然存在，也有精神存在，在這裡，「存在」就是兩者間的共同點。反之，「有」與「無」的區別，便是沒有共同基礎的區別。因此兩者之間可以說是沒有區別，因爲沒有基礎就是兩者共同的規定。如果有人這樣說，「有」與「無」既然兩者都是思想，則思想便是兩者的共同基礎，那麼，說這話的人便忽視了，「有」

並不是一特殊的、特定的思想，而毋寧是一完全尚未經規定、因此尚與「無」沒有區別的思想。——人們雖然也可以將「有」表象爲絕對富有，而將「無」表象爲絕對貧乏。但是，如果我們試觀察全世界，我們說在這個世界中一切皆有，外此無物，這樣我們便抹殺了所有的特定的東西，於是我們所得的，便只是絕對的空無，而不是絕對的富有了。同樣的批評也可以應用到把上帝界說爲單純的「有」的說法上面。這種界說與佛教徒的界說，即認上帝爲「無」，因而推出人爲了與上帝成爲一體，就必須毀滅他自己的結論，表面上好似對立，但實際上是基於同樣的理由。

§ 88

如果說，無是這種自身等同的直接性，那麼反過來說，有正是同樣的東西。因此「有」與「無」的眞理，就是兩者的統一。這種統一就是變易(Das Werden)。

〔說明〕㈠有即是無這命題，從表象或理智的觀點看來，似乎是太離奇矛盾了，甚至也許會以爲這種說法，其用意簡直是在開玩笑。要承認這話爲眞，事實上是思想所最難作到的事。因爲「有」與「無」就其整個直接性看來，乃是根本對立的。這就是說，兩項中任何一項都沒有設定任何規定，足以包含它和另一項的聯繫。但有如上節所指出的那樣，兩者也包含有一共同的規定(即無規定性)。從這點看來，推演出「有」與「無」的統一性，乃完全是分析的。一般的哲學推演的整個進程，也是這樣。哲學推演的進程，如果要有方法性或必然性的話，只不過是把蘊涵在概念中的道理加以明白的發揮罷了。說「有」與「無」是同一的，與說「有」與「無」也是絕對不同的，一個不是另一個，都一樣是對的。但是，既然有與無的區別在這裡還沒有確定，因爲它們還同樣是直接的東西，那麼，它們的區別，眞正講來，是不可言說的，只是指謂上的區別。

㈡用不著費好大的機智，即可以取笑「有即是無」這一命題，或可以引伸出一些不通的道理來，並誤認它們爲應用這命題所推出的結論，所產生的效果。例如反對這命題的人可以說，如果有與無無別，那麼，我的房子，我的財產，我所呼吸的空氣，我所居的城市、太陽、法律、精神、上帝，不管它們存在（有）或不存在（無），都是一樣的了。在上面這些例子裡提出反對意見的人，有一部分人是從個人的特殊目的和某一事物對他個人的利益出發，去問對自己有利的事情的有或無，對他有什麼差別。其實哲學的教訓正是要使人從那無窮的有限目的與個人願望中解放出來，並使他覺得不管那些東西存在或不存在，對他簡直完全無別。但是，一般講來，只要一提到一個有實質的內容，便因而與別的存在、目的等等建立一種聯繫，在這個聯繫中，別的存在、目的等就成了起作用的前提，這時就可以根據這些前提去判斷一個特定內容的有或無是否也是一樣的。這樣一來，一個充滿內容的區別便代替了有與無的空洞區別。——但另一部分人卻對主要的目的、絕對的存在和理念用單純的有與非有的範疇去說明。但這種具體的對象不僅是存在著或者非存在著，而另有其某種別的較豐富的內容。像有與無這樣的空疏的抽象概念，——它們是最空疏的概念，因爲它們只是開始的範疇，——簡直不能正確地表達這種對象的本性。有眞實內容的眞理遠遠超出這些抽象概念及其對立。每當人們用有與無的概念去說明一個具體的東西時，便會引起由於不用思想而常犯的錯誤，以爲我們心目中除了現在所說及的單純抽象的有與無之外，還另有某種事物的表象。

㈢也許有人會這樣說：我們不能形成有與無統一的概念。但須知，有與無統一的概念已於前面幾節裡闡明了，此外更無別的可說了。要想掌握有無統一的性質，就必須理解前幾節所說的道理。也許反對者所了解的概念，比眞正的概念所包含的意義還更廣泛些。他所說的概念大約是指一個較複雜、較豐富的意識，一個表象而言。他以爲這樣的概念是可以作爲一個具體的事例表達出來的，而這種事例也是思想於其通常的運用裡所熟習的。只要「不能形成概念」僅表示不習慣於堅執持抽象思想而不混之以感覺，或不習慣於掌握思辨的眞理，那麼，只須說哲學知識與我們日常生活所熟習的知識以及其他科學的知識，是的確不同類的，就可解答明白了。但是如果「不能形成概念」只是指我們不能想像或表象有與無的統一，那麼這話事實上並不可靠，因爲寧可說每人對於有無的統一均有無數多的表象。說我們沒有有無統一的表象，只能指我們不能從任何一個關於有無統一的表象裡認識有無統一的概念，也不知道這些表象是代表有無統一的概念的一個例子。足以表示有無統一的最接近的例子是變易(Das Werden)。人人都有一個變易的表象，甚至都可承認變易是一個表象。他並可進而承認，若加以分析，則變易這個表象，包含有有的規定，同時也包含與有相反的無的規定；而且這兩種規定在變易這一表象裡又是不可分離的。所以，變易就是有與無的統一。——另一同樣淺近的例子就是開始這個觀念。當一種事情在其開始時，尚沒有實現，但也並不是單純的無，而是已經包含它的有或存在了。開始本身也是變易，不過「開始」還包含有向前進展之意。——爲了符合於科學的通常進程起見，人們可以讓邏輯學從純思維的「開始」這一觀念出發，也就是從「開始本身」這一觀念開始，並對「開始」這一觀念進行分析。由於這樣分析的結果，人們或許更易於接受有與無是不可分的統一體的理論。

㈣還有一點須得注意，就是「有與無是同樣的」，或「有無統一」這種說法，以及其他類似的統一體，如主客統一等，其令人反對，也頗有道理。因爲這種說法的偏頗不當之處在於太強調統一，而對於兩者之間仍然有差異存在（因爲，此說所要設定的統一，例如，有與無的統一），卻未同時加以承認和表達出來。因此似乎太不恰當地忽視了差異，沒有考慮到差異。其實，思辨的原則是不能用這種命題的形式正確表達的。因爲須通過差異，才能理解統一；換言之，統一必須同時在當前的和設定起來的差異中得到理解。變易就是有與無的結果的眞實表達，作爲有與無的統一。變易不僅是有與無的統一，而且是內在的不安息，——這種統一不僅是沒有運動的自身聯繫，而且由於包含有「有」與「無」的差異性於其內，也是自己反對自己的。——反之，定在就是這種的統一，或者是在這種統一形式中的變易。因此定在是片面的，是有限的。在定在中，有與無的對立好像是消失了，其實，對立只是潛在地包含在統一中，而尚未顯明地設定在統一中罷了。

㈤有過渡到無，無過渡到有，是變易的原則，與此原則相反的是泛神論，即「無不能生有，有不能變無」的物質永恆的原則。古代哲學家曾經見到這簡單的道理，即「無不能生有，有不能變無」的原則，事實上將會取消變易。因爲一物從什麼東西變來和將變成什麼東西乃是同一的東西。這個命題只不過是表現在理智中的抽象同一性原則。但不免顯得奇異的是，我們現時也聽見「無不能生有，有不能變無」的原則完全自由地傳播著，而傳播的人毫沒有意識到這些原則是構成泛神論的基礎，並且也不知道古代哲學家對於這些原則已經發揮盡致了。

附釋：變易是第一個具體思想，因而也是第一個概念，反之，有與無只是空虛的抽象。所以當我們說到「有」的概念時，我們所謂「有」也只能指「變易」，不能指「有」，因爲「有」只是空虛的「無」；也不能指「無」，因爲「無」只是空虛的「有」。所以「有」中有「無」，「無」中有「有」；但在「無」中能保持其自身的「有」，即是變易。在變易的統一中，我們卻不可抹殺有與無的區別，因爲沒有了區別，我們將會又返回到抽象的「有」。變易只是「有」按照它的眞理性的「設定存在」(**Gesetztsein**)。

我們常常聽見說思維（思）與存在（有）是對立的。對於這種說法，我們首先要問對存在或「有」要怎樣理解？如果我們採取反思對於存在所下的界說，那麼，我們只能說存在是純全同一的和肯定的東西。現在我們試考察一下思維，則我們就不會看不見，思維也至少是純全與其自身同一的東西。故存在與思維，兩者皆具有相同的規定。但存在與思維的這種同一卻不能就其具體的意思來說，我們不能因而便說：一塊石頭既是一種存在，與一個能思維的人是相同的。一個具體事物總是不同於一個抽象規定本身的。當我們說「存在」時，我們並沒有說到具體事物，因爲「存在」只是一純全抽象的東西。而且，按照這裡所說的，關於上帝存在（上帝是本身無限具體的存在）的問題也就沒有什麼意義了。

變易既是第一個具體的思想範疇，同時也是第一個眞正的思想範疇。在哲學史上，赫拉克利特的體系約相當於這個階段的邏輯理念。當赫拉克利特說：「一切皆在流動」(πάνια ζεῖ)時，他已經道出了變易是萬有的基本規定。反之，愛利亞學派的人，有如前面所說，則認「有」、認堅硬靜止的「有」爲唯一的眞理。針對著愛利亞學派的原則，赫拉克利特①於是進一步說：「有比起非有來並不更多一些」，(οὐδὲν μᾶλλ ον τὸ ὄν τοῦ μὴ ὄντος δσί)。這句話已說出了抽象的「有」之否定性，說出了「有」與那個同樣站不住的抽象的「無」在變易中所包含的同一性。從這裡我們同時還可以得到一個哲學體系爲另一哲學體系所眞正推翻的例子。對於一個哲學體系加以眞正的推翻，即在於揭示出這體系的原則所包含的矛盾，而將這原則降爲理念的一個較高的具體形式中組成的理想環節。但更進一層說，變易本身仍然是一個高度貧乏的範疇，它必須進一步深化，並充實其自身。例如，在生命裡，我們便得到一個變易深化其自身的範疇。生命是變易，但變易的概念並不能窮盡生命的意義。在較高的形式裡，我們還可見到在精神中的變易。精神也是一變易，但較之單純的邏輯的變易，卻更爲豐富與充實。構成精神的統一的各環節，並不是有與無的單純抽象概念，而是邏輯理念和自然的體系。

II. 定在(Dasein)

---

① 蘇爾康卜(Suhrkamp)出版社版《小邏輯》，根據第爾斯所編《蘇格拉底以前哲學家殘篇》，把赫拉克利特改成德謨克利特，因為下面一句引文是出於德謨克利特。可以參考。——譯者

§89

在變易中，與無爲一的有及與有爲一的無，都只是消逝著的東西。變易由於自身的矛盾而過渡到有與無皆被揚棄於其中的統一。由此所得的結果就是定在〔或限有〕。

〔說明〕在這第一個例子裡，我們必須長此記住前面§82及說明裡所說的話。要想爲知識的進步與發展奠定基礎，唯一的方法，即在於堅持結果的眞理性（天地間絕沒有任何事物，我們不能或不必在它裡面指出矛盾或相反的規定。理智的抽象作用強烈地堅持一個片面的規定性，而且竭力抹殺並排斥其中所包含的另一規定性的意識）。只要在任何對象或概念裡發現了矛盾，人們總慣常作這樣的推論，說：這個對象既然有了矛盾，所以它就不存在。如芝諾首先指出運動的矛盾，便推論沒有運動。又如古代哲學家根據太一〔或太極〕爲不生不滅之說，因而認爲生與滅，作爲變易的兩方面，是虛妄的規定。這種辯證法僅注意到矛盾過程中否定的結果，而忽略了那同時眞實呈現的特定的結果，這個結果是一個純粹的無，但無中卻包含有，同樣，這個結果也是一個純粹的有，但有中卻包含無。因此第一，限有〔或定在〕就是有無的統一。有無兩範疇的直接性以及兩者的矛盾關係，皆消逝於這種統一中。在這個統一體中，有無皆只是構成的環節。第二，這個結果〔限有〕既然是揚棄了的矛盾，所以它具有簡單的自身統一的形式，或可說，它也是一個有，但卻是具有否定性或規定性的有。換言之，限有是變易處在它的一個環節的形式中，亦即在「有」的形式中。

附釋：即在我們通常對於變易的觀念裡，亦包含有某種東西由變易而產生出來的意思。所以變易必有結果。但這種看法就會引就這樣的問題，即變易如何不僅是變易，而且會有結果呢？對於這個問題的答覆，可以從前面所表明的變易的性質中得出來。變易中既包含有與無，而且兩者總是互相轉化，互相揚棄。由此可見，變易乃是完全不安息之物，但又不能保持其自身於這種抽象的不安息中。因爲既然有與無消逝於變易中，而且變易的概念（或本性）只是有無的消失，所以變易自身也是一種消逝著的東西。變易有如一團火，於燒毀其材料之後，自身亦復消滅。但變易過程的結果並不是空虛的無，而是和否定性相同一的有，我們叫做限有或定在。限有最初顯然表示經過變易或變化的意思。

§ 90

㈠定在或限有是具有一種規定性的存在，而這種規定性，作爲直接的或存在著的規定性就是質。定在返回到它自己本身的這種規定性裡就是在那裡存在著的東西，或某物。——由分析限有而發展出來的範疇，只須加以簡略地提示。

附釋：質是與存在同一的直接的規定性，與即將討論的量不同，量雖然也同樣是存在的規定性，但不復是直接與存在同一，而是與存在不相干的。且外在於存在的規定性。——某物之所以是某物，乃由於其質，如失掉其質，便會停止其爲某物。再則，質基本上僅僅是一個有限事物的範疇，因此這個範疇只在自然界中有其眞正的地位，而在精神界中則沒有這種地位。例如，在自然中，所謂原素即氧氣、氮氣等等，都被認爲是存在著的質。但是在精神的領域裡，質便只占一次要的地位，並不是好像通過精神的質可以窮盡精神的某一特定形態。譬如，如果我們考察構成心理學研究對象的主觀精神，我們誠然可以說，普通所謂〔道德上或心靈上〕的品格，其在邏輯上的意義相當於此處所謂質。但這並不是說，品格是瀰漫靈魂並且與靈魂直接同一的規定性，像剛才所說的諸原素在自然中那樣。但即在心靈中，質也有較顯著的表現：即如當心靈陷於不自由及病態的狀況之時，特別是當感情激動並且達到了瘋狂的程度時，就有這種情形。一個發狂的人，他的意識完全爲猜忌、恐懼種種情感所浸透，我們很可以正確地說，他的意識可以規定爲「質」。

§ 91

質，作爲存在著的規定性，相對於包括在其中但又和它有差別的否定性而言，就是實在性。否定性不再是抽象的虛無，而是一種定在和某物。否定性只是定在的一種形式，一種異在(Anderssein)。這種異在既然是質自身規定，而最初又與質有差別，所以質就是爲他存在(Sein-für-anderes)，亦即定在或某物的擴展。質的存在本身，就其對他物或異在的聯繫而言，就是自在存在(Ansichsein)。

附釋：一切規定性的基礎都是否定（有如斯賓諾莎所說：「一切規定都是否定」Omnis determinatio est negatio)①。缺乏思想的人總以爲特定的事物只是肯定的，並且堅持特定的事物只屬於存在的形式之下。但是有了單純的「存在」，事情並不是就完結了，因爲我們在前面已經看到，單純的存在乃是純全的空虛，同時又是不安定的。此外，如果像這裡所提及的那樣，把作爲特定存在的定在與抽象的存在混淆起來，雖也有正確之處，那就是因爲在定在中所包含的否定成分，最初好像只是隱伏著的。只有後來在自爲存在的階段，才開始自由地出現，達到它應有的地位。——假如我們進而將「定在」當作存在著的規定性，那麼我們就可以得到人們所了解的實在。譬如，我們常說到一個計畫或一個目標的實在，意思是指這個計畫或目標不只是內在的主觀的觀念，而且是實現於某時某地的定在。在同樣意義之下，我們也可以說，肉體是靈魂的實在，法權是自由的實在，或普遍地說，世界是神聖理念的實在。此外我們還用實在一詞來表示另外一種意思，即用來指謂一物遵循它的本性或概念而活動。譬如，當我們說：「這是一眞正的（或實在的）事業」，或「這是一眞正的（或實在的）人」。這裡「眞正」（或實在）並不指直接的外表存在，而是指一個存在符合其概念。照這樣來理解，則實在性便不致再與理想性不同了。這裡所說的理想性立刻就會以「自爲存在」(Fürsichsein)的形式爲我們所熟識。

① 這句話見於斯賓諾莎：《通信集》第五十封信。恩格斯在《反杜林論》中曾引證了這句話，見《馬克思恩格斯選集》第三卷，第一八一——一八二頁。——譯者

§ 92

(二)離開了規定性而堅持自身的存在，即「自在存在」(Ansichsein)，這只會是對存在的空洞抽象。在「定在」裡，規定性和存在是一回事，但同時就規定性被設定爲否定性而言，它就是一種限度、界限。所以異在並不是定在之外的一種不相干的東西，而是定在的固有成分。某物由於它自己的質：第一是有限的，第二是變化的，因此有限性與變化性即屬於某物的存在。

附釋：在定在裡，否定性和存在仍是直接同一的，這個否定性就是我們所說的限度。某物之所以爲某物，只是由於它的限度，只是在它的限度之內。所以我們不能將限度認作只是外在於定在，毋寧應說，限度卻貫穿於全部限有。認限度是定在的一個單純外在規定的看法，乃基於混淆了量的限度與質的限度的區別。這裡我們所說的本來是質的限度。譬如，我們看見一塊地，三畝大，這就是它的量的限度。但此外這塊地也許是一草地，而不是森林或池子，這就是它的質的限度。——一個人想要成爲眞正的人，他必須是一個特定的存在（存在在那裡 dease-in），爲達此目的，他必須限制他自己。凡是厭煩有限的人，絕不能達到現實，而只是沈溺於抽象之中，消沈暗淡，以終其身。

如果我們試進一步細究限度的意義，那麼我們便可見到限度包含有矛盾在內，因而表明它自身是辯證的。一方面限度構成限有或定在的實在性，另一方面限度又是定在的否定。但此外限度作爲某物的否定，並不是一個抽象的虛無，而是一個存在著的虛無，或我們所謂「別物」。

假定有某物於此，則立即有別物隨之。我們知道，不僅有某物，而且也還有別物。但我們不可離開別物而思考某物，而且別物也並不是我們只用脫離某物的方式所能找到的東西，相反，某物潛在地即是其自身的別物，某物的限度客觀化於別物中。如果我們試問某物與別物之間的區別，就會見得兩者是同一的，兩者之間的這種同一性，在拉丁文便用 aliud-aliud〔彼—此〕來表示。①與某物相對立的別物，其本身亦是一某物。所以我們常常說：「某種別的東西」；同樣，反過來說，那最初的某物與被認作和某物特定的別物相對立，其本身也同樣是一別物。當我們說「某種別的東西」時，我們最初總以爲某物單就它本身而論，只是某物，它具有別物的規定，只是通過一種單純外在的看法加上給它的。譬如，我們以爲月亮是太陽以外的別物，即使沒有太陽，月亮仍然一樣地存在。但眞正講來，月亮（就其爲某物言）具有它的別物於其自身，而它的別物就構成它的有限性。柏拉圖說過：神從「其一」與「其他」(τοῦ ἑτέρου)的本性以造成這個世界；神把兩者合攏在一起之後，便據以造成第三種東西，這第三種東西便具有其一與其他的本性。②——柏拉圖這些話已一般地道出有限事物的本性了。有限事物作爲某物，並不是與別物毫不相干地對峙著的，而是潛在地就是它自己的別物，因而引起自身的變化。在變化中即表現出定在固有的內在矛盾。內在矛盾驅迫著定在不斷地超出自己。據一般表象的看

① 這兩個拉丁字約相當於中文所謂「彼—此」。拉丁文用同一個 aliud 字來表示彼此，黑格爾認為這是從語言上可以看出彼此或某物與別物有同一性，亦即有對立同一性。——譯者

② 見柏拉圖對話：《蒂邁歐篇》斯梯芬本第三四—三五頁；參考黑格爾：《哲學史講演錄》中譯本第二卷，第二三二頁，香港，三聯書店，一九五七年。——譯者

法，定在似乎最初即是一簡單的肯定的某物，同時靜止地保持在它的界限之內。我們誠然也知道，一切有限之物（有限之物即是定在）皆免不了變化。但定在的這種變化，從表象的觀點看來，只是一單純的可能性，而這可能性的實現並不基於定在自己本身。但事實上，變化即包含在定在的概念自身之內，而變化只不過是定在的潛在本性的表現罷了。有生者必有死，簡單的原因即由於生命本身即包含有死亡的種子。

§93

某物成爲一個別物，而別物自身也是一個某物，因此它也同樣成爲一個別物，如此遞推，以至無限。

§94

這種無限是壞的或否定的無限。因爲這種無限不是別的東西，只是有限事物的否定，而有限事物仍然重複發生，還是沒有被揚棄。換句話說，這種無限只不過表示有限事物應該揚棄罷了。這種無窮進展只是停留在說出有限事物所包含的矛盾，即有限之物既是某物，又是它的別物。這種無限進展乃是互相轉化的某物與別物這兩個規定彼此交互往復的無窮進展。

附釋：如果我們將定在的兩個環節，某物與別物，分開來看，就可得出下面這樣的結果：某物成爲一別物，而別物自身又是一某物，這某物自身同樣又起變化，如此遞進，以至無窮。

這種情形從反思的觀點看來，似乎已達到很高甚或最高的結果。但類似這樣的無窮進展，並不是眞正的無限。眞正的無限毋寧是「在別物中即是在自己中」，或者從過程方面來表述，就是：「在別物中返回到自己」。對於眞正無限的概念有一正確的認識，而不單純滯留在無窮進展的壞的無限中，這具有很大的重要性。當我們談到空間和時間的無限性時，我們最初所想到的總是那時間的無限延長，空間的無限擴展。譬如我們說，此時——現在——，於是我們便進而超出此時的限度，不斷地向前或向後延長。同樣，對於空間的看法也是如此。關於空間的無限性，許多喜歡自樹新說的天文學家曾經提出了不少空洞的宏論。他們常宣稱，要思考時間空間的無限性，我們的思維必須窮盡到了至極。無論如何，至少這是對的，我們必須放棄這種無窮地向前進展的思考，但並不是因爲作這種思考太崇高了，而是因爲這種工作太單調無聊了。置身於思考這種無限進展之所以單調無聊，是因爲那是同一事情之無窮的重演。人們先立定一個限度，於是超出了這限度。然後人們又立一限度，從而又一次超出這限度，如此遞進，以至無窮，凡此種種，除了表面上的變換外，沒有別的了。這種變換從來沒有離開有限事物的範圍。假如人們以爲踏進這種的無限就可從有限中解放出來，那麼，事實上只不過是從逃遁中去求解放。但逃遁的人還不是自由的人。在逃遁中，他仍然受他所要逃避之物的限制。此外還有人說，無限是達不到的，這話誠然是完全對的，但只是因爲無限這一規定中包含有抽象的否定的東西。哲學從來不與這種空洞的單純彼岸世界的東西打交道。哲學所從事的，永遠是具體的東西，並且是完全現在的東西。——當然有人也這樣提出過哲學的課題，說哲學必須解答無限如何會決意使自己從自己本身中迸發出來的問題。這個問題根本上預先假定了有限與無限的凝固對立，只好這樣加以答覆：這種對立根本就是虛妄的，其實無限永恆地從自身發出來，也永恆地不從自身發出來。如果我們另外說，無限是「非有限」，那麼就可算得眞正道出眞理了，因爲有限本身既是第一個否定，則「非有限」便是否定之否定，亦即自己與自己同一的否定，因而同時即是眞正的肯定。

這裡所討論的反思中的無限只可說是達到眞無限的一種嘗試，一個不幸的、既非有限也非無限的中間物。一般說來，這種對於無限的抽象看法，就是近來在德國甚爲通行的一種哲學觀點。持這種觀點的人認爲，有限只是應該加以揚棄的，無限不應該只是一否定之物，而應該是一肯定之物。在這種「應該」裡，總是包含有一種軟弱性，即某種事情，雖然已被承認爲正當的，但自己卻又不能使它實現出來。康德和費希特的哲學，就其倫理思想而論，從沒有超出這種「應該」的觀點。那無窮盡地逐漸接近理性律令的公設，就是循著這種應該的途徑所能達到的最高點。於是根據這種公設，人們又去證明靈魂的不滅。

§ 95

㈢事實上擺在我們前面的，就是某物成爲別物，而別物一般地又成爲別物。某物既與別物有相對關係，則某物本身也是一與別物對立之別物。既然過渡達到之物與過渡之物是完全相同的（因爲二者皆具有同一或同樣的規定，即同是別物），因此可以推知，當某物過渡到別物時，只是和它自身在一起罷了。而這種在過渡中、在別物中達到的自我聯繫，就是眞正的無限。或者從否定方面來看，凡變化之物即是別物，它將成爲別物之別物。所以存在作爲否定之否定，就恢復了它的肯定性，而成爲自爲存在(Fürsichsein)。

〔說明〕認爲有限與無限有不可克服的對立的二元論，卻沒有明瞭這個簡單的道理，因爲照二元論的看法，無限只是對立的雙方之一方，因而無限也成爲一個特殊之物，而有限就是和它相對的另一特殊之物。像這樣的無限，只是一特殊之物，與有限並立，而且以有限爲其限制或限度，並不是應有的無限，並不是眞正的無限，而只是有限。——在這樣的關係中，有限在這邊，無限在那邊，前者屬於現界，後者屬於他界，於是有限就與無限一樣都被賦予同等的永久性和獨立性的尊嚴了。有限的存在被這種二元論造成絕對的存在，而且得到固定和獨立性。這種固定的獨立的有限，如果與無限接觸，將會銷融於無形；但二元論絕不使無限有接觸有限的機會，而認爲兩者之間有一深淵，有一無法渡越的鴻溝，無限堅持在那邊，有限堅持在這邊。主張有限與無限堅固對立的人，並不像他們想像的那樣，超出了一切形而上學，其實他們還只是站在最普通的知性形而上學的立場。因爲這裡的情形與無限遞進中所表明的情形是一樣的：有時他們承認有限不是自在自爲的，沒有獨立的現實性，沒有絕對存在，而只是一種暫時過渡的東西；但有時他們又完全忘記這些，而認爲有限與無限正相對立，與無限完全分離，將有限從變滅無常中拯救出來，把它當作獨立的、自身堅持的東西。如果我們以爲這樣一來，思想就可以提高到無限，殊不知，適得其反。因爲這樣，思想所達到的無限，其實只是一種有限，而思想所遺留下來的有限，將會永遠保持著，被當作絕對。

當我們經過上面這番考察，指明了知性所堅持的有限與無限的對立爲虛妄之後（關於此點，試比較柏拉圖的《菲利布篇》①，當不無益處），我們自易陷入這種說法，即既然無限與有限是一回事，則眞理或眞正的無限就須宣稱並規定爲無限與有限的統一。這種說法誠然不錯，但也足以引起誤解和錯誤，有如前面關於有無統一所指出的那樣。此外，這種說法還會引起有限化無限或無限化有限的正當責難。因爲在這種說法裡，有限似乎只是原樣保留在那裡，而並未明白說出有限是被揚棄了的。——或則，我們試略加反思，有限既被設定爲與無限統一，則它無論如何，絕不能保持當它在此統一關係以外時的原樣，它的性質至少必有所改變（就好像鹼與任何一種酸化合，必失去它的一些原有特質一樣），同樣，無限也免不了改變，當有限與無限統一時，作爲否定性的無限也在對方之前失掉其尖銳性了。實際上對於知性的抽象、片面的無限性，的確發生過這樣的變化。但眞正的無限並不單純像那片面的酸，而是能保持其自身。否定之否定並不是一種中性狀態。無限是肯定的，只有有限才會被揚棄。

在自爲存在裡，已經滲入了理想性這一範疇。定在最初只有按照它的存在或肯定性去理解，才具有實在性（§91），所以有限性最初即包含在實在性的範疇裡。但有限事物的眞理毋寧說是其理想性。同樣的道理，知性的無限，即與有限平列的無限，本身只是兩個有限中之一種有限，或是理想的有限，或是不眞實的有限。這種認爲有限事物具有理想性的看法，是哲學上

① 參看柏拉圖對話集《菲利布篇》，斯梯芬本，第三三——三八頁，裡面討論了有限、無限、有限與無限的結合等問題。——譯者

的主要原則。因此每一眞正哲學都是理想主義①。但最要緊的是，不要把那些本身性質爲特殊或有限之物當作無限。——因此，關於這點區別，這裡才加以長篇討論，藉以促起注意。哲學的基本概念，眞正的無限，即繫於這種區別。這個區別通過本節前面所講的一些反思給弄清楚了，這些反思是十分簡單的，因而似乎不甚重要，卻是無可反駁的。

Ⅲ.自爲存在(Fürsichsein)

§96

(一)自爲存在，作爲自身聯繫就是直接性，作爲否定的東西的自身聯繫就是自爲存在著的東西，也就是一。一就是自身無別之物，因而也就是排斥別物之物。

附釋：自爲存在是完成了的質，既是完成了的質，故包含存在和定在於自身內，爲其被揚棄了的理想的環節。自爲存在作爲存在，只是一單純的自身聯繫；自爲存在作爲定在是有規定性的。但這種規定性不再是有限的規定性，有如某物與別物有區別那樣的規定性，而是包含區別並揚棄區別的無限的規定性。

我們可以舉出我作爲自爲存在最切近的例子。我們知道我們是有限的存在，首先與別的有

① 原文為 Idealismus，一般也譯作「唯心論」。——譯者

限存在有區別，並且與它們有關係。但我們又知道這種定在的廣度彷彿縮小到了自爲存在的單純形式。當我們說我時，這個「我」便表示無限的同時又是否定的自我聯繫。我們可以說，人之所以異於禽獸，且因而異於一般自然，即由於人知道他自己是「我」，這就無異於說，自然事物沒有達到自由的「自爲存在」，而只是侷限於「定在」〔的階段〕，永遠只是爲別物而存在。——再則，自爲存在現在一般可以認爲是理想性，反之，定在在前面則被表述爲實在性。實在性與理想性常被看成一對有同等獨立性，彼此對立的範疇。因此常有人說，在實在性之外，還另有理想性。但眞正講來，理想性並不是在實在性之外或在實在性之旁的某種東西，反之理想性的本質即顯然在於作爲實在性的眞理。這就是說，若將實在性的潛在性加以顯明發揮，便可證明實在性本身即是理想性。因此，當人們僅僅承認實在性尚不能令人滿足，於實在性之外尚須承認理想性時，我們切不可因此便相信這樣就足以表示對於理想性有了適當尊崇。像這樣的理想性，在實在性之旁，甚或在實在性之外，事實上就只是一個空名。唯有當理想性是某物的理想時，則這種理想性才有內容或意義，但這種某物並不僅是一不確定的此物或彼物，而是被確認爲具有實在性的特定存在。這種定在，如果孤立起來，並不具有眞理。一般人區別自然與精神，認爲實在性爲自然的基本規定，理想性爲精神的基本規定，這種看法，並不大錯。但須知，自然並不是一個固定的自身完成之物，可以離開精神而獨立存在，反之，唯有在精神裡自然才達到它的目的和眞理。同樣，精神這一方面也並不僅是一超出自然的抽象之物，反之，精神唯有揚棄並包括自然於其內，方可成爲眞正的精神，方可證實其爲精神。說到這裡，我們順便須記取德文中 Aufheben（揚棄）一字的雙層意義。揚棄一詞有時含有取消或捨棄之意，依此意義，譬如我們說，一條法律或一種制度被揚棄了。其次，揚棄又含有保持或保存之意。在這意義下，我們常說，某種東西是好好地被揚棄（保存起來）了。這個字的兩種用法，使得這字具有積極的和消極的雙重意義，實不可視爲偶然之事，也不能因此便責斥語言產生出混亂。反之，在這裡我們必須承認德國語言富有思辨的精神，它超出了單純理智的非此即彼的抽象方式。

§ 97

(二)否定的東西的自身聯繫是一種否定的聯繫，也是「一」自己與自己本身相區別，「一」的排斥，或許多一的建立。按自爲存在的直接性看來，這些多是存在著的東西，這樣，這些存在著的「一」的排斥，就成爲它們彼此的相互排斥，它們這種排斥是當前的或兩方相互的排除。

附釋：只要我們一說到「一」，我們常常就會立刻想到多。這裡就發生「多從何處來？」的問題。在表象裡，這問題是尋不著答覆的，因爲表象認多爲直接當前的東西，同時也只認一爲多中之一。反之，從概念來看，一爲形成多的前提，而且在一的思想裡便包含有設定其自身爲多的必然性。因爲，自爲存在著的「一」並非像存在那樣毫無聯繫，而是有近似定在那樣的聯繫的。但是這種「一」的聯繫不是作爲某物與別物的聯繫，而是作爲某物與別物的統一而和自己本身相聯繫，甚至可以說，這種自身聯繫即是否定的聯繫。因此，「一」顯得是一個純全自己與自己不相融，自己反抗自己的東西，而它自己所竭力設定的，即是多。我們可以用一個形象的名詞斥力來表示自爲存在這一方面的過程。「斥力」這一名詞原來是用來考察物質的，意思是指物質是多，這些多中之每一個「一」與其餘的「一」，都有排斥的關係。我們切不可這樣理解斥力的過程，即以爲「一」是排斥者，「多」是被排斥者，毋寧有如前面所說的，「一」自己排斥其自己，並將自己設定爲多。但多中之每一個「一」本身都是一，由於這種相互排斥的關係，這種全面的斥力便轉變到它的反面——引力。

§ 98

㈢但多是一的對方，每一方都是一，或甚至是多中之一；因此它們是同一的東西。或者試就斥力本身來看，斥力作爲許多「一」彼此相互的否定聯繫。同樣也就本質上是它們的相互聯繫。因爲一於發揮其斥力時所發生聯繫的那些東西，仍然是一個一個的「一」，所以在這些一中，「一」就與其自身發生聯繫了。因此斥力本質上也同樣是引力；排他的一或自爲存在揚棄其自身。質的規定性在「一」裡充分達到其自在自爲的特定存在，因而過渡到揚棄了的規定性〔或質〕，亦即過渡到作爲量的存在。

〔說明〕原子論的哲學就是這種學說，將絕對界說爲自爲存在，爲一，爲多數的一。在一的概念裡展示其自身的斥力，仍被假定爲這些原子的根本力量。但使這些原子聚集的力量卻不是引力，而是偶然，亦即無思想性的〔盲目〕力量。只要一被固定爲一，則一與其他的一聚集一起，無疑地只能認作純全是外在的或機械的湊合。虛空，所謂原子的另一補充原則，實即是斥力自身，不過被表象爲各原子間存在著的虛無罷了。——近代的原子論——物理學雖仍然保持原子論的原則——但就其信賴微粒或分子而言，已放棄原子了。這樣一來，這學說雖比較接近於感性的表象，但失掉了思想的嚴密規定。——像近代科學這樣於斥力之外假設一個引力與之並列，如是則兩者的對立誠然完全確立起來了，而且對於這種所謂自然力量的發現，還是科學界頗足自豪之事。但兩種力量的相互關係，亦即使兩者成爲具體而眞實的力量的相互關係，尙須自其隱晦的紊亂中拯救出來，此種紊亂即在康德的《自然科學的形而上學原理》裡，也未能加以廓清。——在近代，原子論的觀點在政治學上較之在物理學上尤爲重要。照原子論的政治學看來，個人的意志本身就是國家的創造原則。個人的特殊需要和嗜好，就是政治上的引力，而共體或國家本身只是一個外在的契約關係。

附釋一：原子論的哲學在理念歷史的發展裡構成一個主要的階段，而這派哲學的原則就是在「多」的形式中的自爲存在。現今許多不欲過問形而上學的自然科學家，對於原子論仍然大爲歡迎。但須知，人們一投入原子論的懷抱中，是不能避免形而上學的，或確切點說，是不能避免將自然追溯到思想裡的。因爲，事實上原子本身就是一個思想。因此認物質爲原子所構成的觀點，就是一個形而上學的理論。牛頓誠然曾經明白地警告物理學，切勿陷入形而上學的窠臼。但同時我們必須說，他自己卻並沒有嚴格遵守他的警告，這對他乃是很榮幸的事。唯一純粹的物理學者，事實上只有禽獸。因爲唯有禽獸才不能思想，反之，人乃是能思維的動物，天生的形而上學家。眞正的問題，不是我們用不用形而上學，而是我們所用的形而上學是不是一種正當的形而上學，換言之，我們是不是放棄具體的邏輯理念，而去採取一種片面的、爲知性所堅持的思想範疇，把它們作爲我們理論和行爲的基礎。這種責難才是恰中原子論哲學弱點的責難。古代的原子論者認萬物爲多（直至今日原子論的繼承者仍然持此種見解），而認偶然爲浮游於空虛中的原子聚集起來的東西。但衆多原子彼此間的聯繫卻並不僅是單純偶然的，反之，有如上面所說，這種聯繫乃基於這些原子本身。這不能不歸功於康德，康德完成了物質的理論，因爲他認爲物質是斥力和引力的統一。他的理論的正確之處，在於他承認引力爲包含在自爲存在概念中的第一個環節，因而確認引力爲物質的構成因素，與斥力有同等重要性。但他這種所謂力學的物質構造，仍不免有一缺陷，那就是，他只是直接假定了斥力與引力爲當前存在的，而未進一步加以邏輯的推演。有了這種推演，我們才可以理解這兩種力如何並爲什麼會統一，而不再獨斷地肯定它們的統一了。康德雖曾明白地再三叮嚀說，我們絕不可認物質爲獨立存在，好像只是後來偶然地具有剛才所提及的兩種力量，而是須將物質認作純全爲兩種力的統一所構成。德國的物理學家在有一個期間內，也曾接受了這種純粹的動力學。但近來大多數德國物理學家似乎又覺得回復到原子論的觀點較爲便利，並且不顧他們的同道、即已故的開斯特納①的警告，而認物質爲無限小的物質微粒叫做原子所構成。這些原子於是又被設定爲通過屬於它們的引力和斥力的活動，或任何別的力的活動而彼此發生聯繫的。這種說法也同樣是一種形而上

① 開斯特納(Kästner, A. G. 1719-1800)，數學家和哲學家，曾任德國哥廷根大學教授達四十四年之久。——譯者

學，由於這種形而上學的毫無思想性，我們才有充分的理由加以提防。

附釋二：前面這一節所提示的由質到量的過渡，在我們通常意識裡是找不到的。通常意識總以為質與量是一對獨立地彼此平列的範疇。所以我們總習慣於說，事物不僅有質的規定，而且也有量的規定。至於質和量這些範疇是從何處來的，它們彼此之間的關係如何，又是大家所不願深問的。但必須指明，量不是別的，只是揚棄了的質，而且要通過這裡所考察過的質的辯證法，才能發揮出質的揚棄。我們曾經首先提出存在，存在的眞理為「變易」，變易形成到定在的過渡，我們認識到，定在的眞理是「變化」(Veränderung)。但變化在其結果裡表明其自身是與別物不相聯繫的，而且是不過渡到別物的自為存在。這種自為存在最後表明在其發展過程的兩個方面（斥力與引力）裡揚棄其自己本身，因而在其全部發展階段裡揚棄其質。但這被揚棄了的質既非一抽象的無，也非一同樣抽象而且無任何規定性的「有」或存在，而只是中立於任何規定性的存在。存在的這種形態，在我們通常的表象裡，就叫做量。我們觀察事物首先從質的觀點去看，而質就是我們認為與事物的存在相同一的規定性。如果我們進一步去觀察量，我們立刻就會得到一個中立的外在的規定性的觀念。按照這個觀念，一物雖然在量的方面有了變化，變成更大或更小，但此物卻仍然保持其原有的存在。

B. 量 (Die Quantität)

I. 純量(Reine Quantität)

§ 99

量是純粹的存在，不過這種純粹存在的規定性不再被認作與存在本身相同一，而是被認作揚棄了的或無關輕重的。

〔說明〕⑴大小(Größe)這名詞大多特別指特定的量而言，因此不適宜於用來表示量。⑵數學通常將大小定義爲可增可減的東西。這個界說的缺點，在於將被界說者重複包含在內。但這亦足以表明大小這個範疇是顯明地被認作可以改變的和無關輕重的，因此儘管大小的外延或內包有了增減或變化，但一個東西，例如一所房子或紅色，房子卻不失其爲一所房子，紅色卻不失其爲紅色。⑶絕對是純量。這個觀點大體上與認物質爲絕對的觀點是相同的，在這個觀點裡，誠然仍有形式，但形式僅是一種無關輕重的規定。量也是構成絕對的基本規定，如果我們認絕對爲一絕對的無差別，那麼一切的區別就會只是量的區別。此外，如果我們認實在爲無關輕重的空間充實或時間充實，則純空間和時間等等，也都可以當作量的例子。

附釋：數學裡通常將大小界說爲可增可減之物的說法，初看起來較之本節所提出的對於這一概念的規定，似乎是更爲明晰而較可讚許。但細加考察，在假定和表象的形式下，它包含有與僅用邏輯發展的方法所達到的量的概念相同的結論。換言之，當我們說大小的概念在於可增可減時，這就恰好說明大小（或正確點說，量）與質不同，它具有這樣一種特性，即「量的變化」不會影響到特定事物的質或存在。至於上面所提及的通常關於量的界說的缺點，細加考察乃在於增減只是量的另一說法。這樣一來，量就會只是一般的可變化者。但須知，質也是可變化的，而上面所說的量與質的區別，就在於量有增加或者減少。就是由於這種差別，無論量向增的一方面或減的一方面變化，事情仍保持它原來那樣的存在。

還有一點這裡必須注意的，即在哲學裡我們並不僅僅尋求表面上不錯的界說，更不僅僅尋求由想像的意識直接感到可以讚許的界說，而是要尋求驗證可靠的界說，這些界說的內容，不僅是假定爲一種現成給予的東西，而且要認識到在自由思想中有其根據，因而同時是在其自身內有其根據的。現在試應用這一觀點來討論量的問題，無論數學裡通常對於量的界說如何不錯，如何直接自明，但它仍未能滿足這樣一種要求，即要求知道在何種限度內這一特殊思想（量的概念）是以普遍的思想爲根據，因而具有必然性。此外尚另有一種困難，如果量的概念不是通過思想的中介得到的，只是直接從表象裡接受過來的，則我們便易陷於誇張它的效用的範圍，甚至於將它提高到絕對範疇的地位。事實上實有陷於這種觀點的情形，例如認爲只有那些可以容許數學計算其對象的科學才是嚴密的科學的看法，就是這樣。於是，前面（§98附釋）所提到的那種以片面抽象的知性範疇代替具體理念的壞形而上學就又在這裡出現了。如果類似自由、法律、道德，甚至上帝本身這樣的對象，因爲無法衡量，不可計算，不能用數學公式來表達，就都被認作非嚴密的知識所能達到，於是我們只好以模糊的表象爲滿足，而讓它們的較詳細特殊的內容，聽任每一個人的高興，加以任意的揣測或玄想，這對於我們的認識會有不少害處。這種理論對於實際生活的惡劣影響，也可以立即看出。仔細看來，這裡所說的極端的數學觀點，將邏輯理念的一個特殊階段，即量的概念，認作與邏輯理念本身爲同一的東西，這種觀點不是別的，正是唯物論的觀點。這樣的唯物論，在科學思想史裡，特別在十八世紀中葉以來的法國，得到了充分的確認。在這種抽象的物質裡，誠然是有形式的，不過形式只是一外在的、不相干的規定罷了。

這裡所提出的說法，將會大大地被誤解，如果有人以爲這種說法，會損害數學的尊嚴，或由於指出量僅是一外在的不相干的範疇，便以爲會使懶惰和膚淺的求知者得以妄自寬解，說我們對於量的規定可以置之不理，或我們至少用不著加以精密的研究。無論如何，量是理念的一個階段，因此它也有它的正當地位，首先作爲邏輯的範疇，其次在對象的世界裡，在自然界以及精神界，均有其正當地位。但這裡也立即表現出一種區別，即量的概念在自然界的對象裡與在精神界的對象裡，並沒有同等的重要性。在自然界裡量是理念在它的「異在」和「外在」的形式中，因此比起在精神界或自由的內心界裡，量也具有較大的重要性。我們誠然也用量的觀點觀察精神的內容，但立即可以明白看見，當我們說上帝是三位一體時，這裡三這個數字比起我們考察空間的三度或三角形的三邊，說三角形的基本特性是三條線所規定的平面具有遠較低級的意義。而且即使在自然界之內，量的概念也有較大或較小的重要性之別。在無機的自然裡，較之在有機的自然裡，量可以說是占據一較重要的地位。甚至在無機的自然之內，我們也可以區別機械的範圍和狹義物理學的與化學的範圍，而發現量在兩者之間也有不同的重要性。力學乃公認爲最不能缺少數學幫助的科學，在力學裡如果沒有數學的計算，眞可說寸步不能行。因此，力學常被認爲僅次於數學的最嚴密的科學。這種看法又使我們須得重新謹記著上面因唯物論與極端的數學觀點相符合而提出的警告。總結上面所說的一切，爲了尋求嚴密徹底的科學知識計，我們必須指出，像經常出現的那種僅在量的規定裡去尋求事物的一切區別和一切性質的辦法，乃是一個最有害的成見。無疑地，關於量的規定性，精神較多於自然，動物較多於植物，但是如果我們以求得這類較多或較少的量的知識爲滿足，不進而去掌握它們特有的規定性，這裡首先是質的規定性，那麼我們對於這些對象和其區別所在的了解，也就異常之少。

§ 100

就量在它的直接自身聯繫中來說，或者就量爲通過引力所設定的自身同一的規定來說，便是連續的量；就量所包含的一的另一規定來說，便是分離的量。但連續的量也同樣是分離的，因爲它只是多的連續；而分離的量也同樣是連續的，因爲它的連續性就是作爲許多一的同一或統一的「一」。

〔說明〕(1)因此連續的和分離的大小必不可視作兩種不同的大小，好像其一的規定並不屬於其他似的；反之，兩者的區別僅在於對同一個整體，我們有時從它的這一規定，有時又從它的另一規定去加以說明。(2)關於空間、時間或物質的兩種矛盾說法(Antinomie)，認它們爲可以無限分割，還是認它們爲絕不可分割的「一」〔或單位〕所構成，這不過是有時持量爲連續的，有時持量爲分離的看法罷了。如果我們假設空間、時間等等僅具有連續的量的規定，它們便可以分割至無窮；如果我們假設它們僅具有分離的量的規定，它們本身便是已經分割了的，都是由不可分割的「一」〔或單位〕所構成的。兩說都同樣是片面的。

附釋：量作爲自爲存在發展的最近結果，包含著自爲存在發展過程的兩個方面，斥力和引力，作爲它自身的兩個理想環節，因此量便既是連續的，又是分離的。兩個環節中的每一環節都包含另一環節於自身內，因此既沒有只是連續的量，也沒有只是分離的量。我們也可以說兩者是兩種特殊的彼此互相反對的量；但這只是我們抽象反思的結果，我們的反思在觀察特定的量時，對於那不可分的統一的量的概念，有時單看它所包含的這一成分，有時又單看它所包含的另一成分。譬如，我們可以說，這間屋子所占的空間爲一連續的量，而集合在屋子內的一百人爲分離的量。但那屋子的空間卻同時是連續的又是分離的。因此我們可以說空間點，並且可以將空間加以區分，譬如，將它分成某種長度，若干尺若干寸等，這種做法只有在空間潛在地也是分離的這前提之下，才是可能的。在另一方面，同樣，那由一百人構成的分離之量同時也是連續的，而其連續性乃基於人所共同的東西，即人的類性，這類性貫穿於所有的個人，並將他們彼此聯繫起來。

II. 定量(Quantum)

§ 101

量本質上具有排他的規定性，具有這種排他性的量就是定量，或有一定限度的量。

附釋：定量是量中的定在，純量則相當於存在，而下面即將討論的程度則相當於自為存在。由純量進展到定量的詳細步驟，是以這樣的情形為根據，即在純量裡連續性與分離性的區別，最初只是潛在著的，反之，在定量裡，兩者的區別便明顯地確立起來了。所以現在，量一般地是表現為有區別的或受限制的。但這樣一來，定量也就同時分裂為許多數目不確定的單位的量或特定的量。每一特定的量，由於它與其他的特定的量有區別，各自形成一單位，但從另一方面看來，這種特定的量所形成的單位仍然是多。於是定量便被規定為數。

§102

在數裡，定量達到它的發展和完善的規定性。數包含著「一」，作為它的要素，因而就包含著兩個質的環節在自身內：從它的分離的環節來看為數目，從它的連續的環節來看為單位。

〔說明〕在算術裡各種計算方法常被引用來作為處理數的偶然方式。如果這些計算方法也具有必然性，且具有可理解的意義的話，則必須基於一個原則，而這原則只能在數的概念本身所含的規定中去尋求。茲試將此種原則略加揭示：數的概念的規定即是數目和單位，而數本身則是數目和單位二者的統一。但單位如果應用在經驗的數上，則僅是指這些數的相等。所以各種計算方法的原則必須將數目放在單位與數目的比例關係上，而求出兩者的相等。

多數的一或數本身是彼此互不相干的，因此由數得出的單位，一般表現爲一種外在的湊合。所以計算(Rechnen)實即是計數(Zählen)。各種不同的計算方法的區別，只在於所合計的數的性質不同，決定數的性質的原則就是單位和數目的規定。

計數是形成一般的數的最初方法，就是把任意多的「一」合在一起。但作爲一種計算方法卻是把那些已經是數，而不再是單純的「一」那樣的東西合計在一起。

第一，數是直接的，和最初完全不確定的一般的數，因此一般是不相等的。這些數的合計或計數就是加法。

第二，計數的另一種規定是：數一般都是相等的，因此它們便形成一個單位，於是我們便得到當前這些單位的數目；對於這種數加以計算便是乘法，在相乘的過程裡，不論數目和單位的規定如何分配於兩個數或兩個因素，不論以哪一數爲數目，或以哪一數爲單位，其結果都是一樣的。

最後，計數的第三種規定性是數目和單位的相等。這樣確定的數的合計就是自乘，首先是自乘到二次方（求一個數的高次方，就是這個數的連續自乘，這種自乘是有公式的，可以重複進行到不定多的次數）。在這第三種規定裡，既然達到了數的唯一現有區別的完全相等，亦即數目和單位的區別的完全相等，因此除了這三種計算方法外，更沒有別的了。與數的合計相對應，按照數的同樣的規定性，我們便得到數的分解。因此除了上面所提到的三種方法，也可稱爲肯定的計算方法以外，還有三種否定的計算方法。

附釋：數一般講來既是有完善規定性的定量，所以我們不僅可以應用這個定量來規定所謂分離之量，而且也同樣可以應用它來規定所謂連續的量。因此即使幾何學，當它要指出空間的特定圖形和它們的比例關係時，也須求助於數。

III. 程度(Grad)

§ 103

限度與定量本身的全體是同一的。限度自身作爲多重的，是外延的量（或廣量），但限度自身作爲簡單的規定性，是內涵之量（或深量）或程度。

〔說明〕連續的量和分離的量區別於外延的量和內涵的量，這種區別就在於前者關涉到一般的量，後者則關涉到量的限度或量的規定性本身。外延的量和內涵的量同樣也不是兩種不同的量，其一絕不包含其他的規定性；凡是外延的量也同樣是內涵的量，凡是內涵的量也同樣是外延的量。

附釋：內涵的量或程度，就其本質而論，與外延的量或定量有別。因此像經常發生的那樣，有人不承認這種區別，漫不加以考慮就將這兩種形式的量等同起來，必須指出那是不能允許的。在物理學裡，對此二者是不加區別的，例如，物理學解釋比重的差別時說，一個物體如有兩倍於另一物體的比重，則在同一空間內所包含的物質分子（或原子）的數目將會二倍於另一物體。關於熱和光的比重，情形同樣如此，如果是用較大或較小數目的熱和光的粒子（或分子）去解釋不同程度的溫度或亮度的話。採取這種解釋的物理學家，當他們的說法被指斥為沒有根據時，無疑地常自己辯解說，這種說法並不是要對那些現象後面的（著名的不可知的）「自在」（之物）①作出決定，他們之所以使用上面這些名詞，純粹是由於較為方便的緣故。所謂較為方便，係指較容易計算而言；但我們很難明白，為什麼內涵的量既同樣有其確定的數目，何以不會和外延的量一樣地便於計算。如果目的純在求方便的話，那麼乾脆就不要計算，也不要思考，那才是最方便不過的。此外，還有一點足以反對剛才所提及的物理學家的辯解，即照他們那種解釋，無論如何已經超越知覺和經驗的範圍，而涉及形而上學和思辨的範圍了，而思辨有時被他們宣稱是無聊的甚或危險的玄想。在經驗中當然可以看到，如果兩個裝滿了錢的錢袋，其中的一個錢袋比另一個錢袋重一倍，這情形必定因為一個錢袋中裝有二百元，另一個僅裝有一百元。這些錢幣我們可以看得見，並可以用感官感覺得到。反之，原子和分子之類是在感官知覺的範圍以外，只有思維才能決定它們是否可被接受，有何意義。但是（正如上面§98附釋所提及的），抽象的理智把自為存在這一概念中所包含的複多這一環節，固定成原子的形態，並堅持作為最後的原則。同一抽象理智，在當前的問題中，與素樸的直觀以及眞實具體的思維有了矛

① 按這裡原文只有Ansich一詞，「自在」的引號和「之物」二字都是譯者加上，以表明Ansich在這裡是指自在存在，自在之物或康德所謂「物自體」而言。——譯者

盾，認外延之量是量的唯一形式，對於內涵的量不承認其特有的規定性，而根據一種本身不可靠的假設，力圖用粗暴的方式，將內涵的量歸結爲外延的量。①

對於近代哲學所提出的許多批判中，有一個比較最常聽見的責難，即認爲近代哲學將任何事物均歸納爲同一。因此近代哲學便得到同一哲學的綽號。但這裡所提出的討論卻在於指出，唯有哲學才堅持要將概念上和經驗上有差別的事物加以區別，反之，那號稱經驗主義的人卻把抽象的同一性提升爲認識的最高原則。所以只有他們那種狹義的經驗主義的哲學，才最恰當地可稱爲同一哲學。此外，這個說法是十分正確的，即認爲沒有單純的外延的量，也沒有單純的內涵的量，正如沒有單純的連續的量，也沒有單純的分離的量，並認爲量的這兩種規定並不是兩種獨立的彼此對立的量。每一內涵的量也是外延的，反之，每一外延的量也是內涵的。譬如，某種程度的溫度是一內涵的量，有一個完全單純的感覺與之相應。我們試看體溫表，我們就可看見這溫度的程度便有一水銀柱的某種擴張與之相應。這種外延的量同時隨溫度或內涵的量的變化而變化。在心靈界內，也有同樣的情形：一個有較大內涵的性格，其作用較之一個有較小內涵的性格也更能達到一較廣闊的範圍。

§104

① 按從這一條附釋開始到這一長段末，黑格爾批評當時持機械觀點的物理學家未區別開外延的量與內涵的量的缺點，並批評了他們從單純經驗出發，而否定思維規定的觀點。恩格斯從自然證法出發，作了簡要的評論。《馬克思恩格斯全集》第二十卷，第五四七—五四八頁。——譯者

在程度裡，定量的概念便設定起來了。定量就是自為中立而又簡單的量，但這樣一來，量之所以成為定量的規定性就完全在它的外面，在別的量裡了。這是一個矛盾，在這種矛盾裡，那自為存在著的、中立的限度是絕對的外在性，無限的量的進展便設定起來了。——這是一個由直接性直接轉變到它的反面、轉變為間接性（即超出那個方才設定起來的定量）的過程，反之，這也是一個由間接性直接轉變到它的反面，轉變為直接性的過程。

〔說明〕數是思想，不過是作為一種完全自身外在存在著的思想。因為數是思想，所以它不屬於直觀，而是一個以直觀的外在性作為其規定的思想。——因此不僅定量可以增加或減少到無限，而且定量本身由於它的概念就要向外不斷地超出其自身。無限的量的進展正是同一個矛盾之無意義的重複，這種矛盾就是一般的定量，在定量的規定性發揮出來時就是程度。至於說出這種無限進展形式的矛盾乃是多餘的事。關於這點，亞里士多德所引芝諾的話說得好：「對於某物，只說一次，與永遠說它，都是一樣的。」

附釋一：如果我們依照上面（§99）所提出的數學對於量的通常界說，認量為可增可減的東西，誰也不能否認這界說所根據的看法的正確性，但問題仍在於我們如何去理解這種可增可減的東西。如果我們對於這問題的解答單是求助於經驗，這卻不能令人滿意，因為除了在經驗裡我們對於量只能得到表象，而不能得到思想以外，量僅會被表明是一種可能性（可增可減的可能性），而我們對於量的變化的必然性就會缺乏真正的見解。反之，在邏輯發展的過程裡，量不僅被認作自己規定著自己本身的思維過程的一個階段，而且事實也表明，在量的概念裡便包含有超出其自身的必然性，因此，我們這裡所討論的量的增減，不僅是可能的，而且是必然的了。

附釋二：量的無限進展每爲反思的知性所堅持，用來討論關於無限性的問題。但對於這種形式的無限進展，我們在前面討論質的無限進展時所說過的話，也一樣可以適用。我們曾說，這樣的無限進展並不表述眞的無限性，而只表述壞的無限性。它絕沒有超出單純的應當，因此實際上仍然停留在有限之中。這種無限進展的量的形式，斯賓諾莎曾很正確地稱之爲僅是一種想像的無限性(infinitum imaginationis)。有許多詩人，如哈勒爾①及克魯普斯托克②常常利用這一表象來形象地描寫自然的無限性，甚至描寫上帝本身的無限性。例如，我們發現哈勒爾在一首著名的描寫上帝的無限性的詩裡，說道：

我們積累起龐大的數字，
一山又一山，一萬又一萬，

---

① 哈勒爾(Haller, Albrecht von 1708-1777)，下面的詩是摘引自他的關於詠「永恆性」的一首詩。——譯者

② 克魯普斯托克(Klopstock, F. G. 1724-1803)是德國啟蒙運動初期歌頌了愛情、自由、祖國以及神和自然的偉大和無限性的詩人。——譯者

世界之上，我堆起世界，
時間之上，我加上時間，
當我從可怕的高峰，
仰望著你，——以眩暈的眼：
所有數的乘方，
再乘以萬千遍，
距你的一部分還是很遠。

這裡我們便首先遇著了量，特別是數，不斷地超越其自身，這種超越，康德形容爲「令人恐怖的」。①其實眞正令人恐怖之處只在於永遠不斷地規定界限，又永遠不斷地超出界限，而並未進展一步的厭倦性。上面所提到的那位詩人，在他描寫壞的無限性之後，復加了一行結語：

我擺脫它們的糾纏，你就整個兒呈現在我前面。

這意思是說，眞的無限性不可視爲一種純粹在有限事物彼岸的東西，我們想獲得對於眞的無限的意識，就必須放棄那種無限進展(progressus in infinitum)。

---

① 這裡提到的康德原話如下：「永恆本身，像哈勒爾所描寫的那樣，儘管有其令人恐怖的崇高，但是遠不能使人的心靈對這樣的崇高獲得深遠的印象。」見《純粹理性批判》A六一三，B六四一。——譯者

附釋三：大家知道，畢達哥拉斯曾經對於數加以哲學的思考，他認爲數是萬物的根本原則。這種看法對於普通意識初看起來似乎完全是矛盾可笑(**paradox**)①，甚至是胡言亂語。於是就發生了究竟什麼是數這個問題。要答覆這問題，我們首先必須記著，整個哲學的任務在於由事物追溯到思想，而且追溯到明確的思想。但數無疑是一思想，並且是最接近於感官事物的思想，或較確切點說，就我們將感官事物理解爲彼此相外和複多之物而言，數就是感官事物本身的思。因此我們在將宇宙解釋爲數的嘗試裡，發現了到形而上學的第一步。畢達哥拉斯在哲學史上，人人都知道，站在伊奧尼亞哲學家與愛利亞派哲學家之間。前者，有如亞里士多德所指出的，仍然停留在認事物的本質爲物質(ὕλη)的學說裡，而後者，特別是巴曼尼得斯，則已進展到以「存在」爲「形式」的純思階段，所以正是畢達哥拉斯哲學的原則，在感官事物與超感官事物之間，彷彿構成一座橋梁。

由此我們可以知道，何以有人會以爲畢達哥拉斯認數爲事物的本質之說顯然走得太遠。他們承認我們誠然可以計數事物，但他們爭辯道，事物卻還有較多於數的東西。說事物具有較多於數的東西，當然誰都可以承認事物不僅是數，但問題只在於如何理解這種較多於數的東西是什麼。普通感官意識按照自己的觀點，毫不猶豫地指向感官的知覺方面，去求解答這裡所提出

---

① 這是一個有辯證意味的詞。本意是指「似非而是」、「似矛盾而實包含真理」的言論，也有譯為「矛盾雋語」或「反論」的，言其是和普通議論似乎相反。在本書§81，附釋一裡，黑格爾舉出許多諺語作為例子，可以參看。——譯者

的問題，因而說道：事物不僅是可計數的，而且還是可見的、可嗅的、可觸的等等。用近代的語言來說，他們對於畢達哥拉斯哲學的批評，可歸結爲一點，就是他的學說太偏於唯心。但根據我們剛才對於畢達哥拉斯哲學在歷史上的地位所作的評述，事實上恰好相反。我們必須承認事物不僅是數，但這話應理解爲，單純數的思想尚不足以充分表示事物的概念或特定的本質。所以，與其說畢達哥拉斯關於數的哲學走得太遠了，毋寧反過來說他的哲學走得還不夠遠，直到愛利亞學派才進一步達到了純思的哲學。

此外，即使沒有事物自身存在，也會有事物的情狀和一般的自然現象存在，其規定性主要也建立在特定的數和數的關係上。聲音的差別與音調的諧和的配合，特別具有數的規定性。大家都知道，據說畢達哥拉斯之所以認數爲事物的本質，是由於觀察音調的現象所得到的啓示。雖說將音調的現象追溯到其所依據的特定的數，對於科學的研究極關重要，但也絕不可因此便容許將思想的規定性全認作僅僅是數的規定性。人們誠然最初有將思想最普遍的規定與最基本的幾個數字相聯繫的趨勢，因而說一是單純直接的思想，二是代表思想的區別和間接性，三是二者的統一。但這種聯繫完全是外在的，這些數的本身並沒有什麼性質足以表示這些特定的思想。人們愈是進一步採用這種傅會的方法，特定數目與特定思想的聯繫就愈會任性武斷。譬如人們可以認4爲1與3之合，也爲這兩種數的思想的聯合，但4同樣也可說是2的兩倍。同樣9也不僅是3的平方，而又是8與1、7與2等等的總合。認爲某種數目或某種圖形有特大的重要性，如近來許多秘密團體之所爲，這一方面固然無妨作爲消遣的玩藝，但另一方面也是思想薄弱的表徵。人們固然可以說在這些數字及圖形的後面，含有很深的意義，可以引起我們許多思想。但是在哲學裡，問題不在於我們可以思維什麼，而在於我們現實地思維什麼。思想的眞正要素不是在武斷地選擇的符號裡，而是只須從思想本身去尋求。

§ 105

定量在其自爲存在著的規定性裡是外在於它自己本身，它的這種外在存在便構成它的質。定量在它的外在存在裡，正是它自己本身，並自己與自己相聯繫。在定量裡，外在性（亦即量）和自爲存在（亦即質）得到了聯合。定量這樣地在自身內建立起來，便是量的比例，——這種規定性既是一直接的定量，比例的指數，作爲中介過程，即某一定量與另一定量的聯繫，形成了比例的兩個方面。同時，比例的這兩個方面，並不是按照其直接〔數〕值計算的，而其〔數〕值只存在於這種比例的關係中。

附釋：量的無窮進展最初似乎是數之不斷地超出其自身。但細究起來，量卻被表明在這一進展的過程裡返回到它自己本身。因爲從思想看來，量的無窮進展所包含的意義一般只是以數規定數的過程，而這種以數規定數的過程便得出量的比例。譬如以 2:4 爲例，這裡我們便有兩個數，我們所尋求的不是它們的直接的值，而只是這兩個數彼此間相互的聯繫。但這兩項的聯繫（比例的指數）本身即是一數，這數與比例中的兩項的區別，在於此數（即指數）一變，則兩項的比例即隨之而變，反之，兩項雖變，其比例卻不受影響，而且只要指數不變，則兩項的比例不變。因此我們可以用 3:6 代替 2:4，而不改變兩者的比例，因爲在兩個例子中，指數 2 仍然是一樣的。

§ 106

比例的兩項仍然是直接的定量，並且質的規定和量的規定彼此仍然是外在的。但就質和量的眞理性來說：量的本身在它的外在性裡即是和它自身相聯繫，或者說，自爲存在的量與中立於規定性的量相聯合，——這樣的量就是尺度(Maβ)。

附釋：通過前面所考察了的量的各環節的辯證運動，就證明了量返回到質。我們看見，量的概念最初是揚棄了的質，這就是說，與「存在」不同一的質，而且是與「存在」不相干的，只是外在的規定性。對於量的這個概念，如像前面所說過的，乃是通常數學對於量的界說，即認量爲可增可減的東西這一看法的基礎。初看起來，這個界說似乎是說，量只是一般地可變化的東西（因爲可增可減只是量的另一說法），因而也許會使量與定在（質的第二階段，就其本質而言，也同樣可認作可變化者）沒有區別。所以對量的界說的內容可加以補充說，在量裡我們有一個可變化之物，這物雖經過變化，卻仍然是同樣的東西。量的這種概念因此便包含有一內在的矛盾。而這一矛盾就構成了量的辯證法。但量的辯證法的結果卻並不是單純返回到質，好像是認質爲眞而認量爲妄的概念似的，而是進展到質與量兩者的統一和眞理，進展到有質的量，或尺度。

這裡我們還可以說，當我們觀察客觀世界時，我們是運用量的範疇。事實上我們這種觀察在心目中具有的目標，總在於獲得關於尺度的知識。這點即在我們日常的語言裡也常常暗示到，當我們要確知事物的量的性質和關係時，我們便稱之爲衡量(Messen)。例如，我們衡量振動中的不同的弦的長度時，是著眼於知道由各弦的振動所引起的與弦的長度相對應的音調之質的差別。同樣，在化學裡我們設法去確知所用的各種物質相化合的量，藉以求出制約這些化合物的尺度，這就是說，去認識那些產生特定的質的量。又如在統計學裡，研究所用的數字之所以重要，只是由於受這些數字所制約的質的結果。反之，如果只是些數字的堆集，沒有這裡所提及的指導觀點，那麼就可以有理由算作無聊的玩藝兒，既不能滿足理論的興趣，也不能滿足實際的要求。

C. 尺度 (Das Maβ)

§ 107

尺度是有質的定量，尺度最初作爲一個直接性的東西，就是定量，是具有特定存在或質的定量。

附釋：尺度既是質與量的統一，因而也同時是完成了的存在。當我們最初說到存在時，它顯得是完全抽象而無規定性的東西；但存在本質上即在於規定其自己本身，它是在尺度中達到其完成的規定性的。尺度，正如其他各階段的存在，也可被認作對於「絕對」的一個定義。因此有人便說，上帝是萬物之尺度。這種直觀也是構成許多古代希伯來頌詩的基調，這些頌詩大體上認爲上帝的光榮即在於他能賦予一切事物以尺度——賦予海洋與大陸、河流與山岳，以及各式各樣的植物與動物以尺度。在希臘人的宗教意識裡，尺度的神聖性，特別是社會倫理方面的神聖性，便被想像爲同一個司公正復仇之納美西斯(Nemesis)女神相聯繫。在這個觀念裡包含有一個一般的信念，即舉凡一切人世間的事物——財富、榮譽、權力、甚至快樂痛苦等——皆有其一定的尺度，超越這尺度就會招致沈淪和毀滅。即在客觀世界裡也有尺度可尋。在自然界裡我們首先看見許多存在，其主要的內容都是尺度構成。例如太陽系即是如此，太陽系我們一般地可以看成是有自由尺度的世界。如果我們進一步去觀察無機的自然，在這裡尺度便似乎退到背後去了，因爲我們時常看到無機物的質的規定性與量的規定性，彼此顯得好像互不相干。例如一塊崖石或一條河流，它的質與一定的量並沒有聯繫。但即就這些無機物而論，若細加考察，也不是完全沒有尺度的。因爲河裡的水和構成崖石的各個組成部分，若加以化學的分析，便可以看出，它們的質是受它們所包含的原素之量的比例所制約的。而在有機的自然裡，尺度就更爲顯著，可爲吾人所直接察覺到。不同類的植物和動物，就全體而論，並就其各部分而論，皆有某種尺度，不過尚須注意，即那些比較不完全的或比較接近無機物的有機產物，由於它們的尺度不大分明，與較高級的有機物也有部分的差別。譬如，在化石中我們發現有所謂帆螺殼(Ammonshörner)，其尺度之分明，只有用顯微鏡才可認識，而許多別的化石，其尺度之大有如一車輪。同樣的尺度不分明的現象，也表現在許多處於有機物形成的低級階段的植物中，例如鳳凰草。

§108

就尺度只是質與量的直接的統一而言，兩者間的差別也同樣表現爲直接形式。於是質與量的關係便有兩種可能。第一種可能的關係就是：那特殊的定量只是一單純的定量，而那特殊的定在雖是能增減的，而不致因此便取消了尺度，尺度在這裡即是一種規則。第二種可能的關係則是：定量的變化也是質的變化。

附釋：尺度中出現的質與量的同一，最初只是潛在的，尚未顯明地實現出來。這就是說，這兩個在尺度中統一起來的範疇，每一個都各要求其獨立的效用。因此一方面定在的量的規定可以改變，而不致影響它的質，但同時另一方面這種不影響質的量之增減也有其限度，一超出其限度，就會引起質的改變。例如①：水的溫度最初是不影響水的液體性的。但液體性的水的溫度之增加或減少，就會達到這樣的一個點，在這一點上，這水的聚合狀態就會發生質的變化，這水一方面會變成蒸氣，另一方面會變成冰。當量的變化發生時，最初好像是完全無足重輕似的，但後面卻潛藏著別的東西，這表面上無足重輕的量的變化，好像是一種機巧，憑藉這種機

① 恩格斯《自然辯證法》一書中引證了這個例子，見《馬克思恩格斯選集》第三卷，第四八七頁。——譯者。

巧去抓住質〔引起質的變化〕。①這裡包含的尺度的兩種矛盾說法(antinomie)，古希臘哲學家已在不同形式下加以說明了。例如，問一粒麥是否可以形成一堆麥，又如問從馬尾上拔去一根毛，是否可以形成一禿的馬尾？當我們最初想到量的性質，以量爲存在的外在的不相干的規定性時，我們自會傾向於對這兩個問題予以否定的答覆。但是我們也須承認，這種看來好像不相干的量的增減也有其限度，只要最後一達到這極點，則繼續再加一粒麥就可形成一堆麥，繼續再拔一根毛，就可產生一禿的馬尾。這些例子和一個農民的故事頗有相同處：據說有一農夫，當他看見他的驢子拖著東西愉快地行走時，他繼續一兩一兩地不斷增加它的負擔，直到後來，這驢子擔負不起這重量而倒下了。如果我們只是把這些例子輕易地解釋爲學究式的玩笑，那就會陷於嚴重的錯誤，因爲它們事實上涉及到思想，而且對於思想的性質有所認識，於實際生活，特別是對倫理關係也異常重要。例如，就用錢而論，在某種範圍內，多用或少用，並不關緊要。但是由於每當在特殊情況下所規定的應該用錢的尺度，一經超過，用得太多，或用得太少，就會引起質的改變（有如上面例子中所說的由於水的不同的溫度而引起的質的變化一樣），而原來可以認作節儉的行爲，就會變成奢侈或吝嗇了。同樣的原則也可應用到政治方面。在某種限度內，一個國家的憲法可以認爲既獨立於又依賴於領土的大小，居民的多少，以及其他量的規定。

---

① 黑格爾認為量變以達到質變為目的，質變通過量變為實現其自身的手段，這叫做「概念的機巧」，又叫做「理性的機巧」。機巧含有策略或巧計的意思。這是他藉目的論的看法以指出質變量變好像是目的與手段的關係。參看《大邏輯》第一篇第三章論限量部分，並參看本書下面§209論理性的機巧部分。——譯者

譬如，當我們討論一個具有一萬平方英里領土及四百萬人口的國家時，我們無庸遲疑即可承認幾平方英里的領土或幾千人口的增減，對於這個國家的憲法絕不會有重大的影響。但反之，我們必不可忘記，當國家的面積或人口不斷地增加或減少，達到某一點時，除開別的情形不論，只是由於這種量的變化，就會使得憲法的質不能不改變。瑞士一小邦的憲法絕不適宜於一個大帝國，同樣羅馬帝國的憲法如果移置於德國一小城，也不會適合。

§ 109

就質與量的第二種可能的關係而言，所謂「無尺度」(Das Maßlose)，就是一個尺度〔質量統一體〕由於其量的性質而超出其質的規定性。不過這第二種量的關係，與第一種質量統一體的關係相比，雖說是無尺度，但仍然是具有質的，因此無尺度仍然同樣是一種尺度〔或質量統一體〕。這兩種過渡，由質過渡到定量，由定量復過渡到質，可以表象為無限進展，表象為尺度揚棄其自身為無尺度、而又恢復其自身為尺度的無限進展過程。

附釋：有如我們曾經看見過的那樣，量不僅是能夠變化的，即能夠增減的，而且一般又是一個不斷地超出其自身的傾向。量的這種超出自身的傾向，甚至在尺度中，也同樣保持著。但如果某一質量統一體或尺度中的量超出了某種界限，則和它相應的質也就隨之被揚棄了。但這裡所否定的並不是一般的質，而只是這種特定的質，這一特定的質立刻就被另一特定的質所代替。質量統一體〔尺度〕的這種變化的過程，即不斷地交替著先由單純的量變，然後由量變轉化爲質變的過程，我們可以用交錯線(Knotenline)作爲比喻來幫助了解。像這樣的交錯線，我們首先可以在自然裡看見，它具有不同的形式。前面已經提到水由於溫度的增減而表現出質的不同的聚合狀態。金屬的氧化程度不同，也表現出同樣的情形。音調的差別也可認爲是在尺度（質量統一體）變化過程中發生的，由最初單純的量變到質變的轉化過程的一個例證。

§110

事實上這裡所發生的，只是仍然屬於尺度本身的直接性被揚棄的過程。在尺度裡，質和量本身最初只是直接的，而尺度只是它們的相對的同一性。但在「無尺度」裡，尺度顯得是被揚棄了；然而無尺度雖說是尺度的否定，其本身卻仍然是質量的統一體，所以即在無尺度裡，尺度仍然只是和它自身相結合。

§111

無限，作爲否定之否定的肯定，除了包含「有」與「無」、某物與別物等抽象的方面而外，現在是以質與量爲其兩個方面。而質與量(1)首先由質過渡到量（§98），其次由量過渡到質（§105），因此兩者都被表明爲否定的東西。(2)但在兩者的統一（亦即尺度）裡，它們最初是有區別的，這一方面只是以另一方面爲中介才可區別開的。(3)在這種統一體的直接性被揚棄了之後，它的潛在性就發揮出來作爲簡單的自身聯繫，而這種聯繫就包含著被揚棄了的一般存在及其各個形式在自身內。——存在或直接性，通過自身否定，以自身爲中介和自己與自己本身相聯繫，因而正是經歷了中介過程，在這一過程裡，存在和直接性復揚棄其自身而回復到自身聯繫或直接性，這就是本質。

附釋：尺度的進程並不僅是無窮進展的壞的無限無止境地採取由質過渡到量，由量過渡到質的形式，而是同時又在其對方裡與自身結合的眞的無限。質與量在尺度裡最初是作爲某物與別物而處於互相對立的地位。但質潛在地就是量，反之，量潛在地也即是質。所以當兩者在尺度的發展過程裡互相過渡到對方時，這兩個規定的每一個都只是回復到它已經潛在地是那樣的東西。於是我們現在便得到其規定被否定了的、一般地被揚棄了的存在，這就是本質。在尺度中潛在地已經包含本質；尺度的發展過程只在於將它所包含的潛在的東西實現出來。——普通意識認爲事物是存在著的，並且依據質、量和尺度等範疇去考察事物。但這些直接的範疇證實其自身並不是固定的，而在過渡中的，本質就是它們矛盾發展(Dialektik)的結果。在本質裡，各範疇已不復過渡，而只是相互聯繫。在存在裡，聯繫的形式只是我們的反思；反之，在本質階段裡，聯繫則是本質自己特有的規定。在存在的範圍裡，當某物成爲別物時，從而某物便消逝了。但在本質裡，卻不是如此。在這裡，我們沒有眞正的別物或對方，而只有差異，一個東西與它的對方的聯繫。所以本質的過渡同時並不是過渡。因爲在由差異的東西過渡到差異的東西裡，差異的東西並未消逝，而是仍然停留在它們的聯繫裡。譬如，當我們說有與無時，「有」是獨立的，而「無」也同樣是獨立的。但肯定與否定的關係便完全與此不同。誠然，它們具有「有」和「無」的特性。但單就肯定自身而言，實毫無意義；它是完全和否定相對待、相聯繫的。否定的性質也是這樣。在存在的範圍裡，各範疇之間的聯繫只是**潛在**的，反之，在本質裡，各範疇之間的聯繫便明顯地設定起來了。一般說來，這就是存在的形式與本質的形式的區別。在存在裡，一切都是直接的，反之，在本質裡，一切都是相對的。①

---

① 恩格斯在《自然辯證法》中摘錄這句話並加以說明。參看《馬克思恩格斯全集》第二十卷，第五五五頁。——譯者

第二篇
本質論 (Die Lehre vom Wesen)

§112

本質是設定起來的概念，本質中的各個規定只是相對的，還沒有完全返回到概念本身；因此，在本質中概念還不是自爲的。本質，作爲通過對它自身的否定而自己同自己中介著的存在，是與自己本身相聯繫，僅因爲這種聯繫是與對方相聯繫，但這個對方並不是直接的存在著的東西，而是一個間接的和設定起來的東西。在本質中，存在並沒有消逝，但是首先，只有就本質作爲單純的和它自身相聯繫來說，它才是存在；第二、但是存在，由於它的片面的規定，是直接性的東西，就被貶抑爲僅僅否定的東西，被貶抑爲假象(Schein)。——因此本質是映現在自身內的存在。

〔說明〕絕對是本質。——這一界說與前面認「絕對是存在」那一界說是相同的，這都是因爲存在同樣地是單純的自我關係。不過這一界說同時比前面的那一界說又較高些，因爲本質是自己過去了的存在，這就是說，本質的簡單的自身聯繫是被設定爲否定之否定，並且是以自己爲自己本身的中介的聯繫。但是，當絕對被界說爲本質時，這界說所包含的否定性往往被了解爲只是抽象意義的，沒有任何特定謂詞的否定性。這種否定活動，這種抽象作用，於是便不屬於本質之內，而本質自身就只是一個沒有前提的結論，一個抽象的死軀殼(caput mortumn)。但是這種否定性既不是外在於存在，而是存在自身的辯證法〔矛盾進展〕，因此，本質是存在的眞理，是自己過去了的或內在的存在。反思作用或自身映現構成本質與直接存在的區別，是本質本身特有的規定。

附釋：當我們一提到本質時，我們便將本質與存在加以區別，而認存在爲直接的東西，與本質比較看來，只是一假象(Schein)。但這種假象並非空無所有，完全無物，而是一種被揚棄的存在。本質的觀點一般地講來即是反思的觀點。反映或反思(Reflexion)這個詞本來是用來講光的，當光直線式地射出，碰在一個鏡面上時，又從這鏡面上反射回來，便叫做反映。在這個現象裡有兩方面，第一方面是一個直接的存在，第二方面同一存在是作爲一間接性的或設定起來的東西。當我們反映或（像大家通常說的）反思一個對象時，情形亦復如此。因此這裡我們所要認識的對象，不是它的直接性，而是它的間接的反映過來的現象。我們常認爲哲學的任務或目的在於認識事物的本質，這意思只是說，不應當讓事物停留在它的直接性裡，而須指出它是以別的事物爲中介或根據的。事物的直接存在，依此說來，就好像是一個表皮或一個帷幕，在這裡面或後面，還蘊藏著本質。

我們又常說：凡物莫不有一本質，這無異於說，事物眞正地不是它們直接所表現的那樣。所以要想認識事物，僅僅從一個質反覆轉變到另一個質，或僅僅從質過渡到量，從量過渡到質，那是不行的；反之事物中有其永久的東西，這就是事物的本質。至於就本質一範疇的別種意義及用法而論，我們首先須指出，在德文裡當我們把過去的 Sein（存在）說成 Gewesen（曾經是）時，我們就是用 Wesen（本質）一字以表示助動詞 Sein（「是」或「存在」）的過去式。語言中這種不規則的用法似乎包含著對於存在和本質的關係的正確看法。因爲我們無疑地可以認本質爲過去的存在，不過這裡尚須指出，凡是已經過去了的，並不是抽象地被否定了，而只是被揚棄了，因此同時也被保存了。譬如我們說，凱撒曾經到過高盧，這話所否認於凱撒的，只是這事的直接性，但並沒有根本否認凱撒曾駐紮過高盧。因爲駐紮過高盧才是這句話的內容，而這內容這裡便表述爲被揚棄了的。在平常生活裡，當我們說到 Wesen 時，這個詞大都是指一總合或一共體的意思。譬如我們稱新聞事業爲 Zeitungswesen，稱郵局爲 Postwesen，稱關稅爲 Steuerwesen。所有這些用法其意義大都不外說，這些事物不可單一地從它們的直接性去看，而須複合地進一步從它們的不同的關係去看。語言的這種用法，差不多包含著我們所用的本質一詞的意義了。

我們又常說到有限的本質，而稱人爲一有限的本質。但單就本質一詞而言，即已包含有超出有限的意義，故謂人爲有限的本質，實欠恰當。又有人說，有一個最高的本質，因而上帝便應稱爲最高的本質。對於這種說法必須指出兩點：第一、「有這樣一個事物」的說法，就暗示那種事物只是有限的。譬如我們說，有好多好多的星球，或說有某種性質的植物，又有別種性質的植物。在這些情形下，我們所說的有某種事物，還另有別的事物在它之外或是在它之旁。但上帝作爲絕對無限卻不是這樣一種事物，這種事物只是存在著，在它之外或在它之旁還有別的本質。如果在上帝之外還有別的事物，則這些事物在它們與上帝分離的狀態中，就不會具有本質；甚至可以說，它們在孤立狀態中，只能認爲是無支柱的和無本質的東西，是單純的假象。但這裡就含蘊著我要指出的第二點：即僅稱上帝爲最高的本質，實在是很不能令人滿意的說法。這種說法所應用的量的範疇，事實上只有在有限事物的領域內才有其地位。譬如，當我們說這山是地球上最高的山時，我們這時已有了一個觀念，認爲除了這個最高的山之外，同樣地還有別的高山。當我們說某人是這一國最富有的人或最有學問的人時，亦復如是。但上帝並不僅是一本質，甚至也不僅是一最高的本質，而是唯一的本質。但在這裡也須立刻指出，這種對於上帝的看法，雖說是在宗教意識發展裡構成一重要而必然的階段，卻並沒有窮盡基督教中上帝一觀念的深度。假如我們僅僅單純地認上帝爲本質，並且僅至此爲止，則我們只知道他是普遍而不可抵抗的力量，換言之，他只是主。現在，對於主的畏懼固然是智慧的開始，但也只是智慧的開始。最初有猶太教，後來又有穆罕默德教將上帝認作是主，並且本質上是唯一的主。這些宗教的缺點，一般講來，在於未能給有限以應有的地位，因爲異教以及多神教的特點就在於孤立地堅持有限事物（不論自然事物也好，或者有限的精神事物也好）。此外還有一個常常聽見的說法，說上帝既是最高的本質，因此上帝不可知。這一般是近代啓蒙思想，確切點說，抽象理智的看法，這種看法只以說出：il y a un être suprême（天地間有一至高無上的存在），便算滿足，而不更加深究。如果照這樣說來，上帝只被認作是一至高的、遠在彼岸的本質，那就會將這直接的眼前的世界，認作固定的、實證的事物，而忘記了本質正是對一切直接事物的揚棄。假如上帝是抽象的、遠在彼岸的本質，一切的區別和規定性均在上帝之外，那麼上帝事實上就會徒具空名，僅是抽象理智的一個單純的 caput mortumn（死軀殼）。因此對於上帝的眞知識是起始於知道任何事物在它的直接存在裡都是沒有眞理性的。

不僅關於上帝，即就別的對象而言，人們也常常將本質一範疇予以抽象的使用，而於觀察事物時，將事物的本質認作獨立自存，與事物現象的特定內容毫不相干。譬如，人們常習慣於這樣說，人之所以爲人，只取決於他的本質，而不取決於他的行爲和他的動作。這話誠然不錯，如果這話的意思是說，一個人的行爲，不可單就其外表的直接性去評論，而必須以他的內心爲中介去觀察，而且必須把他的行爲看成他的內心的表現：但是不可忘記，本質和內心只有表現成爲現象，才可以證實其爲眞正的本質和內心。而那些要想從異於表現在行爲上的內容去尋求人的本質的人，其所基以出發的用意，往往不過是想抬高他們單純的主觀性，並想逃避自在自爲地有效的東西。

§ 113

本質階段中的自身聯繫就是同一性或自身反思的形式。同一性或自身反思在這裡便相當於「存在」階段中的直接性的地位。直接性和同一性兩者都同是抽象的自身聯繫。

無思想性的感性把任何有限和受限制之物當作存在著的東西，因而就過渡到固執的知性，把有限之物認作一個自身同一的，不自相矛盾的東西。

§ 114

這種同一性既是從存在中出來的，最初似乎只具有存在的諸規定，這些規定與存在的關係似乎只是外在關係。這種外在的存在，如果認作與本質分離，它便可叫作非本質的東西〔但這卻是錯誤的〕，因爲本質是在自身內的存在(In-sich-sein)，而本質之所以是本質的，只是因爲它具有它自己的否定物在自身內，換言之，它在自身內具有與他物的聯繫，具有自身的中介作用。因此本質具有非本質的東西作爲它自己固有的假象。但區別即包含有假象或中介性在內，而且既然凡是被區別開之物，一方面與它所從出的同一性有區別，因爲它不是直接的同一性，而是同一性的假象；一方面它自身也仍然是一種同一性，所以它仍然採取存在或自身聯繫的直接性的形式。因此本質的範圍便成爲一個直接性與間接性尚未完全結合的範圍。在這種不完全的結合裡，每一事物都是這樣被設定爲具有自身聯繫，但同時又超出這自身聯繫的直接性。本質是一個反思的存在，一個映現在他物的存在，也可以說，一個映現在他物中的存在。所以，本質的範圍又是發展了的矛盾的範圍，這矛盾在存在範圍內還是潛伏著的。

〔說明〕因爲那唯一的概念構成一切事物的實質，所以在「本質」的發展裡出現了和在「存在」的發展裡相同的範疇，不過採取反思的形式罷了。所以，在存在裡爲有與無的形式，而現在在本質裡便進而爲肯定與否定的形式所替代。前者相當於無對立的存在的同一性，後者映現其自身，發展其自身成爲區別。這樣，變易就立即進而發展爲定在的根據，而定在當返回其根據時，即是實存(Existenz)①。

本質論是邏輯學中最困難的一部門。它主要包含有一般的形而上學和科學的範疇。這些範疇是反思的知性的產物，知性將各範疇的區別一方面認作獨立自存，一方面同時又明白肯定它們的相對性，知性只是用一個又字，將兩方面相互並列地或先後相續地聯合起來，而不能把這些思想結合起來，把它們統一成爲概念。

A. 本質作爲實存的根據 (Das Wesen als Grund der Existenz)

I. 純反思規定②(Die reine Reflexionsbestimmungen)

(1) 同一 (Identität)

§ 115

本質映現於自身內，或者說本質是純粹的反思，因此本質只是自身聯繫，不過不是直接的，

---

① 「定在」指存在於特定的地方、時間，有特定的質和量的特定存在，一般譯作「定在」。「實存」指有根據的存在或實際存在，簡稱「實存」。——譯者

② 規定(Bestimmung)有時也譯作「範疇」。在這裡英譯本即作範疇。我們考慮仍以緊跟原文直譯成「規定」較好。——譯者

而是反思的自身聯繫，亦即自身同一。

〔說明〕這種同一，就其堅持同一，脫離差別來說，只是形式的或知性的同一。換言之，抽象作用就是建立這種形式的同一性並將一個本身具體的事物轉變成這種簡單性形式的作用。有兩種方式足以導致這種情形：或是通過所謂分析作用丟掉具體事物所具有的一部分多樣性而只舉出其一種；或是抹殺多樣性之間的差異性，而把多種的規定性混合為一種。

如果我們將同一與絕對聯繫起來，將絕對作為一個命題的主詞，我們就得到：「絕對是自身同一之物」這一命題。無論這命題是如何的眞，但它是否意味著它所包含的眞理，卻是有疑問的，因此至少這命題的表達方式是不完滿的。因為我們不能明確決定它所意味的是抽象的知性同一，亦即與本質的其他規定相對立的同一，還是本身具體的同一。而具體的同一，我們將會看見，最初〔在本質階段〕是眞正的根據，然後在較高的眞理裡〔在概念階段〕，即是概念。——況且絕對一詞除了常指抽象而言外，沒有別的意義。譬如絕對空間、絕對時間，其實不過指抽象空間、抽象時間罷了。

本質的各種規定或範疇如果被認作思想的重要範疇，則它們便成為一個假定在先的主詞的謂詞，因為這些謂詞的重要性，這主詞就包含一切。這樣產生的命題也就被宣稱為有普遍性的思維規律。於是同一律便被表述為「一切東西和它自身同一」；或「甲是甲」。否定的說法：「甲不能同時為甲與非甲」。這種命題並非眞正的思維規律，而只是抽象理智的規律。這個命題的形式自身就陷於矛盾，因為一個命題總須得說出主詞與謂詞間的區別，然而這個命題就沒有作到它的形式所要求於它的。但是這一規律又特別爲下列的一些所謂思維規律所揚棄，這些思維規律把同一律的反面認作規律。——有人說，同一律雖說不能加以證明，但每一意識皆依照此律而進行，而且就經驗看來，每一意識只要對同一律有了認識，均可予以接受。但這種邏輯教本上的所謂經驗，卻與普遍的經驗是相反的。照普遍經驗看來，沒有意識按照同一律思維或想像，沒有人按照同一律說話，沒有任何種存在按照同一律存在。如果人們說話都遵照這種自命爲眞理的規律（星球是星球，磁力是磁力，精神是精神），簡直應說是笨拙可笑。這才可算得普遍的經驗。只強調這種抽象規律的經院哲學，早已與它所熱心提倡的邏輯，在人類的健康常識和理性裡失掉信用了。

附釋：同一最初與我們前面所說的存在原是相同之物，但同一乃是通過揚棄存在的直接規定性而變成的，因此同一可以說是作爲理想性的存在。對於同一的眞正意義加以正確的了解，乃是異常重要之事。爲達到這一目的，我們首先必須特別注意，不要把同一單純認作抽象的同一，認作排斥一切差別的同一。這是使得一切壞的哲學有別於那唯一値得稱爲哲學的哲學的關鍵。眞正的同一，作爲直接存在的理想性，無論對於我們的宗教意識，還是對於一切別的一般思想和意識，是一個很高的範疇。我們可以說，對於上帝的眞正知識開始於我們知道他是同一——是絕對的同一的時候。因爲這即包含有認識世界上的一切力量和一切光榮在上帝面前盡皆消失，它們只不過是他的力量和他的光榮之映現罷了。再就同一作爲自我意識來說，也是這樣，它是區別人與自然，特別是區別人與禽獸的關鍵，後者即從未達到認識其自身爲自我，亦即未達到認識其自身爲自己與自己的純粹統一的境界。更就同一和在思維的聯繫方面的意義而言，最要緊的是不要把存在及其規定作爲揚棄了東西包含於自身內的眞同一與那種抽象的、單純形式的同一混淆起來。凡是從感覺和當下直觀的立場所經常提出的那一切對於思維的攻擊，如說思想偏執、僵硬、毫無內容等等，都是基於一個錯誤的前提，即認爲思維的活動只在於建立抽象的同一，而形式邏輯在提出我們上面曾討論過的那條所謂思維的最高規律時，正好確認了這一前提。如果思維活動只不過是一種抽象的同一，那麼我們就不能不宣稱思維是一種最無益最無聊的工作。概念以及理念，誠然和它們自身是同一的，但是，它們之所以同一，只由於它們同時包含有差別在自身內。

⑵ 差別(Der Unterschied)

§ 116

本質只是純同一和在自己本身內的假象，並且是自己和自己相聯繫的否定性，因而是自己對自己本身的排斥。因此本質主要地包含有差別的規定。

異在(**Anderssein**)在此處已不復是質的東西，也不復是規定性和限度，而是在本質內，在自身聯繫的本質內，所以否定性同時就作爲聯繫、差別、設定的存在、中介的存在而出現。

附釋：如果有人問：同一如何會發展成爲差別呢？他在這個問題裡便預先假定了單純的同一或抽象的同一是某種本身自存之物，同時也假定了差別是另一種同樣地獨立自存之物。然而這種假定卻使得對於上面所提出的問題的解答成爲不可能。因爲如果把同一認作不同於差別，那麼我們事實上只能有差別，因而無法證明由同一到差別的進展。因爲對那個提出如何進展的問題的人，進展的出發點根本就不存在。因此，這個問題，試細加思考，將會證明爲完全沒有意義。而且對於提出這個問題的人將會首先引出另一問題，即是他所設想的同一究竟是什麼？其結果是他所設想的同一，的確毫無內容，而同一對他只不過是個空名罷了。再則，像我們曾經看到那樣，同一無疑地是一個否定的東西，不過不是抽象的空無，而是對存在及其規定的否定。而這樣的同一便同時是自身聯繫，甚至可以說是否定的自身聯繫或自己與自己的區別。

§ 117

首先，差別是直接的差別或差異(die Verschiedenheit)。所謂差異〔或多樣性〕即不同的事物，按照它們的原樣，各自獨立，與他物發生關係後互不受影響，因而這關係對於雙方都是外在的。由於不同的事物之間的差別對它們沒有影響，無關本質，於是差別就落在它們之外而成爲一個第三者，即一個比較者。這種外在的差別，就其爲相關的事物的同一而言，是相等；就其爲相關的事物的不同而言，是不相等。

〔說明〕這些規定經知性加以區分到了如此固定的地步，以致比較相等及不相等時，雖說有同樣的基礎，而相等與不相等也應是在同一基礎之上的不同的方面或觀點，但知性總是堅持：相等本身只是同一，不相等本身只是差別。

關於同一，有「同一律」，關於差異，也同樣有「相異律」的提出，說：「凡物莫不相異」，或者說：「天地間沒有兩個彼此完全相同之物」。於是任何事物皆可依相異律加上一個差異的謂詞，這和依同一律可以給予任何事物以同一的謂詞正相反對。因此任何事物皆可加一條與同一律相矛盾的規律。但凡物莫不相異之說，既僅是由外在的比較得來，則任何事物的本身應只是自我同一，因而人們便可以說，相異律與同一律間並無矛盾。但相異既不屬於某物或任何物的本身，當然也不構成任何主體的本質規定，這樣，所謂相異律是無法加以表述的。假如依照相異律說某物本身即是相異，則其相異乃基於它的固有的規定性。這樣，我們所意謂的就不再是廣泛的差異或相異，而是指謂一種特定的差別。——這也就是萊布尼茨的相異律的意義。

附釋：當知性對於同一加以考察時，事實上它已經超出了同一，而它所看見的，只不過是在單純差異或多樣性形式下的差別。假如我們依照所謂同一律來說：海是海、風是風、月是月等等，那麼，這些對象在我們看來，只是彼此毫不相干的，因此我們所看到的，不是同一，而是差別。但我們並不停留在這裡，只把這些事物認作各不相同，就算完事，反之，我們還要進一步把它們彼此加以比較，於是我們便得到相等和不相等的範疇。有限科學的職務大部分就在於應用這些範疇來研究事物。我們今日所常說的科學研究，往往主要是指對於所考察的對象加以相互比較的方法而言。不容否認，這種比較的方法曾經獲得許多重大的成果，在這方面特別值得提到的，是近年來在比較解剖學和比較語言學領域內所取得的重大成就。但我們不僅必須指出，有人以為這種比較方法似乎可以應用於所有各部門的知識範圍，而且可以同樣地取得成功，這未免失之誇大；並且尤須特別強調指出，只通過單純的比較方法還不能最後滿足科學的需要。比較方法所得的結果誠然不可缺少，但只能作爲眞正的概念式的知識的預備工作。

此外，比較的任務既在於從當前的差別中求出同一，則我們不能不認數學爲最能圓滿達到這種目的的科學。其所以如此，即由於量的差別僅是完全外在的差別。譬如，在幾何裡一個三角形與一個四角形雖說有質的不同，但可以忽略這種質的差別，而說它們彼此的大小相等。數學具有這種優點，我們在前面（§99附釋）已經說過，無論從經驗科學或是從哲學來說，都用不著羨妒，因爲這種優點是從我上面所說的單純的知性的同一而來的。

據說萊布尼茨當初在宮廷裡提出他的相異律時，宮廷中的衛士和宮女們紛紛走入御園，四處去尋找兩片完全沒有差別的樹葉，想要藉以推翻這位哲學家所提出的相異律。毫無疑問，這是對付形而上學的一個方便法門，而且即在今天也還是相當受人歡迎的方便法門。但就萊布尼茨的相異律本身而論，須知，他所謂異或差別並非單純指外在的不相干的差異，而是指本身的差別，這就是說，事物的本身即包含有差別。

§ 118

相等只是彼此不相同的，不同一的事物之間的同一。不相等就是不相等的事物的關係。因此兩者並非彼此毫不相干的方面或觀點，而是一方映現在另一方之中。所以差異只是反思的差別、潛在的差別或特定的差別。

附釋：一方面單純的差異的事物雖表明爲彼此不相干，但另一方面，相等與不相等卻是一對密切相互聯繫的範疇，沒有這一範疇，便無法設想另一範疇。這種從單純的差異發展到對立的過程，即在我們通常的意識裡業已存在，只要我們能承認唯有在現存的差別的前提下，比較才有意義；反之，也唯有在現存的相等的前提下，差別才有意義。因此假如一個人能看出當前即顯而易見的差別，譬如，能區別一支筆與一頭駱駝，我們不會說這人有了不起的聰明。同樣，另一方面，一個人能比較兩個近似的東西，如橡樹與槐樹，或寺院與教堂，而知其相似，我們也不能說他有很高的比較能力。我們所要求的，是要能看出異中之同和同中之異。但在經驗科學領域內對於這兩個範疇，時常是注重其一便忘記其他，這樣，科學的興趣總是這一次僅僅在當前的差別中去追溯同一，另一次則又以同樣的片面的方式在同一中去尋求新的差別。這種情形在自然科學裡特別顯著。因爲自然科學家的工作首先在於不斷地發現新的和愈來愈多的新的元素、力、種或類等等，或者從另一方面，力求證明從前一直被認爲單純的物體，乃是複合的，所以近代的物理學家和化學家可以嘲笑那些古代哲人，僅僅滿足於以四個並不單純的元素去解釋事物。其次，他們心目中的同一，仍然是指單純的同一而言。譬如，他們不僅認電和化學過程本質上是相同的，並且將消化和同化的有機過程也看成單純的化學過程。前面已經說過（§103附釋），近代哲學常被人戲稱爲同一哲學，殊不知，揭穿了脫離差別的單純知性的同一是虛妄不實的，恰好就是這種同一哲學，特別是思辨邏輯學，而這種新哲學也曾確實竭力教人不要自安於單純的差異，而要認識一切特定存在著的事物之間的內在統一性。

§119

差別自在地就是本質的差別，即肯定與否定兩方面的差別：肯定的一面是一種同一的自身聯繫，而不是否定的東西，否定的一面，是自爲的差別物，而不是肯定的東西。因此每一方面之所以各有其自爲的存在，只是由於它不是它的對方，同時每一方面都映現在它的對方內，只由於對方存在，它自己才存在。因此本質的差別即是「對立」。在對立中，有差別之物並不是一般的他物，而是與它正相反對的他物；這就是說，每一方只有在它與另一方的聯繫中才能獲得它自己的（本質）規定，此一方只有反映另一方，才能反映自己。另一方也是如此；所以，每一方都是它自己的對方的對方。

〔說明〕差別的本身可用這樣的命題來表達：「凡物莫不本質上不同」。換句話來說，「在兩個相反的謂詞中，只能使用一個謂詞以規定一物，不能有第三個謂詞。」這條對立律最顯明地與同一律相矛盾。按照同一律，一物只是自己與自己相聯繫，但按照「對立律」，則一物必須與它的對立的別物相聯繫。這表示抽象思維之特別缺乏識見，把這樣兩個相反的原則並列起來作爲規律，卻並未細加比較。排中律是進行規定的知性所提出的原則，意在排除矛盾，殊不知這種辦法反使其陷於矛盾。說甲不是正甲必是負甲；但這話事實上已經說出了一個第三者即甲，它既非正的，亦非負的，它既可設定爲正的，亦可設定爲負的。譬如，正西指西向六英里，負西指東向六英里，如果正負彼此相消，則六英里的路程或空間，不論有沒有對立，仍然保持原來的存在。即就數的單純的加減或抽象的方向而言，我們也可以說以零爲它們的第三者，但不容否認，知性所設定的加減之間的空洞對立，於研究數目、方向等抽象概念時，也有其相當的地位。

在矛盾概念的學說裡，譬如藍的概念（因爲在這樣的學說裡，即使感性的表象如顏色也稱爲概念），它的對方爲非藍的概念。所以這藍的對方不會是一肯定的顏色，譬如說黃色，而只應被堅持爲抽象的否定的東西。而這否定的東西本身同樣是肯定的（參看下節），這個原理已包含在「與一個他物相對立的東西，即是它的對方」那句話裡面了。所謂矛盾概念的對立的虛妄性充分表現在可說是普遍規律的堂皇公式上，這個公式說：每一事物對於一切對立的謂詞只可具有其一，而不能具有其他。依此說來，則精神不是白的就是非白的，不是黃的就是非黃的，如此類推，以至無窮。

因爲忘記了同一與對立本身即是對立的，於是，對立的原則在矛盾律的形式下甚至被認爲是同一律，一個概念對於兩個正相反對的標誌，兩未具有或兩皆具有，在邏輯上也被解釋爲錯誤的，例如一方形的圓，雖說一個多角的圓形和一個直線的弧形也一樣地違背這一規律，但幾何學家絕不遲疑將圓形當作許多直線的邊構成的一個多角形去看待。但像圓形這類的事物（就它的單純的規定性或表面的界說來說）還不能說是概念。在圓形的概念裡，中心和邊線都同等重要，而且同時具有這兩種標誌。但是中心和邊線卻是彼此對立的、矛盾的。

在物理學中所盛行的兩極觀念似乎包含了關於對立的比較正確的界說。但物理學關於思想的方式卻仍遵循通常的邏輯。假如物理學將它的兩極觀念發揮出來，充分發展兩極所含蘊的思想，那麼，它一定會感到驚駭。

附釋一：就肯定性作爲較高眞理的同一性而言，肯定即是自己與自己同一的關係，同時也表示肯定並不是否定。孤立的否定性不外是差別本身。同一性本身實即是無規定性的；反之，肯定是自身的同一，而被認作與另一物相反；否定是具有非同一的規定的差別。故否定乃是差別自身內的差別。

人們總以爲肯定與否定具有絕對的區別，其實兩者是相同的。我們甚至可以稱肯定爲否定；反之，也同樣可以稱否定爲肯定。同樣，譬如說，財產與債務並不是特殊的獨立自存的兩種財產。只不過是在負債者爲否定的財產，在債權者即爲肯定的財產。同樣的關係，又如一條往東的路同時即是同一條往西的路。因此肯定的東西與否定的東西本質上是彼此互爲條件的，並且只是存在於它們的相互聯繫中。北極的磁石沒有南極便不存在，反之亦然。如果我們把磁石切成兩塊，我們並不是在一塊裡有北極，在另一塊裡有南極。同樣，在電裡，陰電陽電並不是兩個不同的獨立自存的流質。在對立裡，相異者並不是與任何他物相對立，而是與它正相反的他物相對立。通常意識總是把相異的事物認作是彼此不相干。譬如，人們說，我是一個人，並且在我的周圍有空氣、水、動物和種種別的東西。這樣，每一事物都在別的事物之外。與此相反，哲學的目的就在掃除這種各不相涉的〔外在性〕，並進而認識事物的必然性，所以他物就被看成是與自己正相對立的自己的他物。譬如無機物便不僅認作是有機物以外的某種別的東西，而須認作是有機物的必然的對立者。兩者之間彼此皆有本質的關係。兩者之中的任何一方，只有由於排斥對方於自身之外，才恰好藉此與對方發生聯繫。同樣，自然不能離開精神而存在，精神不能離開自然而存在。當我們在思想裡停止說：「此外也還有別的東西是可能的」一類的話時，我們的思想便算得前進了一重大步驟。因爲當人們說那樣的話時，他們便陷入了偶然性之中。反之，有如前面所說那樣，一切眞的思想都是必然性的思想。

在近代自然科學裡，最初在磁石裡所發現的兩極性的對立，逐漸被承認爲浸透於整個自然界的普遍自然律。這無疑必須看成是科學的一個重大進步，只消我們不要在對立觀念之外隨便又提出單純的差異的觀念，認作同等有效。譬如，常有人有時很正確地認爲顏色在兩極性的對立中是彼此相反的，叫做所謂補充顏色，但有時又把顏色認作不相干的，只有量的差別的東西，如紅、黃、綠等等。

附釋二：代替抽象理智所建立的排中律，我們無寧可以說：一切都是相反的。事實上無論在天上或地上，無論在精神界或自然界，絕沒有像知性所堅持的那種「非此即彼」的抽象東西。無論什麼可以說得上存在的東西，必定是具體的東西，因而包含有差別和對立於自己本身內的東西。事物的有限性即在於它們的直接的特定存在不符合它們的本身或本性。譬如在無機的自然界，酸本身同時即是鹽基，這就是說，酸的存在僅完全在於和它的對方相聯繫。因此酸也並不是靜止地停留在對立裡，而是在不斷地努力去實現它潛伏的本性。矛盾是推動整個世界的原則，說矛盾不可設想，那是可笑的。這句話的正確之處只在於說，我們不能停留在矛盾裡，矛盾會通過自己本身揚棄它自己。但這被揚棄的矛盾並不是抽象的同一，因爲抽象的同一只是對立的一個方面。由對立而進展爲矛盾的直接的結果就是根據，根據既包含同一又包含差別在自身內作爲被揚棄了的東西，並把它們降低爲單純觀念性的環節。

§ 120

肯定的東西是那樣一種差異的東西，這種差異的東西是獨立的，同時對於它與它的對方的關係並非不相干。否定的東西也同樣是一種獨立自爲的否定的自身關係、自爲存在，但同時作爲單純的否定，只有在它的對方裡它才有它的自身關係，它的肯定性。因此肯定與否定都是設定起來的矛盾，自在地卻是同一的。兩者又同是自爲的，由於每一方都是對對方的揚棄，並且又是對它自己本身的揚棄。於是兩者便進展到根據。——或者直接地就是本質的差別，作爲自在自爲的差別，只是自己與自己本身有差別，因此便包含有同一。所以在整個自在自爲地存在著的差別中既包含有差別本身，又包含有同一性。作爲自我聯繫的差別，同時也可說是自我同一。所謂對立面一般就是在自身內即包含有此方與其彼方，自身與其反面之物。對本質的內在存在加以這樣的規定，就是根據。

(3) 根據(Grund)

§ 121

根據是同一與差別的統一，是同一與差別得出來的眞理，——自身反映正同樣反映對方，反過來說，反映對方也同樣反映自身。根據就是被設定爲全體的本質。

〔說明〕根據的規律①是這樣說的：某物的存在，必有其充分的根據，這就是說，某物的眞正本質，不在於說某物是自身同一或異於對方，也不僅在於說某物是肯定的或否定的，而在於表明一物的存在即在他物之內，這個他物即是與它自身同一的，即是它的本質。這本質也同樣不是抽象的自身反映，而是反映他物。根據就是內在存在著的本質，而本質實質上即是根據。根據之所以為根據，即由於它是某物或一個他物的根據。

附釋：當我們說根據應該是同一與差別的統一時，必須了解這裡所謂統一並不是抽象的同一，因為否則，我們就只換了一個名字，而仍然想到那業已認作不眞的理智的抽象同一。為了避免這種誤解，我們也可以說，根據不僅是同一與差別的統一，而且甚至是異於同一與差別的東西。這樣，本來想要揚棄矛盾的根據，好像又發生了一種新的矛盾。但即就根據作為一種矛盾來說，它並非靜止地堅持其自身的矛盾，毋寧要力求排除矛盾於自身之外。根據之所以是根據，只是因為有根據予以證明。但由根據所證明的結果即是根據本身。這就是根據的形式主義之所在。根據和根據所證明的東西乃是同一的內容，兩者的區別，僅是單純的自我關係和中介性或被設定的存在的形式區別。當我們追問事物的根據時，我們總是採取上面所提到過的（參看§112附釋）反思的觀點。我們總想同時看見事物的雙方面，一方面要看見它的直接性，一方面又要看見它的根據，在這裡根據已不復是直接的了。這也就是所謂充足理由律的簡單意

① Das Grund根據，一般也譯作理由。這裡所說的「根據的規律」一般叫做「充足理由律」。——譯者

義，這一思維規律宣稱事物本質上必須認作是中介性的。形式邏輯在闡明這條思維規律時，卻對於別的科學提出一個壞的榜樣。因爲形式邏輯要求別的科學（須說出根據），不要直接以自己的內容爲可靠，但它自己卻提出一個未經推演、未經說明其中介過程或根據的思維規律。如果邏輯家有權利說，我們的思維能力碰巧有這樣的性質，即我們對於一切事物必須追問一個根據，那麼，一個醫學家答覆爲什麼人落入水中就會淹死的問題時，也同樣有權利說，人的身體碰巧是那樣構成的，他不能在水中生活，或者一位法學家答覆爲什麼一個犯法的人須受處罰時，他同樣有權利說，市民社會碰巧是那樣組成的，犯罪的人不可以不處罰。

但是即使邏輯可以免除爲充足理由律說出理由或根據的義務，它也至少總應該答覆「根據究竟應該怎樣理解」這一問題。照通常的解釋，「根據即是有一個後果的東西」，初看起來，這個解釋較之上面所提及的邏輯的定義似乎更爲明白易解。但試進一步問什麼叫做後果，則所得的答覆說，後果即是有一個根據的東西，這足以表明這種解釋之所以明白易解，僅在於它已預先假定了我們前此思想過程所產生的結果。但邏輯的職務只在於表明單純被表象的思想，亦即那些未經理解、未經證明的思想，僅僅是構成自己規定自己的思想的一些階段，因此即在思想的自己規定自己的發展過程中，那些未經理解和證明的思想便可同時得到理解和證明。

在日常生活裡以及在有限科學裡，我們常常應用這種反思式的思想方式，意在對於所要考察的對象與日常生活的眞切關係有所了解。對於這種認識方式，只要其目的可以說是僅在於求日常淺近的知識，當然無可非議，但同時必須注意，這種認識方式，無論就理論或就實踐來看，都不能予人以確定的滿足。其所以這樣，乃由於這裡所謂根據還沒有自在自爲地規定了的內容；

因此當我們認爲一物有了根據時，我們不過僅僅得到了一個直接性和中介性的單純形式差別。譬如，我們看見電流現象，而追問這現象的根據〔或原因〕，我們所得的答覆是：電就是這一現象的根據。所以這種根據只不過是把我當前直接見到的同一內容，翻譯成內在性的形式罷了。

再則，根據並不僅是簡單的自身同一，而且也是有差別的。對於同一的內容我們可以提出不同的根據。而這些不同的根據，又可以按照差別的概念，發展爲正相對立的兩種形式的根據，一種根據贊成那同一內容，一種根據反對那同一內容。譬如，試就偷竊這樣的行爲而論，這一事實便可區分爲許多方面。這一偷竊行爲曾侵犯他人的財產權；但這個窮困的偷竊者也藉此獲得了滿足他的急需的物資，並且也可能是因爲這被竊的人未能善於運用他的財產。誠然不錯，在這裡侵犯財產權比起別的觀點來是決定性的觀點，但單靠充足理由律卻不能決定這個問題。誠然，照一般對於充足理由律的看法，這條規律不是空泛的理由律，而是充足的理由律，因此我們可以解釋說，像剛才所舉的偷竊例子，除了舉出侵犯財產一點外，還可以舉出別的一些觀點作爲根據，不過不能說是充分根據罷了。但須注意，既說充分根據，則「充分」一詞不是毫無意義的廢話，就是足以使我們超出根據這一範疇本身的詞。「充分」二字，如果只空泛地表示提出根據的能力，那便是多餘的或同語反覆的字眼，因爲根據之所以是根據，即因爲它有提出理由的能力。如果一個士兵臨陣脫逃以求保持生命，他的行爲無疑地是違反軍法的，但我們不能說，決定他這種行爲的根據不夠充分，否則他就會留守在他的崗位上。此外還有一層須說明的，即是一方面，任何根據都是充足的，另一方面，沒有根據可以說是充足的。因爲如上面所說的，這種形式的根據並沒有自在自爲地規定了的內容，因此並不是自我能動的和自我產生的。像這種自在自爲地規定了的，因而自我能動的內容，就是後面即將達到的概念。當萊布尼茨說到充足理由律勸人採取這個觀點考察事物時，他所指的，正是這種概念。萊布尼茨心目中所要反對的，正是現時仍甚流行的、許多人都很愛好的、單純機械式的認識方法，他正確地宣稱這種方法是不充足的。譬如，把血液循環的有機過程僅歸結爲心臟的收縮，或如某些刑法理論，將刑罰的目的解釋爲在於使人不犯法，使犯法者不傷害人，或用其他外在根據去解釋，這些都可說是機械的解釋。如果有人以爲萊布尼茨對於如此貧乏的形式的充足理由律會表示滿意，這對他未免太不公平。他認爲可靠的思想方式正是這種形式主義的反面。因爲這種形式主義在尋求充分具體的概念式的知識時，僅僅滿足於抽象的根據。也就是從這方面著想，萊布尼茨才區別開Causas efficientes（致動因）與Causas finales（目的因）彼此間不同的性質，力持不要停留於致動因，須進而達到目的因。如果按照這種區別，則光、熱、濕氣等雖應視爲植物生長的致動因，但不應視爲植物生長的目的因，因爲植物生長的目的因就是植物本身的概念。

還有一點這裡必須提及的，即在法律和道德範圍內，只尋求形式的根據，一般是詭辯派的觀點和原則。一說到詭辯我們總以爲這只是一種歪曲正義和眞理，從一種謬妄的觀點去表述事物的思想方式。但這並不是詭辯的直接的傾向。詭辯派原來的觀點不是別的，只是一種「合理化論辯」(Räsonnement)的觀點。詭辯派出現在希臘人不復滿意於宗教上和道德上的權威和傳統的時代，當時希臘人感覺到一種需要，即凡他們所承認爲可靠的事物必須是經過思想證明過的。爲了適應這一要求，詭辯派教人尋求足以解釋事物的各種不同的觀點，這些不同的觀點不是別的東西，卻正是根據。但前面已經說過，這種形式的根據並無本身規定了的內容，爲不道德的違法的行爲尋求根據，並不難於爲道德的合法的行爲尋求根據。要決定哪一個根據較優勝，就必須每個人主觀自行抉擇。要作這種抉擇又須視各個人的意向和觀點。於是人人所公認的本身有效的標準的客觀基礎便因而摧毀了。正是詭辯派這種否定的方面，理應引起上面所提及的壞名聲。如世所周知，蘇格拉底對於詭辯派曾到處進行鬥爭，但他並不只是簡單地把權威和傳統與詭辯派的合理化論辯或強辯對立起來，而毋寧是辯證地指出形式的根據之站不住腳，因而將正義與善、普遍的東西或意志的概念之客觀標準重新建立起來。即在現時，不僅在世間事物的論辯裡，即在宗教的演講裡，採用合理化的方式以自圓其說，也是常有之事。譬如，爲了引起聽衆的宗教信仰，牧師們不惜找出一切可能的根據，以教導世人對於上帝的恩典應有感謝之忱。對於這類論辯，蘇格拉底和柏拉圖當不惜稱之爲詭辯。因爲詭辯者並不深究所要辯護的東西的內容（這種內容很可能是眞的），他只求說出根據的形式，通過這些理由或根據，他可以替一切東西辯護，但同時也可以反對一切東西。在我們這富於抽象反思和合理化的論辯的時代，假如一個人不能對於任何事物，即使最壞或最無理的事物說出一些好的理由，那麼眞可說他的教養還不夠高明。世界上一切腐敗的事物都可以爲它的腐敗說出好的理由①。當一個人自詡爲能說出理由或提出根據時，最初你或不免虛懷領受，肅然起敬。但到了你體驗到所謂說出理由究竟是怎樣一回事之後，你就會對它不加理睬，不爲強辭奪理的理由所欺騙。

---

① 馬克思在《資本論》第一卷中，曾引證上面這兩句話來揭露資本家會說出「好理由」為他剝削工人的壞事作辯護；恩格斯給拉法格的信中也引證了這句話。見《馬克思恩格斯全集》第二三卷，第二九二頁；第三七卷，第一六三頁。——譯者

§ 122

本質最初是自身映現和自身中介；作爲中介過程的總體，它的自身的統一便被設定爲差別的自身揚棄，因而亦即是對中介過程自身揚棄。於是我們又回復到直接性，或回復到存在，不過這種直接性或存在是經過中介過程的揚棄才達到的。這樣的存在便叫做實存(Existenz)。

〔說明〕根據還沒有自在自爲地規定了的內容，也不是目的，因此並無能動性，也無創生力，而只是從根據出發產生了一個實存。因此這種特定的根據只是形式的。任何一個規定性，只要這規定性和它相聯屬的直接實存的關係，被認作自身聯繫，或被認作是一肯定的東西，都可叫做根據。只要可以說是根據的，便可說是好的根據，因爲這裡所謂「好的」乃是極抽象的用法，其實亦即是肯定的意思。而任何一個只要可以明白宣稱爲肯定的理由，都可說是好的。因此我們可以爲任何事物尋出和提出根據，並且一個好的根據（譬如指導行爲的一個好動機）可以產生某種實效，也可以不產生某種實效；可以有某種後果，也可以無某種後果。一個行爲的推動根據（或動機），要發生某種實效，譬如說，它必須被納入於意志之內，只有這樣，意志才能使它成爲能動的，並成爲一個原因。

II. 實存(Die Existenz)

§123

實存是自身反映與他物反映的直接統一。實存即是無定限的許多實際存在著的事物，反映在自身內，同時又映現於他物中，所以它們是相對的，它們形成一個根據與後果互相依存、無限聯繫的世界。這些根據自身就是實存，而這些實際存在著的事物同樣從各方面看來，既是根據復是依賴根據的後果。

附釋：實存一詞（從拉丁文 existere 一字派生而來）有從某種事物而來之意。實存就是從根據發展出來的存在，經過中介的揚棄過程才恢復了的存在。本質作爲被揚棄了的存在，最初已經表明爲自身映現，而且這種自身映現的範疇有三：同一、差別和根據。根據既是同一和差別的統一，所以根據同時又是與它自己本身的差別。但這種出自根據的差別，絕不只是單純的差別，正如根據自己不只是抽象的同一那樣。根據便是對它自身的揚棄，根據揚棄其自身的目的、根據的否定所產生的結果，就是實存。這種由根據產生出來的實存，也包含有根據於其自身之內，換言之，根據並不退藏於實存之後，而正只是這自身揚棄的過程，並轉變其自身爲實存。這個道理即在我們通常意識裡也可以表明，當我們尋求某一事物的根據時，我們並不把根據認作一種抽象的內在之物，而是仍然把它認作一個實際存在著的東西。譬如，走電使得一所房子失火，我們就把走電認爲是燃燒的根據。又譬如，一個民族的倫理傳統和生活方式常被看成一國憲法的根據。一般講來，根據是實際存在著的世界呈現在反思裡的形態，這實存著的世界是無定限的許多的實存著的事物的自身反映，同時反映他物互爲對方的根據和後果。這個以實存著的事物爲其總和的、表現得花樣繁多的世界裡，一切都顯得只是相對的，既制約他物，同時又爲他物所制約，沒有什麼地方可以尋得一個固定不移的安息之所。我們反思的知性便把去發現、去追蹤所有各方面的聯繫作爲其職務。但關於這些聯繫的最後目的問題卻沒有得到回答，因此那要理解根本要義的理性的要求，便超出這種單純的相對性觀點進而尋求邏輯理念的較高的發展。

§ 124

但是實際存在著的東西反映在他物內與反映在自身內不可分。根據就是這兩方面的統一，實存就是從這種統一裡產生出來的。因此實存著的東西包含有相對性，也包含有與別的實存著的東西多方面的聯繫於自己本身內，並且作爲根據反映在自身內。這樣，實存便叫做「物」或「東西」(Das Ding)。

〔說明〕康德哲學中著名的「物自身」(Das Ding-an-sich)一概念在這裡便顯示出它的起源了。所謂物自身只是抽象的自身反映，它不反映他物，也不包含任何有差別的規定。一般講來，物自身只是堅持著這些規定的空洞基礎而已。

附釋：說物自身不可知，在某種意義下是可以承認的。因爲如果知是指理解一對象的具體規定性而言，則物自身總的說來，只是極端抽象、毫無規定性的東西，當然是不可知。既然可說物自身，我們也同樣有理由說「質自身」、「量自身」以及任何別的範疇。這意思就是單就這些範疇的抽象的直接性來說，而不過問它們的發展過程和內在規定性。假如我們只堅持著物自身〔而不問其他〕，這只能認為是我們知性的一種任性或偏見。此外自身一詞又常用來指謂自然界和精神界的內容，譬如，我們常說「電自身」，「植物自身」，甚或說「人自身」或「國家自身」。這裡所謂自身，是指這些對象的眞正的、固有的性質而言。這一意義的「自身」與物自身的意義，並無不同，且甚接近，所以當我們停留在這些對象的單純自身時，那麼我們便沒有認識對象的眞理，而僅僅看見片面的單純抽象的形式。譬如說，「人自身」就是指嬰兒而言。嬰兒的目的就在於超出他這抽象的未充分發展的「自在」或潛在性，而是把最初只是自在的東西，也變為自為的，作一個自由而有理性的人。同樣，國家自身是尚未充分發展的家長式的國家，涵蘊在國家這一概念內的各種政治功能還沒有達到符合它的概念的憲政機構。在同樣意義下，種子即可認作植物自身〔或潛在的植物〕。從這些例證看來，就可以知道，當我們以為事物自身或物自身是我們的認識所不能達到的某種東西時，我們便陷於錯誤了。一切事物最初都是在自身〔或潛在〕的，但那並不是它們的終極，正如種子是植物自身，只不過植物是種子的自身發展。所以凡物莫不超出其單純的自身，超出其抽象的自身反映，進而發展為他物反映。於是這物便具有特質(Eigenschaften)了。

III. 物(Das Ding)

§ 125

物或事物就是根據與實存這兩個範疇由對立發展而建立起來的統一的全體。就它反映他物這一方面而言，物具有差別在自身內，因此它是個有規定性的具體的物。㈠這些規定性是彼此不同的。它們獲得它們的自身反映並不是在於它們自身，而是在於「物」上。它們是「物」的特質(Eigenschaften)，它們與物的關係就是在於爲物所具有。

〔說明〕物與特質便由「是」(Sein)的關係進而爲「有」(Haben)的關係。誠然，某物也具有許多質(Qualitäten)在內，但這種由「是」到「有」的過渡是不夠嚴密的。因爲規定性作爲質，是直接與某物爲一，當某物失掉其質時，亦即失掉其存在(Sein)。但「物」乃是自身反映，作爲與差別、與它的諸規定也是有差別的同一體。——在許多語言裡，「有」字都是用來表示「曾經」或「過去」。所以我們很可以正當地說，過去是被揚棄了的存在，精神是被揚棄了的、過去的存在的自身反映。唯有在精神中，過去還能繼續持存，但精神卻又能在它之內把這被揚棄了的存在同它自己區別開。

附釋：在「物」裡一切反映的規定都作爲實存著的東西而重現。所以「物」最初作爲「物自身」，乃是自身同一的東西。但我們業已表明，同一不能離開差別而孤立，而物所具有的各種不同特質則是在差異形式下實存著的差別。前面早已表明差異的東西是彼此互不相干的，它們彼此之間除了由外在的比較而得到的關係外，沒有別的關係。於是在「物」裡我們便有了一個紐帶，把那許多差異的特質相互聯繫起來。但特質(Eigenschaft)與質(Qualität)卻不可混淆。誠然我們也說某物有某些質。但這話卻欠恰當，因爲當我們說某物「有」某些特質時，這「有」字表示某物的獨立性，但與它的質卻是直接同一的某物，卻還不具有這種獨立性。某物所以爲某物，只是由於其「質」，反之，「物」之所以是實存，誠然只是由於其特質，但它的實存卻絕不與此一特定的特質或彼一特定的特質有不可分離的關係，因此即或失掉了某一特質卻並不失掉其所以是某物的存在。

§ 126

㈡但甚至在根據裡，他物反映也直接地是自身反映。因此「物」的許多「特質」不僅是彼此相異，而且又是自身同一的，獨立的，並可脫離與「物」的聯屬的。但它們既是「物」彼此相異的、作爲自身反映的規定性，則它們自身還不是具體的「物」，而只是自身反映的實存作爲抽象的規定性——這就是質料(Materien)。

〔說明〕質料，例如磁或電等質料，還沒有被稱爲「物」。——所謂質料即是眞正的質，是與它的存在爲一的，作爲一個反映的存在(Sein)，達到了直接性的規定性，是實存。

附釋：將「物」所具有的特質獨立化，使之成爲物所由以構成的質料或質素，這當然是以

「物」的概念為根據的，因而也是可以在經驗中找到的。但是，把物的某些特質，如顏色或臭味等，解釋為特殊的顏色質料或臭味質料，於是就得出結論說一切自然研究均告完成，而要發現事物的眞正祕密，除了將這些特質分解成各種組成的質料以外，便無他事可作，那麼，這也同樣是違反我們的經驗和思想的。把特質分解成獨立的質料，只在無機的自然裡有其一定的地位。例如，化學家將食鹽或石膏分解為它們的質料，發現鹽是由鹽酸及鹼構成的，石膏是由硫酸及鈣構成的，這是很對的。又如地質學家認花崗石是由石英、肉色石、金星石合成的，也是很對的。構成「物」的這些質素本身，有一部分仍然是「物」，這些物還可再分解為更抽象的質素，例如硫酸就是硫磺及氧的化合物；但由於這些質素或質料事實上既可解釋成獨自存在的東西，於是我們便常看見有人把許多沒有這種獨立性的特質也認作特殊的質料。譬如常有人說熱的質素，電的質料或磁的質料。其實這些質素或質料只可認作是吾人知性的單純虛構。一般說來，抽象反思知性的方式，就在於任意抓住個別範疇，把所要考察的一切對象，都歸結到這些範疇。其實這些範疇只有作為理念發展的某些特定階段，才有它們的效用；這種辦法據說是為了便於作出解釋，然而卻與毫無成見的直觀和經驗相矛盾。甚至有人還將這種認為物的持存是由獨立的質素所構成的理論常常應用到這種理論不再有任何效用的領域去。即在自然之內，把這些範疇應用於有機生命方面，也是顯得不夠用的。我們當然可以說，這一動物是由骨骼、筋肉、神經等所構成。但很明顯，在這裡我們用構成一詞，與前面所說花崗石是由某些質素構成的，其意義大不相同。因為在花崗石裡，各種質素的聯合完全不相干，即使不聯合在一起，各個質素仍可獨立存在。反之，有機體的各部分、各肢節只有在它們的聯合裡才能存在，彼此一經分離便失掉其爲有機體的存在。

§127

這樣看來，質料是抽象的、無規定的他物反映，或者說，同時是特定的自身反映。因此質料就是特定存在著的或定在的物性(Dingheit)，或物的持存性。這樣，「物」在「質料」裡有其自身反映（與§125相反）。物的持存不是在其自己本身內，而是由質料構成的，並且只是各質料的表面的聯繫，只是一種外在的結合。

§128

㈢質料作爲實存與它自身的直接統一，對於規定性也是不相干的。因此許多不同的質料都結合爲一個質料，結合爲在反思的同一性範疇中的實存。反之，那些不同的規定性和它們彼此隸屬於「物」的外在聯繫就是形式(Form)。——這形式是有差別的反思範疇，但這種差別是實存著的並且是一全體。

〔說明〕於是這一個沒有特質的質料也就與物自身是一樣的了。所不同的，只不過在於物自身本身就是一個極其抽象的東西，而這種質料則是本身也爲他物而存在的、首先是爲形式而存在的東西。

附釋：構成「物」的各種不同的質料自在地彼此都是相同的。因此我們得到一個一般的質料。在這種質料裡，差別被設定爲它的外在的差別，即單純的形式。認爲一切事物皆以同一的質料爲基礎，它們的關係單純是外在的，按照它們的形式，全是不同的，——這種看法，在抽象反思的意識裡最爲流行。依這個看法，質料本身是漫無規定性的，但可以接受一切規定，同時質料又是有永久性的，在一切變化和更迭中仍同樣維持其不變。質料這種中立於一切特定形式的特點，在有限事物裡的確可以見到。譬如一塊大理石，無論給予這一種雕像或那一種雕像的形式，或給予柱石的形式，這於它是不相干的。但我們不可忽視，像大理石這樣的質料，只是相對地（與雕刻家相對）與形式不相干，並不是絕對沒有形式。所以礦物學家便把這相對地沒有形式的大理石認定爲一特定的石的結構，有別於其他特定類型的石如沙石或雲斑石。因此，我們說把質料孤立起來，認作一種無形式的東西，僅是一種抽象理智的看法，反之，事實上，在質料概念裡就徹底地包括有形式原則在內，因而在經驗中也根本沒有無形式質料出現。認質料爲原始存在的、本身無形式的看法歷史甚長，遠在古希臘，我們就已經遇見過。首先是在神話形式的混沌說裡，混沌被想像爲現存世界的無形式的基礎。這種觀念導致的結論，在於不認上帝爲世界的創造主，而只把他認作世界的範成者或塑造者。與此相反，讓上帝由無中創造世界的觀點，則較爲深刻。因爲這個觀點一方面表示質料並無獨立性，另一方面指出形式並不是從外面強加於質料的，而是作爲全體即包括有質料原則在自身內。這種自由的無限的形式，我們下面即可接觸到，就是概念。

§129

這樣，「物」便分裂爲質料與形式兩方面，每一方面都是「物」的全體，都是獨立自存的。但質料既是肯定的、無規定性的實存，作爲實存既包含反映他物，也包含自身獨立的存在。因此就質料作爲這兩種規定的統一來說，它本身就是形式的全體。但是形式已經作爲這兩種規定的全體，既包含自身反映，或者作爲自身聯繫的形式，當然也會具有構成質料的規定。兩者自在地是同一的。兩者的這種統一性，一般被設定爲質料與形式的聯繫，兩者的這種聯繫，同樣也正是它們的差別。

§130

「物」作爲這種的全體，就是矛盾。按照它的否定的統一性來說，它就是形式，在形式中，質料得到了規定，並且被降低到特質的地位（§125）；而同時物又由許多質料所構成，這些質料在返回到物自身過程中，既同樣是獨立的，也同時是被否定的。於是「物」作爲一種在自己本身內揚棄自己的本質的實存，——這就是現象(**Erscheinung**)。

〔**說明**〕在「物」裡面所設定的對質料的獨立性的否定，在物理學裡便叫做多孔性(**Porosität**)。這些質料中的每一種（色素、味素以及別的質素，如有些人所相信的聲素，甚至包括熱素、電質料等等），也是經過否定的。在這些質料的互相否定裡或在它們的細孔裡，我們又可發現許多別的獨立的質料，而這些質料既同樣有細孔，於是又留出空隙讓別的質料可以交互存在。這些細孔並不是經驗的事實，而是理智的虛構①，理智利用細孔這概念來表示獨立的質料的否定環節，用一種模糊混亂的想法以掩蓋這些矛盾的進一步的發揮，按照這種想法一切皆獨立，一切皆互相否定。在心理方面，如果用同樣的方式把各種能力和活動皆加以實物化，它們的有機統一就會同樣地變爲它們彼此的互相作用的一團紊亂。

這些細孔（這裡所謂細孔並不是指有機體如樹木或皮膚的細孔道或空隙，而是指所謂質料的細孔，如色素、熱素或金屬、結晶體內的細孔）是不能用觀察加以證實的。同樣，質料本身以及與質料分離的形式，首先是物以及用質料構成的物的持存，或就物作爲本身獨立自存，並具有某些特質，這一切都是抽象反思或理智的產物。這種抽象理智自詡要觀察事實，且揚言要記述其客觀觀察所得的東西，但反而產生出一種形而上學。這種形而上學在各方面都充滿了矛盾，卻仍然爲理智所不自知覺。

B. 現象 (Die Erscheinung)

§ 131

① 恩格斯在《自然辯證法》中曾提到這裡所指出的當時物理學上「多孔性」理論是謬誤的，是「理智的虛構」。見《馬克思恩格斯全集》第二十卷，第五四七頁。——譯者

本質必定要表現出來。本質的映現(Scheinen)於自身內是揚棄其自身而成爲一種直接性的過程。此種直接性，就其爲自身反映而言爲持存、爲質料，就其爲反映他物，自己揚棄其持存而言爲形式。顯現或映現是本質之所以是本質而不是存在的特性。發展了的映現就是現象。因此本質不在現象之後，或現象之外，而即由於本質是實際存在的東西，實際存在就是現象。

附釋：實存被設定在它的矛盾裡就是現象。現象卻不可與單純的假象相混。假像是存在或直接性最切近的眞理。直接性並不是指獨立自倚之物而言。反之，直接性只是一種假象，既是假象，它就概括地被看成是本質單純的自身存在。本質最初是映現在自身內的全體，但它並不停留在這種內在性裡，而是作爲根據進展到實存，而這個實存的根據又不在其自身內而在他物內，也只是現象。當我們說到現象時，我們總聯想到一堆不確定的具有雜多性的實際存在著的事物，它們的存在純粹是相對的，因而沒有自身的基礎，只能算作一些過渡的階段。由此即可同時看出，本質並不徘徊於現象之外或現象之後，無寧可以說，本質似乎以它無限的仁惠，讓它的假象透露在直接性裡，並予以享受定在的欣幸。於是這樣建立起來的現象便不站在自身的腳跟上，它的存在便不在自身而在他物。作爲本質的上帝，當他讓其自身顯現在不同階段的實存中，也可以說具有創造世界的大仁，但同時他又是超出於這世界的大力量，並且又是正義，可以使得這個實存世界的孤立自存的內容，表現爲只是單純的現象。

現象當然是邏輯理念的一個很重要的階段。我們可以說哲學與普通意識的區別，就在於哲學能把普通意識以爲是獨立自存之物，看出來僅是現象。問題在於我們必須正確地理解現象的意義，以免陷於錯誤。譬如，當我們說某物只是現象時，也許會被誤解爲，與單純的現象比較，那直接的或存在著的東西，好像要高一級似的。事實上恰與此相反，現象較之當前的單純存在反而要高一級。現象是存在的眞理，是比存在更爲豐富的範疇，因爲現象包括自身反映和反映他物兩方面在內，反之，存在或直接性只是片面的沒有聯繫的，並且似乎只是單純地依靠自身。再則，說某物只是現象，總暗示著那物有某種缺點，其缺點即在於現象自身有了分裂或矛盾，使得他沒有內在穩定性。比單純現象較高一級的範疇就是現實(Wirklichkeit)，現實就是本質範圍內第三階段的範疇，稍後即將予以討論。

在近代哲學史裡，康德是第一個有功績將前面所提及的常識與哲學思想的區別使之通行有效的人。但是康德只走到半路就停住了，因爲他只理解到現象的主觀意義，於現象之外去堅持著一個抽象的本質、認識所不能達到的物自身。殊不知直接的對象世界之所以只能是現象，是由於它自己的本性有以使然，當我們認識了現象時，我們因而同時即認識了本質，因爲本質並不存留在現象之後或現象之外，而正由於把世界降低到僅僅的現象的地位，從而表現其爲本質。一般人的樸素意識，在要求達到對全體的知識時，對於這種主觀唯心論的說法，認我們所知道的僅只是現象，會抱懷疑不安的態度，那也是無可責難的。不過，素樸意識亟欲拯救知識的客觀性時，很易於退回到抽象的直接性，不加深究，堅持以爲當前所給予的這些抽象直接的東西就是眞理和現實。費希特有一本小書，名叫《昭如白日的解說——對公衆談談關於最新哲學的眞正性質，一個逼著讀者去理解的嘗試》，用著者與讀者對話的通俗方式去討論主觀唯心論與素樸意識的對立，以證明主觀唯心論的立場的正確性。在這個對話裡，讀者向著者訴苦說，他實在沒有法子使他採取主觀唯心論的立場，他一想到圍繞著他的事物都不是眞實事物，而只是現象，便使得他感到悵惘而無安慰。讀者的這種苦惱，實在無可責怪，因爲我們想要他把自己看成是被禁錮於一個無法穿透的單純主觀觀念的包圍中。可是另外，撇開這種純主觀的現象觀不論，我們不能不說，我們有一切理由足以感到欣慰，這是因爲我們所須應付的圍繞著我們的那些事物，並不是些堅固不搖、獨立不倚的實際存在，而只是一些現象，假如眞是像那種情況，那麼，我們的身體以及精神，都會立即死於飢餓。

I. 現象界(Die Welt der Erscheinung)

§ 132

凡現象界的事物，都是以這樣的方式存在著的：它的持存直接即被揚棄，這種持存只是形式本身的一個環節；形式包含持存或質料於自身內作爲它自己的規定之一。這樣，那現象界的事物，便以這形式亦即它的本質、它的有別於其直接性的自身回復當作它的根據，但是，這樣一來，它就只是以形式的另一種規定性當作它的根據罷了。它的這個根據仍然同樣是一現象界的東西，於是，現象便繼續前進，成了由形式來中介持存，亦即由「非持存」來中介持存的一種無限的中介過程。這種無限的中介，同時也是一種自身聯繫的統一，而實際存在便因此發展成爲一個現象的整體和世界，爲一個自身回復了的有限性的整體和世界。

II. 內容與形式(Inhalt und Form)

§ 133

現象界中相互自外的事物是一整體，是完全包含在它們的自身聯繫內的。現象的自身聯繫便這樣地得到了完全的規定，具有了形式於其自身內，並因爲形式在這種同一性中，它就被當作本質性的持存。所以，形式就是內容，並且按照其發展了的規定性來說，形式就是現象的規律。但就形式不返回到自身來說，則這樣的形式就成爲現象的否定面，亦即無獨立性的和變化不定的東西。這種形式就是〔與內容〕不相干的外在的形式。

〔說明〕關於形式與內容的對立，主要地必須堅持一點：即內容並不是沒有形式的，反之，內容既具有形式於自身內，同時形式又是一種外在於內容的東西。於是就有了雙重的形式。有時作爲返回自身的東西，形式即是內容。另時作爲不返回自身的東西，形式便是與內容不相干的外在存在。我們在這裡看到了形式與內容的絕對關係的本來面目，亦即形式與內容的相互轉化。所以，內容非他，即形式之轉化爲內容；形式非他，即內容之轉化爲形式。這種互相轉化是思想最重要的規定之一。但這種轉化首先是在絕對關係中，才設定起來的。

附釋：形式與內容是成對的規定，爲反思的理智所最常運用。理智最習於認內容爲重要的獨立的一面，而認形式爲不重要的無獨立性的一面。爲了糾正此點必須指出，事實上，兩者都同等重要，因爲沒有無形式的內容，正如沒有無形式的質料一樣，這兩者（內容與質料或實質）間的區別，即在於質料雖說本身並非沒有形式，但它的存在卻表明了與形式不相干，反之，內容所以成爲內容是由於它包括有成熟的形式在內。更進一步來看，我們固然有時也發現形式爲一個與內容不相干、並外在於內容的實際存在，但這只是由於一般現象總還帶有外在性所致。

譬如，試就一本書來看，這書不論是手抄的或排印的，不論是紙裝的或皮裝的，這都不影響書的內容。但我們並不能因爲我們不重視這書的這種外在的不相干的形式，就說這書的內容本身也是沒有形式的。誠然有不少的書就內容而論，並非不可以很正當地說它沒有形式。但這裡對內容所說的沒有形式，實即等於說沒有好的形式，沒有〔名實相副的〕正當形式而言，並不是指完全沒有任何形式的意思。但這正當的形式不但不是和內容漠不相干，反倒可以說這種形式即是內容本身。一件藝術品，如果缺乏正當的形式，正因爲這樣，它就不能算是正當的或眞正的藝術品。對於一個藝術家，如果說，他的作品的內容是如何的好（甚至很優秀），但只是缺乏正當的形式，那麼這句話就是一個很壞的辯解。只是內容與形式都表明爲徹底統一的，才是眞正的藝術品。我們可以說荷馬史詩《伊利亞特》的內容就是特洛伊戰爭，或確切點說，就是阿基里斯的忿怒；我們或許以爲這就很足夠了，但其實卻很空疏，因爲《伊利亞特》之所以成爲有名的史詩，是由於它的詩的形式，而它的內容是遵照這形式塑造或陶鑄出來的。同樣，又如莎士比亞《羅密歐與朱麗葉》悲劇的內容，是由於兩個家族的仇恨而導致一對愛人的毀滅，但單是這個故事的內容，還不足以造成莎士比亞不朽的悲劇。

進一步就內容與形式在科學範圍內的關係而論，我們首先須記著哲學與別的科學的區別。後者的有限性，即在於，在科學裡，思維只是一種單純形式的活動，其內容是作爲一種給予的〔材料〕從外界取來的；而且科學內容之被認識，並不是經過作爲它所根據的思想從內部自動地予以規定的，因而形式與內容並不充分地互相浸透。反之，在哲學裡並沒有這種分離，因此哲學可以稱爲無限的認識。當然，哲學思維也常被認作是單純的形式活動，特別是邏輯，其職務顯然只在於研究思想本身，所以邏輯的無內容性可算得是一件公認的既成的事實。如果我們所謂內容只是指可以捉摸的，感官可以知覺的而言，那麼我們必須立即承認一般的哲學，特別是邏輯，是沒有內容的，這就是說，沒有感官可以知覺的那種內容。不過好在通常意識以及一般的語言慣例所了解的內容，卻並不僅限於感官上的可知覺性，也不僅限於單純的在時空中的特定存在。大家都知道，一本沒有內容的書，並不是指沒有印得有字的一冊空白紙，而是一本其內容有等於沒有的書。而且經過仔細考察和深入分析，我們就可見得，對於一個有教養的人說來，所謂內容，除了意味著富有思想外，並沒有別的意義。但這就不啻承認，思想不可被認作與內容不相干的抽象的空的形式，而且，在藝術裡以及在一切別的領域裡，內容的眞理性和扎實性，主要基於內容證明其自身與形式的同一方面。

§ 134

但直接的實存是持存自身的規定性，也同樣是其形式的規定性。因此直接實存對於內容的規定性也同樣是外在的，儘管內容由於它的持存環節而得到的這種外在性，對於它〔內容〕仍然是主要的。經過這樣設定起來的現象就成爲關係(Verhältnis)，在這種關係裡，同一個東西，即內容，作爲發展了的形式，是既作爲獨立實際存在的外在性和對立性，又作爲它們的同一性的聯繫(Beziehung)，而唯有在這種同一性的聯繫裡，這有差別的兩方面才是它們本身那樣。

III. 關係 (Das Verhältnis)

§ 135

(一)直接的關係就是全體與部分的關係；內容就是全體，並且是由（形式的）諸部分、由它自己的對立面所構成。這些部分彼此是不同的，而且是各自獨立的。但只有就它們相互間有同一聯繫，或就它們結合起來而構成全體來說，它們才是部分。但是結合起來就是部分的對立面和否定。

附釋：本質的關係是事物表現其自身所採取的特定的完全普遍的方式。凡一切實存的事物都存在於關係中，而這種關係乃是每一實存的眞實性質。因此實際存在著的東西不是抽象的孤立的，而只是在一個他物之內的。唯因其在一個他物之內與他物相聯繫，它才是自身聯繫；而關係就是自身聯繫與他物聯繫的統一。

只要全體與部分這種關係的概念〔名〕和它的實在性〔實〕彼此不相符合，這種關係便是不眞的。全體的概念必定包含部分。但如果按照全體的概念所包含的部分來理解全體，將全體分裂爲許多部分，則全體就會停止其爲全體。確有許多事物處於上述這樣的關係中，但也正是由於這種原因，這些事物只是低級的不眞的存在。在這裡，一般地必須記著，在哲學討論裡「不眞」一詞，並不是指不眞的事物不存在。一個壞的政府，一個有病的身體，也許老是在那裡存在著。但這些東西卻是不眞的，因爲它們的概念〔名〕和它們的實在〔實〕彼此不相符合。

全體與部分的關係作爲一種直接的關係，乃是反思的理智所非常容易理解的，而因此之故每當事實上我們在尋求較深邃的關係時，反思理智也常會以這種直接關係爲滿足。譬如，一個活的有機體的官能和肢體並不能僅視作那個有機體的各部分，因爲這些肢體器官只有在它們的統一體裡，它們才是肢體和器官，它們對於那有機的統一體是有聯繫的，絕非毫不相干的。只有在解剖學者手裡，這些官能和肢體才是些單純的機械的部分。但在那種情況下，解剖學者所要處理的也不再是活的身體，而是屍體了。①這倒並不是說科學家這種分解工作不應該有，這只是說，如果我們要眞正認識有機體的生命，單憑全體與部分之間的外在的機械的關係是很不夠的。——如果應用這種外在的機械的關係去研究精神和精神世界的各種較高形態，當必更遠爲不夠了。在心理學裡雖還沒有人明白提到靈魂的部分或精神的部分，但單純用理智的抽象方法去研究這門學問的人，總不免同樣以這種有限的關係的觀念爲基礎。至少當他們列舉並描述精神活動的各種形式，並孤立地分解成某些所謂特殊力量和性能時，他們所採取的就是這種外

① 這段話恩格斯在《自然辯證法》中有簡要的概括，見《馬克思恩格斯全集》第二十卷，第五五五頁。——譯者

在的機械的關係的觀點。

§ 136

㈡因此上述那種全體與部分的關係中的唯一和同一的東西，即出現在那種關係中的自身聯繫，乃是一種直接的否定的自身聯繫，而且也可說是一種自身中介的過程，在這過程裡，那唯一和同一的東西（即自身聯繫）本是與差別不相干的。可是這自身聯繫既是否定的自身聯繫，它就對自己本身作爲自身反映而形成的差別持排斥態度。並且把自己設定爲反映他物而實存著的東西，而且反過來，又把這種反映他物引回到自身關係和無差別。這就發展到力和力的表現。

〔說明〕全體與部分的關係是直接的，因而是無意義的〔機械的〕關係，並且是一種將自身同一性轉化爲差異性的過程。在這轉化過程裡，全體過渡爲部分，部分過渡爲全體，而且在這一方面，便忘記了它與那一個方面的對立，因爲每一方面，無論全體一面，或個別一面都各自被認爲是獨立存在。換言之，如認部分持存於全體內，並以全體爲部分所構成，則我們一時便會認全體爲持存的，另一時又會認部分爲持存的，同時每一方都認它的對方爲不重要。機械關係的膚淺性一般即在於各部分既彼此獨立，而部分又離全體而獨立。

這種無聊的兩方面循環往復的抽象關係也可以採取遞推至無窮的方式。物質可分性無窮進展的關係就是如此。一個東西在某時被認作全體，於是我們便進而作部分規定，而這個規定旋即被忘記，反而認這部分爲全體，於是又重新發生規定部分的工作，如此遞推以至無窮。但如果將這種無窮遞推的過程認作是否定的東西——它本是否定的東西——那麼它就是這兩方關係中的否定的自身聯繫，它就是力，一個作爲自在存在的自身同一的全體。同時它又自己揚棄其內在存在並且表現其自身於外，這就是力的表現。反過來，這力的表現又消逝了而回復到力。

力雖說具有這種遞推的無限性，但也是有限的。因爲〔力的〕內容，或力及其表現的唯一和同一的東西，首先只潛在地是這種同一性；因爲關係的兩個方面的每一方面本身都還不是關係的具體同一性，都還不是全體。所以它們是彼此相異的，而它們的關係也是一種有限的關係。因此，力需要外在的誘導，它是盲目地起作用，而且由於這樣地缺乏形式，所以內容也是受限制的、偶然的。它的內容與形式還沒有眞正的同一性，還不是自在自爲地規定了的概念和目的。——這種區別有高度的重要性，卻不易了解。要到以後討論目的概念本身時，才作較細密的規定。若忽視這個區別，就會引起混亂，誤認上帝爲力，赫爾德的上帝觀就特別犯了這種毛病。

常有人說，力本身的性質還不知道，知道了的只是它的表現。須知，一方面，力的整個內容規定與力的表現的內容規定正是同一個東西；因此用一種力以解釋一個現象，只是一空洞的同語反覆。所以一般人以爲無法知道的東西，實僅不過自身反映的空洞形式，唯有通過這種空洞的形式，力和它的表現才有區別，而這種空洞的形式同樣是某種熟知之物。這種形式對於那只能從現象中得到認識的內容和規律，卻毫無增益。到處也都有人肯定地說，使用這種形式並不會對力的性質提出什麼說明；因而我們眞無法看出當初爲什麼會把力的形式引進到科學裡面來。但另一方面，力的性質當然是一個還沒有被知道的東西，因爲，無論就力的內容在它自己本身內如何必然地聯結一起，無論力的內容自身如何受到限制，因而它的規定性必須以外在於它的他物爲中介，才會聯結在一起，——對這些我們都是仍然缺乏理解的。

附釋一：力與力的發揮的關係，和全體與部分的直接關係相比較，可認作是無限的關係。因爲在力與力的發揮的關係裡，兩方面的同一是明白建立起來的，而在全體與部分的關係裡，雙方的同一則只是潛在的。全體雖爲部分所構成，但全體一經分割成部分，便失其爲全體。但力之爲力則全靠其發揮，唯有經過發揮，力才返回其自身，而力的發揮亦即力的本身。但細究之，這種關係仍然是有限的，其所以有限，即在於它的中介存在。正如全體與部分的關係之所以有限，即在於它的直接性。力及力之發揮的中介關係的有限性，最明顯的證明即在於每一種力都是受制約的，都需要其自身以外的別種東西以維持其存在。例如，磁力，如衆所熟知，需要有鐵才能發揮出來。至於鐵的別種特質，如顏色、比重、或與酸的關係，卻和鐵與磁力的關係不相干。同樣，別的力也始終必須經過自身以外的別的事物的制約和中介。另外，力的有限性也表明力需要外在的誘導才能發揮出來。而這誘導力的東西自身也仍是力的發揮，而這一力的發揮又同樣需要誘導。這樣我們所得到的，或者是復演那無窮的遞推，或者是誘導的力與被誘導的力之相互爲用。在任何一種情形下，我們都得不到運動的絕對開始，即因力不像目的因，尚沒有內容自己規定自己本身的力量。力的內容是一種特定的被給予的東西，所以當力發揮出來時，正如一般人所常說的那樣，它的效力是盲目的。從這裡就可以理解到抽象的力的發揮和有目的的行動之間的區別。

附釋二：那常被人重複提出的說法，即力的本身不可知，只有力的發揮方可知的說法，必須被斥爲沒有根據。因爲力之所以爲力，只在於它向外發揮，而我們從力的全部發揮裡所得到的規律，同時就是對於力的本身的認識。但從認力之本身爲不可知的說法裡，卻已正確的預示著力與力的發揮的關係僅是有限的關係了。就力之各種各樣的發揮看來，最初好像只是一些雜多的沒有規定性的東西，而且單就力的每一個別的發揮看來，也好像只是偶然的發動。直至我們把這種雜多歸結爲它的內在的統一，而予以「力」的名稱，並在那好像是偶然的發揮中認識其支配著的規律時，我們便可意識到它的必然性了。但各種不同的力自身仍是雜多的東西，而且表現爲彼此單純地紛然雜陳，也好像是偶然的。因此在經驗的物理學裡，我們說引力、磁力、電力等等，同樣在經驗的心理學裡，我們說記憶力、想像力、意志力以及其他的心理力量。於是又重新引起把這些不同的力量歸結爲統一的全體的需要，而這種需要，即使我們能將這多種不同的力歸結爲一個共同的原始的力，仍不能得到滿足。因爲這種原始的力其實只是一個空洞的抽象東西，正如抽象的物自體一樣，沒有內容。並且力及力的發揮的相互關係，本質上仍然是一種中介性的〔互相依賴的〕關係。如果認力爲原始的、獨立不倚的，這未免與力的概念或定義相矛盾了。

根據這番對於力的性質的討論，我們雖勉強可以承認稱這實存著的世界爲神聖的力的表現，但我們反對認上帝爲一單純的力，因爲力僅是一個從屬的有限的範疇。在文藝復興時期，許多自然哲學家曾把自然界的各種現象追溯到一植基於各現象後面的力。這種說法被當時的教會斥責爲無神論，實不爲無因。大概教會以爲，如果認爲天體運行是由於引力，植物生長是由於生力等等，那就沒有什麼化育須由天意主宰，而上帝只好被貶抑成爲各種自然力運行的一個悠閒的靜觀者。誠然，許多自然科學家，特別是牛頓，當他們用抽象的力的範疇來解釋自然現象時，皆曾明白保證，他們的學說絕不會損害作爲世界的創造者和主宰者的上帝的尊榮。但這種用力的觀念來解釋自然的辦法，其邏輯的結果就是這樣的：抽象的理智據以推論，就會執著每一個別的力本身，並且將這有限性的力堅持當作究竟至極者，和這種有限化了的獨立的力和質素構成的世界相反，便只好用抽象的無限性去規定上帝，說他是不可知的、最高的、遠居彼岸的存在了。這就是唯物論和近代啓蒙思想的立場，它們對於上帝的看法，只限於表面上承認上帝的存在，而忽視了上帝之所以存在。所以在這場論辯裡，教會和宗教思想在某意義下卻站在較正確一邊。因爲那有限的理智的思想方式，對於認識自然界，以及精神世界的諸形態的眞理，皆不能予人以充分滿足。但另一方面我們卻不能忽視經驗有理由爭取對於現存世界以及它各方面的內容的規定性予以思維的理解，並且進一步去尋求比只是抽象地相信上帝是世界的創造者和主宰者更深徹的智慧。當受到教會權威支持的宗教意識告訴我們說上帝以其全能的意志創造世界，上帝指導星球在軌道上運行，並賦予萬有以存在及幸福時，尚剩下一個「爲什麼？」的問題沒有答覆。解答這個爲什麼的問題，一般就構成科學、經驗科學以及哲學科學的共同任務了。當宗教意識拒絕承認科學哲學有權負起解答這問題的任務，並拒絕科學哲學提出這爲什麼的問題，而藉口神聖之謎不可思議的說法以資搪塞時，則它的立場仍然與上面所提及的單純的抽象的啓蒙思想的立場初無二致。而且這種藉口與基督教企求在精神和眞理去認識上帝的明白的命令相違背，恐怕只是一種任意的獨斷，這種獨斷並不是基於基督徒的卑謙，而是出於高傲的狂熱和頑固。

§137

力是一個自身即具有否定性的聯繫於其自身內的全體，因爲是這樣的全體，所以它自己不斷地排斥它自己，表現它自己。但這種「他物反映」，亦即同樣是「自身反映」（相當於前兩節所說的全體與部分之間的區別），因此力的這種表現亦即力藉以回復其爲力的中介過程。力的表現本身即是出現在這種關係裡兩個方面的差異性的揚棄，和自在地構成力的內容的同一性的建立。因此，力及力的表現的眞理性只是被區別爲內與外兩方面的關係。

§138

㈢內即是根據，而根據乃是現象和關係的一個方面的單純形式。換言之，內即是「自身反映」的空洞形式。與「內」相對的爲外，外是這樣一種存在，這種存在同樣是關係的形式，不過它是關係的具有「反映他物」的空洞規定的另一個方面的形式。內與外的同一性，就是充實了的同一性，就是內容，就是在力的運動中建立起來的自身反映與反映他物的統一。內與外都是那同一個全體性，而這統一體便以全體性爲內容。

§139

由此足見，第一，外與內首先是同一個內容。凡物內面如何，外面的表現也如何。反之，凡物外面如何，內面也是如何。凡現象所表現的，沒有不在本質內的。凡在本質內沒有的，也就不會表現於外。

§ 140

第二，但就內與外作爲兩個形式規定來說，兩者仍是正相反的，甚至是徹底相反的。內表示抽象的自身同一性，外表示單純的多樣性或實在性。但就內與外作爲一個形式的兩個環節來說，它們本質上是同一的，所以凡最初僅僅在一個抽象中被設定起來的東西，便立刻也僅僅是在另一個抽象中設定了的。因此，凡只是在內者，也只是外在的東西，凡只是在外者，也只是內在的東西。

〔說明〕反思的通常錯誤，即在於把本質當成單純內在的東西。如果對本質單純採取這樣的看法，我們也可以說，這種看法本身就純粹是一種外在的看法，而被這樣看待的本質，也僅是空洞的、外在的抽象。

有一個詩人說：

沒有創造的精神，
浸透進自然的內心；
誰只要了解它的外表，

他眞是異常幸運。①

我們甚至必須說，如果有人把自然的本質規定爲內在的東西，那麼，他也只是知道自然的外殼。——因爲一般在存在裡或甚至在單純的感官知覺裡，概念才是單純在內的東西，因此概念在這階段裡只是一種外在於存在的東西，一種主觀的沒有眞實性的存在或思維。——無論在自然界或在精神界，只要概念、目的或規律僅只是些內在的潛伏性或純粹的可能性，那麼它們才僅只是一種外在的無機的自然，一位第三者的知識，異己的力量等等。——唯有當一個人有了外在的表現，這就是說，表現在他的行爲裡（當然這並不只是他的肉體的外面），他才算得有了內心。假如他僅只有內心的傾向，譬如說只在動機方面在意向方面他是良善的，有道德的，而他外表的行爲並不和它相符合，則他的外面與他的內面都同樣地空虛不實。

附釋：內與外的關係作爲前面兩種關係的統一，同時就是對單純的相對性和一般現象的揚棄，但只要理智堅持內與外的分離，則它們便成爲一對空虛的形式，彼此皆同樣地陷於空無。

① 原注：試比較歌德《自然科學的憤激的呼籲》一詩，第一卷，第三分冊：

六十年來，——可詛咒的年代呀！
但已經悄悄地逝去了！——
我不斷聽到重複地說：
自然沒有核心，也沒有外殼，
一切都是內外不可分的整體。

無論在自然界以及精神界的研究裡，對於內與外的關係的正確認識，有很大的重要性，特別須避免認內爲本質的，爲根本所繫，而認外爲非本質的，爲不相干的錯誤。當我們習於以內與外的抽象區別來解釋精神與自然的區別時，我們常遇見這種錯誤。就自然來說，無疑地大體上是外在的，不僅是對精神來說是外在的，甚至就它本身來說，也是外在的。但這裡所謂大體上卻並不是指抽象的外在性而言，因爲天地間並沒有抽象的外在性；寧可說，作爲自然和精神的共同內容的理念在自然界裡只得到外在的表現，但也就是由於這個原因，理念體現在自然界裡僅僅是內在的〔或潛在的〕。習於「非此即彼」方式的抽象理智，姑無論如何竭力反對這樣的自然觀，但在別的意識裡，特別在宗教意識裡，卻仍可顯然見到。按照宗教的觀點，自然也同樣是上帝的啓示，並不亞於精神世界。兩者彼此的區別，在於自然尙未能明白自覺其神聖本質，而精神（特別有限精神）的任務即在於使其神聖本質得到自覺。那些認自然的本質爲單純的內在性，因而非我們所能達到的人，適與認神靈爲有嫉妒情緒的古希臘觀點相同，而這種觀點早已由柏拉圖和亞里士多德明白駁斥了。上帝是什麼，他必顯示出來、啓示出來，並且首先通過自然，在自然內顯示並啓示出來。

再則，一個對象的缺點或不完善之處，即在於它只是內在的，因而同時也只是外在的。或者同樣可以說，即在於它只是外在的，因而同時也只是內在的。譬如一個小孩，一般就他是一個人來說，他當然是一個有理性的存在，但眞正講來，小孩的理性最初只是內在的，只表現爲稟賦或志願等。而他這種單純的內在的理性，也有其單純的外表形式，即表現在這小孩的父母的意志裡，老師的學識裡，以及圍繞著這孩子的理性世界裡。一個小孩的教育和培養即在於將他最初只是自在的或潛在的，因而亦即是為他的（為成年人的），也將成為自為的。那最初對小孩來說只是內在可能性的理性，通過教育得以實現於外。反過來說，同樣那小孩最初看成是外在的權威，如禮俗、宗教、科學等等，經過教育之後，他將會意識到為他自己固有的內在的東西。在小孩是這樣，在成人也是這樣，只要他違反了他的使命，他的理智和意志老是被束縛於自然狀態之下，也會是這樣。例如一個罪犯所受的處罰，誠然是外在暴力所加的，但真正講來，這處罰只是他自己的犯罪意志的表現。

根據上面這番討論，假如一個人作事有過失或錯誤，他根據內外的區別，訴說他的動機和意向是如何良好，那麼，我們就會知道如何去評衡他了。生活裡的確常有個別情形，由於惡劣的外在環境使得良好的動機成為泡影，使得有良好目的的計畫在實行的時候受了阻礙。但一般講來，即在這裡內與外本質上的統一性仍然是有效準的。因此我們必須說：人的行為（外）形成他的人格（內）。對於那些自恃內在的優越性而虛驕自欺的人，可舉出福音中一句名言去駁斥他：「汝須從行為的果實裡去認識人」①。這一偉大的名言，最初本來應用在道德和宗教生活方面，但進而仍可應用在科學和藝術的工作方面而有成效。一個有銳敏眼光的教師察出學生中有特殊稟賦的人，他可以表示他的意見，說某生是將來的拉斐爾或莫札特，這也只有考驗將來的結果，才可以證實他的話有無根據。但一個低能的畫家或一個拙劣的詩人誇大他們內心充滿了高尚的理想而自慰，那麼這種安慰便是虛妄無謂的。如果他們堅決要求，須以他們主觀的

① 《新約》「馬太福音」，第七章，第十六節。——譯者

意向和理想作爲評判他們實際作品的標準，那麼我們有正當理由可以拒絕這種虛妄無理的要求。有時又常有另一種相反的情形發生。對於有良好而偉大成就的人，人們又常根據一種錯誤的內外的區別去加以不同情的判斷。人們說，凡別人所完成的事業都僅只是外在的表現，而他們內心中卻另爲不良的動機所推動，如滿足虛榮或私欲等。這可以說是嫉妒之心的表現。有嫉妒心的人自己不能完成偉大事業，便盡量去低估他人的偉大，貶抑他人的偉大性使之與他本人相齊。說到這裡，讓我們記起歌德的嘉言：「對於他人的偉大優點除了敬愛以外，沒有別的適宜辦法。」人們想用懷疑別人動機、誣蔑別人僞善的辦法去剝奪別人可敬佩的成就，但必須注意，人誠然在個別事情上可以僞裝，對許多東西可以隱藏，但卻無法遮掩他全部的內心活動。在整個生活進程(decursus vitae)裡任何人的內心也不可避免地必然要流露出來。所以即在這裡，我們仍然必須說，人不外是他的一系列行爲所構成的。

近代特別有所謂「實用主義的」寫歷史的辦法，即由於錯誤地把內心和外表分離開，於論述偉大歷史人物時常常陷於罪過，即由於抹殺了並歪曲了對於他們的眞實認識。不滿意於樸實地敘述世界史英雄所完成的偉大勳績，並承認這些英雄人物的內心的內容也足以與其勳業相符合，這種實用主義的歷史家幻想著他有理由並且有責任，去追尋潛蘊在這些人物公開的顯耀勳業後面的祕密動機。這種歷史家便以爲這樣一來，他愈能揭穿那些前此被稱頌尊敬的人物的假面具，把他們的本源和眞正的意義貶抑成與凡庸的人同一水平，則他所寫的歷史便愈爲深刻。爲了達到這種實用主義的歷史寫法的目的，人們就常常鼓勵對於心理學的研究，因爲大家相信，心理學研究的結果，可以使我們看見支配人類行爲的眞實動機。但這裡所說的心理學不過是對於人情的一些枝節知識，它不求對於人性有普遍的和本質的理解，而主要地僅以特殊的、偶然的和個別化的本能、情欲等等爲觀察的對象。但這種實用主義的心理學方法，至少應讓那尋求偉大行爲背後的動機的歷史家有一個選擇：即一方面在實質性的興趣如愛國心、正義感、宗教眞理等，另一方面在主觀的形式的興趣，如虛榮心、權力欲、貪婪等之間有所選擇。但實用主義的心理學家必會認後一類動機爲眞正的推動力量，因爲不如此他們便無法堅持內（行爲的動機）與外（行爲的內容）之間的對立的假定了。但眞正講來，內與外具有同一的內容，所以，爲了反對這種學究式的小聰明，我們必須明白肯定地說，如果歷史上的英雄僅單憑一些主觀的形式的興趣支配行爲，那麼他們將不會完成他們所完成的偉大事業。如果我們重視內外統一的根本原則，那我們就不得不承認偉大人物曾誌其所行，亦曾行其所誌。

§ 141

使一個同一的內容還停留在〔對立的〕關係中的那些空虛的抽象〔觀念〕，都在直接的過渡裡揚棄其自身：一方過渡到對方。這內容的本身不是別的，即是對立兩方的同一（§138）。這抽象的對立雙方就是本質的假象設定起來作爲假象的。通過力的表現，內便設定爲「實存」。但這種設定乃是通過種種空虛的抽象而起的中介作用：這種中介過程在自己本身中消逝成爲一種直接性，在這種直接性裡，內與外是自在自爲地同一的，內外的區別僅被規定爲一種設定起來的東西。這種內外的同一就是現實(Wirklichkeit)。

C. 現實 (Die Wirklichkeit)

§ 142

現實是本質與實存或內與外所直接形成的統一。現實事物的表現就是現實事物本身。所以現實事物在它的表現裡仍同樣還是本質性的東西。也可以說，只有當它有了直接的外部的實存時，現實事物才是本質性的東西。

〔說明〕前面，存在和實存曾出現爲直接事物的兩個形式。存在一般講來，是沒有經過反思的直接性，並且是轉向對方的過渡。實存是存在和反思的直接統一，因此實存即是現象，它出於根據，並回到根據。現實事物是上述那種直接統一的設定存在，是達到了自身同一的關係；因此，它得免於過渡，並且它的表現或外在性即是它的內蘊力；在它的外在性裡，它已返回到自己；它的定在只是它自己本身的表現，而非他物的表現。

附釋：現實與思想（或確切點說理念）常常很可笑地被認作彼此對立。我們時常聽見人說，對於某種思想的眞理性和正確性誠然無可反對，但在現實裡卻找不著，或者再也無法在現實裡得到實現。說這樣的話的人，只表明他們既不了解思想的性質，也沒有適當地了解現實的性質。因爲這種說法，一方面認爲思想與主觀觀念、計畫、意向等類似的東西同義，另一方面又認爲現實與外在的感性存在同義。在日常生活裡，我們對於範疇及範疇所表示的意義，並不那麼準確認眞看待，也許勉強可以這樣說，也許常有這樣的情形發生，譬如說，某項計畫或某種徵稅方法的觀念本身雖然很好、也很適用，但這類東西在所謂現實裡卻找不到，而且在某些特定條件下，也難以實現。但抽象理智一抓住這些範疇，就誇大現實與思想的差別，認爲兩者之間有了固定不移的對立，因而說：在這現實世界裡，我們必須從我們的頭腦裡排除掉觀念。對於這種看法，我們必須用科學和健康理性的名義斷然的予以駁斥。因爲一方面觀念或理念並不是僅藏匿在我們的頭腦裡，理念一般也並不是那樣薄弱無力以致其自身的實現與否，都須依賴人的意願。反之，理念乃是完全能起作用的，並且是完全現實的。另一方面現實也並不是那樣地污濁、不合理，有如那些盲目的、頭腦簡單的、厭恨思想的實行家所想像的那樣。現實就其有別於僅僅的現象，並首先作爲內外的統一而言，它並不居於與理性對立的地位，毋寧說是徹頭徹尾地合理的。任何不合理的事物，即因其不合理，便不得認作現實。在一般有教養的語言習慣裡，我們也可察出與此種看法相符合的說法，譬如對於那沒有作出眞正顯示才智的貢獻和扎實的業績的詩人或政治家，人們大都拒絕承認他是眞實的詩人或眞實的政治家。

從剛才所提及的誤認那直接看得見摸得著的爲現實的通常看法裡，我們也可以進一步找出關於柏拉圖哲學與亞里士多德哲學的關係問題上很流行的成見的來源了。依這種成見，柏拉圖與亞里士多德的區別，在於前者承認理念並且只承認理念爲眞理，反之，後者否認理念，而與現實保持接觸，因此被認作經驗主義的奠基人和領袖。但須知，現實無疑是亞里士多德哲學的基本原則，不過他所謂現實不是通常所說的當前直接呈現的材料，而是以理念爲現實。亞里士多德批評柏拉圖之點，確切點說，僅在於他認爲柏拉圖的理念只是一種潛能(δύναμις)，但亞里士多德與柏拉圖都共同承認唯有理念才是眞理，他所不同於柏拉圖之處，即在於認爲理念本質上是一種動力(ἐνέργεια)，換言之，是完全發揚於「外」的「內」，因而是內外的統一或現實，也就是這裡所說的加重意義的、名副其實的現實。

§ 143

現實，作爲具體的範疇，包含有前面那些範疇及它們的差別在內，也因此就是它們的發展。所以那些範疇在現實裡只被規定爲一種假象(Schein)，一種設定起來的東西（§141）。

㈠作爲一般的同一性，現實，首先只是可能性，——是一種自身反映，它被設定爲與現實事物的具體統一性相反的、抽象的非本質的本質性。可能性對於現實性說來誠屬本質的東西，但這不過表明，現實性同時也只是可能性。

〔說明〕也許即由於可能性一範疇的重要性促使康德將它連同必然性和現實性一起當作屬於樣式的三個範疇。「因爲這些範疇並不能使作爲客體的概念絲毫有所增加，而只不過表示了概念與知識能力之間的關係。」事實上，可能性就是自身反映的空虛抽象，也就是以前所說的「內」，只不過現在它被規定爲揚棄了的、僅僅設定起來的、外在的「內」。像這樣的可能性無疑地又可以被設定爲一種單純的樣式、一個無內容的抽象，或者更具體說來，被設定爲只是屬於主觀思維的東西。與此相反，現實性和必然性，眞正講來，絕不是指僅僅爲他物而存在的形態或樣式，事實上恰與此相反，必然性和現實性也是設定起來的，但它們不是抽象地設定起來的，而是自身完成的具體的東西。

因爲可能性首先與具體的現實相反，只是一種自身同一的單純形式，所以關於可能性這一範疇的規則就只應是：「一切不自相矛盾的東西都是可能的」；而照這樣講來，便可說，一切都是可能的；因爲抽象思想可以給予這種同一性的形式以任何內容。但是，也可以說，一切事物都同樣是不可能的。因爲在每一內容裡（內容必是具體的）其規定性皆可認爲是特定的對立，因而也可認爲是矛盾。——因此再也沒有比關於這種可能和不可能的說法更空無意義的了。特別在哲學裡，必不可說：「這是可能的」或「這裡還有另一種可能」，或如大家常說的，「這是可以設想的」一類的話。對於這些業經指明爲本身不眞的範疇，我尤其願意勸告歷史家不要濫用。但在大多數情況下空疏銳敏的理智，總喜歡去憑空揣想可能性，而且揣想相當多的可能性。

附釋：最初在想像裡，我們總以爲可能性是較豐富較廣闊的範疇，而現實性則是較貧乏較狹窄的範疇。因此人們說：一切都是可能的，但不能說，凡是可能的因而也是現實的。但事實上，也就是說，根據思想來考察，現實性倒是較廣闊的範疇，因爲作爲具體思想的現實性是包含可能性在自身內作爲一個抽象環節的。這點即在通常意識裡也可以看到，因爲當我們談到可能的事物與現實的事物須區別開，我們說：「這僅僅是可能的東西」之時，我們已感到現實性較高於可能性了。一般人總常常認爲可能的即是可以設想的。但這裡所說的可設想性，只是指用抽象同一的形式去設想任何內容而言。既然任何內容都可用抽象的形式去設想，現在只消把一個內容從它所有的許多聯繫裡分離出來，即可設想一可能的東西了。因此任何內容，即使最荒謬、最無意識的東西，均可看作是可能的。月亮今晚會落到地球上來，這也是可能的。因爲月亮是與地球分離的物體，很可能落到地球上來，正如一塊拋在空中的石頭會落在地上一樣。又如土耳其的皇帝成爲教皇也是可能的。因他既是一個人，就可能轉而皈依基督教，可能成爲天主教的僧侶等等。像這類的關於可能性的說法，主要是用抽象形式的方式去玩弄充足理由律。依此，可以說：任何事物都是可能的，只要你爲它尋得出一個理由。一個人愈是缺乏教育，對於客觀事物的特定聯繫愈是缺乏認識，則他在觀察事物時，便愈會馳騖於各式各樣的空洞可能性中。譬如，在政治範圍裡，政客揣想出來的無奇不有的「馬路新聞」，就是這種可能性的例子。再則，在實際生活中，惡意和懶惰即常常潛匿在可能性這一範疇後面，藉以逃避確定的義務。對於這種不負責任的行爲，剛才所說的那種充足理由律也可同樣應用到。明智的和有實踐經驗的人，絕不受那種可能性的騙（正因爲那只是可能的），而堅持要掌握現實，不過所謂現實並不是指當前的此時此地的特定存在而言。在日常生活裡，很有不少的諺語，足以表示輕視抽象的可能性的意思。譬如說：「一個麻雀在手中比十個麻雀在屋頂上要好些。」

再則，凡認爲是可能的，也有同樣的理由可以認爲是不可能的。因爲每一內容（內容總是具體的）不僅包含不同的規定，而且也包含相反的規定。譬如，我們可以說，沒有比「我在」更不可能的事了。因爲「我」既是單純的自身關係，同時又是與他物相聯繫。對於自然界、精神界中任何一個事物，也都可同樣如此說。可以說，物質是不可能的，因爲物質是引力與斥力的統一。同樣也可以說，生命、法律、自由，尤其是眞正的三位一體的上帝是不可能的。因爲依啓蒙時期的抽象理智的原則，三位一體的上帝的概念在思想上是矛盾的，應予否認的。大體講來，這都是由於抽象空疏的理智在玩弄抽象空疏的形式。而哲學對於這些問題的任務，只在於指明這些說法的空虛無內容。①一個事物是可能的還是不可能的，取決於內容，這就是說，取決於現實性的各個環節的全部總合，而現實性在它的開展中表明它自己是必然性。

§144

㈡但現實事物就其有別於那作爲自身反映的可能性來說，本身只是外在的具體的東西、非本質的直接的東西。換言之，現實事物作爲這樣的直接的東西，就其最初（§142）是內與外的簡單的直接統一來說，它就是一種非本質的外在物，因之同時（§140）它又是單純的內在物或抽象的自身反映；而現實事物自己也因此僅可認作是一種單純的可能性。現實事物如果與單純的可能性處於同等地位，則它便成爲一偶然的東西。反過來說，可能性也就是單純的偶然性本身。

§145

可能性與偶然性是現實性的兩個環節，——即內與外，作爲被設定起來的兩個單純的形式，

① 列寧引證了下面這句話，見《列寧全集》第三八卷，第一六六頁。——譯者

這些形式構成現實事物的外在性。它們在自身規定了的現實事物裡或內容裡，以它們的自身反映作為它們本質性的規定的根據。因此足見，偶然的事物和可能的事物的有限性，即基於把形式規定與內容分離開了。所以某物是否偶然的和可能的全取決於內容。

附釋：可能性既只是現實性的單純的內在性，正因為這樣，它又只是外在的現實性或偶然性。偶然性一般講來，是指一個事物存在的根據不在自己本身而在他物而言。現實性呈現於人們意識前面，最初大都是採取偶然性的形式，而這種偶然性常常被人們同現實性本身混淆起來了。但偶然事物僅是現實事物的片面的形式——反映他物的那一面或現實事物被認為單純的可能事物那一面。因此我們認為偶然的事物係指這一事物能存在或不能存在，能這樣存在或能那樣存在，並指這一事物存在或不存在，這樣存在或那樣存在，均不取決於自己，而以他物為根據。概括講來，一方面認識的任務同樣在於克服這種偶然性。另一方面在實踐範圍內，行為的目的也在於超出意志的偶然性或克服任性(Willkür)。同樣特別在近代常有人將偶然性過分地予以提高，且既在自然界又在精神界都曾給予偶然性以事實上不配有的一種價值。首先就自然而論，人們讚美自然，每每主要地僅因其品匯的繁多和豐富。這種豐富性，除了其中所包含的理念的展現之外，並不能提供給我們以較高的理性的興趣，而且這些龐大繁多的有機和無機的品匯也僅供給我們以一種消失在紛紜模糊中的偶然性的觀感而已。無論如何，那些受外在環境支配的五花八門的動物植物的個別類別，以及風、雲狀態的變幻多端，比起心靈裡一時觸發的奇想，和偏執的任性來，並不值得我們予以較高的估量。對於這種變化無常的現象加以讚美，乃是一種很抽象的心理態度，必須超出這種態度①，進一步對自然的內在和諧性和規律性有更確切的識見。

特別重要的，是對於意志方面的偶然性必須予以適當的估價。當我們說到意志的自由時，大都是指僅僅的任性或任意，或指偶然性的形式意志而言。誠然，就任性作為決定這樣或那樣的能力而言，無疑地是自由意志的一個重要環節（按照意志的概念來說它本身就是自由的）；不過，任性卻不是自由的本身，而首先只是一種形式的自由。那眞正的自由意志，把揚棄了的任性包括在自身內，它充分意識到它的內容是自在自為地堅定的，同時也知道它的內容是完全屬於它的。那停留在任性階段的意志，即使它的決定，就內容看來，是符合眞理和正義的，但它總不免有一種虛幻的感覺，以為如果它高興的話，它當時仍然可以作出別種決定。若加以細究，便可看出，任性只要包含有矛盾，則它的內容與形式就是彼此對立的。任性的內容是外界給予的，並不是基於意志本身，而是被意識到以外在環境為根據的。就這種給予的內容來說，自由只在於選擇的形式，這種表面上的選擇，也只是一種形式上的自由，因此也可看成只是一種主觀假想的自由。試加以最後的分析，便可看到，那同樣的外在環境，即那引起意志作任性的決定的環境，也必須認作是使意志所以恰好作出這樣決定而不作那樣決定的原因。

從上面的討論看來，雖說偶然性僅是現實性的一個片面環節，因此不可與現實性相混，但作為理念的形式之一，偶然性在對象性的世界裡仍有其相當的地位。首先，在自然裡，偶然性

---

① 《列寧全集》第三八卷第一六六頁引證了下面這句話。——譯者

有其特殊作用。在自然的表面，可以說，偶然性有了自由的施展，而且我們也須予以承認，用不著像有時錯誤地賦予哲學那樣的使命：即自命想要尋求出只能是這樣，不會是那樣的原因。同樣，偶然性在精神世界也有其相當地位，如前面所說，意志在任性的形式下即包含有偶然性，但同時把它作爲揚棄了的一個環節。但關於精神和精神的活動，也如關於自然一樣，我們必須預先提防，不要被尋求理性知識的善意的努力所錯引，想要對於具有顯著的偶然性的現象界，去指出其必然性，或如一般人所常說的，要想對於現象界予以先驗的構造。同樣，譬如在語言裡（雖說語言好像是思想的軀體），偶然性仍然無疑地占很重要的地位，偶然性與藝術及法律制度的關係亦復相同。科學、特別哲學的任務，誠然可以正確地說，在於從偶然性的假象裡去認識潛蘊著的必然性。但這意思並不是說，偶然的事物僅屬於我們主觀的表象，因而，爲了求得眞理起見，只須完全予以排斥就行了。任何科學的研究，如果太片面地採取排斥偶然性、單求必然性的趨向，將不免受到空疏的「把戲」和「固執的學究氣」的正當的譏評。

§ 146

細究起來，上面所說的現實事物的外在性，其含義是這樣的：就偶然性作爲直接的現實性、作爲自身同一性而言，它本質上只是一種設定的存在，但這種設定的存在，亦即是被揚棄了的東西，所以是一種存在在那裡的外在性。這樣，這外在的、特定存在著的偶然性便是一種預先設定了的東西，它的直接定在同時即是一種可能性，而且就其規定來說，也是被揚棄了的，於是偶然性就是另一事物的可能性，也可以說是另一事物可能的條件。

附釋：偶然性，作爲直接的現實性而言，同時即是另一事物的可能性，但並不是像我們最初所講的那種單純的抽象的可能性，而是存在著的可能性，而這種作爲存在的可能性即是一種條件。我們所說的，一個事物的條件，含有兩種意義，第一是指一種定在，一種實存，簡言之，指一種直接的東西。第二是指此種直接性的東西的本身將被揚棄，並促成另一事物得以實現的命運。——一般講來，直接的現實性本身，並不是像它所應是的那樣，而是一個支離破碎的、有限的現實性，而它的命運就在於被消毀掉。但現實性還有另一方面，那就是，它的本質性。這種本質性首先即是它的內在的方面，但內在方面作爲單純的可能性，也注定了要被揚棄。這種被揚棄了的可能性即是一種新的現實性的興起，而這種新興的現實性便以那最初直接的現實性爲前提、條件。從這裡我們便可看出，條件一概念所包含的交替性了，一物的條件最初看來好像完全是單純無偏似的。但事實上那種直接的現實性卻包含轉化成他物的萌芽在自身內。這種他物最初也僅是一可能的東西，然後它卻揚棄其可能性形式而轉變爲現實性。這樣新興起來的現實性就是它所消耗了的那個直接的現實性所固有內在本質。這樣，完全另外一個形態的事物就產生了，但它又並不是一個另外的事物，因爲後者即是前面的直接現實性的本質的發展。在後一新興的現實裡，那些被犧牲了、被推翻了、被消耗了的條件，達到和自己本身的結合。——現實性矛盾發展的過程大致如此。現實並不僅是一直接存在著的東西，而且，作爲本質性的存在，是其自身的直接性的揚棄，因而達到與其自己本身的中介。

§147

(三)當現實性的這種外在性這樣發展成爲可能性與直接現實性兩個範疇（彼此互爲中介）的圓圈時，一般說來，便是眞實的可能性。再則，作爲這樣一個圓圈，它就是一全體，因而就是內容，就是自在自爲地規定了的實質①。同樣，按照這兩個範疇在這統一體中的差別看來，就是形式本身具體的全體，亦即由內在到外在，由外在到內在的直接自身轉化。形式的這種自身運動即是能動性(Tätigkeit)，亦即實質證實其自身爲一眞實的根據，這根據復揚棄其自身而進爲現實性，並且將偶然的現實性，或那些在前的條件予以證實，亦即將偶然的現實性或條件的自身反映或自身揚棄證實爲另一現實性，爲實質的現實性。如果一切條件均齊備時，這實質必會實現，而且這實質本身也是條件之一，因爲實質最初作爲內在的東西，也僅是一種設定的前提。②發展了的現實性，作爲內與外合而爲一的更替，作爲內與外的兩個相反的運動聯合成爲一個運動的更替，就是必然性。

〔說明〕必然性誠然可以正確地界說爲可能性與現實性的統一。但單是這樣空洞的說法，便會使必然性這一規定（或範疇）顯得膚淺，因而不易了解。必然性是一個很困難的概念，其

① 實質原文作Sache，一般譯作「事情」。這裡譯作實質，實質即指內容，表示Sache含有內容實質的意思。——譯者

② 列寧摘錄了下面這句話，參看《列寧全集》第三八卷，第一六六頁。——譯者

所以困難是因爲必然性即是概念本身，但必然性概念所包含的各環節仍然被認爲是些現實事物，而這些現實事物同時又只能被認爲是些自身破裂的、過渡著的形式。因此，在下面的兩節裡，對於構成必然性的各個環節，將予以更加詳盡的發揮。

附釋：當我們說某物是必然的時，我們首先總要問爲什麼？我們總以爲必然的事物必是被設定起來的，是一個有前提的經過中介的事物。但假如我們停留在單純的中介過程裡，那麼我們就還沒有理解必然性的眞正意義。那僅僅是通過中介派生出來的事物，其存在取決於他物，而非取決於自己，因而它仍然僅是偶然的東西。與此相反，我們所要達到的必然性，即一物之所以是一物乃是通過它自己本身，這雖然可以說是中介性的，但它卻同時能揚棄其中介過程，並把它包含在自身之內。因此對於有必然性的事物我們說：「它是」，於是我們便把它當成單純的自身聯繫，在這種自身聯繫裡，它受他物制約的依他性也因而擺脫掉了。

常有人說必然性是盲目的。這話可說是對的，如果意思只是說，在必然性的過程裡目的或目的因還沒有自覺地出現。必然的過程開始於彼此不相干、不相聯的孤立散漫的情況的實際存在。這些情況乃是一個自身崩潰的直接現實性，由於這種否定就發生了一種新的現實性，這裡我們便得到一種具有雙重形式的內容：一方面作爲已經實現的實質的內容，一方面作爲孤立散漫的情況的內容，這些情況好像是一肯定的內容，而且最初令人覺得它們好像確是那樣的肯定的內容。後一種內容本身實係空無的，因而轉變爲它自身的否定面，這樣就成爲已經實現了的實質的內容。這些直接的情況自身瓦解爲形成他物的條件，但同時又被保持其爲較高實質的內容。於是我們便說，從那樣的情況和條件裡，某種別樣的事物產生了，因此我們又稱這樣的過程的必然性是盲目的。反之，我們試考察一下目的性的活動，在這裡我們便早已認識到有一個目的的作爲內容，於是這種活動就不是盲目的，而是有識見的了。當我們說世界是受天意的支配時，這意思就包含有目的或天意在世界中一般是有效力的，是預先獨立自主地決定了的，所以由此而產生出來的事物，是與前此自己預先知道了的、和意願了的目的相符合的。

無論如何，我們須認識那認世界爲必然性所決定的看法與關於天意或神意的信仰並不是彼此排斥的。按照思想或理論看來，神聖天意的基礎，我們此後即將指出，即是概念。概念是必然性的眞理，它包含有揚棄了的必然性在自身內。反過來，同樣可以說，必然性是潛在的概念。必然性只有在它尙未被理解時才是盲目的①。因此假如把以認識人類事變的必然性爲歷史哲學的課題的學說，斥責爲宿命論，那實在是再謬誤不過了。由此足見，眞正的歷史哲學實具有證明天道不爽或表明世事符合天意的意義。有許多人想藉排斥天意的必然性以示尊敬上帝，事實上是通過這些抽象想法把天意降低爲一盲目的、無理性的妄作威福的偏心。樸素的宗教意識常說到上帝的永恆不變的命令，這裡即包含著明白承認必然性是屬於上帝的本質。由於人在脫離了上帝的情況下，有他自己的特殊意見和願望，大都感情用事，任性妄爲，＊於是他就會碰到這樣的事情，他的行爲所產生的結果總是與他的本意和願望完全不同②。正與人相反，上帝知

① 《列寧全集》第三八卷第一六七頁引證了這句話。——譯者
② 同上書，第一六七頁引證了從＊起的這一句話。——譯者

道他的意志是什麼，在他的永恆的意志裡，他絕不爲外來的或內發的任何偶然事變所左右，因此凡是天意所向的，也必然會堅定不爽地得到完成。

一般講來，必然性的觀點對於我們的意向和行爲都有很大的重要性。當我們把人世的事變認作有必然性時，初看起來，我們好像是處於完全不自由的地位。如所周知，古代人認必然性爲命運(Schicksal)。與此相反，近代人的觀點則認必然性爲一種安慰(Trost)。安慰的意思是說，如果我們放棄我們的目的和利益，接受必然性的支配，我們之所以這樣去作，是因爲我們盼望著對於我們的行爲能得到某種補償。反之，命運是不能給人以安慰的。但如果我們細察古代人對於命運的信念，則這種命運觀不但不會予人以不自由的直觀，反而足以示人以自由的洞見。因爲前面說過，不自由是基於不能克復一種堅固的對立，亦即由於認爲是如此的事和實際發生的事與應如此的事和應該發生的事，處於矛盾之中。反之，古代人的態度卻是這樣的：因爲某事是如此，所以某事是如此，既然某事是如此，所以某事應如此。在這裡他們並沒有發現對立，因而也就不感到不自由、痛苦或悲哀。對於命運的這種態度，如前面所說，無疑地是沒有安慰的，但這種意態也不感到需要安慰，因爲在這裡主觀性還沒有達到無限的意義。這一觀點，於比較古代的與近代的基督教的態度時，有決定的重要性，必須特別注意。

如果所了解的主觀性是指那單純的有限的直接的主觀性，和那具有私人利益和特殊嗜好的偶然任性的內容，一般說來，即人們所叫做「人」(Person)，以別於「事」(Sache)（在「事」這個詞的強調意義下，有如我們通常正確地使用這字，說這是關於「事」的問題，不是關於「人」的問題）的主觀性而言，那麼，我們不能不稱讚古代人這種沈靜的委諸命運的態度，並承認這種態度較之近代人的態度尤爲高尚而有價值。因爲近代人偏執地追逐其主觀的目的，當他們被迫而放棄達到目的的願望時，只以可能有獲得另一種形式的補償的展望聊自安慰。再則，主觀性一詞並不僅限於指那與客觀實質或事情(Sache)對立的壞的有限的主觀性而言。反之，眞正講來，主觀性是內在於客觀事情的，因此這種意義的無限的主觀性，就是客觀事情本身的眞理。照這樣看來，則近代人安慰的觀點就有了較新較高的意義了。並且在這種意義下，基督教也可看成是求安慰的宗教，甚且可說是求絕對安慰的宗教。如人們所熟知，基督教包含有上帝願人人都得到解救的教義。這就明白宣稱，主觀性有一種無限的價值。至於基督教之所以富於安慰的力量，是因爲在基督教裡，上帝被認識到爲絕對的主觀性。但主觀性既包含有特殊性這一環節在內，則我們的特殊性也不得單純地當作須予以完全否定的抽象東西，而須同時承認爲一種應予保持的東西。古希臘人的神靈雖說同樣地被認爲是有人格的，但宙斯及阿波羅等諸神的人格並不是眞實的人格，而只是一種想像的人格，換言之，這些神靈只是些人格化的產物，這樣的產物自身並不自知，只是被知道而已。這種古代神靈的缺陷所在和薄弱無力，可以在當時希臘人的宗教信仰中尋出證據。按照他們的信仰不僅人，甚至神也認作是同樣受命運（被注定的πεπρωμένον或被分配的εἱμαρμένη命運）的支配。這種命運，人們必須認爲是一種未揭發的必然性，因此也必須表象爲完全非人格的、無自我的、盲目的。反之，基督教的上帝不僅是被知者，而且完全是自知者。他不僅是人心中的觀念，而且是絕對眞實的人格。

對於這裡所提到的幾點的詳細發揮，只好歸諸宗教哲學，不過現在尚須順便提請注意的，就是一個人對於他的一切遭遇，如果能本古諺所謂「每個人都是他自己的命運的主宰者」的精神去承當，確屬異常重要。這意思就是說，凡人莫不自作自受。與此相反的看法，就是把自己所遭遇的一切，去抱怨別人，歸咎環境的不利，或向別的方面推卸責任。這也就是不自由的觀點，同時就是不滿足的源泉。反之，假如一個人承認他所遭遇的橫逆，只是由他自身演變出來的結果，只由他自己擔負他自己的罪責，那麼他便挺身作一自由的人，他並會相信，他所遭遇的一切並沒有寃枉。一個在生活中得不到平安，並且不滿意於他的命運的人，遭遇著許多乖舛不幸的事，其唯一原因即由於他心懷錯誤的觀念，總以爲別人害了他，或對不起他。誠然，我們日常所遭遇的有許多事情，無疑地是偶然的。但偶然的遭遇也基於人的自然性。只要一個人能意識到他的自由性，則他所遭遇的不幸將不會擾亂他靈魂的諧和與心情的平安。所以必然性的觀點就是決定人的滿足和不滿足，亦即決定人的命運的觀點。

§ 148

必然性的三個環節爲：條件、實質和活動。

㈠條件是⑴設定在先的東西。作爲僅僅是設定起來的東西，條件只是與實質聯繫著的，但它既是在先的，它便是獨立自爲的，便是一種偶然的、外在的情況，雖與實質無有聯繫，而實際存在著；但帶有這種偶然性既然同時與這作爲全體性的實質有聯繫，則這設定在先的東西便是一個由諸條件構成的完全的圓圈。⑵這些條件是被動的，被利用來作爲實質的材料，因而便進入實質的內容；正因爲這樣，這些條件便同樣與這內容符合一致，並已經包含有這內容的整個規定在自身內。

(二)實質也同樣地是(1)一種設定在先的東西。就它是被設定的而言，它才只是一內在的可能東西，就它是在先的而言，它乃是一獨立自爲的內容。(2)由於利用各種條件，實質取得了它的外在的實存，它也取得了它的各種內容規定的實現，這些內容規定與那些條件恰好相互符應，所以它（實質）依據這些條件而證實其自己爲實質，而且同樣也可說，實質是由這些條件產生出來的。

(三)活動也同樣是(1)獨立自爲地實存著的（如一個人，一個性格），同時活動之所以可能，僅由於有了種種條件並有了實質。(2)活動是一種將條件轉變成實質、將實質轉變成條件，亦即轉變到實存一邊去的運動。或者也可以說，活動僅是從各種條件裡建立起實質（實質本來是潛在於這些條件裡）的運動，並且是通過揚棄諸條件所具有的實存，而給予實質以實存的一種運動。

就這三個環節彼此各有獨立實存的形態而言，這種過程就是一外在的必然性。——這種外在的必然性是以一種有限制的內容爲它的實質。因爲，實質是一種具有簡單規定性的整體；但這整體既然就它的形式說來是外在的，那麼它因此就其自己本身來說，以及就其內容來說也是外在的。並且實質的這種外在性，即是實質的限制。

§ 149

因此必然性自在地即是那唯一的、自身同一的、而內容豐富的本質，這本質在其自身內的映現是這樣的：它的各個差別環節都具有獨立的現實的形式，同時這種自身同一的東西作爲絕對的形式，即是揚棄其自身的直接同一性使成中介性，並揚棄其中介性使成直接性的活動。——凡必然的事物，都是通過一個他物而存在的，這個他物，則分裂而成爲起中介作用的根據（實質和活動），並分裂而成爲一個直接的現實性，或一個同時又是條件的偶然事物。必然的事物，既是通過一個他物而存在的東西，故不是自在自爲的而是一種單純設定起來的東西。但這種中介（過程）正是對其自身的直接的揚棄，根據和偶然的條件被轉變成直接性，經過這樣的轉變，那設定起來的東西便被揚棄而成爲現實性，而實質也就同它本身結合起來了。在這種自身返回裡，必然的事物就絕對地存在著，作爲無條件的現實性。——必然的事物之所以是這樣，是因爲通過一連串的情況作爲中介而成的，換言之，它是這樣，因爲一連串的情況是這樣；而在一種情況下，它是這樣：未經過中介，那就是說，它是這樣，因爲它是這樣。

I. 實體關係(Das Substantialitäts-Verhältnis)

§ 150

必然的事物本身是絕對的關係。這就是說，它是（如上面各節所說）發展的過程，在這種過程中，關係也同樣揚棄其自身而過渡到絕對的同一性。

必然的事物，在其直接形式下，就是實體性與偶然性的關係。這種關係的絕對自身同一性，就是實體本身，而實體，作爲必然性，乃是對這種內在性形式的否定，它因而設定其自身爲現實性，但它又是對這種外在事物的否定。在這否定的過程裡，現實的事物作爲直接性的，只是一種偶然性的東西，而偶然性的東西使通過它的這種單純的可能性過渡到一個別的現實性。這個過渡就是作爲形式活動〔或矛盾進展〕（§148及§149）的實體同一性。

§151

因此，實體就是各個偶性的全體，它啓示，在各個偶性中，作爲它們的絕對否定性（這就是說，作爲絕對的力量），並同時作爲全部內容的豐富性。但這內容不是別的，即是這種表現的本身，因爲那返回到自身成爲內容的規定性本身，只是形式的一個環節，這個環節在實體的力量支配下，將過渡〔到另一環節〕。①實體性乃是絕對的形式活動〔或矛盾進展〕，和必然性的力量，而一切內容僅是唯一隸屬於這個過程的環節，——這個過程，乃是形式與內容相互間的絕對轉化。

附釋：在哲學史裡我們遇見實體爲斯賓諾莎哲學的原則。對他的哲學有人極端稱讚，也有人肆意詆毀，其價值和意義如何，從他在世的時候起，即有了很大的誤解，也引起了很多的爭辯。斯賓諾莎體系中，常被人們提出來攻擊的主要之點，爲他的無神論，甚至進而攻擊他的泛神論。其所以被攻擊的原因，眞正講來，是由於他認爲上帝是實體，而且僅僅是實體。我們對於這些攻擊的看法，首先要依據實體在邏輯理念的體系裡所占的地位。雖說實體是理念發展過

① 依拉松本第一五〇頁小注，增「到另一環節」五字，以補足語氣。——譯者

程中的一個重要階段①，但還不是理念本身，不是絕對理念，而是尙在被限制的必然性的形式裡的理念。上帝誠然是必然性，或者我們也可以說，上帝是絕對的實質，但他同時又是絕對的人格。認上帝爲絕對的人格一點，就是斯賓諾莎所未達到的。因此我們不能不承認，他的哲學未能見到構成基督教意識內容的上帝的眞性質。斯賓諾莎就血統講來，是一個猶太人。大體看來，東方人的觀點多認一切有限的事物僅是奄忽即逝，不能長存，這種東方人的世界觀在斯賓諾莎的哲學裡得到一種思想性的表述。這種東方的實體統一性的觀點無疑地可以形成一切眞正哲學進一步發展的基礎，但不可停留在那裡，不予以較高的推進。斯賓諾莎的哲學所缺少的，就是西方世界裡的個體性的原則。這原則與斯賓諾莎主義同時代，在萊布尼茨的單子論裡以哲學的形式首先出現。

從這裡出發我們再回頭來看那認斯賓諾莎哲學爲無神論的批評，便可明白看出這種指斥是沒有根據的。因爲他的哲學不但不否認上帝，並且承認上帝爲唯一的眞實存在。我們也不能說，斯賓諾莎雖認上帝爲唯一的眞實存在，但他的上帝卻非眞正的上帝，因此有了這樣一個上帝，也和沒有上帝差不多。如果這種批評正確的話，則一切別的哲學家，在他們的哲學理論裡把上帝降到低於理念的地位，不僅那些只知道將上帝認作「主」的猶太教徒和回教徒，甚至連那些將上帝僅認作至高無上的、彼岸的、不可知的存在的許多基督教徒，都可和斯賓諾莎一樣被指責爲無神論者了。細察一下，攻擊斯賓諾莎哲學爲無神論，歸結起來，實係指斥他未能將差別

---

①《列寧全集》第三八卷第一六七頁引證了這一句話，並作了辯證唯物論的改造。——譯者

或有限性的原則給予正當的地位。按照斯賓諾莎的學說，眞正講來，既然沒有世界，——意思是說沒有積極的存在著的事物，那麼，他的體系就不應稱爲無神論，而毋寧應反過來稱爲無世界論(Akosmismus)。由此又可得到對於他的泛神論的攻擊應持的態度。如果照通常的看法，泛神論是認有限事物的本身或有限事物的複合爲上帝的學說，那麼我們也不能不說斯賓諾莎的哲學逃脫了泛神論的攻擊。因爲照斯賓諾莎看來，有限的事物或世界一般是完全沒有眞理的。反之，正因爲他持無世界論，所以他的哲學才確實是泛神論。

剛才這樣由內容著眼而尋出的缺點，同時也足以表明就是形式方面的缺點。雖然斯賓諾莎將實體放在他的系統的頂點，將實體定義爲思想與廣延的統一，但他卻未闡明他如何發現兩者的差別，並如何追溯出兩者復歸於實體的統一。他對於內容的進一步處理，是根據所謂數學方法進行的。即先提出界說和公理，接著就列出一系列的命題，並根據那些未經證明的前提，依據知性形式的推理，以證明這些命題。所以甚至有許多反對斯賓諾莎體系的內容和結論的人，都常常對於他的方法的嚴密次序予以高度讚揚。但眞正講來，這種無條件地承認他的形式或方法和無條件地反對他的內容，都是同樣沒有根據的。他的體系的內容的缺點在於並未認識到形式內在於內容裡，而只是以主觀的外在的形式去規定內容。他的實體只是直觀的洞見，未先行經過辯證的中介過程。所以他的實體只是直接地被認作一普遍的否定力量，就好像只是一黑暗的無邊的深淵，將一切有規定性的內容皆徹底加以吞噬，使之成爲空無，而從它自身產生出來的，沒有一個是有積極自身持存性的事物。

§ 152

按照上述這一環節來說，實體作爲絕對力量是**自己與自己聯繫著**的力量（這種力量只是一內在可能性），並因而是決定著其自身成爲偶性的力量，同時由偶性而設定起來的外在性又與這種力量有所區別，則這種力量（正如它在必然性的第一種形式中，乃是實體那樣），現在就是眞正的**關係**，——這就是**因果關係**。

II. 因果關係(Das Kausalitäts-Verhältnis)

§ 153

實體在如下情形下，即是**原因**：即當實體在過渡到偶性時，反而返回到自身，並且，因而是**原始的實質**，但同時又揚棄它的自身返回或揚棄它的單純可能性，以設定其自身爲它自身的否定者，從而產生出一種**效果**，產生出一種現實性。這種現實性雖然只是**設定起來的東西**，卻通過產生效果的過程而同時又是必然的東西。

〔說明〕原因，作爲**原始的實質**，具有絕對獨立性和一種與效果相對而自身保持其持存性的規定或特性，但原因只有在其同一性構成原始性本身的必然性中才過渡到效果。假如我們重新想要談論一種特定的內容，可以說，我們找不到一種只存在於效果裡而不存在於原因裡的內容；——上述那種同一性就是絕對內容本身；但它也同樣是形式規定。原因的原始性在效果裡被揚棄了。它在效果裡使自己成爲一設定的存在了。但原因並不因此而消逝，現實的東西並不因此好像只是效果。因爲這被設定的存在也同樣直接地受到揚棄，甚或可說被設定就是原因的自身返回，就是它的原始性。只是在效果裡，原因才是現實的，不是原因。因此原因，眞正講來，即是自因(causa sui)，耶柯比由於對中介堅持片面的看法，曾在他討論斯賓諾莎的書信裡（第二版，第四一六頁），把自因（自果 Effectus sui 也是同樣的），這一有關原因的絕對眞理僅僅當成一種形式主義。他復指出，上帝不可定義爲根據，本質上須定義爲原因。因此，只消對於原因的性質予以透徹的考察，就可以看出，他這種辦法沒有達到他的意圖。即使在有限的原因和有限的原因的觀念裡，也可看出因果內容具有這種同一性。雨、原因，和濕、效果，兩者都是同一實際存在著的水。就形式講來，原因（雨）是消失在效果（濕）裡面了，但這樣一來，效果也隨之消失了，因爲沒有原因，也就沒有效果，便只剩下非因非果的濕了。

在通常意義的因果關係裡，只要原因的內容是有限的（正如實體是有限的那樣），只要原因與效果被認作兩個不同的獨立的存在（但如果我們把兩者的因果關係抽掉，它們就只是兩個獨立存在了），原因便是有限的。因爲在有限的抽象思想裡，我們總是固執著兩個範疇在聯繫中的區別，所以我們也可以顚倒過來，將原因界說爲一種被設定的東西或效果。這個作爲效果的原因又有另一原因；依此遞進，由果到因，以至無窮。同樣，也可有一遞退的過程，因爲效果旣與原因同一，故自身也可認作一原因，同時，也可認作另一足以產生別的效果的原因，如此遞退，由因到果，以至無窮。

附釋：知性愈是習於反對實體這一概念，則它便愈是常常運用因果的關係。當它要把一個內容當作必然的事實來研究時，這抽象的理智便特別喜歡去追溯因果關係。誠然，因果關係無疑地是屬於必然性的，但這種關係只是必然過程的一個側面。這個必然過程同樣必須揚棄那包含在因果關係裡的中介性，並須表明其自身為簡單的自身關係。如果我們固執著因果關係的本身，則我們便得不到這種關係的眞理性，而只看見有限的因果性，而因果關係的有限性即在於堅持因與果的區別。但這兩者並不僅是有區別，而且又是同一的。即在通常意識裡，我們也可以看出這種同一性。我們說一物為因，僅因其有果，說一物為果，僅因其有因。由此足見，因果兩者具有同一的內容，而因與果的區別主要只是設定與被設定的區別。而這種形式的區別也同樣又揚棄其自身，因為原因不僅是一個他物的原因，而且又是它自己本身的原因；同時，效果也不僅是一個他物的效果，而且又是它自己本身的效果。依此看來，事物的有限性即在這裡：因與果按概念說，雖是同一的，但這兩種形式卻表現出在如下方式上是分離開的，即因雖又是果，果雖又是因，但因卻不在同樣聯繫內是因，而果也不在同樣聯繫內是果，這樣，於是又發生無窮遞進的情形：——無窮系列的因同時又表現為一無窮系列的果。

§154

果是與因有區別的：果之為果在於設定它的原因，但這種設定性也同樣是自身反映和直接性。只要我們執著於因果間的區別，則原因的作用，或原因所設定的後果，同時也就是原因的前提。於是另有一實體出現，在它上面發生效果。這實體既是直接的，便不是自己與自己聯繫著的否定性，不是主動的而是被動的。但作爲實體，它同樣也是主動的，它揚棄那設定在先的直接性和那設定給它的效果；它作出反應，換言之，它揚棄那第一個實體的活動。但這第一個實體的活動也同樣是對它自己的直接性或對設定給它的效果的揚棄，從而它便揚棄了另一實體的活動，並作出反應。於是因果關係便過渡爲〔主動與反作用的關係或〕相互作用(Wechselwirkung)。

在相互作用裡，因果關係雖說尚未達到它的眞實規定，但那種由因到果和由果到因向外伸展直線式的無窮進程，已得到眞正的揚棄，而繞回轉變爲圓圈式的過程，因而返回到自身來了。直線式的無窮進程的圓圈化而繞圓爲一自成起結的關係①也如一般隨處皆有的簡單返回一樣，即上面所說的那種無思想性的重複之中，只是一和同一的東西，也就是此一因與另一因以及兩者彼此的聯繫。但此種聯繫的發展，相互作用，本身即是區別的變換，不過不是原因與原因的互換，而是因果關係中兩環節的互換，就每一環節各個獨立自爲，又按照兩者的同一性來說，原因之所以爲原因，由於是效果的原因，反之，效果之所以爲效果，由於是原因的效果，——而由於兩者的這種不可分離性，所以設定其一環節，同時也就設定其另一環節。

---

① 自成起結的關係(in sich beschlossenen verhältnis)是由克服了形而上學的直線式的無窮遞進，經過曲折發展過程而達到的關係。也就是指終點繞回到與起點相結合，首尾相應的圓圈或全體。英譯 self-contained relationship.中譯本初版譯成「自身包容」，均頗費解。譯成「自身封閉」，也欠恰當，有失此詞的辯證法意義。——譯者

III.相互作用(Die Wechselwirkung)

§ 155

在相互作用(die wechselwirkung)裡，被堅持爲有區別的因果範疇，㈠自在地都是同樣的；其一方面是原因，是原始的、主動的、被動的等等，其另一方面也同樣如此。同樣，以對方爲前提與以對方爲所起作用的後果，直接的原始性與由相互作用而設定的依賴性，也是一樣的東西。那以爲是最初的第一的原因，由於它的直接性的緣故，也是一被動的、設定的存在，也是一效果。因此，所謂兩個原因的區別乃是空虛的。而且原因自在地只有一個，這一個原因既在它的效果裡揚棄自己的實體性，同樣又在這效果裡，它才使自己成爲獨立的原因。

§ 156

㈡但上述這種因果統一性，也是獨立自爲的。因爲這整個相互作用就是原因自己本身的設定，而且只有原因的這種設定，才是原因的存在。區別的虛無性並不只是潛在的或者只是我們的反思（見前一節）。而且相互關係本身就在於：將每一被設定起來的規定又再加以揚棄，使之轉化爲相反的規定，因而把諸環節的潛在的空虛性都設定起來了。在原始性裡被設定有效果，這就是說，原始性被揚棄了；原因的作用變成反作用了，等等。

附釋：相互作用被設定為因果關係的充分的發展，同時也表明那抽象反思常利用來作護符的因果關係，也有其不滿足之處，因為反思習於從因果律的觀點來觀察事物，因而陷於上面所說的無窮遞進。譬如，在歷史研究裡，首先便可發生這樣的問題：究竟一個民族的性格和禮俗是它的憲章和法律的原因呢？或者反過來說，一個民族的憲章和法律是它的性格和禮俗的原因呢？於是我們可以進一步說，兩者，一方面民族性或禮俗，一方面憲章和法律，均可依據相互的聯繫的原則去了解。這樣一來，原因即因其在這一聯繫裡是原因，所以同時是效果，效果即因其在這一聯繫裡是效果，所以同時是原因。同樣的觀點，可以適用於自然研究，特別適用於有生命的有機體的研究。有機體的每一個別官能和功能皆可表明為同樣地處於彼此有相互影響的關係中。①相互作用無疑地是由因果關係直接發展出來的眞理，也可說是它正站在概念的門口。但也正因為如此，為了要獲得概念式的認識，我們卻不應滿足於相互關係的應用。假如我們對於某一內容，只依據相互關係的觀點去考察，那麼事實上這是採取了一個完全沒有概念的態度。我們所得到的僅是一堆枯燥的事實，而對於為了應用因果關係去處理事實所首先要求的中介性知識，仍然得不到滿足。如果我們仔細觀察應用相互作用一範疇所以不能令人滿足的緣故就可見到，相互關係不但不等於概念，而且它本身首先必須得到概念的理解。這就是說，相互關係中的兩個方面不可讓它們作為直接給予的東西，而必須如前面兩節所指出那樣，確認它

① 從這裡起至本段末止，列寧曾加以引證並作了重要評語。見《列寧全集》第三八卷，第一七二——一七三頁。——譯者

們爲一較高的第三者的兩個環節，而這較高的第三者即是概念。例如，認斯巴達民族的風俗爲斯巴達制度的結果，或者反過來，認斯巴達的制度爲他們的風俗的結果，這種看法當然是不錯的。不過這種看法不能予人以最後的滿足，因爲事實上，這種看法對於斯巴達民族的風俗和制度並沒有概念式的理解。而這樣的理解只在於指出這兩個方面以及一切其他足以表現斯巴達民族的生活和歷史的特殊方面，都是以斯巴達民族的概念爲基礎。

§ 157

㈢①這種自己與自己本身的純粹交替，因此就是顯露出來的或設定起來的必然性。必然性本身的紐帶就是同一性，不過還只是內在的和隱蔽的同一性罷了。因爲必然性是被認爲現實事物的同一性，而這些現實事物的獨立性卻正應是必然性。因此實體通過因果關係和相互作用的發展途程，只是這樣一個設定：即獨立性是一種無限的否定的自身聯繫，——一般說來，所謂否定的聯繫，是說在這種聯繫裡，區別和中介成爲一種與各個獨立的現實事物彼此相獨立的原始性，——其所以說是無限的自身聯繫，是因爲各現實事物的獨立性也只是它們的同一性。

§ 158

① 相互關係下共分三點討論，§155討論㈠，§156討論㈡，§157應討論㈢，格羅克納本及瓦拉士英譯本，均脫漏㈢，茲依拉松本補行標出。——譯者

因此必然性的眞理就是自由，而實體的眞理就是概念——這是一種獨立性概念，其獨立性，在於自己排斥自己使成爲有區別的獨立物，而自己作爲這種自身排斥卻與自身相同一，並且，這種始終在自己本身之內進行的交替運動，只是與自己本身相關聯。

附釋：必然性常被稱作堅硬的，單就必然性的本身，或就必然性的直接形態而言，這話誠然不錯。這裡我們有一種情況，或一般講來，一種內容，具有一種獨立自存性。必然性首先包含著這樣的意思：即一個對象或內容驟然遭遇著某種別的東西的阻礙，使得它受到限制，而失掉其獨立自存性。這就是直接的或抽象的必然性所包含的堅硬的和悲慘的東西。在必然性裡表現爲互相束縛，喪失獨立性的兩方面，雖有同一性，但最初也只是內在的，還沒有出現在那受必然性支配的事物裡。所以從這種觀點看來，自由最初也只是抽象的，而這種抽象的自由也只有通過放棄自己當前的存在情況和所保有的東西，才可得到拯救。此外我們前此已見到，必然性發展的過程是採取克服它最初出現的僵硬外在性，而逐漸顯示它的內在本質的方式。由此便可表明那彼此互相束縛的兩方，事實上並非彼此陌生的，而只是一個全體中不同的環節。而每一環節與對方發生聯繫，正所以回復到它自己本身和自己與自己相結合。這就是由必然性轉化到自由的過程，而這種自由並不單純是抽象的否定性的自由，而反倒是一種具體的積極的自由。由此也可看出，認自由與必然爲彼此互相排斥的看法，是如何地錯誤了。無疑地，必然作爲必然還不是自由；但是自由以必然爲前提，包含必然性在自身內，作爲被揚棄了的東西。一個有德行的人自己意識著他的行爲內容的必然性和自在自爲的義務性。由於這樣，他不但不感到他的自由受到了妨害，甚且可以說，正由於有了這種必然性與義務性的意識，他才首先達到眞正的內容充實的自由，有別於從剛愎任性而來的空無內容的和單純可能性的自由。一個罪犯受到處罰，他可以認爲他所受的懲罰限制了他的自由。但事實上，那加給他的懲罰並不是一種外在的異己的暴力，而只是他自己的行爲自身的一種表現。只要他能夠認識這點，他就會把自己當作一個自由人去對待這事。一般講來，當一個人自己知道他是完全爲絕對理念所決定時，他便達到了人的最高的獨立性。斯賓諾莎所謂對神的理智的愛(amor intellectualis Dei)也就是指這種心境和行爲而言。

§ 159

這樣一來，概念就是存在與本質的眞理，因爲返回到自己本身的映現(Scheinen)，同時即是獨立的直接性，而不同的現實性的這種存在，直接地就只是一種在自己本身內的映現。

〔說明〕概念曾經證明其爲存在和本質的眞理，而存在和本質兩者在概念裡就像返回到它們的根據那樣，反過來說，則概念曾從存在中發展出來，也就像從它自己的根據中發展出來那樣。前一方面的進展可以看成是存在深入於它自己本身，通過這一進展過程而揭示它的內在本性。後一方面的進展可以看成是比較完滿的東西從不甚完滿的東西展現出來。由於只是從後一方面來看這樣的發展過程，所以就會引起人們對於哲學的責難。這裡關於不甚完滿與比較完滿的膚淺思想，其較確切的內容即在於指出作爲與其自身直接統一的存在，與作爲與其自身自由中介的概念之間的區別。由於存在既經表明自己是概念的一個環節，則概念也因此證明了自己是存在的眞理。概念，作爲它的自身返回和中介性的揚棄，便是直接的東西的前提，——這一前提與返回到自身是同一的，而這種同一性便構成自由和概念。因此，如果概念的環節可叫做不完滿的，則概念本身便可說是完滿的，當然也可以說，概念是從不完滿的東西發展出來的，因爲概念本質上即在於揚棄它的前提。但是也唯有概念設定它自身，同時也設定它的前提，正如在討論因果關係時一般地指出，而在討論相互關係時確切地所明白指出那樣。

這樣，就概念與存在和本質的聯繫來說，可以對概念作出這樣的規定，即：概念是返回到作爲簡單直接的存在那種的本質，因此這種本質的映現便有了現實性，而這本質的現實性同時即是一種在自己本身內的自由映現。在這種方式下，概念便把存在作爲它對它自己的簡單的聯繫，或者作爲它在自己本身內統一的直接性。存在是如此貧乏的一個範疇，以致可以說，它是最不能揭示概念中所包含的內容。

由必然到自由或由現實到概念的過渡是最艱苦的過程，因爲獨立的現實應當被理解爲在過渡到別的獨立現實的過程中，並且在它與別的獨立現實的同一性中，才具有它的一切實體性。這樣一來，概念也就是最堅硬的東西了，因爲概念本身正是這種同一性。但是那現實的實體本身，那在它的自爲存在中不容許任何事物滲入的「原因」，即已經受了必然性或命運的支配，並且必定要過渡到被設定的存在。而這種受必然性或命運的支配，才應說是最堅硬的事實。反之，對必然性加以思維，也就是對上述最堅硬的必然性的消解。因爲思維就是在他物中自己與自己結合在一起。思維就是一種解放，而這種解放並不是逃避到抽象中去，而是指一個現實事物通過必然性的力量與別的現實事物聯結在一起，但又不把這別的現實事物當成異己的他物，而是把它當成自己固有的存在和自己設定起來的東西。這種解放，就其是自爲存在著的主體而言，便叫做我；就其發展成一全體而言，便叫做自由精神；就其爲純潔的情感而言，便叫做愛；就其爲高尚的享受而言，便叫做幸福——斯賓諾莎關於實體的偉大直觀只是對於有限的自爲存在的自在的解放；但是只有概念本身才自爲地是必然性的力量和現實的自由。

附釋：如這裡所說，我們把概念認作存在和本質的眞理，也許不免有人要問，爲什麼不把概念作爲邏輯的開端呢？對這問題可以這樣解答：邏輯的目的既在於求思想性的或概念式的知識，正因爲這樣，就不能自眞理開始，因爲眞理，如果一開始就直說出來，也不過只是提出些單純的論斷而已。而建立在思想上的眞理，則由思維予以證明和檢驗。如果我們將概念放在邏輯學的頂點上，並且就內容看來，完全是正確的，像把概念界說爲存在與本質的統一那樣，那麼，就會引起如下的問題：我們須如何去思維存在和本質的內容呢？這兩者又如何能夠在概念的統一裡綜貫起來的呢？但如果我們一開始就解答了這些問題，而還說這不是自概念開始的，那就會只是按名詞來說，而不是按照實質來說。眞正的開始將會從存在出發，正像本書所採取的步驟也是自存在開始那樣。但是有這麼一點區別，即按某種做法，存在以及本質的種種規定或範疇，就彷彿都可以從表象那裡直接地接受過來似的，與此相反，我們在本書裡卻考察了存在與本質自己辯證發展的過程，並且認識了它們如何揚棄其自身而達到概念的統一。

第三篇 概念論 (Die Lehre vom Begriff)

§ 160

概念是自由的原則，是獨立存在著的實體性的力量。概念又是一個全體，這全體中的每一環節都是構成概念的一個整體，而且被設定和概念有不可分離的統一性。所以概念在它的自身同一裡是自在自爲地規定了的東西。

附釋：概念的觀點一般講來就是絕對唯心論的觀點。哲學是概念性的認識，因爲哲學把別的意識當作存在著的並直接地獨立自存的事物，卻只認爲是構成概念的一個理想性的環節。在「知性邏輯」(Verstandeslogik)裡，概念常被認作思維的一個單純的形式，甚或認作一種普通的表象。爲情感和心情辯護的立場出發所常常重複說的：「概念是死的、空的、抽象的東西」這一類的話，大概都是指這種低視概念的看法而言。其實正與此相反，概念才是一切生命的原則，因而同時也是完全具體的東西。概念的這種性質是從前此的整個邏輯運動發展而來的，因而這裡用不著先予以證明。至於剛才提到的以各概念只是形式的那種想法，是由於固執內容與形式的對立，而這種對立已經和反思所堅持的一些別的對立範疇，全都得到辯證地克服了，亦即通過它們自身矛盾發展的過程得到克服了。換言之，正是概念把前此一切思維範疇都曾加以揚棄並包含在自身之內了。概念無疑地是形式，但必須認爲是無限的有創造性的形式，它包含一切充實的內容在自身內，並同時又不爲內容所限制或束縛。同樣，如果人們所了解的具體是指感覺中的具體事物或一般直接的可感知的東西來說，那麼，概念也可以說是抽象的。概念作爲概念是不能用手去捉摸的，當我們在進行概念思維時，聽覺和視覺必定已經成爲過去了。可是如前面所說，概念同時仍然是眞正的具體東西。這是因爲概念是「存在」與「本質」的統一，而且包含這兩個範圍中全部豐富的內容在自身之內。

假如我們像早已提過的那樣，把邏輯理念的各階段認作一系列的對於絕對的界說，那麼現在所得的界說應該是：絕對就是概念。這樣我們當然就必須把概念理解爲另一較高的意義，異於知性邏輯所理解那樣，把概念僅只看成我們主觀思維中的、本身沒有內容的一種形式。至此，也許有人還會問，如果「思辨邏輯」給予概念一詞以特殊意義，遠不同於通常對這一術語所了解的，那麼爲什麼還要把這一完全不同的術語也叫做概念，以致引起誤會和混淆呢？對這問題可以這樣回答：形式邏輯的概念與思辨的概念的距離雖然很大，但細加考察，即可看出概念較爲深刻的意義，並不像初看起來那樣太與普通語言的用法相疏遠。我們常說，從概念去推演出內容，例如從財產的概念去推演出有關財產法的條文，或者相反，從這些內容去追溯到概念。

由此就可看出，概念並不僅是本身沒有內容的形式。因爲假如概念是一空無內容的形式的話，則一方面從這種空形式裡是推不出任何內容來的，另一方面，如果把某種內容歸結爲概念的空形式，則這內容的規定性將會被剝奪掉，而無法理解了。

§ 161

概念的進展既不復僅是過渡到他物，也不復僅是映現於他物內，而是一種發展。因爲在概念裡那些區別開的東西，直接地同時被設定爲彼此同一、並與全體同一的東西。而每一區別開的東西的規定性又被設定爲整個概念的一個自由的存在。

附釋：過渡到他物是「存在」範圍內的辯證過程，映現在他物內是「本質」範圍內的辯證過程。反之，概念的運動就是發展，通過發展，只有潛伏在它本身中的東西才得到發揮和實現。在自然界中，只有有機的生命才相當於概念的階段。譬如一個植物便是從它的種子發展出來的。種子已包含整個植物在內，不過只是在理想的潛在的方式下。但我們卻不可因此便把植物的發展理解爲：似乎植物不同的部分，如根幹枝葉等好像業已具體而微地、眞實地存在於種子中了。這就是所謂「原形先蘊」的假設，其錯誤在於將最初只是在理想方式內的東西認作業已眞實存在。反之，這個假設的正確之處在於這一點，即概念在它的發展過程中仍保持其自身，而且就內容來說，通過這一過程，並未增加任何新的東西，但只是產生了一種形式的改變而已。概念的這種在過程中表示其自身爲自我發展的本性，也就是一般人心目中所說的先天觀念，或者即是柏拉圖所提出的，一切學習都是回憶的說法了。但這種說法的意思並不是指經過教育而形成的一切特定意識內容，前此就早已一一具體而微地預先存在於意識內。

概念的運動好像是只可以認作一種遊戲：概念的運動所建立的對方，其實並非對方〔而是在它自己本身內〕。這個道理在基督教教義中是這樣表述的：上帝不僅創造了一個世界，作爲一種與他相對立的他物，而且又永恆地曾經產生了一個兒子，而上帝，作爲精神，在他的兒子裡即是在他自己本身裡。

§ 162

關於概念的學說可分爲三部分：⑴論主觀的或形式的概念。⑵論被認作直接性的概念或客觀性。⑶論理念，主體和客體、概念和客觀性的統一，絕對眞理。

〔說明〕普通邏輯僅包括有這裡所提出的全系統的第三部分的一部分材料，此外還包括有上面所討論過的思維的定律。在應用的邏輯學裡復有一些關於認識論的材料。這裡面還摻雜有許多心理學的，形而上學的以及各種經驗的材料。其所以要摻雜這許多經驗材料進去，是因爲感到那些思維的形式自身最後並不充分足用。但這樣一來，邏輯學便失掉它的堅定的方向了。而那些至少是屬於眞正邏輯範圍內的形式，卻僅當作被意識著的思維的範疇，而且僅當作知性思維的範疇而非理性思維的範疇。

前面所討論過的邏輯範疇，即「存在」和「本質」的範疇，誠然不僅是思想的範疇，它們在它們的過渡、辯證環節、和返回自身和全體的過程裡，卻能證明其自身爲概念。但它們只是特定的概念（參看§84和§112），自在的概念，或換句話說，是對我們來說的概念。由於每一範疇所過渡的，所映現於其中的對方，只是相對的東西，既未被規定爲特殊的東西，而作爲兩者之合的第三者，也未被規定爲個體或主體，也未明白設定每一範疇在它的對方裡得到同一，得到它的自由，因爲它不是普遍性。——通常一般人所了解的概念只是一些理智規定或只是一些一般的表象，因此，總的說來只是思維的一些有限的規定（參看§62）。

概念的邏輯通常被認作僅是形式的科學，並被理解爲研究概念、判斷、推論的形式本身的科學，而完全不涉及內容方面是否有某種眞的東西；殊不知關於某物是否眞的問題完全取決於內容。如果概念的邏輯形式實際上是死的、無作用的和無差別的表象和思想的容器的話，那麼關於這些形式的知識就會是與眞理無涉的、無聊的古董。但是事實上，與此相反，它們（邏輯形式）作爲概念的形式乃是現實事物的活生生的精神。①現實的事物之所以眞，只是憑藉這些形式，通過這些形式，而且在這些形式之內才是眞的。但這些形式本身的眞理性，以及它們之間的必然聯繫，直至現在還沒有受到考察和研究。

A.主觀概念 (Der Subjektive Begriff)

I.概念本身(Der Begriff als Solcher)

---

① 列寧摘錄了這句話，見《列寧全集》第三八卷，第一八六頁。——譯者

§163

概念本身包含下面三個環節：⑴普遍性，這是指它在它的規定性裡和它自身有自由的等同性。⑵特殊性、亦即規定性，在特殊性中，普遍性純粹不變地繼續和它自身相等同。⑶個體性，這是指普遍與特殊兩種規定性返回到自身內。這種自身否定的統一性是自在自為的特定東西，並且同時是自身同一體或普遍的東西。

〔說明〕個體事物與現實事物是一樣的，只不過前者是從概念裡產生出來的，因而便被設定為普遍的東西，或自身否定的同一性。現實的事物，因為它最初只是存在和本質之潛在的或直接的統一，故能夠發生作用。但概念的個體性是純全起作用的東西，而且並不復像原因那樣帶有對另一事物產生作用的假象，而卻是對它自己起作用。——但個體性不可以了解為只是直接的個體性，如我們所說個體事物或個人那樣。這種意義的個體性要在判斷裡才出現。概念的每一環節本身即是整個概念（§160），但個體或主體，是被設定為全體的概念。

附釋一：一說到概念人們心目中總以為只是一抽象的普遍性，於是概念便常被界說為一個普遍的觀念。因此人們說顏色的概念，植物動物的概念等等。而概念的形成則被認為是由於排除足以區別各種顏色、植物、動物等等的特殊部分，而堅持其共同之點。這就是知性怎樣去了解的概念的方式。人們在情感上覺得這種概念是空疏的，把它們只認為抽象的格式和陰影，可以說是很對的。但概念的普遍性並非單純是一個與獨立自存的特殊事物相對立的共同的東西，而毋寧是不斷地在自己特殊化自己，在它的對方裡仍明晰不混地保持它自己本身的東西。無論是爲了認識或爲了實際行爲起見，不要把眞正的普遍性或共相與僅僅的共同之點混爲一談，實極其重要。從情感的觀點出發的人常常對於一般思維，特別對於哲學思維所加的抨擊，以及他們所一再斷言的思維太遙遠、太空疏的危險性，都是由於這種混淆而引起的。

普遍性就其眞正的廣泛的意義來說就是思想，我們必須說，費了許多千年的時間，思想才進入人的意識。直到基督教時期，思想才獲得充分的承認。在別的文化部門方面有了高度造詣的希臘人，對於神和對於人的眞正普遍性皆沒有充分意識到。希臘人的神靈只是特殊的精神力量，而有普遍性的上帝，一切民族所共仰的上帝，對於雅典人說來，還是一個隱蔽的上帝。同樣對於希臘人來說，他們與野蠻人之間也有一個絕對的鴻溝。對於人的本身也還未被他們承認有無限的價值和無限的權利。常有人提出問題，爲什麼奴隸制度在近代歐洲會消滅？於是他們時而援引某種特殊情況，時而又援引另一種特殊情況來解釋這一現象。但基督教的歐洲之所以不復有奴隸的眞正根據，不在別的地方，而應從基督教原則本身去尋求。基督教是絕對自由的宗教，只有對於基督徒，人才被當作人，有其無限性和普遍性。奴隸所缺乏的，就是對他的人格的承認，而人格的原則就是普遍性。主子不把奴隸當作人，而只當作一種沒有自我的物品。而奴隸也不把他自己看成是「我」，他的「我」就是他的主子。

上面所提到過的單純的共同點與眞正的普遍之間的區別，在盧梭著名的《民約論》中卻有恰當的表述。他說，國家的法律必須由公意或普遍的意志(Volonté générale)產生，但公意卻無須是全體人民的意志(Volonté de tous)。盧梭對於政治學說將會有更深邃的貢獻，如果他心目中能夠老是保持著這種區別。公意、普遍意志即是意志的概念，法律就是基於這種普遍意志的概念而產生的特殊規定。

附釋二：關於知性邏輯所常討論的概念的來源和形成問題，尙須略說幾句，就是我們並不形成概念，並且一般說來，概念絕不可認作有什麼來源的東西。無疑地，概念並不僅是單純的存在或直接性。概念也包含有中介性。但這種中介性即在它自身之內，換言之，概念就是它自己通過自己並且自己和自己的中介。我們以爲構成我們表象內容的那些對象首先存在，然後我們主觀的活動方隨之而起，通過前面所提及的抽象手續，並概括各種對象的共同之點而形成概念，——這種想法是顚倒了的。反之，寧可說概念才是眞正的在先的。事物之所以是事物，全憑內在於事物並顯示它自身於事物內的概念活動。這個思想出現在宗教意識裡，我們是這樣表達的：上帝從無之中創造了世界。或換句話說，世界和有限的事物是從神聖思想和神聖命令的圓滿性裡產生出來的。由此必須承認：思想，準確點說，概念，乃是無限的形式，或者說，自由的、創造的活動，它無需通過外在的現存的質料來實現其自身。

§ 164

概念是完全具體的東西。因爲概念同它自身的否定的統一，作爲自在自爲的特定存在，這就是個體性，構成它〔概念〕的自身聯繫和普遍性。在這種情形下，概念的各環節是不可分離的。那些反思的範疇總會被認爲各個獨立有效，可以離開其對方而孤立地理解的；但由於在概念裡它們的同一性就確立起來了，因而概念的每一環節只有直接地自它的對方而來並和它的對方一起，才可以得到理解。

〔說明〕普遍性、特殊性、個體性，抽象地看來，也就相同於同、異、和根據。但普遍性乃是自身同一的東西，不過須明白了解爲，在普遍性裡同時復包含有特殊的和個體的東西在內。再則，特殊的東西即是相異的東西或規定性，不過須了解爲，它是自身普遍的並且是作爲個體的東西。同樣，個體事物也須了解爲主體或基礎，它包含有種和類於其自身，並且本身就是實體性的存在。這就表明了概念的各環節有其異中之同，有其差別中的確立的不可分離性（§160）。——這也可叫做概念的明晰性，在概念中每一差別，不但不引起脫節或模糊，而且是同樣透明的。

我們最常聽見的說法，無過於說，概念是某種抽象的東西。這話在一定範圍內是對的，一方面是因爲概念指一般的思想，而不以經驗中具體的感官材料爲要素，一方面是因爲概念還不是理念。在這種意義下，主觀的概念還是形式的。但這也並不是說，概念好像應該接受或具有它自身以外的內容。就概念作爲絕對形式而言，它是一切規定性，但概念卻是這些規定性的眞理。因此，概念雖說是抽象的，但它卻是具體的，甚至是完全具體的東西，是主體本身。絕對具體的東西就是精神（參看§159末段）。——就概念作爲概念而實存著來說，它自己區別其自身於客觀性，客觀性雖異於概念，但仍保持其爲概念的客觀性。一切別的具體事物，無論如何豐富，都沒有概念那樣內在的自身同一，因而其本身也不如概念那樣具體。至於我們通常所了解的具體事物，乃是一堆外在地拼湊在一起的雜多性，更是與概念的具體性不相同，——至於一般人所說的概念，誠然是特定的概念，例如人、房子、動物等等，只是單純的規定和抽象的觀念。這是一些抽象的東西，它們從概念中只採取普遍性一成分，而將特殊性、個體性丟掉，因而並不是從特殊性、個體性發展而來，而是從概念裡抽象出來的。

§ 165

個體性這一環節首先建立起概念中各環節的區別。由於個體性是概念的否定的自身反映，所以個體性最初是概念的自由區分（或自我分化），它就是對概念的第一否定。這樣一來，概念的規定性便建立起來了，但這是作爲特殊性而建立起來的。這就是說，第一、這些區別開的東西只表示概念各環節彼此間的規定性；第二、各環節間的同一性（即這個就是那個），也同樣建立起來了。這種建立起來的概念的特殊性就是判斷。

〔說明〕通常將概念分爲清楚的、明晰的、和正確的三種的辦法，不屬於概念的範圍，而屬於心理學的範圍。在心理學裡清楚和明晰的概念皆指普通觀念或表象而言。一個清楚的概念是指一個抽象的簡單的特定的表象。一個明晰的觀念除具有簡單性外，但尚具有一種標誌，或某種規定性可以特別舉出來作爲主觀認識的記號。眞正講來，沒有什麼東西比標誌這一爲人們喜愛的範疇，更足以作爲表示邏輯的衰敗和外在性的標誌了。正確的觀念比較接近概念，甚至接近理念，但是它仍然不外僅表示一個概念甚或一個表象與其對象（一個外在的事物）之間的形式上的符合。——至於所謂從屬的概念與對等的概念的分別，實基於一種對普遍與特殊的無意義的區別，並且也是基於以外在的反思方式去看兩者的相互關係。又如列舉相反的與矛盾的觀念，肯定的與否定的觀念等，也不過是對於思想的規定性偶有所見，而對於這些形式本身應屬於存在和本質的範圍，則是前此業已討論過的，而且它們與概念的規定性本身實毫不相干。——把概念眞正地區別爲普遍的、特殊的、個體的三個環節，也可以說，是構成概念的三個樣式，但也只有當外在的抽象思想將它們彼此分開後，才可以那樣說。對概念加以內在的區別和規定，就是判斷。因爲下判斷，就是規定概念。

II. 判斷 (Das Urteil)

§ 166

判斷是概念在它的特殊性中。判斷是對概念的各環節予以區別，由區別而予以聯繫。在判斷裡，概念的各環節被設定爲獨立的環節，它們同時和自身同一而不和別的環節同一。

〔說明〕通常我們一提到判斷，就首先想到判斷中的兩極端，主詞與謂詞的獨立性，以爲主詞是一實物，或獨立的規定，同樣以爲謂詞是一普遍的規定，在那主詞之外，好像是在我們腦子裡面似的。於是我們便把主詞與謂詞聯接起來而下一判斷。由於那聯繫字「是」字，卻說出了謂詞屬於那主詞，因而那外在的主觀的聯屬便又被揚棄了，而判斷便被認作對象的自身規定了。——在德文裡判斷(Urteil)有較深的字源學意義。判斷表示概念的統一性是原始的，而概念的區別或特殊性則是對原始的東西予以分割。這的確足以表示判斷的眞義。

抽象的判斷可用這樣的命題表示：「個體的即是普遍的」。個體與普遍就代表主詞與謂詞最初彼此對立的兩個規定，由於概念的各環節被認作直接的規定性或初次的抽象（又如「個體的即是特殊的」和「特殊的即是普遍的」等命題，則屬於對判斷更進一步的規定）。最值得驚異的缺乏觀察力之處，即在許多邏輯書本裡並未指出這樣一件事實：即在每一判斷中都說出了這樣的命題：如「個體是普遍」，或者更確切點說：「主詞是謂詞」（例如，上帝是絕對精神）。無疑地，個體性與普遍性，主詞與謂詞等規定之間也有區別，但並不因此而影響一件極爲普遍的事實：即每一判斷都把它們表述成同一的。

那聯繫字「是」字是從概念的本性裡產生出來的，因爲概念具有在它的外在化裡與它自己同一的本性。個體性和普遍性作爲概念的環節，是不可能彼此孤立的兩種規定性。前面所討論到的反思的規定性，在它們的相互關係中也彼此有互相聯繫，但它們的關係只是「有」的關係，不是「是」的關係，這就是說，不是一種明白建立起來的同一性或普遍性。所以，判斷才是概念的眞正的特殊性，因爲判斷是概念的區別或規定性的表述，但這種區別仍然能保持其普遍性。

附釋：判斷常被認爲概念的聯結，甚或認爲是不同種類的概念的聯結。就其認概念爲構成判斷的前題和在判斷中以差別的形式出現而言，這種判斷論當然是對的。不過如果說概念有種類的不同，那就錯了，因爲概念，雖說是具體的，但就其爲概念而言，本質上仍然是一個概念，而概念所包涵的各個環節也不可認作種類的不同。如果說成是把判斷的兩邊加以聯結，也同樣是錯的。因爲一說到聯結，就令人誤以爲那被聯結的雙方會獨立存在於聯結之外。這種對於判斷的性質的外在的看法，當人們說判斷的產生是由於把一個謂詞加給主詞時，就更明確了。照這種看法，主詞便是外在的獨立自存之物，而謂詞就被認爲只是從我們腦子內找出來的東西。但是主詞與謂詞關係的這種看法，卻與聯繫詞「是」字相矛盾。當我們說，「這朵玫瑰花是紅的」或者說「這幅畫是美的」時，我們這裡所表達的，並不是說我們從外面去把紅加給這朵玫瑰花，把美加給這幅畫，而只是說紅美等是這些對象自身特有的諸規定。形式邏輯對於判斷的通常看法還有一個缺點，按照這種邏輯，判斷一般好像僅只是一個偶然的東西，而從概念到判斷的進展過程也沒有得到證明。但須知，概念本身並不像知性所假想的那樣自身固執不動，沒有發展過程，它毋寧是無限的形式，絕對健動，好像是一切生命的源泉(Punctum saliens)，因而自己分化其自身。這種由於概念的自身活動而引起的分化作用，把自己區別爲它的各環節，這就是判斷。因此判斷的意義，就必須理解爲概念的特殊化。無疑的，概念已經是潛在的特殊性。但是在概念本身內，特殊性還沒有顯著地發揮出來，而是仍然與普遍性有著明顯的統一。例如前面所說（§161附釋），植物的種子誠然業已包含有根、枝、葉等等特殊部分，但這些特殊的成分最初只是潛在的，直至種子展開其自身時，才得到實現。這種自身的開展也可以看成是植物的判斷。這個例子還可用來表明，何以無論概念也好，判斷也好，均不單純是在我們腦子裡找出來的，也不單純是由我們造成的。概念乃是內蘊於事物本身之中的東西；事物之所以是事物，即由於其中包含概念，因此把握一個對象，即是意識著這對象的概念。當我們進行判斷或評判一個對象時，那並不是根據我們的主觀活動去加給對象以這個謂詞或那個謂詞。而是我們在觀察由對象的概念自身所發揮出來的規定性。

§167

判斷通常被認為是一種主觀意義的意識活動和形式，這種活動和形式僅單純出現於自我意識的思維之內。但在邏輯原理裡，卻並沒有作出過這種區別。因為按照邏輯原則，判斷是被認為極其普遍的：「一切事物都是一個判斷」，這就是說，一切事物都是個體的，而個體事物又是具有普遍性或內在本性於其自身的，或者說是，個體化的普遍性。在這種個體化的普遍性中，普遍性與個體性是區別開了的，但同時又是同一的。

〔說明〕按照對於判斷的單純的主觀解釋，好像是由我附加一個謂詞給一個主詞，但這卻正好與判斷的客觀表述相矛盾：在「玫瑰是紅的」，「黃金是金屬」等判斷裡，並不是我首先從外面附加給它們某種東西。——判斷與命題是有區別的；命題對主詞有所規定，而這個規定與主詞並無普遍關係，只不過表述一個特殊狀態，一種個別行動等等類似的東西。譬如，凱撒某年生於羅馬，在高盧地區進行了十年戰爭，渡過了魯比康河等等只能算是命題，而非判斷。又如說，「我昨晚睡得很好」，或說，「舉槍！」等話，均可轉變成判斷的形式，也未免空無意義。只有這樣一個命題如「一輛馬車走過去了」，也許可以算作一判斷，但至多也只是一個主觀的判斷，如果我們懷疑那走過去的東西是否馬車，或者我們懷疑究竟是對象在動呢，還是觀察者在動。總之，只有當我們的目的是在對一個尚沒有適當規定的表象加以規定時，才可說是在下判斷。

§ 168

判斷所表示的觀點是有限的觀點。從判斷的觀點看來，事物都是有限的，因爲事物是一個判斷，因爲它們的特定存在和它們的普遍本性（它們的肉體和它們的靈魂）雖是聯合在一起的（否則事物將爲無物），但它們的這些環節仍然是不同的，而且一般說來又是可以分離的。

§ 169

在「個體是共體」這一抽象的判斷裡，主詞是否定地自身聯繫的東西，是直接具體的東西，反之，謂詞則是抽象的、無規定性的、普遍的東西。但這兩個成分卻被一個「是」字聯在一起，所以那具有普遍性的謂詞也必然包含有主詞的規定性，因而是特殊性。而特殊性就是主詞與謂詞確立了的同一性。特殊性就其中立於主詞、謂詞形式上的差別而言，就是內容。

〔說明〕主詞必先通過謂詞的規定才具有其明確的規定性和內容，因而孤立的主詞本身只是單純的表象或空洞的名詞。在類似「上帝是最眞實者」或「絕對是自身同一者」等判斷裡，上帝和絕對只是單純的名詞；主詞的內容只有藉謂詞表述出來。主詞作爲一具體的事物在別的方面的內容如何，這一判斷毫未涉及（參看§31）。

附釋：如果我們說：主詞就是對它有所說的某物，謂詞就是說出來的東西，那麼這個說法未免失之瑣屑。因爲這種說法對於兩者的差別毫未切實道及。按照它的思想來說，主詞是個體，謂詞是共體。在判斷的更進一步的發展過程中，主詞便不單純是直接的個體，而謂詞也不單純是抽象的共體。於是主詞便獲得特殊性和普遍性的意義。謂詞也獲得特殊性和個體性的意義。所以判斷的兩方面雖有了主詞與謂詞兩個名稱，但在發展的過程中，它們的意義卻有了變換。

§170

現在更進一步討論主詞與謂詞的特性。主詞，作爲否定的自我關係（參看§163及§166的說明），是謂詞的穩固基礎。謂詞持存於主詞裡，並理想地包含在主詞裡。也可以說，謂詞內蘊在主詞裡。再則由於主詞一般直接地是具體的，故謂詞的某種特殊內容僅表示主詞的許多規定性之一，於是主詞便較謂詞更爲豐富，更爲廣大。

反之，謂詞作爲共體，它是獨立自存的，而且與主詞的存在與否不相干。謂詞超出主詞，使主詞從屬在它的下面，因此，就它的這一方面來說，謂詞又較主詞更爲廣大。只有謂詞的特定內容（§169）才構成兩者的同一。

§171

主詞、謂詞和特定內容或主客的同一之間的關係所形成的判斷裡，最初仍然是被設定爲相異的，或彼此相外的。但就本質上說，亦即按照概念的觀點來看，它們是同一的。由於主詞是一具體的全體，這就是說，主詞不是任何某種不確定的雜多性，而只是個體性，即特殊性與普遍性在同一性中。——同樣，謂詞也是這樣的統一性（§170）。再則設定主詞與謂詞的同一性的聯繫字，最初也只是用一個抽象的「是」字去表述。依這種同一性看來，主詞也須設定具有謂詞的特性，從而謂詞也獲得了主詞的特性，而聯繫字「是」也就充分發揮其效能了。這就是判斷通過內容充實的聯繫字而進展到推論的過程。判斷的進展最初只是對那抽象的感性的普遍性加以全、類、種等等規定，更進而發展到概念式的普遍性。

〔說明〕有了對判斷進一步加以規定的知識，我們便可於通常所列舉的判斷的種類裡，發現一種意義和聯繫。我們更可看出，通常對於判斷的種類的列舉不但十分偶然，顯得膚淺，而且所提出的一些區別也有些雜亂無章。譬如，肯定判斷、直言判斷，和確然判斷的區別，可以說是一方面出於捕風捉影，一方面仍然沒有確定的區別。眞正講來，不同的判斷須看成是一個跟隨一個必然進展而來，並看成是對概念自身的一種連續規定。因爲判斷不是別的，即是特定的或規定了的概念。

從前面的存在和本質兩個範圍看來，特定的概念作爲判斷，也可以說是這兩個範圍的重演，不過是就概念的簡單關係加以發揮罷了。

附釋：不同種類的判斷並不單純是經驗的雜多體，而必須把它們理解爲通過思維所規定的全體。康德的一個偉大功績就在於首先指出了這種要求的必然性。雖說康德根據他的範疇表的架格，提出了一種對於判斷的分類，把判斷分爲質的判斷，量的判斷，關係的判斷和樣式的判斷，但這個分類不能令人滿意，一方面由於他僅是形式地運用這些範疇架格，一方面也是由於這些範疇的內容（是空疏的）。但他這種劃分確係基於眞實的直觀，確實認識到我們藉以規定各種不同的判斷的原則，即邏輯理念的普遍形式本身。依這種看法，我們便可獲得，三種主要的判斷恰好相當於「存在」、「本質」和「概念」三個階段。其中第二種主要判斷恰好相當於本質的性格，亦即相當於差別的階段，使得這一階段自身又得到了重新表述。這種判斷的分類系統的內在根據要在下面的原則去尋求：即概念既然是「存在」與「本質」的理想的統一，則概念在判斷中的發展，也必須首先在符合概念變化發展的方式下重現這兩個階段的範疇。同時概念本身隨之就會表明爲規定著眞正判斷的原則。

各種不同的判斷不能看作羅列在同一水平，具有同等價值，毋寧須把它們認作是構成一種階段性的次序，而各種判斷的區別則是建築在謂詞的邏輯意義上的。至於判斷具有價值的區別，甚至在通常意識裡也一直可以找到。譬如，對於一個常常喜歡提出「這牆是綠色的」、「這火爐是熱的」一類判斷的人，我們絕不遲疑地說他的判斷力異常薄弱。反之，一個人所下的判斷多涉及某一藝術品是否美，某一行爲是否善等等問題，則我們就會說他眞正地知道如何去下判斷。對於剛才所提到的第一種判斷，其內容只形成一種抽象的質，要決定它是否有這質，只須有直接的知覺即可足用。反之，要說出一件藝術品是否美，一個行爲是否善，就須把所說的對象和它們應該是什麼樣的情況相比較，換言之，即須和它們的概念相比較。

(1)質的判斷 (Qualitatives Urteil)

§ 172

直接判斷是關於定在①的判斷。直接判斷的主詞被設定在一種普遍性裡，把普遍性作爲它的謂詞，這個謂詞是一種直接的質，因而亦即感性的質。質的判斷可以是(1)一肯定的判斷：個體是特殊。但個體並不是特殊，或確切點說，這種個別的質並不符合主詞的具體的本性。這樣的判斷就是(2)否定的判斷。

〔說明〕認爲這玫瑰花是紅的，或不是紅的，這類質的判斷包含有眞理，乃是一個最主要的邏輯偏見。至多可以說：這類判斷是不錯(richtig)的。這就是說，在知覺、在有限的表象和思維的限定的範圍內，這些話是不錯的。其錯或不錯，須取決於其內容，而這內容也同樣是有限的，單就其自身來說，也是不眞的。但眞理完全取決於它的形式，亦即取決於它所確立的概念和與概念相符合的實在。但這樣的眞理在質的判斷裡是找不到的。

---

① 定在(Dasein)是「特定存在」的意思，定在即指存在於特定時間、特定地點、有特定的質或量的，有限的當前實際事物而言，「定在的判斷」是關於感性方面的特定存在的判斷。——譯者

附釋：在日常生活裡，「眞理」與「不錯」常常當作同義的名詞。因此當我們的意思本想說某句話不錯時，我們便常說那句話是眞理。一般講來，「不錯」僅是指我們的表象與它的內容有了形式上的符合，而不問這內容的其他情形。反之，眞理基於對象與它自己本身相符合，亦即與它的概念相符合。譬如說，某人病了，或某人偷竊東西，這些話儘可以說是不錯的，但這樣的內容卻不是眞的。因爲一個有病的身體與身體的概念是不一致的。同樣，偷竊行爲與人的行爲的概念也是不相符的。從這些例子可以看出，一個直接的判斷，關於某一個別事物的某種抽象的質有所表述，無論這質的判斷如何不錯，卻不能包含眞理，因爲這種判斷裡的主詞與謂詞彼此的關係，不是實在與概念的關係。

我們還可以說，直接判斷之所以不眞，即由於它的形式與內容彼此不相符合。當我們說，「這玫瑰花是紅的」時，由於有聯繫字「是」作爲媒介，就包含主詞與謂詞彼此符合一致。但玫瑰花是一個具體的東西，它不單純是紅的，而又有香氣，還有特定的形狀和其他別的特性，都沒有包含在謂詞「紅」之內。另外，謂詞作爲一個抽象的共體，也不僅單獨適合於這一主詞。再則還有許多別的花和一般別的東西，也同樣是紅的。所以在直接判斷裡，主詞與謂詞似乎彼此間只在一點上接觸，它們彼此並不相吻合。概念的判斷情形便與此不同。當我們說這個行爲是善的時，我們便作出一個概念的判斷。我們立即可以看出，在這裡主詞與謂詞間的關係便不是鬆懈外在，像直接判斷那樣。因爲在直接判斷裡，謂詞乃是一種抽象的質，這質可以隸屬於主詞，亦可以不隸屬於主詞。反之，在概念的判斷裡，謂詞好像是主詞的靈魂，主詞，作爲這靈魂的肉體，是徹頭徹尾地爲靈魂（謂詞）所決定的。

§ 173

在這種質的否定中，主詞與謂詞的聯繫是仍然保持著的。謂詞因此便是一種相對的普遍性，只是它的某一特質被否定了（說玫瑰花不是紅的，即包含它還是有顏色的，不過是具有另一種顏色罷了）。但這只表明它又是一種肯定的判斷）。但個別的事物也不是一種普遍性的東西。因此(3)判斷自身便分裂為兩個形式：(α)為一種空洞的同一關係，說：個體就是個體，——這就是同一的判斷；或(β)為一種主詞與謂詞完全不相干的判斷，這就是所謂無限的判斷。

〔說明〕無限判斷的例子，有如「精神不是象」、「獅子不是桌子」等等。類似這種命題是不錯的，但正和同一性的命題一樣毫無意義，如說：「一隻獅子是一隻獅子」、「精神是精神」。這些命題雖然是直接的或所謂質的判斷的眞理性，但一般講來，它們並不是判斷，僅會出現在堅持任何一個不眞的抽象觀念的主觀思維裡。——客觀地看來，這些判斷表達了存在著的東西或感性事物的性質，如剛才所說它們陷於分裂，一方面成為空的同一性，另一方面成為充滿一切的關係，但這種關係是相關的雙方之質的異在，彼此完全不相干。

附釋：主詞與謂詞毫無任何聯繫的這種否定的無限判斷，在普通形式邏輯裡常被引用單純當作毫無意義的玩藝兒。但事實上，這種無限的判斷卻不僅是主觀思維的一個偶然形式，而且它還引出前面的直接判斷（肯定的和簡單否定的直接判斷）之最近的辯證發展的結果，在其中直接判斷的有限性和不眞性就明白地顯露出來了。犯罪一事可以認作否定的無限判斷的一個客觀的例子。一個人犯了罪，如偷竊，他不僅如像在民事權利爭執裡那樣，否定了別人對於特定財物的特殊權利，而且還否認了那人的一般權利。因此他不僅被勒令退還那人原有的財物，而且還須受到懲罰。這是因爲他侵犯了法律本身的尊嚴，侵犯了一般的法律。反之，民事訴訟裡對於法權的爭執，只是簡單的否定判斷的一個例子。因爲那犯法的一方只是否定了某一特殊法律條文，但他仍然承認一般的法律。簡單否定判斷的意義與這種情形頗爲相似：這花不是紅的，——這裡所否定於花的只是它的這一種特殊的顏色，而不是否定花的一般的顏色。因爲這花尚可能是藍的、黃的或別種顏色的。同樣，死亡也是一種否定的無限判斷，它是與作爲單純的否定判斷看待的疾病有所區別的。在疾病裡，只是人的生命中此種或彼種功能受妨礙了或被否定了。反之，在死亡裡，如我們所常說那樣，肉體和靈魂分離了，這就是說，主詞與謂詞完全隔絕了。

(2)反思的判斷(Das Reflexions-Urteil)

§ 174

個體在判斷中被設定作爲（返回到自己）的個體，就有一個謂詞，而與這謂詞相對的主詞，作爲自己與自己相聯繫的東西，同時仍然是謂詞的對方。——在實存裡，這主詞不復是一個直接的質的東西，而是與一個他物〔對方〕或外部世界有著相互關係和聯繫。這樣一來，謂詞的普遍性便獲得這種相對性的意義（例如，有用的或危險的；重量或酸性；又如本能等等，均可當作相對性謂詞的例子）。

附釋：反思判斷不同於質的判斷之處，一般在於反思判斷的謂詞不復是一種直接的抽象的質，而是這樣的，即主詞通過謂詞而表明其自身與別一事物相聯繫。譬如，我們說，這玫瑰花是紅的，我們是僅就主詞直接的個體性來看，而沒有注意到它與別的東西的聯繫。反之，如果我們下這樣的判斷：「這一植物是可療疾的」，則通過謂詞，可療疾的性能，便與別一事物（利用此植物去治療疾病）聯繫起來了。同樣，像「這一物體是有伸縮性的」、「這工具是有用的」、「這種刑罰有恐嚇人的作用」等判斷，也都是反思的判斷。因為這些判斷裡的謂詞，一般都是些反思的規定。通過這樣的反思規定，謂詞誠然超出了主詞的直接的個體性，但對於主詞的概念卻仍然還沒有提示出來。通常抽象理智式的思維最喜歡運用這種方式的判斷。所考察的對象愈是具體，則這種對象就愈可以提供更多的觀點給反思思維。但是通過反思的思維絕不能窮盡對象的固有本性或概念。

§ 175

第一、主詞，作為個體的個體（在單一判斷裡），是一個共體。第二、在這種關係裡，主詞便超出了它的單一性。主詞的這種擴大乃是一種外在的主觀反思，最初只是一不確定的特殊性（在直接的判斷即否定又肯定的特殊判斷裡，個體自身區分為二，一方面它自己與自己相聯繫，一方面它與他物相聯繫）。第三、有一些東西是普遍性，於是特殊性便擴大爲普遍性；或者普遍性被主詞的個體性所規定而成爲全體性（共同性，通常的反思的普遍性）。

附釋：當主詞在單一判斷裡被認作有普遍性時，從而主詞便超出其僅爲一單純的個體性的地位。當我們說，「這植物是可療疾的」時，意思並不只是指僅僅這一單獨的植物是可療疾的，而且指一些或幾個這樣的植物都有這種效能。於是我們便進而得到特殊判斷（有一些植物是可療疾的，有一些人是有發明能力的等等）。那直接的個體性通過特殊性便失掉其獨立性，進而與別的事物聯繫在一起。人作爲這一個人來說，便不復僅是這一個別的人，而是與別的人站在一起，因而成爲衆人中的一分子。正由於這樣，他便又屬於他的普遍性，因而他就提高了。——特殊判斷既是肯定的，又是否定的。如果只是一些物體是有伸縮性的，那麼很明顯，別的許多物體便是沒有伸縮性的。

這樣，於是又進展到第三種形式的反思判斷，這就是全稱判斷（凡人皆有死；凡金屬皆傳電）。全體性是反思式的思想首先習於想到的一種普遍性。以個體事物作爲反思的基礎，我們主觀的思維活動，便把那些事物綜括起來，而稱之爲「全體」。在這裡普遍性只表現爲一種外在的聯結，這種聯結作用把獨立自存的和互不相干的個體事物總括起來。然而眞正講來，普遍性才是個體事物的根據和基礎，根本和實體。譬如，我們試就卡尤斯、提圖斯、森普羅尼烏斯以及一個城市或地區裡別的居民來看，那麼他們全體都是人，並不僅是因爲他們有某些共同的東西，而且是因爲他們同屬一類（Gattung）或具有共性。要是這些個體的人沒有類或共性，則他們就會全都失掉其存在了。反之，那種只是表面地所謂普遍性，便與這裡所講的類或共性大不相同；事實上這種表面的普遍性只是所有的個體事物被歸屬在一起和它們的共同之點。有人曾說過，人之所以異於禽獸，由於人共同具有耳垂。然而如果這人或那人沒有耳垂，很明顯這絕不會影響他別方面的存在、他的性格和才能等等。反之，如果假定卡尤斯根本不是人，卻說他有勇氣、有學問等等，那便是荒謬之至了。個體的人之所以特別是一個人，是因為先於一切事物，他本身是一個人，一個具有人的普遍性的人。這種普遍性並不只是某種在人的別的抽象的質之外或之旁的東西，也不只是單純的反思特性，而毋寧是貫穿於一切特殊性之內，並包括一切特殊性於其中的東西。

§ 176

由於主詞也同樣被規定為普遍的東西，因此主詞與謂詞的同一性便建立起來了，從而判斷形式的劃分也就顯得無關重要了。主詞與謂詞間的這種內容的統一（內容即是與主詞的否定的自身回復相同一的普遍性），使得判斷的聯繫成為一種必然的聯繫。

附釋：從反思的全稱判斷進展到必然判斷，也曾在我們的通常意識裡可以看見：譬如，當我們說，凡屬於全體的即屬於類，因而即是必然的。當我們說：所有的植物、所有的人等等與說人、植物等等，完全是一樣的。

(3) 必然的判斷(Urteil der Notwendigkeit)

§ 177

必然的判斷，作爲在內容的差別中有同一性的判斷，有三種形式：㈠在謂詞裡一方面包含有主詞的實質或本性，具體共相（共體）或類(die Gattung)；一方面由於共體裡也包含有否定的規定性在自身內，因而這謂詞便表示排他性的本質的規定性，即種(die Art)。這就是直言判斷。

㈡按照主詞和謂詞的實質性，它們雙方都取得獨立現實性的形態，而它們的同一性則只是內在的。因此一方的現實性同時並不是它自身的現實性，而是它的對方的存在。這就是假言判斷。

㈢在概念的這種外在化的過程裡，它的內在的同一性同時也建立起來了。所以共性就是「類」，「類」在它排斥他物的個體性裡，是自身同一的。這種判斷，它的主詞和謂詞雙方都是共性，這共性有時確是共性，有時又是它排斥自身的特殊化過程的圓圈。在這個圓圈裡，「不是這樣就是那樣」，以及「既是這樣又是那樣」，它都代表類，這樣的判斷就是選言判斷。普遍性最初是作爲類，繼而又作爲它的兩個種在繞圈子。這樣的普遍性便被規定並設定爲全體性。

附釋：直言判斷（如「黃金是金屬」，「玫瑰花是一植物」）是直接的必然判斷，約相當於本質範圍內的實體和偶性的關係。一切事物都是一直言判斷，亦即一切事物皆有構成其堅定不變的基礎或實體本性。只有當我們從類的觀點去觀察事物，並認事物必然地爲類所決定時所下的判斷，才算是眞正的判斷。如果有人把類似「黃金是金屬」、「黃金是昂貴的」這兩種判斷，認爲是平列於同一階段，那就表明他缺乏邏輯訓練。「黃金是昂貴的」，只涉及黃金與我們的嗜好和需要的外在關係，並涉及要獲得黃金的費用以及其他情形。黃金仍能保持其爲黃金，即使那種的關係改變了或取消了。反之，金屬性卻構成黃金的實體本性，沒有了金屬性，則黃金以及一切屬於黃金的特質，或一切可以描寫黃金的詞句，將無法自存。同樣，當我們說，「卡尤斯是一個人」時，情形也是如此。我們所要表述的意思即在於：不管他一切別的情形怎樣，只要它們符合他作爲一個人的實體本性，它們才有意義和價值。

但直言判斷甚至在一定限度內還是有缺點的，在直言判斷裡特殊性那一方面便沒有得到應有的地位。譬如，黃金固然是金屬，但銀、銅、鐵等等也同樣是金屬。而金屬性作爲金屬的類，對於它所包含的種方面的特殊的東西是漫無差別的。爲了克服這種缺點，這就使得直言判斷進展到假言判斷。假言判斷可以用這樣的公式表達：如果有甲，則有乙。這種由直言判斷進展到假言判斷的過程，與前面本質範圍內所討論的由實體與偶性的關係進展到因果關係的過程，其矛盾進展的情形是相同的。在假言判斷裡，內容的規定性表現爲中介了的，依賴於對方的。這恰好就是因與果的關係。一般講來，假言判斷的意義，即在於通過假言判斷，普遍性在它的特殊化過程中就確立起來了。這樣便過渡到必然判斷的第三種形式，即選言判斷。甲不是乙必是丙或丁；詩的作品不是史詩必是抒情詩或劇詩；顏色不是黃的必是藍的或紅的等等。選言判斷的兩方面是同一的。類是種的全體，種的全體就是類。這種普遍與特殊的統一就是概念。所以概念現在就構成了判斷的內容。

(4) **概念的判斷**(Das Urteil des Begriffs)

§178

概念的判斷以概念、以在簡單形式下的全體，作爲它的內容，亦即以普遍事物和它的全部規定性作爲內容。概念判斷裡的主詞，⑴最初是一個體事物，而以特殊定在返回到它的普遍性爲謂詞。換言之，即以普遍性與特殊性是否一致爲謂詞，如善、眞、正當等等。這就是確然判斷。

〔說明〕像這樣的判斷，說一個事物或行爲是好或壞、眞、美等等，甚至在普通生活裡我們也稱爲判斷。我們絕不會說一個人有判斷力，如果他只知道作肯定的或否定的判斷如：這玫瑰花是紅的，這幅畫是紅的、綠的、陳舊的等等。

確然判斷，雖說一般社會不承認它自稱爲有何獨立的可靠性，但是由於近來主張直接知識和直接信仰的原則的流行。甚至在哲學裡也被發揮成爲獨特的重要形式的學說了。我們可以在主張這種原則的許多所謂哲學著作裡，讀到千百次關於理性、知識、思想等等的論斷或確信，因爲外在的權威此時反正已沒有多大效力了，於是這些論斷便想通過對於同一原則之無窮地一再申述，以求贏得對它們的信仰。

§179

確然判斷在它最初的直接主詞裡，還沒有包含謂詞所須表達的特殊與普遍的聯繫。因此確然判斷只是一主觀的特殊性，因而爲一個具有同樣理由、或者毋寧說同樣沒有理由的另一相反的論斷所反對。因此它就立即只是⑵一種或然判斷。但是當客觀的特殊性被確立在主詞之內，主詞的特殊性成爲它的定在本身的性質時，這樣⑶主詞便表達了客觀的特殊性與它的本身性質、亦即與它的「類」之間的聯繫，因而亦即表達出構成謂詞的內容的概念了（參看§178）。如：這一所（直接的個體性）房子（類或普遍性），具有一些什麼樣的性質（特殊性），是好的或壞的。這就是必然判斷。——一切事物皆是一類（亦即皆有其意義與目的），皆是在一個具有特殊性質的個別現實性中的類。至於它們之所以是有限的，是因爲它們的特殊性可以符合共性，或者也可以不符合共性。

§180

這樣，主詞與謂詞自身每一個都是整個判斷。主詞的直接性質最初表明其自身爲現實事物的個別性與普遍性之間的中介的根據，亦即判斷的根據。事實上這裡所建立起來的，乃是主詞與謂詞的統一，亦即概念本身。概念即是空虛的聯繫字「是」字的充實化。當概念同時被區分爲主詞與謂詞兩個方面，則它就被建立爲二者的統一，並使二者的聯繫得到中介，——這就是推論。

III. 推論(Der Schluss)

§ 181

推論是概念和判斷的統一。推論是判斷的形式差別已經返回到簡單同一性的概念。推論是合理的，判斷，因為同時它在實在性中，亦即在它的諸規定的差別中，被設定起來了。推論是合理的，而且一切事物都是合理的。

〔說明〕人們通常習於把推論（即三段論式）認作理性思維的形式，但是只認作一種主觀的形式，在推論形式與別的理性的內容，例如理性的原則，理性的行為、理念等等之間，不能指出任何一種聯繫。我們一般時常和多次聽見人說起理性，並訴諸理性，卻少有人說明理性是什麼，理性的規定性是什麼，尤其少有人想到理性和推論的聯繫。事實上，形式的推論是用那樣不合理的方式去表述理性，竟使得推論與理性的內容毫不相干。但是既然這樣的理性內容只有通過思維所賴以成為理性的那個規定性，才能夠成為理性的，所以這種內容之所以能夠成為理性的，只有通過那種推論（或三段論式）的形式才行。但推論不是別的，而是（如上節所述那樣）概念的實現或明白發揮（最初僅在形式上）。因此推論乃是一切眞理之本質的根據。在現階段對於絕對的界說應是：絕對即是推論，或者用命題的方式來表述這原則說：一切事物都是一推論。一切事物都是一概念。概念的特定存在，即是它的各環節的分化，所以概念的普遍本性，通過特殊性而給予自身以外在實在性，並且因此，概念，作為否定的自身回復，使自身成為個體。——或反過來說，現實事物乃是個體事物，個體事物通過特殊性提高其自身為普遍性，並且使自身與自身同一。——現實事物是一，但同時又是它的概念的各環節之多，而推論便表示它的各環節的中介過程的圓圈式行程，通過這一過程，現實事物的概念得以實現其統一。

附釋：推論正如概念和判斷一樣，也常常單純被認作我們主觀思維的一個形式。因此推論常被稱爲證明判斷的過程。無疑地，判斷誠然會向著推論進展。但由判斷進展到推論的步驟，並不單純通過我們的主觀活動而出現，而是由於那判斷自身要確立其自身爲推論，並且要在推論裡返回到概念的統一。細究之，必然判斷構成由判斷到推論的過渡。在必然判斷裡，我們有一個體事物，通過它的特殊性，使它與它的普遍性即概念聯繫起來。在這裡，特殊性表現爲個體性與普遍性之間起中介作用的中項。這就是推論的基本形式。這種推論的進一步發展，就形式看來，即在於個體性和普遍性也可以取得這種中介的地位，這樣一來，便形成了由主觀性到客觀性的過渡。

§ 182

在直接推論裡，概念的各規定作爲抽象的東西彼此僅處於外在關係之中。於是那兩個極端，個體性和普遍性，和作爲包含這兩者的中項的概念，均同樣只是抽象的特殊性。這樣一來，這兩個極端彼此之間，以及其對它們的中項的概念之間的關係都同樣被設定爲漠不相干地獨立自存著。這種推論即是形式的理智推論，這種推論雖可說是理性的，但沒有概念。在這種推論裡，主詞與一個別的規定性相聯繫，或者說，普遍性通過這個中介過程包括一個外在於它的主詞。

反之，在理性的推論裡，主詞通過中介過程，使自己與自己相結合。這樣，它才成爲〔眞正的〕主體，或者說，主體本身才成爲理性推論。

〔說明〕在下面的考察裡，對於理智的推論，按照通常的意義，予以主觀方式的表述。即按照我們作抽象的理智的推論時所採取的那種主觀方式去表述。事實上，這只是一種主觀的推論。但這種推論也有其客觀的意義：它僅足以表達事物的有限性，不過是根據思維形式在這裡所達到的特定方式去表達出來罷了。在有限事物裡，它們的主觀性，作爲單純的事物性(Dingheit)，與它們的特質、它們的特殊性是可以分離的，同樣，它們的主觀性與它們的普遍性也是可以分離的，只要當這種普遍性既是事物單純的質，和此一事物與別的事物的外在聯合，而且又是事物的類和概念時，也是可以分離的。

附釋：依據上面所提及的認推論爲理性的形式的看法，於是有人便將理性本身界說爲進行推論的能力，同時又將知性界說爲形成概念的能力。除了這種說法是基於一種膚淺的精神觀念，即把精神僅僅當作是許多彼此並立的力量或能力的總合以外，對於這種將知性與概念排列在一起，將理性與推論排列在一起的辦法，我們還必須注意到：正如概念絕不可僅只看作知性的規定，同樣推論也絕不可毫無保留地認爲是理性的。因爲，一方面形式邏輯在推論的學說裡所常討論的，事實上除了單純是一種理智的推論外，並不是別的東西。這種推論實在夠不上享受「理性形式的美名」，更夠不上享受「代表一切理性」的尊榮；另一方面眞正的概念亦不單純是知性的形式。甚且還可以說，概念之所以被貶抑爲知性的形式，乃是抽象的理智在起作用。因此又有人常習於將單純的知性概念與理性概念區別開，但這卻不可了解爲有兩種不同的概念，而毋寧必須認識到這只是表示*我們的〔認識〕活動或者僅停留在概念的否定的和抽象的形式裡，或者按照概念的眞實本性把概念理解爲同時既是肯定的又是具體的東西。例如，如果我們把自由看成必然性的抽象的對立面，那麼，這就是單純的自由的概念。反之，眞正的理性的自由概念便包含著被揚棄了的必然性在自身內①。同樣，所謂自然神論提出的對於上帝的界說，也僅僅是上帝的知性概念，反之，那認上帝爲三位一體的基督教便包含了上帝的理性概念。

(1)**質的推論**(Qualitativer Schluss)

§ 183

第一種推論，如前節所指出，就是定在的推論或質的推論。其形式(1)爲E—B—A〔E代表個體性(Einzelnheit)，B代表特殊性(Besonderheit)，A代表普遍性(Allgemeinheit)〕。這就是說，作爲一個個體的主詞通過一種質〔特殊〕與一種普遍的規定性相結合。

〔說明〕不用說，主詞（小項）除個體性外尚有別的特性，同樣，另一極端（結論裡的謂

① 列寧引證了從*號起的這段區別開理智和理性，抽象概念和具體概念，並論述包含並揚棄了必然性在內的具體自由概念的話，見《列寧全集》第三八卷第一九二頁。——譯者

詞或大項）除了單純的普遍性外，也還有別的特性，這裡都不加考察，只著重論述它們所藉以作出推論的那些形式。

附釋：定在的推論是單純的理智推論，至少就在定在推論中，個體性、特殊性及普遍性各自處於抽象對立的情況來說，它確是一種抽象的理智推論。所以這種推論可以說是概念的高度的外在化。這裡我們有一個直接的個體事物作爲主詞；於是從這主詞裡挑出任何一特殊方面，一種特質，並且通過這種個別特質就來證明這一個體事物是一個普遍的東西。譬如，當我們說：這玫瑰花是紅的；紅是一種顏色，故這玫瑰花是有顏色的。通常邏輯著作所討論的大都是這類形式的推論。從前大家認這種推論爲一切知識的絕對規則，並認爲一切科學的論斷，只有經過這種推論加以證明，才算是可靠的。相反地，現今三段論法的各種形式，除了在邏輯教科書外已不易遇見，而且對於這種推論形式的知識已被認作空疏的學院智慧，對於實踐的生活以及科學的研究都沒有更多用處。對此，我們首先要指出，如果我們每一認識場合，都要炫耀這一全套形式的推論，實屬多餘，且有學究氣。但推論的各種形式卻又同時在我們的認識活動中不斷地在起作用。譬如，當一個人於冬天清晨聽見街上有馬車輾軋聲，因而使他推想到昨夜的冰凍可能很厲害。這裡他也可算是完成了一種推論的活動。這種活動我們在日常多方面的複雜生活中不知要重複多少次。一個作爲有思想的人，在他的日常行爲裡，力求明白意識到這類推論形式當屬不無興趣，猶如我們研究我們有機生活中的各種機能，如消化、營養、呼吸等機能，甚或研究那圍繞著我們的自然界的事變和結構，也公認爲極有興趣一樣。但我們無疑地也須承認，我們無需先研究解剖學和生理學，然後才能適當的消化和呼吸；同樣，我們也並無須先研究邏輯，然後才可作出正確的推論。

亞里士多德是觀察並描述三段論法的各種形式（所謂推論的諸式）的主觀意義的第一人。他作得那樣嚴密和正確，以致從來沒有人在本質上對他的研究成果有任何進一步的增加。我們對亞里士多德的這項成就雖然給予很高的評價，但是不要忘記了他在他自己的哲學研究裡所應用的思維方式，卻並不是理智推論的諸形式，也不是一般有限思維的形式（參看§189說明①）。

§184

第一、這種推論中的各項是完全偶然的。因爲那作爲抽象特殊性的中項只是主詞的任何一種特性。但這直接性的主詞，亦即具有經驗的具體性的主詞，尚有許多別的特性。因此它同樣可以與許多別的普遍性相聯繫。同樣，個別的特殊性也可具有許多不同的特性，所以主詞可以透過這同一中項以與別的一些不同的普遍性相聯繫。

〔說明〕形式的推論之所以失其效用，由於流行的風氣使然者多，由於洞見其錯誤者少，

① 按§189沒有「說明」，這裡似應指參考§190的說明。在§190的說明中，也曾提到可以改進§184所論述的理智推論的缺點，可供參考。——譯者

而且還由於人們無意於用論證方式去辨明形式的推論所以無用的緣故。此節及下節即在於指明這類的推論對於求眞理是空疏無用的。

依上文所說，即可看出，利用這類的推論可以「證明」（像一般人所叫做的「證明」）許多極不相同的結論。只須隨便拾取一個中項，即可根據它過渡到（或推論出）所欲達到的結論。但假如從另一中項出發，也可根據它來「證明」另一個東西，甚至與前此相反的某種東西。一個對象愈是具體，它所具有的方面就愈多，亦即屬於它的、足以用來作爲中項的東西就愈多。要在這些方面之中去決定哪一方面較另一方面更爲主要，又須建立在這樣一種推論上：而這種推論堅持著某一個別的特性，而且同樣也很容易爲這同一個特性尋出某一方面或某一理由，據此去證明它確可以算是必然的和重要的。

附釋：雖說我們很少在日常的生活交往裡時常想到理智的推論，但它仍不斷地在實際生活中發生作用。譬如，在民事訴訟裡，辯護律師的職務就在於強調那對當事人有利的法律條文使之有效。從邏輯觀點看來，這種法律條文不過是一個中項罷了。在外交交涉中情形亦復相同，譬如，當各個強國都要求占有同一塊土地時，在這種爭執中，繼承權、土地的地理位置、居民的祖籍和語言，或任何別種理由，均可提出加以強調，作爲中項。

§ 185

第二、不僅如前節所說這種推論中的各項是偶然的，而且由於它在各項的聯繫中的形式，這種形式推論也同樣是偶然的。按照推論的概念看來，眞理在於通過中項來聯繫兩個不同的事物，這中項就是兩者的統一。但用中項來聯繫兩極端（所謂大前提和小前提），在推論裡毋寧是一種直接的聯繫。換言之，它們中間並沒有可以作爲聯繫的眞正的中項。

〔說明〕推論的這種矛盾又通過一種〔新的〕無限進展表現爲這樣一種要求：即兩個前提中的每一前提，都同樣地要求一新的推論加以證明，然而，由於後一推論又同樣具有兩個直接的前提，於是又重新需要兩個推論予以證明。所以，這直接的前提又重複其自身，而且永遠有要求雙重推論的需要，直至無窮。

§ 186

這裡爲了表明經驗的重要性所指出的（一般人以爲絕對不錯的形式）推論的缺點，在對推論的進一步規定中必定會自己揚棄其自身。因爲我們現在已進入概念的範圍，正如在判斷裡那樣，相反的特性不單純是潛在的，而且是明白建立起來時，所以要分析出推論逐漸進展的過程，我們只須接受或承認推論在它的每一階段裡通過自身建立其本身的過程。

通過直接推論，⑴E—B—A，個體性（通過特殊性）與普遍性相結合，並且建立一個有普遍性的結論。所以那個個體的主詞，本身就是一普遍性，因而便成爲兩極端的統一或中介者。這樣便過渡到第二式的推論，⑵A—E—B。這第二式的推論便表達出第一式的眞理：即中介過程只是在個體性裡面發生，因此便是偶然的。

§187

第二式將普遍性和特殊性結合起來。這普遍性是在前一式的結論裡，通過個體性的規定，而過渡到第二式，於是就取得直接主詞的地位。因此這普遍性便通過這一結論而被建立爲特殊性，因而成爲兩極端的中介，而這兩極端的地位現在則爲別的兩項（特殊性與個體性）所占據。這就是推論的第三式：(3)特殊——普遍——個體（B—A—E）。

〔說明〕所謂推論的諸式（亞里士多德很正確地只舉出三式；第四式是多餘的，甚至可說是近代人的無聊的附加），在通常的研究方式裡只是依次列舉出來，極少有人想到指出它們的必然性，更少人想到指出它們的意義與價值。因此無怪乎這些式後來僅被當作空疏的形式主義來處理。但是它們卻具有一個很重要的意義，這意義建立在這樣的必然性上面：即每一環節作爲概念規定本身都有成爲全體並且成爲起中介作用的根據的必然性。①——至於欲尋出命題的哪一種形態（如究竟是普遍命題或否定命題等等），才可以使得我們在各式的推論裡推繹出正確的結論，這乃是一種機械的研究，由於這種研究的無概念*的機械性和無有內在的意義，理應被人們忘掉。那些以這類研究和對理智推論的研究爲異常重要的人，恐怕很難引起亞里士多德的垂青，雖然他曾經描述過這些推論形式以及別的無數的精神和自然的形式，並曾經考察過

① 《列寧全集》第三八卷第一九三頁摘錄了上面這句話。——譯者

表述過這種種形式的特性。但是在他的形而上學的概念*以及他關於精神及自然的概念①裡，他離開以理智的推論的各式作爲基礎或標準的辨法實異常之遠，我們可以說，如果他接受理智的抽象法則的束縛的話，則他的這些概念將沒有一個會產生出來，或者會被留存下來。至於亞里士多德對於分類描述和抽象分析，雖說有不少的特有貢獻，但他的哲學的主導原理仍永遠是思辨的概念，至於他最初曾有過那樣確定地表述的理智推論，他絕不讓它闖進這種思辨概念的領域裡。

附釋：推論的三式的客觀意義一般地在於表明一切理性的東西都是三重的推論。而且，推論中的每一環節都既可取得一極端的地位，同樣也可取得一個起中介作用的中項的地位。這正如哲學中的三部門那樣：即邏輯理念、自然和精神。在這裡首先，自然是中項，聯結著別的兩

① 按在這一長段中*處出現了兩個加了重點號的「概念」，和一個未加重點號的「概念」，而且還出現「『無概念的』機械性」的話。顯然「概念」一詞在這裡的用法和一般用法不同，含有較特殊、較廣泛的意義。黑格爾所謂概念除了指有內容的具體的普遍性之外，這裡還有指理論、思想、學說、辯證等意思，譬如「無概念的機械性」即含有不辯證的、形而上學的甚或缺乏思想性的機械性的意思。而下面三次出現的「概念」一詞，瓦拉士英譯本全都意譯為「理論」。中譯者在本書的前兩版裡，為了避免費解，曾分別意譯成「理論」、「思想」和「學說」，現在都一律緊跟原文，改成「概念」。除了糾正過去注重意譯的偏向外，希望讀者注意黑格爾「概念」一詞所包含的特殊用法和具體意義。——譯者

個環節。自然，直接〔呈現在我們前面〕的全體，展開其自身於邏輯理念與精神這兩極端之間。但是，精神之所以是精神，只是由於它以自然爲中介。所以，第二、精神，亦即我們所知道的那有個體性、主動性的精神，也同樣成爲中項，而自然與邏輯理念則成爲兩極端。正是精神能在自然中認識到邏輯的理念，從而就提高自然使回到它的本質。第三、同樣，邏輯理念本身也可成爲中項。它是精神和自然的絕對實體，是普遍的、貫穿一切的東西。這三者就是絕對推論中的諸環節。①

§ 188

既然每一環節都可以依次取得中項和兩極端的地位，因此它們彼此間的特定的差別便被揚棄了。這種各個環節之間的無差別形式的推論，首先就以外在的理智的同一性或等同性作爲它的聯繫。這就是量的或數學的推論。如兩物與第三者相等，則這兩物相等。

附釋：這裡所提及的量的推論，人人皆熟知，在數學上叫做公理，與別的公理一樣，據說它們的內容是不能證明的，但是由於它既是直接自明之理，也就無需乎證明。其實這些數學的公理不是別的，而是一些邏輯的命題，這些命題只要能表達特殊而確定的思想，就可以從普遍的和自身規定著的思維中推演出來。推演這些命題的過程，也可以看成是對它們的證明。數學

① 列寧摘錄了上述整個「附釋」（中有刪節）。見《列寧全集》第三八卷第一九三頁。——譯者

上所提出的作爲公理的量的推論，情形便是如此。量的推論實際上是質的推論或直接推論的最切近的結果。——總之，量的推論是完全沒有形式的推論，因爲在量的推論裡，概念所規定的各環節之間的差別已被揚棄了。究竟哪些命題應作爲量的推論裡的前提，這取決於外在環境。因此當我們應用這種推論時，我們就以那已經在別的地方被確立了並證明了的東西作爲前提。

§ 189

這樣一來，首先在形式方面就產生兩個結果：第一、每一環節既已一般取得中項的特性和地位，因而即取得全體的特性和地位，因此便自在地失掉其抽象的片面性了（§182和§184）。第二、中介過程已經完成了（§185），同樣也只是自在地完成的，換言之，也只是圓圈式的彼此互相以對方爲前提的中介過程。在第一式的推論個體——特殊——普遍裡，「個體是特殊」和「特殊是普遍」兩個前提，還沒有得到中介。前一前提要在第三式裡，後一前提要在第二式裡才可得到中介。但這兩式中的每一式，爲了使它的前提得到中介，同樣須先假定其他兩式。

依此看來，概念的中介著的統一不復被設定爲抽象的特殊性，而是被設定爲個體性與普遍性的發展了的統一，甚至首先可以說是被設定爲這兩個規定的反思的統一，即個體性同時可以被規定爲普遍性。這種的中項便發展出反思的推論。

⑵ **反思的推論**(Reflexions-Schluss)

§190

如果中項首先不僅是主詞的一個抽象的特殊的規定性，而且是同時作爲一切個別的具體的主詞，這些主詞也是與別的主詞一樣，都同具有那種規定性，那麼我們就得到⑴全稱的推論。但這種推論的大前提，以特殊性，中項，即全體性爲主詞，卻已先假定了結論，其實結論本應先假定大前提才對。因此⑵全稱的推論便建立在歸納上面。在這種歸納式的推論裡，中項就是所有個體的完全的列舉，甲乙丙丁……等。但由於直接的經驗的個體性與普遍性總有差距，因此對於所有個體的完全列舉絕不能滿足。於是歸納的推論又建築在⑶類推上面。類推的中項是一個個體，但這個個體卻被了解爲它的本質的普遍性、它的類或本質的規定性。——爲了得到中介，第一種全稱推論就引向第二種歸納推論，而歸納推論又引向第三種推論，即類推。但是當個體性與普遍性兩個外在關係的形式，都歷經過了反思推論中的各式之後，類推仍同樣需要一個自身規定的普遍性，或者作爲類的個體性。

〔說明〕有了全稱的推論，上面§184所指出的理智推論的基本形式所具有的缺點，便可以得到改進了，不僅這又引起一新的缺點。這缺點即在於大前提先假定了結論所應有的內容，甚至因而先假定了結論作爲一個直接的命題。凡人皆有死，故卡尤斯有死，凡金屬皆傳電，故例如銅也傳電。爲了能夠說明這些大前提（這些大前提裡所說的「凡」是指直接的個體，而且本質上應當是經驗的命題）起見，首先必須確認關於卡尤斯個人和關於個別事物銅的命題是正確的。——無怪乎每個人對於「凡人皆有死，卡尤斯是人，故卡尤斯有死」一類的推論，不僅令人感到學究氣，甚至令人感到一種毫無意義的形式主義。

附釋：全稱的推論會指引到歸納的推論，在歸納推論裡，個體構成聯結的中項。當我們說：「凡金屬皆傳電」，這乃是一經驗的命題，是對所有各種個別的金屬進行實驗後所得到的結論。於是我們便得到下列形式的歸納推論：

特殊B
個體EE……
普遍A

金是金屬，銀是金屬，同樣銅、鉛等等皆是金屬。這是大前提。於是小前提隨著產生：所有這些物體皆傳電。由此得到一條結論：所有金屬皆傳電。所以在這裡有聯結功用的是作爲全體性的個體性。但這種推論又立即指引到另一種推論。這種推論以全部個體作爲它的中項。這先假定，在某種範圍內觀察和經驗是完備無遺的。但這裡所處理的對象是個體事物，於是我們又陷於無窮的進展（E，E，E……）。因爲在歸納過程裡我們是無法窮盡所有的個體事物的。當我們說：所有金屬，所有植物時，我們只是意謂著：直至現在爲止，我們所知道的所有金屬，所有植物而已。因此每一種歸納總是不完備的。我們儘管對於這個和那個作了許多的觀察，但我們總無法觀察到所有的事例、所有的個體，歸納推論的這種缺點便可導至類推。在類推的推論裡，我們由某類事物具有某種特質，而推論到同類的別的事物也會具有同樣的特質。例如這就是一個類推的推論：當我們說：直至現在爲止，我們所發現的星球皆遵循運動的規律而運動。因此一個新發現的星球或者也將遵循同樣的規律而運動。類推的方法很應分地在經驗科學中占很高的地位，而且科學家也曾按照這種推論方式獲得很重要的結果。類推可說是理性的本能。這種理性本能使人預感到經驗所發現的這個或那個規定，是以一個對象的內在本性或類爲根據，並且理性本能即依據這個規定而作進一步的推論。①此外，類推可能很膚淺，也可能很深徹。譬如當我們說：卡尤斯這人是一學者，提圖斯也是一個人，故提圖斯大概也是一學者。——像這樣，無疑地是一個很壞的類推。這是因爲一個人的有無學問並不是無條件地以他所屬的類爲根據。但類似這樣的膚淺的類推，我們卻常可以遇到。所以常有人這樣推論說，例如：地球是一個星球，而且有人居住；月球也是一個星球，故月球上很可能也有人居住。這一類推較之上面所提及的類推，一點也不更好。因爲地球所以有人居住，這並不只基於它是一個星球，而是建立在別的條件上，如爲大氣所圍繞，與此相聯繫就存在著水與空氣等等。而這些條件，就我們現在所知，正是月球所沒有的。近來我們所稱爲自然哲學的，大部分都是用一些空疏外在的類推來作無聊的遊戲。這樣的類推把戲還要自詡爲高深玄妙，結果適足以使對於自然界的哲學研究受到輕蔑。

(3)必然的推論(Schluss der Notwendigkeit)

① 《列寧全集》第三八卷第一九四頁摘錄了這句話。——譯者

§191

必然的推論，就它的單純的抽象的特性看來，以普遍性爲中項，猶如反思的推論以個體性爲中項一樣，——後者屬於推論的第二式，前者屬於推論的第三式（§187）。在這裡普遍是明白設定爲本質上具有特殊性的。(1)首先，就特殊被理解爲特定的類或種而言，則特殊就是兩極端之間起中介作用的規定〔中項〕。——直言推論就是這樣。(2)就個體是指直接的存在而言，則個體既是起中介作用的中項，也同樣是被中介了的極端。——假言推論就是這樣。(3)把有中介作用的普遍設定爲它的特殊環節的全體，並設定爲個別的特殊事物或排他的個體性。——選言推論就是這樣。所以選言推論中的諸項，只是表示同一個普遍體的不同的形式罷了。

§192

推論是被認作與它所包含的差別相一致的。這些差別的發展過程所取得的一般結果，即在於它們自己揚棄自己並揚棄概念在自身之外的存在。並且我們看到，(1)每一環節皆表明其自身爲各環節的全體，因而爲整個的推論。所以它們（各個環節）彼此是自在地同一的。(2)對各環節之間的差別的否定，和對它們的中介過程的否定，構成它們的自爲存在，所以那存在於這些差別的形式之中的，以及那建立它們的同一性的，也還是那同一個普遍體或概念。在各環節的這種理想性裡，推論的活動可以說是本質上保持否定它在推論過程中所建立的規定性那種規定，換言之，推論的活動也可說是揚棄中介性的過程。——也可認作使主詞不與他物相結合，而與揚棄了的他物相結合，亦即與自身相結合的過程。

附釋：在普通邏輯教本裡，關於推論的學說常被認作第一部分或所謂初步理論（要素論）的結束。第二部分隨著就是所謂方法論。方法論所要指明的，即是初步理論研究的思維形式如何可以應用到當前的客體，以便產生出全部科學知識。但當前的這些客體是從哪裡來的？客體一般講來與思想的客觀性之間的關係究竟怎樣？對於這些問題，知性邏輯卻不能進一步給予任何解答。＊在知性邏輯這裡，思維被認爲是一種單純主觀的和形式的活動，而客觀的東西則和思維相反，被認爲是固定的和獨立自存的東西。但這種二元論並不是眞理，並且武斷地接受主觀性與客觀性兩個規定而不進一步追問其來源，乃是一種沒有思想性的辦法①。不論主觀性或客觀性，兩者無疑地都是思想，甚至是確定的思想。這些思想必須表明其自身是建立在那普遍的和自身規定的思維上面的。就主觀性而論，這裡初步是作到了。我們已經認識到，主觀的概念（包括概念本身、判斷及推論）乃是邏輯理念最初兩個主要階段（即存在和本質兩階段）的辯證發展的結果。說概念是主觀的或只是主觀的，在一定程度內是對的，因爲概念無論如何總是主觀性本身。至於判斷和推論，其主觀的程度當然不亞於概念。判斷和推論以及所謂思維規律（同一律，相異律，及充足理由律）構成普通邏輯學裡所謂初步理論的內容，也同樣是主觀的。但我們還須進一步指出的，就是這裡所謂主觀性和它的規定、概念、判斷、推論等內容，

① 《列寧全集》第三八卷第一九五頁摘錄了＊後的兩句話，並對其餘部分作摘要。——譯者

都不可認作像一套空架格似的，要先從外面去找些獨立自存的客體加以填滿。反之，我們應該說主觀性自身既是辯證發展的，它就會突破它的限制，通過推論以展開它自身進入客觀性。

§ 193

在概念的這種實現的過程裡，共體就是這一個返回到自己的全體，這全體中有差別的各環節仍然同樣是這一全體，並且這全體通過揚棄中介性被規定爲直接的統一性。——概念的這種實現就是客體①。

〔說明〕這種由主體、由一般的概念，確切點說由推論發展到客體的過渡，初看起來，好像很奇怪，特別是當我們只看見理智的推論，並且把推論只當作是一種意識的活動時，我們愈會覺得奇怪。但我們卻並不因這種奇怪之感而將這種由主體到客體的過渡，說得使通常的表象感到好像有道理。我們只須考慮，我們通常對於所謂客體的表象是否大致符合於這裡所理解的客體。但是通常一般人所了解的客體，並不單純是一抽象的存在，或實存的事物，或任何一般現實的東西，而是一具體的自身完整的獨立之物，這種完整性就是概念的全體性。至於客體又是與我們對立的對象和一個外在於他物的東西，俟後面講到客體與主體的對立時，將有較詳的說明。目前單就概念由於它的中介過程而過渡到客體來說，這客體僅是直接的樸素的客體，同

---

①《列寧全集》第三八卷第一九五頁摘錄了這句話。——譯者

樣，概念也只有在與客體對立之後，才可具有主體的規定性。

再則，一般說來，客體是一個本身尚未經規定的整體、整個客觀的世界、上帝、絕對客體。但客體自身內也具有差別性，也分裂為無數不確定的雜多性（作為客觀世界）。而且它的每一個個體化了的部分也仍是一個客觀、一個自身具體的、完整的、獨立的定在。

正如客觀性曾用來與存在、實存和現實性相比較，同樣，到實存和現實性的過渡（不說到存在的過渡，因為存在是最初的、最抽象的、完全直接的東西），也可以與向客觀性的過渡相比較。實存所自出的根據、一種揚棄自身而過渡到現實性的反思關係，不是別的，只不過是尚未充分實現的概念。換言之，它們只是概念的抽象方面，——根據只是概念的本質性的統一，關係只是僅僅應該返回自身的眞實方面的聯繫。概念是兩者的統一，而客體不僅是本質性的，而且是自在的普遍性的統一，不僅包含眞實的差別，而且包含這些差別在自身內作為整體。

此外很明顯，在所有這些過渡裡，其目的不僅在於一般地指出思維與存在或概念與存在的不可分離性。常常有人說，存在只不外是簡單的自身聯繫，而且這種貧乏的範疇當然包括在概念裡，或者也包括在思想裡了。這些過渡的意義，並不是僅將那包含在裡面的各種規定或範疇予以接受（如像關於上帝存在的本體論證明那樣，認為存在只是許多實在中之一），便算了事。這些過渡的意義乃在於理解概念作為概念本身所應有的規定性（那遠為抽象的存在，或者甚至客觀性，與這種概念還並不相干），並且單就概念本身所應有的規定性，來看這規定性能否並如何過渡到一種不同於屬於概念並表現在概念中的規定性的形式。

如果我們將這種過渡的產物，客觀與概念（這概念，按照它特有的形式來說是消失在客體中的）建立在關係之中，那麼，對於所得結果我們可以很正確地這樣表述：概念（或者也可說是主觀性）與客體潛在地是同一的。但是同樣，我們也可以很正確地說，概念與客體是不同的。既然這兩種說法都同樣正確，也同樣都不正確。因此，這類的說法是不能表達眞實關係的。這裡所說的「潛在」乃是一種抽象，比起概念自身來還更爲片面，而這種片面性，當概念揚棄其自身而發展爲客體、爲正相反對的片面性時，一般說來，它就在這過程中被揚棄了，因此這種潛在性，也必須通過否定其自身，而被規定爲實在性。無論何處，思辨的同一，絕不是剛才所說的那種膚淺的主體與客體的潛在的同一。——這個意思我們已經重說過多少遍，但如果想要根本消除對於這種膚淺思辨同一性陳腐的完全惡意的誤解，無論重說多少遍也不能說是太多，——因爲要想消除這種誤解，是很難有合理的希望的。

如果完全一般地去了解概念與客體的統一，不管統一的潛在存在的那種片面形式，那麼，這種統一，如衆所熟知，即是上帝存在的本體論證明的前提，甚且被認作最完善的統一性。就首先提出本體論證明這一非常值得注意的思想的人安瑟爾謨(Anselm)①看來，無疑地他原來的意思僅論及某種內容是否在我們思維裡的問題。他的話簡略地說是這樣的：「確定無疑的，那個對於它不能設想一個比它更偉大的東西，不可能僅僅存在於理智中。因爲如果它僅僅存在於理智中，我們就可以設想一個能夠在事實中存在的比它更偉大的東西。所以如果那個不能設想一個比它更偉大的東西，僅僅存在於理智中，那麼它就會是這樣一種東西，對於它可以設想一

① 安瑟爾謨（一〇三三—一一〇九）義大利經院哲學家，是第一個用神學方式，提出本體論證明的人。——譯者

個比它更偉大的東西。但確定無疑的，這是不可能的。〔因此，那個對於它不能設想一個更偉大的東西，必定既在理智中，又在實在中。〕」①——按照這裡所提出的說法，有限的事物的客觀性與它的思想，這就是說，與它的普遍本性，它的類和它的目的是不一致的。笛卡兒和斯賓諾莎等人曾經很客觀地說出了概念與客體的統一。但那些堅持直接確定性或信仰的原則的人，卻較多地按照安瑟爾謨原來的主觀方式去了解這種統一，即認為上帝的觀念與上帝的存在在我們的意識裡有不可分離的聯繫。持信仰說者甚至認為外界的有限事物的存在與它們的被意識或被知覺也有不可分離的聯繫，因為在直觀裡，事物與實存這一規定是聯繫著的。這種說法當然是不錯的。但是如果以為有限事物的存在，與我們對於有限事物的觀念在我們意識裡聯繫著，其聯繫的情形與上帝的存在和上帝的觀念，在我們意識裡聯繫著的情形是同樣的，那就會太缺乏思想性了。因為這樣一來，就會忘記了有限事物乃是變化無常飄忽即逝的。這就是說，實存與有限事物的聯繫僅是暫時的，即不是永恆的，而是可分離的。總之，按照我們在這裡所用的範疇或術語說來，說一物有限，即是說它的客觀存在與它的思想、它的普遍使命、它的類和它的目的是不相協調的。所以安瑟爾謨不管出現在有限事物中那樣的統一，而僅宣稱唯有最完善者才不僅有主觀方式的存在，而且同時也有客觀方式的存在，這確有其相當的理由。表面上人們無論如何高叫反對所謂本體論的證明，並反對安瑟爾謨對最完善的存在的規定，其實仍無濟

① 這一大段是從安瑟爾謨拉丁文原著《前論》(Proslogion)引來，〔 〕符號內的一句話，是從黑格爾：《哲學史講演錄》中譯本第三卷二九二頁較長的同一段引文中轉引過來，以補足理智與實在、概念與客體的統一性這個論點的語意。——譯者

於事。因爲本體論的證明仍然原樣地潛存於每一素樸的心靈中，並且不斷返回到每一哲學中，甚至爲它自身所不知道，並違反它的意願，正如在直接信仰的原則裡那樣。

安瑟爾謨論證的眞正缺點，也是笛卡兒和斯賓諾莎以及直接知識的原則所共有的缺點，就在於他們所宣稱爲最完善者或主觀地當作眞知識的統一體只是預先假定的，這就是說，只被認作潛在的。思維與存在的這種抽象的同一，立刻就可由於兩個規定的不同而對立起來，即如老早以前所提出的對於安瑟爾謨的批評，正是如此。這就是說，事實上把有限事物的觀念和存在與無限的東西對立起來了。因爲正如前面所指出那樣，有限的事物具有這樣一種客觀性，這客觀性與它的目的、本質和概念並不同時相符合，而是有了差異的。換言之，它是那樣一種觀念或一種主觀的東西，其本身並不包含存在。這種分歧和對立只有這樣才能解除，即指出有限事物爲不眞，並指出這些規定，在自爲存在〔分離〕中乃是片面的虛妄的，因而就表明了它們的同一就是它們自身所要過渡到的，並且在其中可得到和解的一種同一。

B. 客體 (Das Objekt)

§ 194

客體是直接的存在，由於在它裡面差別是已當作被揚棄了的，所以客體對差別來說，是漠不相關的。此外客體本身又是一全體，同時因爲這種同一性僅是它的各環節之潛在的同一，所以對於客體的直接的統一說來，它同樣是漠不相干的。它於是便分裂爲許多有差別的事物，其中每一事物本身又是一全體。因此客體就是雜多事物的完全獨立性、與有差別的雜多事物同樣地完全無獨立性之間的絕對矛盾。

〔說明〕「絕對是客體」這一界說可說是最明確地包含在萊布尼茨的「單子」論中，每一單子都是一客體，但它是一個潛在地表象著世界的客體，甚至是世界表象的全體。在單子的簡單統一性裡，一切的差別只是觀念性的，非自身獨立的東西，沒有任何東西從外面進入單子裡面。單子就是整個概念的本身，其差別所在只取決於這概念自己較大或較小的發展。這個簡單的全體同樣分裂為無窮復多的差別體，從而每一差別體都是一獨立的單子。在單子中之單子和它們內在發展的預定的諧和裡，這些實體又同樣歸結為非自身獨立性和觀念性。所以萊布尼茨的哲學代表完全發展了的矛盾。

附釋一：如果認絕對（上帝）為客體，並且停止在那裡，那麼正如新近費希特所正確地強調的那樣，這種看法一般地代表了迷信和奴隸式的恐懼的觀點。無疑地上帝是客體，並且甚至可說是絕對的客體，與這客體比起來，我們特殊的主觀的意見和意志，是沒有眞理和沒有效力的。但即使作為絕對的客體，上帝也並不是當作一個黑暗的與主觀性相對立的敵對的力量，而毋寧是包含著主觀性在內作為他自身的主要環節。這個道理基督教的教義表示得最明白，如說：上帝願意所有的人皆得救，上帝願意所有的人皆有幸福。人之得救，人之有福，這是由於人能達到與上帝合一的意識，於是上帝對人便停止其為外在的單純的客體，因而不再是一畏懼和恐怖的對象，特別是如像神對於羅馬人的宗教意識那樣。再則，在基督教裡上帝又被理解爲「愛」，而且上帝啓示其自身於他的兒子裡，他的兒子與他爲一，這樣，上帝，即作爲個別的人啓示其自身給人類，由此人類就獲得到解救。這就無異於宣稱，客觀性與主觀性的對立便自在地被克服了。至於如何去分享這種解救，如何放棄我們直接的主觀性（擺脫掉那舊的亞當），並證悟到上帝即是我們眞實的本質的自我，那就是我們自己的事情了。

正如宗教和宗教崇拜在於克服主觀性與客觀性的對立，同樣科學，特別是哲學，除了通過思維以克服這種對立之外，沒有別的任務。認識的目的一般就在於排除那與我們對立的客觀世界的生疏性，如人們所常說的那樣，使我們居於世界有如回到老家之感。這就無異於說，把客觀的世界導回到概念，——概念就是我們最內在的自我。從這一番討論裡也可懂得，認主觀性和客觀性爲一種僵硬的抽象的對立，是如何地錯誤了。兩者完全是辯證的。概念最初只是主觀的，無須借助於外在的物質或材料，按照它自身的活動，就可以向前進展以客觀化其自身。同樣，客體也並不是死板的、沒有變動過程的。反之，它的過程即在於證實它自身同時是主觀的，這種過程形成了向理念進展。任何人由於不明白主觀性和客觀性兩範疇（的辯證關係），想要抽象地堅執著這兩個範疇，他就會不自知覺地猝然發現這些抽象的範疇會從他的手指間溜走，而他所說的話恰好會是他想要說的話的反面。

附釋二：客觀性包含有機械性、化學性和目的性三個形式。機械性的客體就是直接的無差別的(indifferente)客體。誠然，機械的物體包含有差別，不過這些機械物體的差別彼此是漠不相干的(gleichgültig)，而它們的聯繫也只是外在的。反之，到了化學性的階段，客體本質上表現出差別，即客體之所以如此，只是由於他們彼此的關係，而這種差別構成它們的質。客觀性的第三形式，目的的關係，這是機械性和化學性的統一。目的，也如機械的客體那樣，是一個自成起結的全體①。但又被從化學性中展開出來的質的差別的原則所豐富了，這樣，目的便使它自身與和它對立的客體相聯繫了。所以目的的實現就形成了到理念的過渡。

I. 機械性(Der Mechanismus)

§ 195

客體(1)在它的直接性裡只是潛在的概念，客體最初總是把概念看成是外在於它的主觀的東西，客體的一切規定性也是外在地被設定起來的東西。因此作爲許多差別事物的統一，客體是一個湊合起來的東西，是一個聚集體。它對於別的事物的作用仍然只是外在的關係。——這就是形式的機械性。這些客體雖然保持在這種外在關係和無獨立性裡，但仍然同樣是獨立的、彼

---

① 自成起結的全體 (in sich beschlossene Totalität) 直譯應作自身完成 (in sichvollendene) 或自身決定的全體是指起點即是終點，首尾相應的圓圈式的整個過程而言。本書舊版譯成「自包的全體」，英譯本作 self-contained totality，都未能明確表達黑格爾認全體或整個體系是圓圈的意思。如把它譯成「自身封閉的全體」或「自身封閉的圓圈」，容易引起誤解，以為黑格爾所謂全體、圓圈、體系是沒有辯證發展過程的靜止東西。參看《列寧全集》第三八卷第二五一頁。——譯者

此外在地互相抵抗著。

〔說明〕壓力和衝力就是機械關係的例子。又如由死記得來的知識也可說是機械的，因爲死記著的那些字眼對於我們沒有意義，而是外在於感官、表象和思維的。而且這些字眼的本身也同樣是外在的，一串沒有意義的文字之連屬在一起。行爲及宗教上的虔誠也同樣是機械的：如果一個人的行爲、宗教信仰等等純是爲儀式的法規或由一個良心的顧問所規定的，如果他所做的事，他自己的精神和意志都不貫注在他的行爲裡，那麼這些行爲對於他便是外在的，也就是機械的。

附釋：機械性，客觀性的第一個形式，又是一個在觀察客觀世界時首先呈現其自身於反思裡，並常常停留在反思裡的範疇。但機械性卻是一膚淺的、思想貧乏的觀察方式，既不能使我們透徹了解自然，更不能使我們透徹了解精神世界。在自然裡，只有那完全抽象的純惰性的物質才受機械定律的支配。反之，凡是可以叫做狹義的物理的現象和過程（例如光、熱、磁、電等現象），便不是單純的機械的方式（即壓力、衝力、各部件的機械替換等等）所能解釋的。把機械的範疇轉用到有機的自然裡，將更顯得不充分，因爲這裡的問題是要理解有機自然界的特殊性質，如植物的生長、營養或者甚至是動物的感覺。我們必須認爲這是近代自然研究的一個本質的以至主要的缺陷：即本當用與單純機械性範疇不同的較高的範疇去理解之時，卻仍然固執地堅持著單純用機械的範疇去解釋，不顧這些機械範疇與樸素的直觀所提供的情況相矛盾，因而阻礙了對於自然獲得正確知識的道路。即以探討精神世界的各種形態而論，機械觀的應用也常常超出了它應有的範圍。試舉一例，譬如說，人是由靈魂和肉體所構成。在這句話裡，靈魂和肉體好似兩個各個自存之物，它們之間只有一種外在的聯繫。同樣的機械看法，將靈魂認作僅僅是一堆彼此各個獨立自存的力量和性能，彼此並列在一起的複合體。

所以一方面我們必須堅決地拒絕機械的考察方式，因爲它走上來，冒充爲代替了概念性認識的地位，並將機械性當作絕對範疇。但另一方面我們又須明白承認機械性具有一種普遍邏輯範疇的權利和意義。因此也不可將機械性僅僅限制在它由之得名的自然領域之內。譬如，即使我們越出機械學（力學）固有的範圍，而在物理學和生理學裡著眼於機械的活動（如重力、槓桿等類的作用），亦未始不可。但我們卻不可忽視一點，即在這些範圍之內，機械定律已不復是決定性的東西，而只是居於從屬的地位。說到這裡，還有一點須得指出，即在自然界裡，當較高級的或有機的功能的正常作用遭受任何方式的擾亂或妨礙時，則原來處於從屬地位的機械性便會立即占優勢。譬如，一個胃弱的人只消吃少量的食物，胃裡就會感得一種壓力，而別的消化機能健全的人即使吃一樣多的食物，卻不會感到什麼壓力。同樣，身體健康情況不佳的人，也會普遍地感到四肢沉重。即在精神世界內，機械性也有它的地位，不過僅僅具有從屬的地位罷了。人們很正確地說到機械的記憶，以及各式各樣的機械行動如機械的讀書，機械的寫字，機械的玩弄樂器等等。特別就記憶而論，機械式的活動可以說是屬於它的本質。忽視了這一事實，對於青年人的教育常引起很不良的後果，這是由於近代教育家過分熱心於理智的自由發展，而忘卻了機械的記憶有時也有其必需。如果一個人純粹依據機械定律去解釋記憶的性質，並逕直應用機械定律去研究靈魂，那麼，他將會是一個笨拙的心理學家。記憶的機械之處僅在於用純全外在的聯繫以認識某些記號、聲調等等，而且即在這聯繫裡重現所記憶的東西，而無須注意到所記著的這些東西的意義和內在聯繫。要想認識這種機械記憶的情形，並不需要進一步去研究力學，況且力學的研究對於心理學本身也不能有什麼推進。

§196

客體之所以有忍受外力支配的那種「非獨立性」，（依上節所說）只是由於它有了獨立性。客體既然被設定爲潛在的概念，則它的諸規定中的一個規定（如獨立性）絕不能揚棄其自身於它的對方（非獨立性）裡，反之，客體由於否定它自身（即由於它的非獨立性），就會與它自身相結合，所以它才是獨立的。同時客體區別於它的外在性，並在它的獨立性裡否定了這種外在性，所以客體就是這種和它自身的否定的統一性、中心性、主觀性。這樣一來，客體自身便指向著並聯繫著外在事物了。但這種外在事物也同樣是一自身中心，同樣只與別的中心相聯繫，它的中心也同樣在別的事物之中。這就是⑵有差別的(Differenter)機械性①（可用引力、意欲、

①　這裡所說「有差別的機械性」是和一般的、形式的「無差別的機械性」（參看§194及其附釋二和§195）相對待而說的。後者指彼此漠不相關、互不起作用、只有外在關係的那和無差別的機械性事物而言。反之，前者「有差別的機械性」事物對別的事物卻不是無差別的，不是漠不相關的，而是有傾向、有作用、有一定關係的，甚至可以說有親和力的，這種有差別的機械性是進展到化學性的過渡。參看下面§199和§200。——譯者

社交本能等等爲例）。

§197

上面所說這種關係的充分發展便形成一種「推論」(Schluss)。①在這種推論裡，內在的否定性，作爲一個客體（抽象的中心）的中心個體性，通過一個中項與一些作爲另一極端的非獨立的客體相聯繫，而這中項結合起這些客體的中心性和非獨立性於自身內，而成爲一相對的中心。這就是(3)絕對的機械性。

§198

剛才所提到的推論（個體——特殊——普遍）是三重推論的結合。那些非獨立的客體的不眞實的個體性，亦即在形式的機械性階段所特有的客體，由於它的非獨立性，也同樣是普遍性，不過只是外在的普遍性罷了。因此這些客體也是絕對中心和相對中心之間的中項（其推論的形式爲：普遍——個體——特殊）；因爲由於沒有獨立性，這兩者才彼此分離並形成兩極端，而同時又彼此互相聯繫。同樣，絕對中心性作爲實體性的普遍物（例如長久保持同一性的重力），並且作爲純粹的否定性，同樣包括有個體性在內，就是相對的中心和無獨立性的客體間的中介，

---

① 推論即三段式，在本節及此後，黑格爾有特殊用法，大意是指「三合體」，「三一體」或三個環節之有機的聯繫和矛盾發展的關係或過程而言。——譯者

其推論形式爲：特殊——普遍——個體。就它的內在的個體性來說，它同樣主要地是一個分離的力量，正如就它的普遍性來說，它又是同一東西的結合體和寧靜的自在存在。

有如太陽系那樣，又如在實踐的範圍內的國家也是具有三個推論的體系：⑴個別的人（個人）通過他的特殊性（如物質的和精神的需要等等的進一步發展，就產生公民社會），與普遍體（社會、法律、權利、政府）相結合。⑵意志或個人的行動是起中介作用的東西，它使得在社會、法律等方面種種需要得到滿足，並使得社會和法律等等得到滿足和實現。⑶但普遍體（國家、政府、法律）乃是一個實體性的中項，在這個中項內，個人和他的需要的滿足享有並獲得充分的實現、中介和維持。三一式中的每一規定，由於中介作用而和別的兩極端結合在一起，同時也就自己和自己結合起來，並產生自己，而這種自我產生即是自我保存。——只有明瞭這種結合的本性，明瞭同樣的三項的三一式的推論，一個全體在它的有機結構中才可得到眞正的理解。

§ 199

客體在絕對機械性裡所具有的實際存在的直接性也就自在地被否定了。這是由於它們的獨立性通過它們彼此的關係，也就是通過它們的無獨立性的中介過程而被否定了。所以我們必須設定客體在它的實際存在裡與它的對方是有差別的，或者說（有親和力的，有傾向的）。

II. 化學性(Der Chemismus)

§200

有差別的〔或有傾向的〕客體具有一種內在的構成它的本性的規定性。根據這種規定性，它就有了它的實際存在。但是作爲概念的設定起來的全體性，客體就是它的這種全體性與它的實際存在的規定性之間的矛盾。因此客體不斷地努力去揚棄這矛盾，並使得它的特定存在符合於它的概念。

附釋：化學性是客觀性的一個範疇，這範疇通常並未得到特殊的注重，而且大體上都被合併在機械性裡一起來了解，並且在機械關係的共同名稱之下，經常被提出來以與目的性相反對。其所以有這種看法，是因爲機械性與化學性至少彼此有一共同之點，即它們首先只是自在地實存著的概念，反之，目的便被看成是自爲地實存著的概念。這誠然不錯，不過機械性與化學性彼此之間也有很確定地不同之處：機械式的客體本來只是彼此互不相干的自身關係，與此相反，化學性的客體則顯得完全與他物相聯繫。無疑地，即，當機械性發展其自身時，已經出現了與他物的聯繫。但機械性的客體彼此之間的聯繫，最初只是一種外在的聯繫，所以那些彼此相聯繫的機械式的客體尙保留著獨立的假象。譬如，在自然界裡，形成我們太陽系的不同的星球彼此處於運動的關係中，由於運動而顯示出它們彼此間有聯繫。運動作爲空間和時間的統一，然而只是完全外在的和抽象的關係。因此看起來就好像這些彼此處於外在關係的星球，即使脫離了它們之間的這種相互關係，也可以保持它們的原狀似的。反之，化學性卻與此大不相同。化學上有差別的（有傾向的）對象其所以如此，顯然是僅由於它們有差別性（或傾向性）。因此化學性的客體即是使彼此相互聯繫，各自完整的絕對動力。

§201

因此化學過程的產物就是潛在於兩個緊張的極端中的中和性的東西。概念或具體的普遍性，通過諸客體的差別性（或傾向性）、特殊性，便與個體性（即化合的產物）相結合，但在這一過程中正是它與它自身相結合。同樣，在這種過程裡也包含有別的推論（或結合的方式）。作爲活動的個體性以及具體的普遍性，均同樣是起中介作用的東西。具體普遍性即是兩個緊張的極端的本質，這本質在化合的產物裡達到它的特定存在。

§202

化學性作爲客觀性的反思式的關係，不僅須以客體之有差別的（或並非漠不相關的）本性爲前提，同時又須以這些客體之直接的獨立性爲前提。化學的過程即是從這一形式到另一形式變來變去的過程，而這些形式仍然是彼此外在的。——在中和的產物裡，那兩極端所保有的彼此不同的確定特質便被揚棄了。這產物雖說符合概念，但因爲它沉陷在原來的直接性裡，便沒有分化作用的誘導原則存在於其中。因此這中和物仍是可以分解開的。但那能分解中和物使它還原到有差別性（傾向性）的緊張的兩極端，與夫那能使得無差別性的客體彼此有差別性（親和力）和誘導力的判斷原則，以及那有緊張性的分解過程，均不存在於最初那種化學過程之內。

附釋：化學過程仍然只是一有限的受制約的過程。只有概念本身才是這過程的內在核心，但在化學性的階段，概念還沒有達到它自己本身的實際存在。在中和的產物內化學過程業已消失，而那誘導的原因卻落在這過程的外面。

§ 203

將有差別（有傾向性）的東西歸結爲中和的東西的過程，和將無差別的東西或中和的東西予以分化的過程中，好像每一個過程讓它們（有差別的、無差別的或中和的東西）顯得彼此各自獨立，互不相干似的。但是由於這兩個過程的外在性（即缺乏內在聯繫），在向產物過渡的過程中，卻表現了它們的有限性，因爲在過渡爲產物的過程中，它們（的自在自爲性）就被揚棄了。另一方面這過程表示那有差別（有傾向）的客體作爲假定在先的直接性，乃是不眞實的。——通過對作爲客體的概念所陷入的外在性和直接性的否定，於是概念便得到解放，回復其獨立性，並且超出其外在性和直接性，因而被設定爲目的了。

附釋：由化學性到目的的關係的過渡，即包含在化學過程的兩個形式的彼此相互的揚棄裡。由於這樣產生的結果，就是那原來僅潛在於機械性和化學性中的概念便得到了解放。由於這樣而達到獨立實存著的概念，便是目的。

Ⅲ.目的性(Die Teleologie)

§ 204

目的是由於否定了直接的客觀性而達到自由實存的自為存在著的概念。目的是被規定為主觀的。因為它對於客觀性的否定最初也只是抽象的，因此它與客觀性最初仍只是處於對立的地位。但它的這種主觀的性質與概念的全體性比較起來，卻只是片面的，並且是為它自身的，因為就目的本身而言，一切片面的特性，均設定為被揚棄在它自身裡面。所以那假定在先的客體對於目的，也只是一種觀念性的自在的不實的東西。目的雖說有它的自身同一性與它所包含的否定性與客體相對立之間的矛盾，但它自身即是一種揚棄或主動的力量，它能夠否定這種對立而贏得它與它自己的統一，這就是目的的實現。在這個過程裡，目的轉入它的主觀性的對方，而客觀化它自己，進而揚棄主客觀的差別，只是自己保持自己，自己與自己相結合。

〔說明〕目的這一概念一方面固然是多餘的，但另一方面也很正當地被稱為理性的概念，以與知性的抽象普遍相對立。抽象的普遍僅形式上概括了特殊，但並不以特殊為它的內在性質〔而作為目的的概念卻包含特殊性，亦即主觀性，因而包含更進一步的差別在自身之內，作為它自己固有的性質〕。①——再則，關於作為目的的因的目的與單純的致動因②，亦即通常所謂原

---

① 此句據拉松本從《哲學全書》第二版增補過來。——譯者

② Wirkende Ursache 直譯應作「起作用的原因」，也有譯作「動力因」的，茲譯為「致動因」表示它是引起或推動事物運動的原因。——譯者

因的區別，卻極爲重要。原因屬於那尚未揭示出來的盲目必然性。因此原因便會過渡到它的對方，從而失掉其原來的原始性而成爲設定的存在，且須依賴它的對方。只有就其潛在性來說或就我們看來，才可說原因唯有在效果裡才成爲原因，才回復它的自己。反之，目的便被設定爲包含它的規定性或還表現在那裡作爲它的異在，即效果在它本身之內。目的既包含效果在自身內，因此在效果裡目的並沒有過渡到外面，而是仍然保持其自身，這就是說，目的僅通過效果而實現其自身，而且它在終點裡和它在起點或原始性裡是一樣的。由於目的有了這種自我保持性，所以它才是眞正的原始的東西。——我們須從思辨的觀點來理解目的，須將目的理解爲概念，這概念在它自己的各種規定的統一性和觀念性裡包含有判斷或否定，包含有主觀與客觀的對立，並且也同樣是對這種否定和對立的揚棄。

一提到目的，我們必不可立即想到或僅僅想到那單純存在於意識之內的、以〔主觀〕觀念的形式出現的一種規定。康德提出了內在的目的性之說，他曾經喚醒了人們對於一般的理念，特別是生命的理念的新認識。亞里士多德對於生命的界說也已包含有內在目的的觀念，他因此遠遠超出了近代人所持的只是有限的外在的目的性那種的目的論了。

人們的需要和意欲可說是目的的最切近例子。它們是人的機體內：感覺到的矛盾，這矛盾發生於有生命的主體本身的內部，並引起一種否定性的活動，去對這種還是單純的主觀性的否定性〔或矛盾〕加以否定。需要和意欲的滿足恢復了主觀與客觀之間的和平。因爲那客觀的事物，只要這矛盾尚存在，或只要這意欲尚未滿足，雖仍站在對方或外面，但通過與主觀性相結合，便同樣會揚棄它的片面性。對那些大談有限事物以及主觀事物和客觀事物的固定性和不可克服性的人來說，每一個意欲的活動都可以提供相反的例證。意欲可以說是一種確信，即確信主觀性同客觀事物一樣，也並不僅僅是片面的，沒有眞理的。意欲復進一步充分實現了這種確信；因爲意欲的活動使得對這種片面的有限性的揚棄，並使得對主觀的就僅僅是並永遠是主觀的，客觀的就僅僅是並永遠是客觀的這種對立的揚棄，能成爲事實。

說到目的的活動，有一層還須注意，即在表示目的的活動的推論裡，目的通過實現的手段作爲中介與其自身相結合，而主要的特點則是對兩極端的否定。這種否定性①即是剛才所提到的否定性，它一方面否定了表現在目的裡的直接的主觀性，另一方面否定了表現在手段裡或作爲前提的客體裡的直接的客觀性。這種否定性與下述的精神所運用的否定性是一樣的：即當精神提高到神性時，它一方面超出〔否定〕了世間的偶然事物，一方面超出〔否定〕了它自身的主觀性。用知性推論的形式去證明上帝存在，便忽視並丟掉了對於這種精神提高的闡述（如在導言裡和§192裡所提到的），亦即忽視並丟掉了這種精神提高性質的推論和否定。

§205

直接的目的關係最初只是一種外在的合目的性，在這個階段裡，概念與那假定在先的客體是對立的。因此目的是有限的，一方面由於它的內容〔是主觀的〕，一方面由於有一個現成的

---

① 這即指辯證的否定，以別於形式的否定；理性的推論亦即辯證的概念的推論，以別於抽象知性的形式的推論。辯證的否定同時是一種肯定。辯證的推論乃是一種內在的矛盾發展或曲折推移。——譯者

當前的客體作爲它〔目的〕實現的材料或外在條件。在這種情形下，它的自身決定性只是形式的。直接性的目的還有一個特點，即它的特殊性或內容（即目的的主觀性是作爲形式規定而出現的）是反思自己的，因而它的內容表現出異於它的形式的全體，異於它的潛在的主觀性，或概念。這種差異構成目的的自身內的有限性。這樣，目的的內容便是受限制的、偶然的、給予的、正如目的的客體是特殊的、現成的。

附釋：一說到目的，一般人心目中總以爲只是指外在的合目的性而言。依這種看法，事物不具有自身的使命，只是被使用或被利用來作爲工具，或實現一個在自身以外的目的。這就是一般的實用的觀點。這種觀點前些時候即在科學範圍內，也曾占很重要的地位，但後來卻得到應得的輕視，因爲大家看出了實用的觀點不足以達到對於事物本性的眞切識見。無疑地，有限的事物正當地應被看成非究竟的，指向於超出自身以外的。但同時須知，有限事物的否定性就是它們自己的辯證法，爲了認識事物的內在辯證法，人們首先必須注意它們的積極的內容。目的論的看法常基於一種善意的興趣，想要揭示出上帝的智慧特別啓示於自然中。但必須指出，即這種尋求目的的方式，將事物作爲達到目的的工具的看法，不能使我們超出有限界，而且容易陷於貧乏瑣碎的反思。譬如，我們僅從葡萄樹對於人們熟知的用處的觀點來研究葡萄樹，而且又去考察一種其皮可製軟木塞的橡樹，並研究這樹皮如何可以剝下來作爲木塞以封酒瓶。過去曾有不少的書是根據這樣的作風寫成的。很容易看出，這種辦法既不能增進宗教的眞正興趣，也不能增進科學的眞正興趣。外在的目的性直接站在理念的門前，但僅站在門前或門外總是很不夠的。

§ 206

目的的關係是一推論〔或三段式的統一體〕。在這推論或統一體內，主觀的目的通過一個中項與一外在於它的客觀性相結合。這中項就是兩者的統一：一方面是合目的性的活動，一方面是被設定爲直接從屬於目的的客觀性，即工具。

附釋：由目的到理念的發展須經歷三個階段：第一、主觀的目的；第二、正在完成過程中的目的；第三、已完成的目的。首先，我們得到主觀的目的，主觀目的，作爲自爲存在著的概念，其本身就是概念的各環節的全體。其中第一環節就是一個自身同一的普遍性，就好像那中和性的最初的水一樣，這裡面包含著一切，但是還沒有任何東西區分開來。第二環節爲這種普遍體的特殊化，通過這種特殊化過程，它就有了特定的內容了。當這特定的內容由於普遍體的活動過程而得到確立時，這普遍體便通過這種過程而回歸到它自己，並且自己和它自己相結合。因此當我們提出一個目的在前面時，我們又說，我們決定要做某件事，我們從而首先好像把我們看成是開闊的，我們可以接受這一規定或那一規定。同樣，我們有時進一步說，我們決心要作某件事，這意思是說，主體從它單純自爲存在著的內在性向前走出來，要與那在外的與他對立的客觀性打交道。於是就形成了由單純的主觀目的到那轉向外面的合目的的活動的進展。

§ 207

㈠主觀目的是一推論（或三段式的統一體），在這推論裡，普遍性的概念通過特殊性與個體性獲得這樣的結合，使得具有自我決定力的個體性成爲一個能下判斷的主體。這就是說，個體性於下判斷時不僅特殊化那尚無確定性的普遍概念，使之具有確定的內容，而且建立起主觀性與客觀性的對立，同時它自己又返回到它自己。因爲它分析出，那同客觀性對立的主觀的概念，與那自身結合一起的全體比較起來是有缺陷的，因此它自身同時要轉向外面。

§ 208

㈡這種轉向外面的活動就是個體性。因爲個體性在主觀目的的階段與特殊性是同一的，在特殊性以及它的內容之內，也包括有外在的客觀性。這轉向外面的活動是這樣的個體性，它首先直接指向客體，把捉住客體，把它作爲自己的工具。概念就是這種直接的力量(Macht)①，因爲概念是和它自身同一的否定性，在這種否定性裡，客體的存在僅僅完全是觀念性的。——於是整個中項成爲概念的這種內在的活動力量。由於具有這種活動力量，客體才作爲工具，直接與概念相結合，並從屬於概念的活動力量。

---

① die Macht 一詞，這裡出現多次，都譯成「力量」，語氣似乎稍嫌輕了一點。其實也應理解到，這字還包含有暴力、權力、強力、勢力等較重的意思。——譯者

〔說明〕在有限的合目的性裡，中項分裂爲兩個彼此外在的環節，即⑴活動與⑵那用作工具的客體。目的作爲力量與那客體相聯繫，和對象之受到目的的支配是一種直接的過程（對象受目的的支配即是整個推論中的第一前提），因爲只要在這階段的概念或目的的性裡，客體只是一種自爲存在的觀念性，它的本身就是被設定爲不實的東西。這種關係或第一前提本身成爲中項，這中項同時即是推論自己，因而目的通過它包含在其中並起主導作用的這種關係、它的活動便同客觀性結合起來。

附釋：目的的貫徹，即是在中介方式下實現目的。但是目的的直接實現也有同樣需要。目的直接地抓住客體，因爲目的就是支配客體的力量，因爲在目的的裡即包含有特殊性，而在特殊性裡又包含有客觀性。——有生命的存在具有一個肉體，靈魂控制住肉體，並直接客觀化其自身於肉體內。爲了使它的肉體成爲它的工具，人的靈魂有許多工作可做。人似乎首先就須占領或控制住他的肉體，從而他的肉體才可作爲他的靈魂的工具。

§ 209

㈢目的的活動和它的工具仍然是指向外面的，因爲目的仍然還沒有與客體達到同一，因此它還必須利用客體爲工具以求達到目的。工具作爲客體在這第二前提裡是與三段式中的另一極端，即假定在先的客觀性、材料有了直接的聯繫。這種聯繫就是現在能服務於目的的機械性和化學性的範圍，這個目的就是它們兩者的眞理性和自由的概念。這樣，那作為支配機械和化學過程的力量的主觀目的，在這些過程裡讓客觀事物彼此互相消耗，互相揚棄，而它卻超脫其自身於它們之外，但同時又保存其自身於它們之內。這就是理性的機巧(die List der Vernunft)。①

附釋：理性是有機巧的，同時也是有威力的。理性的機巧，一般講來，表現在一種利用工具的活動裡。這種理性的活動一方面讓事物按照它們自己的本性，彼此互相影響，互相削弱，而它自己並不直接干預其過程，但同時卻正好實現了它自己的目的。在這種意義下，天意對於世界和世界過程可以說是具有絕對的機巧。上帝放任人們縱其特殊情欲，謀其個別利益，但所

---

① 理性的機巧，這是黑格爾唯心辯證法中一個重要的觀點。（馬克思《資本論》第一卷即《馬克思恩格斯全集》第二三卷第二〇三頁曾引證了本節附釋中的前一半，而拋棄了神祕唯心的後半段。）主要是說理性是能動的，不是抽象、死板、直線式的，而好像是有機心、有權謀策略、靈活應變的，因而理性不是軟弱無力，而是有威力的，能夠利用客體，自然事物，甚至世界史人物作為實現它的目的的工具，及目的已經達到，時變境遷，潮流向前，它又有威力和機巧把那些工具拋在後面，而理性自己卻仍向前曲折地辯證進展，不牽連其中，也不受損害。參看《大邏輯》論尺度部分談到的「概念的機巧」，《精神現象學》序言中「論思辨的知識」部分，和《歷史哲學》緒論第三部分。黑格爾關於「理性的機巧」的思想對於辯證的觀點和方法是一種特殊的形象的闡述，但他把理性與「天意」、「上帝」等同起來談，其神祕、唯心的外殼，必須加以認真深入的批判。又德文 List 一字，據辭書本有「策略、智略、權謀，巧計、狡猾等含義」。這裡譯作「理性的機巧」以表示黑格爾所了解的理性的矛盾發展可以說是有策略、機動和巧計的。——譯者

達到的結果，不是完成他們的意圖，而是完成他的目的，而他〔上帝〕的目的與他所利用的人們原來想努力追尋的目的，是大不相同的。

§210

實現了的目的因此即是主觀性和客觀性的確立了的統一。但這種統一的主要的特性是：主觀性和客觀性只是按照它們的片面性而被中和、被揚棄。但客觀性卻以目的爲它的自由概念，爲高於它自身的力量，因而屈服於目的並遵循目的。目的則保持其自身，反對客觀事物並在客觀事物之內。因爲除了目的是片面的主觀性，或特殊性外，它又是具體的普遍性，是主客兩面之潛在的同一。這種具體的普遍性，作爲簡單的自身返回，是通過了推論的三項及其運動，而仍能保持它自身同一性的內容。

§211

但在有限的目的性裡，甚至業已達到了的目的，本身也仍然是如此殘缺不完的東西，正像它是中項和起始的目的那樣。在這裡我們所得到的，僅是一種從外面提出的、強加在那現成的材料之上的形式，這種形式由於目的的內容受到限制，也同樣是一種偶然性的規定。因此那達到了的目的只是一個客體，這客體又成爲達到別的目的的手段或材料，如此遞進，以至無窮。

§212

〔有限目的的活動，就其僅為主觀性和客觀性的相對的全體而言，又陷於無窮的遞進，由於這種活動即是一種矛盾，它使它在活動過程裡所揚棄的主客對立，又重新產生出來。〕①但在目的的實現的本身所產生的結果是：片面的主觀性和那當前的客觀獨立性與主觀性相對立的假象，都同樣被揚棄了。在把捉工具的過程中，概念建立其自身為客體的自在存在著的本質。在機械和化學的過程中，客體的獨立性業已自在地消逝了。而且在它們受目的的支配的發展過程中，它們的獨立性的假象，或對概念的否定性也被揚棄了。但就那實現了的目的僅僅被規定為手段或材料的事實看來，則這目的的所追求的客體，立刻就被設定為一個本身不實的，只是觀念性的東西。這樣一來，形式與內容的對立也隨之而消失了。當目的由於揚棄它的形式規定〔的片面性〕而與它自身相結合時，它那自身同一的形式因之便成為有內容的了，所以那作為形式自身活動力量的概念，僅以它自身為內容。通過這種過程，目的的這一概念的性質一般便確立起來了，主觀性與客觀性的自在存在著的統一，現在就被設定為自為存在著的統一了。這就是理念。

附釋：目的的有限性在於當實現目的的時，那被利用來作為手段的材料，只是外在地從屬於目的的實現，成為遵循目的的工具。但事實上客體就是潛在的概念，當概念作為目的，實現其自身於客體時，這也不過是客體自身的內在性質的顯現罷了。這樣看來，客觀性好像只是一個外殼，這裡面卻隱藏著概念。在有限事物的範圍內，我們不能看見或體察出，目的是真正達到

① 方括號內這一段是第二版所原有，但在第三版被刪去，茲依拉松本補譯出來。——譯者

了的。無限目的的實現這一看法的好處只在於去掉一種錯覺：即人們總以爲目的好像老沒有實現似的。善，絕對的善，永恆地在世界上完成其自身，其結果是，善或至善用不著等待我們去實現它，它就已經自在並自爲地在世界上實現其自身了。我們總是生活在這種錯覺中，但這錯覺同時也是一種推進力量，而我們對這世界的興趣即建築在這種力量上面。理念在它發展的過程裡，自己造成這種錯覺，並建立一個對立者以反對之，但理念的行動卻在於揚棄這種錯覺。只有由於這種錯誤，眞理才會出現。而且在這一事實裡面復包含有眞理與錯誤、無限性與有限性的和解。揚棄了的錯誤或異在，本身即是達到眞理的一個必然的環節，因爲眞理作爲眞理，只是由於它自身造成它自己的結果。

C. 理念 (Die Idee)

§ 213

理念是自在自爲的眞理，是概念和客觀性的絕對統一。理念的理想的內容不是別的，只是概念和概念的諸規定；理念的實際的內容只是概念自己的表述，像概念在外部的定在的形式裡所表現的那樣。而且概念還包括這種外部形態於它的理想性中，使它受自己的支配，從而保持它自身於其中。

〔說明〕「絕對就是理念」這一界說，本身即是絕對的。前此的一切界說，都要歸結到這一界說。*理念就是真理；因爲真理即是客觀性與概念相符合。——這並不是指外界事物符合我的觀念。因爲我的觀念只不過是，我這個人所具有的不錯的觀念罷了。理念所處理的對象並不是個人，也不是主觀觀念，也不是外界事物。但是一切現實的事物，只要它們是真的，也就是理念。而且一切現實事物之所以具有真理性，都只是通過理念並依據理念的力量。個體的存在只是理念的某一方面，因此它還需要別的現實性，而這些現實性，同樣也好像特別地有它們的獨立存在似的。只有在現實事物的總合中和在它們的相互聯繫中概念才會實現。那孤立的個體事物是不符合它自己的概念的；它的特定存在的這種侷限性構成它的有限性並且導向它的毀滅。①

理念本身不可了解爲任何某物的理念，同樣，概念也不可單純理解爲特定的概念。絕對是普遍的和唯一的理念，這理念由於判斷的活動特殊化其自身成爲一些特定理念的系統，但是這些特定理念之所以成爲系統，也只是在於它們能返回到那唯一的理念，返回到它們的真理。從這種判斷的過程去看理念，理念最初是唯一的、普遍的實體，但卻是實體的發展了的真正的現實性，因而成爲主體，所以也就是精神。

由於理念不以實存爲其出發點，又不以實存爲其支撐點，因此便常常被當作單純是一種形式的邏輯的東西。人們一方面把實際存在著的事物以及許多尚未達到理念的範疇，均給予所謂實在或真正現實性的徽號；另一方面又以爲理念僅僅是抽象的。其實這兩種意見都是錯誤的，

① 從四〇八頁*起直至本段末，列寧作了摘錄（中間有刪節），並有長段評語。見《列寧全集》第三八卷第二〇九—二一〇頁。——譯者

必須放棄的。就理念作爲能消溶或吞併一切不眞之物而言，它誠然是抽象的。但理念自身本質上卻是具體的，因爲它是自己決定自己，從而自己實現自己的自由的概念。如果概念，作爲理念的原則，僅被當作是抽象的統一，而不是像它本來應該那樣，被認作是經過否定的過程而回歸其自身的主觀性，那麼，理念也會只是抽象的形式。

附釋：*人們最初把眞理了解爲：我知道某物是如何存在的。不過這只是與意識相聯繫的眞理，或者只是形式的眞理，只是「不錯」罷了。按照較深的意義來說，眞理就在於客觀性和概念的同一。譬如，當我們說到一個眞的國家或一件眞的藝術品，都是指這種較深意義的眞理而言。這些對象是眞的，如果它們是它們所應是的那樣，即它們的實在性符合於它們的概念。照這樣看來，所謂不眞的東西也就是在另外情況下叫做壞的東西。壞人就是不眞的人，就是其行爲與他的概念或他的使命不相符合的人。然而完全沒有概念和實在性的同一的東西，就不可能有任何存在。甚至壞的和不眞的東西之所以存在，也還是因爲它們的某些方面多少符合於它們的概念。①那徹底的壞東西或與概念相矛盾的東西，因此即是自己走向毀滅的東西。唯有概念才是世界上的事物之所以保持其存在的原則，或者用宗教上的語言來說，事物之所以是事物僅由於內在於事物的神聖的思想，因而亦即創造的思想有以使然。

① 列寧摘錄了從*號起的這段話（中間有刪節），參看《列寧全集》第三八卷第二一一頁。——譯者

一說到理念，我們用不著想像一些遙遠的和超越人世的東西。理念毋寧是徹底地現在的，甚至即存在於每一個人的意識裡，無論他的意識是如何混亂衰退。我們設想這世界是上帝所創造的偉大的整體，而且由於世界是這樣被創造的，所以上帝即在這世界內顯示其自身給我們。同樣，我們認爲這世界是由神意所主宰，這就包含著這樣的意思，即世界內那些彼此分離的外在的事物，將永恆地從統一中發展出來並返回到統一，遵循著統一。——自來哲學的工作即在於對理念予以思維的掌握。*凡是配得上哲學這一名稱的學說，總是以絕對統一的意識爲基礎，這種統一的意識只有在理智看來才是分離開的。①——要求爲「理念就是眞理」這一命題尋求證明，並不須等待到現在才提出來的；前此全部思維的一切發揮和發展，都包含著對這一命題的證明。理念就是這全部過程的進展的成果。這並不是說理念似乎只是一個通過自身以外的他物而發展出來的中介性的東西。反之，理念乃是它自己發展的成果，因爲如此，它既是直接的，又是經過中介的。*前面所考察過的存在和本質以及概念和客觀性這些階段，它們的這種差別，並不是固定的，也不是以自身爲基礎的東西，而是證明其自身爲辯證的，並且它們的眞理只在於它們是理念的各個環節。②

§ 214

*理念可以理解爲理性（即哲學上眞正意義的理性），也可以理解爲主體——客體，觀念

①② 列寧摘錄了從*起的這句話，參看《列寧全集》第三八卷第二一一頁。——譯者

與實在，有限與無限，靈魂與肉體的統一；可以理解爲具有現實性於其自身的可能性；或其本性只能設想爲存在著的東西等等。因爲理念包含有知性的一切關係在內，但是包含這些關係於它們的無限回復和自身同一之中。

〔說明〕知性很不費力就可以指出一切關於理念所說的話都是自相矛盾的。但這種指斥是可以予以同樣的回擊的，甚或可以說，在理念裡已經實際上予以回擊了。而這種回擊的工作就是理性的工作，當然不像知性的工作那樣容易。知性當然可以舉出種種理由來證明理念是自相矛盾的，因爲譬如說：主觀的僅僅是主觀的，老是有一個客觀的東西和它相對立，存在與概念完全是兩回事，因而不能從概念中推出存在來。同樣有限的僅僅是有限的，正好是無限的東西的對立面，因而兩者不是同一的。對於其他一切規定也都是這樣。但是邏輯學所推出的毋寧正是上述說法的反面，即：凡僅僅是主觀的主觀性，僅僅是有限的有限性，僅僅是無限的無限性以及類似的東西，都沒有眞理性，都自相矛盾，都會過渡到自己的反面。因此在這種過渡過程中和在兩極端之被揚棄成爲假相或環節的統一性中，理念便啓示其自身作爲它們的眞理。

用知性的方式去了解理念，就會陷於雙重的誤會。第一、它不是把理念的兩極端（叫做兩極端也好，無論怎樣說，只要了解它們是在統一中就行），正當地了解爲具體的統一，而是把它們了解爲統一以外的抽象的東西。即使它們的關係得到明白的表述，知性也仍然會誤解這種關係。譬如，知性甚至忽視了判斷中的聯繫詞的性質，這聯繫詞表明個體即是主體，又同樣不是個體，而是共體。但是，第二、知性總以爲它的反思——即認那自身同一的理念包含著對它自己的否定或包含著矛盾——僅是一外在的反思，而不包含在理念自身之內。但事實上這種反思也並非知性特有的智慧，而是理念自身就是辯證法，在這種辯證過程裡，理念永遠在那裡區別並分離開同一與差別、主體與客體、有限與無限、靈魂與肉體，只有這樣，理念才是永恆的創造，永恆的生命和永恆的精神。①但當理念過渡其自身或轉化其自身爲抽象的理智時，它同樣也是永恆的理性。理念是辯證法，這辯證法重新理解到這些理智的東西、差異的東西，它自己的有限的本性，並理解到它的種種產物的獨立性只是虛假的假相，而且使得這些理智的、差異的東西回歸到統一。這種雙重的運動既不是時間性的，也不是在任何方式下分離了的和區別開的，——否則它又會只是抽象的理智作用，而不是辯證發展，——所以理念即是在他物中對自身的永恆直觀；亦即曾經實現其自身於它的客觀性內的概念，亦即具有內在的目的性和本質的主觀性的客體。

對於理念的各種方式的理解，如認理念爲觀念與現實，有限與無限，同一與差別等等的統一，都多少不免是形式的。因爲它們僅表示特定的概念的某一階段。唯有概念本身才是自由的，才是眞正的共體。因此在理念裡，概念的規定性同樣只是概念本身，——一種客觀性，在其中作爲共體的概念藉以繼續維持其自身，只有在客觀性中概念才具有它自己的全部規定性。理念

① 列寧從本節*起連續摘錄了三大段，並加了評語。參看《列寧全集》第三八卷第二一二——二一四頁。——譯者

是一無限的判斷①，這判斷中的每一方面均各自爲一獨立的全體。正由於這樣，所以每一方面既達到其自己的充分發展，也同時過渡到對方。除了概念本身和客觀性外，沒有任何別的特定的概念在這兩方面都能達到完成的全體。

§ 215

*理念本質上是一個過程，因爲只是就理念的同一性是概念的絕對的和自由的同一性來說，只是就理念是絕對的否定性來說，因此也只是就理念是辯證的來說〔它才是個過程〕。②理念的運動過程是這樣的：即概念作爲普遍性，而這普遍性也是個體性特殊化其自己爲客觀性，並和普遍性相對立，而這種以概念爲其實體的外在性，通過其自身內在的辯證法返回到主觀性。

〔說明〕*因爲理念(a)是一過程，所以通常用來表述絕對的一些說法：謂絕對爲有限與無限的統一，爲思維與存在的統一等等都是錯誤的。因爲這種統一僅表示一種抽象的、靜止的、

---

① 判斷(Urteil)在這裡有特殊的含義和用法，在德文字根分析起來，Ur有「原始」的意思，teilen有區分或分割為部分的意思。黑格爾用 Urteil 一字經常包含有對原始根本的東西加以區分、判別、分化的意思。這裡所謂「理念是一無限的判斷」以及下面§219所謂「概念的判斷」都要這樣去了解，才能看出黑格爾所謂「理念」、「概念」都有由原始的一進行區分、分化而又進展到統一，全體的辯證法意義。——譯者

② 列寧摘錄了從*起的這段話。見《列寧全集》第三八卷第二一四頁。——譯者

固定的同一性。因爲理念(b)是主觀性，從另一方面看來，上面那個說法也同樣是錯誤的。因爲剛才所提及的統一，僅表達眞正的統一的自在性、實體性。按照這種看法，無限與有限，主觀與客觀，思維與存在，好像是只中和了似的。①但是在理念的否定的統一裡，無限統攝了有限，思維統攝了存在，主觀性統攝了客觀性。②理念的統一是思維、主觀性和無限性，因此本質上須與作爲實體的理念相區別，正如這統攝著對方的思維、主觀性、無限性，必須與那由判斷著、規定著自身的過程中被降低成片面的思維、片面的主觀性、片面的無限性相區別。

附釋：*理念作爲過程，它的發展經歷了三個階段。理念的第一個形式爲生命，亦即在直接性形式下的理念。理念的第二個形式爲中介性或差別性的形式，這就是作爲認識的理念，這種認識又表現爲理論的理念與實踐的理念這雙重形態。認識的過程以恢復那經過區別而豐富了的統一爲其結果。由此就得出理念的第三個形式，即絕對理念。③這就是邏輯發展過程的最末

---

① 從本段開頭到這裡止，列寧曾加以引證，並有所刪節。參看《列寧全集》第三八卷第二一四頁。——譯者

② 統攝，德文原文為Übergreifen，本具有重疊、侵略等義，英譯為overlap，有重疊、重複等義，均不能表達黑格爾這裡的意思。茲譯作「統攝」。統攝包含有「包括」、「超出」和「主導」三層意思。——譯者

③ 列寧摘引了從*號起的這段話。見《列寧全集》第三八卷第二一五頁。——譯者

一個階段，同時又表明其自身爲眞正的最初，並且只是通過自己本身而存在著。

I. 生命 (Das Leben)

§ 216

直接性的理念就是生命。概念作爲靈魂，而實現在肉體裡，靈魂是憑藉肉體的外在性，以直接地自己和自己加以聯繫著的普遍性。肉體同樣也是靈魂的特殊化，所以肉體除了表示在它那裡的概念規定外，不表示任何別的差別。最後，肉體的個體性作爲無限的否定性，乃是它的彼此外在存在著的客觀性的辯證法，這客觀性從獨立持存的假相返回到主觀性。所以肉體內一切器官肢體，均彼此在不同時間內互爲目的，互爲手段。所以生命既是開始的特殊化作用，又是達到否定的自爲存在著的統一的結果，因而生命在它的肉體裡只是作爲辯證的過程和它自身相結合。所以生命本質上是活生生的東西，而且就它的直接性看來，即是這一活生生的個體。在生命範圍裡，有限性的特點即由於理念的直接性的緣故，靈魂與肉體才是可分離的，這就構成了有生命者之有死亡性。但只有當有生命者死亡時，理念的這兩方面，靈魂與肉體，才是不同的組成部分。

附釋：肉體上各個器官肢體之所以是它們那樣，只是由於它們的統一性，並由於它們和統一性有聯繫。譬如一隻手，如果從身體上割下來，按照名稱雖仍然可叫做手，但按照實質來說，已不是手了。這點亞里士多德早已說過。①從理智的觀點出發，人們常把生命認作是個神祕的甚或不可思議的東西。這足以表示理智或知性自己供認它的有限性和空疏性。事實上生命不僅不是不可思議的，甚至可說，在生命裡，我們即可看到概念本身，或確切點說，可看到作爲概念存在著的直接的理念。這樣也就同時說出了生命的缺陷之所在了。生命的缺陷即在於概念和實在尚未達到眞正的彼此符合。生命的概念是靈魂，而靈魂則以肉體作爲它的實在或實現。靈魂好像是貫注於它的肉體內，在這種情形下，靈魂才是有感覺的，但尚未達到自由自覺的存在。生命進展的過程於是就在於克服那還在束縛其自身的直接性，而這個過程本身又是三重性的，其發展的結果就出現在判斷形式中的理念，亦即作爲認識的理念。

§ 217

有生命之物是一推論（即包含有三個成分的矛盾統一體），這統一體裡面，各環節本身又各自成一體系和推論（或統一體）（參看§198、§201、§207各節）。它們是主動的推論、（或推移）過程，而在有生命之物的主觀統一性內只是一個過程。所以有生命之物乃是自己與自己結合的過程，②這個結合過程本身又經歷了三個過程。

① 列寧摘錄了這段話，並有所刪節。參看《列寧全集》第三八卷第二一七頁。——譯者

② 這裡所謂「自己與自己結合的過程」，也就是黑格爾所謂辯證的「推論」、推移或三段式過程。——譯者

§ 218

㈠第一過程就是有生命之物在它自身內部的運動過程。在這過程裡它自身發生分裂，它以它的肉體爲它的客體，爲它的無機本性。這種無機性，作爲相對的外在性，分化爲它的各環節的差別與對立，這些不同的對立的環節彼此互相爭奪，互相同化，在不斷地自身產生著的過程中而保持自身。但有生命之物的各肢體官能的這種活動，只是那有生命的主體的一個活動，這個活動的各種產物，必須回復到主體的活動，以致在這種內部過程中，只是產生了有生命的主體，換句話說，只是那主體自身在再生。

附釋：有生命之物自身的內部過程在自然界又可分爲三種形式，即敏感、反感①和繁殖。作爲敏感，有生命之物是直接簡單的自我關係，即靈魂，靈魂到處瀰漫內在於它的肉體內，肉體各部分的彼此外在，對靈魂來說，已根本沒有眞理性了。在反感過程時，有生命之物表現自身有了分裂，到了再生或繁殖的階段則它便從它的各肢體各官能的內在差別裡繼續不斷地恢復其自身。有生命之物僅恃自身內部這種不斷地更新的過程而持續其存在。

§ 219

① 反感(Irritabilität)本為刺激的意思，在這裡含有對外來刺激有反應、反感、抵抗之意。——譯者

(二)但是概念的判斷爲了自由地前進，便放任客觀的無機體，使其成爲一個離它①而獨立的全體，並且使有生命之物對自身的否定聯繫，成爲直接的個體性，成爲與它②自己對立的無機自然的前提。有生命之物的自身否定，正是它的概念本身的一個環節，這就表示它與它的概念（同時是一具體的普遍）相比較便有了缺陷。揚棄那自在地帶有虛幻性的客體的辯證法，乃是一自身確信的有生命之物的能動性，這有生命之物於反抗它這種無機自然的過程裡因而保持、發展並客觀化其自身。

附釋：有生命之物與一個無機的自然相對立，它是後者的主宰力量，並同化後者以充實自身。這種過程所獲得的結果，並不像在化學過程裡那樣只是一種中和的產物，在這個產物裡，那互相對立、彼此獨立的兩方面都同樣被揚棄了。反之，那有生命之物卻表明自己是統攝著它的對方的，而它的對方卻不能抵抗它的力量。*被有生命之物所征服的無機自然之所以忍受這種征服，就是因爲無機自然是自在的生命，而生命則是自爲的無機自然。③所以有生命之物在對方裡只是和它自身相結合。當靈魂離開了肉體時，客觀性的那些基本力量就開始發揮它們的作用了。這些力量可說是不斷地在準備著飛躍，以求在有機的肉體裡開始其過程，而生命便不斷地在那裡與無機力量作鬥爭。

①② 這兩個「它」字都是指「概念」。——譯者

③ 列寧摘引了這一句，並加以評論。見《列寧全集》第三八卷第二一七頁。——譯者

§ 220

㈢有生命的個體，在第一過程裡居於主體和概念的地位，在第二過程裡，它同化它的外在的客觀性，因而它自身便取得一種眞實的規定性，於是它現在就成爲潛在的族類(Gattung)、實體性的普遍性。「族類」的特殊化就是一個有生命的主體與另一同類的主體的聯繫，判斷就是「族類」與這些彼此對立的特定「個體」的相互關係。這就是性的差別(Geschlechtsdifferenz)①。

§ 221

「族類」的發展過程使它成爲自爲存在。因爲生命還只是直接的理念，它就分裂成兩方面：一方面那最初被假定爲直接性的東西，現在就作爲一中介性的、被產生的東西出現了。但另一方面，有生命的個體性由於它最初的直接性的緣故，與普遍性處於否定的關係中，便沈沒在這個有較高力量的普遍性裡。

附釋：有生命之物要死亡，因爲生命就是矛盾：它自在地是族類，是普遍性，但直接地卻

---

①「差別」這裡指「無差別」、「漠不相關」的反面而言。性的差別是說陽性和陰性的對立的有生命之物或個體不是無差別的或漠不相干的，而是有相互關聯的。瓦拉士英譯本意譯為“The Affinity of the Sexes”（兩性的親和力）可資參考。——譯者

僅作爲個體而存在。在死亡裡，族類表明其自身爲支配那直接的個體的力量。就動物來說，族類的過程乃是它的生命力的頂點。但生物在它們的族類裡並不能達到自爲的存在，而是屈服於族類的力量。在族類的過程裡，直接的有生命之物有了自身的中介，並提高其自身以超出其直接性，但只是爲了不斷重新又沈陷在直接性裡。因此生命最初只是沒完沒了地走向壞的無限進展的過程。但從概念看來，生命的過程所獲得的結果，即在於揚棄並克服尚束縛在生命形態中的理念的直接性。

§ 222

但是生命的理念因而不僅必須從任何一個特殊的直接的個體性裡解放出來，而且必須從這個最初的一般的直接性裡解放出來。這樣，它才能夠達到它的自己本身，它的眞理性。從而，它就能進到作爲自由的族類爲自己本身而實存。那僅僅直接的個體的生命的死亡就是精神的前進。

II. 認識 (Das Erkennen)

§ 223

理念自由地自爲地實存著，因爲它以普遍性作爲它的實存的要素，或者說，理念是作爲概念的客觀性本身，即理念以它自身爲對象。理念作爲被規定爲普遍性的主觀性，是在它自身內的純粹差別，——是直觀，這直觀在這種同一的普遍性內保持其自身。但理念作爲特定的差別，就是進一步的判斷，它把作爲全體性的自身從自身中排斥出去，因而首先假定其自身爲一外在的宇宙。於是便有了兩個判斷，這兩個判斷雖潛在地是同一的，但還沒有實現其同一性。

§ 224

這兩個理念，就其潛在地和作爲生命來說是同一的，但它們的關係卻是相對的，而這種相對性便構成它們在這個範圍內的有限性的規定。這就是反思關係，由於在反思關係裡，理念在它自身內的區別中只是第一判斷，即一種前提，還不是把它當作一種設定。因此對主觀理念來說，客觀性就是那直接出現在面前的世界，或者作爲生命的理念就是個體的實存的現象界。同時只要一個判斷是理念在它自身內的純粹區別（參看上節），那麼理念實現其自身與實現其對方，便是一回事。所以理念深信它能實現這個客觀世界和它自身之間的同一性。——理性出現在世界上，具有絕對信心去建立主觀性和客觀世界的同一，並能夠提高這種確信使成爲眞理。理性復具有一種內在的衝力，把那據它看來本來是空無的對立，復證實其爲空無。

§ 225[①]

① 列寧曾指出「《哲學全書》第二二五節非常好」，並有扼要的評語。見《列寧全集》第三八卷第二二四頁。——譯者

這種過程概括說來就是認識。在認識過程的單一活動裡，主觀性的片面性與客觀性的片面性之間的對立，自在地都被揚棄了。但是這種對立最初只是自在地被揚棄了。因此，認識過程的本身便直接染有這個範圍的有限性，而分裂成理性衝力的兩重運動，被設定爲兩個不同的運動。認識的過程一方面由於接受了存在著的世界，使進入自身內，進入主觀的表象和思想內，從而揚棄了理念的片面的主觀性，並把這種眞實有效的客觀性當作它的內容，藉以充實它自身的抽象確定性。另一方面，認識過程揚棄了客觀世界的片面性，反過來，它又將客觀世界僅當作一假象，僅當作一堆偶然的事實、虛幻的形態的聚集。它並且憑藉主觀的內在本性，（這本性現在被當作眞實存在著的客觀性）以規定並改造這聚集體。前者就是認知眞理的衝力，亦即認識活動本身——理念的理論活動。後者就是實現善的衝力，亦即意志或理念的實踐活動。

(1) 認識

§ 226

認識的普遍有限性，即存在於一個判斷中，存在於對立面的前提裡（§224）的有限性，對於這種前提，認識活動的本身便包含有對它的否定。認識的這種有限性更確切地規定其自身於它自己的理念內。這種規定過程，使得認識的兩個方面取得彼此不同的形式。因爲這兩個方面都是完整的，於是它們彼此便成爲反思的關係，而不是概念的關係。因此將材料當作外界給予的予以同化，好像是接受那材料使它進入於同時外在於它的範疇，這些範疇同樣顯得是彼此各不相同的。這種認識過程實即是作爲知性而活動的理性。因此這種認識過程所達到的眞理，也同樣只是有限的。而概念階段的無限眞理只是一自在存在著的目的，遠在彼岸非認識所能達到。但即在認識的這種外在的活動裡，它仍然受概念的指導，而概念的原則則構成認識進展的內在線索。

附釋：認識的有限性在於事先假定了一個業已先在的世界，於是認識的主體就顯得是一張白紙(tabula rasa)。有人說這種看法係出自亞里士多德，但其實除亞里士多德外沒有人更遠離這種對於認識的外在看法了。這種認識方式自身還沒有意識到它是概念的活動，換言之，概念的活動在這種外在的認識過程裡只是自在的，還不是自爲的。一般人總以爲這種認識過程是被動的，但事實上卻是主動的。

§ 227 ①

當有限的認識把區別於它的對象當作一個先在的與它對立的存在著的東西，當作外界的自然或意識的多樣性的事實時，它首先假定(1)它的活動形式是形式的同一性或抽象的普遍性。所以它的活動即在於分解那給與的具體內容，孤立化其中的差別，並賦予那些差別以抽象普遍性

① 列寧曾指出「《哲學全書》第二二七節——卓絕地敘述了分析的方法和它的應用」。見《列寧全集》第三八卷第二五三頁。——譯者

的形式；或者以具體的內容作爲根據，而將那顯得不重要的特殊的東西拋開，通過抽象作用，揭示出一具體的普遍、類、或力和定律。這就是分析的方法。

附釋：人們常說到分析方法和綜合方法，就好像這全憑我們的高興，隨便用這個或那個方法都可以似的。但事實上卻並不如此。這完全取決於我們要認識的對象本身的性質，才可決定在兩種從有限認識的概念產生出來的方法中，哪一種較爲適用。認識過程最初是分析的。對象總是呈現爲個體化的形態，故分析方法的活動即著重於從當前個體事物中求出其普遍性。在這裡思維僅是一抽象的作用或只有形式同一性的意義。這就是洛克及所有經驗論者所採取的立場。許多人說，認識作用除了將當前給予的具體對象析碎成許多抽象的成分，並將這些成分孤立起來觀察之外，沒有別的工作可做。但我們立即可以明白看見，這未免把事物弄顛倒了，會使得那要理解事物的本來面目的認識作用陷於自身矛盾。譬如，一個化學家取一塊肉放在他的蒸餾器上，加以多方的割裂分解，於是告訴人說，這塊肉是氮氣、氧氣、炭等元素所構成。但這些抽象的元素已經不復是肉了。同樣，當一個經驗派的心理學家將人的一個行爲分析成許多不同的方面，加以觀察，並堅持它們的分離狀態時，也一樣地不能認識行爲的眞相。用分析方法來研究對象就好像剝葱一樣，將葱皮一層又一層地剝掉，但原葱已不在了。

§ 228

這種普遍性⑵又是一種經過規定的普遍性。在這裡，認識的活動隨順著概念的三個環節而進展。這概念在有限的認識裡尚未達到它的無限性，這就是經過理智的規定的概念。將對象接受在這種形式的概念裡，這便是綜合方法。

附釋：綜合方法的運用恰好與分析方法相反。分析方法從個體出發而進展至普遍。反之，綜合方法以普遍性（作爲界說）爲出發點，經過特殊化（分類）而達到個體（定理）。於是綜合方法便表明其自身爲概念各環節在對象內的發展。

§229

㈠當對象在認識過程中首先被帶到特定的一般概念形式內，從而這對象的類和它的普遍的規定性得到明白的表述時，於是我們便有了界說。這界說的材料和證明都是由於運用分析方法得來的（§227）。但這界說裡所表述的普遍規定性仍然只是一個標誌，這就是說，對於對象只說出其外在標誌，而所得到的只是主觀的認識。

附釋：界說本身包含有概念的三個環節：普遍性或最近的類(genus proximum)、特殊性或類的諸特性，和個體性或被界說的對象本身。界說所引起的第一個問題就是：界說是從何處來的？對這問題一般的回答是，界說是由分析的方式得來的。但這又會引起關於所提出的界說的正確性的爭論。要解答這種爭論又要看我們下界說是以什麼知覺爲出發點，和我們心目中所採取的是什麼觀點。要下界說的對象的內容愈豐富，這就是說，它提供我們觀察的方面愈多，則我們對這對象所可提出的界說也就愈有差異。譬如說，關於生命、關於國家等較複雜的對象，便可有許多不同的界說。反之，幾何學可以下許多好的界說，因爲，它所研究的對象一空間，是一個異常抽象的對象。再則，就須下界說的對象的內容來說，也沒有什麼必然性。我們只須承認，有空間、有植物、有動物等等即行，幾何學、植物學、動物學等等，並沒有義務去證明這些對象所以存在的必然性。就這種情形看來，無論綜合方法或分析方法，皆同樣不適用於哲學。因爲哲學首先要做的工作，就是要證明它的對象的必然性。但哲學上曾有過不少的運用綜合方法的嘗試。斯賓諾莎就是從界說開始的，譬如他說：實體即是自因之物。他的許多界說留下了不少最富於思辨的眞理，但只是用論斷的形式表述出來的。這些話也同樣適用於謝林。

§ 230

(二)對於概念的第二環節的陳述，亦即對普遍事物的規定性作爲特殊化加以陳述，就是根據某一外在的觀點去進行分類。

附釋：關於分類據說必須求其完備。這樣又須尋求分類所依據的原則或根據。這個原則必須相當賅括，庶幾根據它來分類才可以涵蓋界說所包含的全部範圍。但進一步的要求是，分類的原則必須從被分類的對象本身紬繹出來。這樣一來，分類才是很自然的，而不單純是矯揉造作的，換言之，不是武斷的。譬如，在動物學裡，關於哺乳動物的分類所採取的原則，是以動物的牙齒和趾爪爲準的。這個辦法是可以理解的，因爲哺乳動物彼此間的區別是基於它們身體上的牙齒和趾爪這些部分的。以這些作爲關鍵去追溯，便不難察出不同類哺乳動物的普遍類型。一般講來，眞正的分類必須以概念爲準則。而概念又包含三個環節，因此分類一般首先分爲三部分。但就特殊性表現爲兩個方面而言，所以採取分而爲四的分類法也未嘗不可。在精神的範圍內，應以分爲三部分爲主，這一點我們不能不說是康德的功績，他曾首先促使人注意到精神應分而爲三的事實。

§ 231

㈢在具體的個體性裡，當界說中簡單的規定性被認作一種關係時，這對象便是許多有差別的規定的綜合聯繫。——這就是一個定理。這些規定因爲是不相同的，故它們之間的同一性是一種經過中介的同一性。要提供材料來構成中介環節，那就是「構造」的任務。而認識所賴以達到那種聯繫的必然性的中介過程本身就是證明。

〔說明〕按照通常所作出的關於分析方法和綜合方法的區別，究竟要用哪一方法，好像可以完全任意選擇似的。如果我們試假定從綜合方法所表明爲結果的具體東西開始，則我們可以從它分析出許多抽象的命題作爲結論，而這些命題便構成證明的前提和材料。這樣，代數關於曲線的定義，在幾何學方法裡就成爲定理。同樣，即如畢達哥拉斯的定理，如果用來作爲直角三角形的界說，也可得出幾何學中早經通過分析予以證明的一些定理。兩個方法其所以可任意選擇之故，即基於兩者都是從一個外在的前提開始的。就概念的本性看來，分析方法是在先。蓋因首先須將給予的具體經驗的材料提高成一般的抽象概念的形式，而這些抽象概念又首須在綜合方法裡先行提出來作爲界說。

這些方法在它們自己範圍內無論如何重要，如何有輝煌的成效，但對於哲學認識卻沒有用處，這是自明的，因爲它們是有前提的，它們的認識方式是抽象理智的方式，是按照形式的同一性而進行的。斯賓諾莎主要應用幾何方法，雖說是用來表達思辨的概念，但這個方法的形式主義卻很顯明。烏爾夫的哲學，發揮幾何方法到了學究氣的極峰，即就它的內容來說，也只是理智形而上學。繼幾何方法及其形式主義被濫用於哲學與科學之後，在近代又有所謂構造方法的濫用代之而起。康德曾經使得下面這句話異常流行：數學構造它的概念。這句話的意思不外是說，數學所研究的不是概念，而是感性直觀的抽象規定。此後，「概念的構造」一詞曾經用來指謂過從知覺裡抽象出來的感性特質的陳述，未經過任何概念的規定；並用來指謂將哲學和科學的對象依照某種預先設定的方式（但其餘方面便以個人的任意和高興爲準）加以分類，列成一表格。這都表明了康德式的一種形式主義。在這些作法的後面，無疑地隱約提示了關於理念、概念與客觀性的統一，以及理念是具體的等想法。但所謂構造這種把戲，實遠未能表達出這種統一性，而只有概念才是那樣的統一性。而且那種直觀的感性具體性也不能表述出理性和理念的具體性。

因爲幾何學所研究的對象是感性的然而又是抽象的空間的直觀，所以它可以毫無阻礙地用抽象的理智在空間裡建立某些簡單的規定。因此有限認識的綜合方法，唯有在幾何學裡才達到它的完滿性。但最值得注意的是，在綜合方法的進程裡，一遇到那不可衡量的和不合理的量時，便碰了壁。因爲在這裡要想進一步予以規定，便超出了理智原則的範圍。這也足以表明「合理」和「不合理」二詞常常被顚倒使用的一個例子：通常總是把「合於理智（常識）的東西，認爲是合理的，反而把具有合理性的開端和跡象的東西認爲是不合理的。①別的許多科學所研究的對象即遠不像空間或數那樣簡單，它們會常常地而且必然地達到抽象理智的進展的限度，但它們卻很輕易地便渡過了這難關了。它們打斷了推演進程的順序，於方便時隨其所需接受一些外在的條件，甚至不惜違反它們所出發的前提，另外採取意見、表象、知覺或別的外在東西作爲出發點。這種有限的認識自己意識不到它的方法的限度和它對於認識的內容或對象的關係，使得它既不能認識在界說分類等過程裡它已是必然地接受了概念規定的指導，又不能看到什麼地方是它的限度，更不知道，當它超越了它的限度時，它已經進入了一個新的範圍，在這裡知性

① 馬克思曾在《資本論》第三卷中，簡要地引證了黑格爾這段話的大意說：「黑格爾關於某些數學公式所說的話，在這裡也是適用的。他說，普通常識認為不合理的東西，其實是合理的，而普通常識認為合理的東西，其實是不合理的。」可供批判理解黑格爾這段話的參考。見《馬克思恩格斯全集》第二五卷第八七八頁。——譯者

的規定已不復有效用，但仍然在那裡以粗疏的方式被使用著。

§ 232

有限的認識在證明過程中所帶來的必然性，最初也只是外在的、爲了主觀的識見而規定出來的必然性。但在眞正的或內在的必然性裡，認識本身便擺脫了它的前提和出發點、它的現成的和給予的內容。換言之，眞正的必然性自在地是自己與自己聯繫著的概念。這樣，那主觀的理念便自在地達到了那自在自爲地規定了的，非給予的，因之亦即內在於主體的東西。於是它便過渡到意志的理念。

附釋：認識作用通過證明而達到的必然性，正是構成認識的出發點的反面。認識在它的出發點內有一個給予的偶然的內容。但到了它的運動的結束時，它卻知道這內容是有必然性的，而且這種必然性是通過主觀的活動的中介才達到的。同樣，最初這主觀性是異常抽象的，是一張單純的白紙。但現在卻證明其爲一能決定的主導的原則了。這就是由認識的理念過渡到意志的理念的關鍵。細究起來，這個過渡的意義即在於表明，眞正的普遍性必須理解爲主觀性、爲自身運動的、能動的和自己建立規定的概念。

(2) 意志

§233

主觀的理念，作爲獨立自決的東西和簡單的自身一致的內容，就是善。由於善有了實現自身的衝力，它的關係與眞理的理念便恰好相反，所以善趨向於決定當前的世界，使其符合於自己的目的。——這個意志一方面具有藐視那假定在先的客體的確信。但另一方面，作爲有限的東西，它又同時以善的目的只是主觀的理念並且以客體的獨立性爲前提。

§234

意志活動的有限性因此是一種矛盾：即在客觀世界的自相矛盾諸規定裡，那善的目的既是實現了的，也是還沒有實現的，既是被設定爲非主要的，又同樣是主要的，既是現實的，同時又僅是可能的。這種矛盾就被表象爲善的實現的無限遞進，而在這種過程裡，善便被執著爲僅僅是一種應當。*但是就形式看來，這種矛盾的消除，即包含有意志的活動揚棄了目的的主觀性，從而即揚棄了客觀性，並揚棄了使得兩者皆成爲有限的那種對立；而且不僅揚棄了這一個主觀性的片面性，而且揚棄了一般的主觀性①（因爲另一個這種新的主觀性，亦即一個新創造出來的對立，與前面的一個被認爲是應當存在的主觀性，是沒有區別的）。這種回歸到自身，同時即是內容對自身的回憶，這內容就是善與主客兩方面自在的同一性，——亦即回憶到認識

① 列寧摘錄了從*號起的這一句話，參看《列寧全集》第三八卷第二五五—二五六頁。——譯者

的理論態度的前提（§224），即：客體自身就是眞的東西和實體性的東西。

附釋：理智的工作僅在於認識這世界是如此，反之，意志的努力即在於使得這世界成爲應如此。那直接的、當前給予的東西對於意志來說，不能當作一固定不移的存在，但只能當作一假象，當作一本身虛妄的東西。說到這裡。就出現了使抽象的道德觀點感到困惑的矛盾了。這個觀點就其實際聯繫說來，就是康德的哲學甚至還是費希特的哲學所採取的觀點。他們認爲：善是應該得到實現的，我們必須努力以求善的實現，而意志只是自身實現著的善。但是，如果世界已是它應該那樣，則意志的活動將會停止。因此意志自身就要求它的目的還沒有得到實現。這樣便已經正確地說出意志的有限性了。但我們卻又不能老停留在這種有限性裡，因爲意志的過程本身即是通過意志活動將有限性和有限性所包含的矛盾予以揚棄的過程。要達到這種和解，即在於意志在它的結果裡回歸到認識所假定的前提，換言之，回歸到理論的理念和實踐的理念的統一。意志知道，目的是屬於它自己的，而理智復確認這世界爲現實的概念。這就是理性認識的正確態度。那虛幻不實、倏忽即逝的東西僅浮泛在表面，而不能構成世界的眞實本質。世界的本質就是自在自爲的概念，所以這世界本身即是理念。一切不滿足的追求都會消逝，只要我們認識到，這世界的最後目的已經完成，並且正不斷地在完成中。大體講來，這代表成人的看法，而年輕的人總以爲這世界是壞透頂了，首先必須予以徹底的改造。反之，宗教的意識便認爲這世界受神意的主宰，因此它的是如此與它的應如此是相符合的。但這種存在與應當的符合，卻並不是死板的、沒有發展過程的。因爲善，世界的究竟目的，之所以存在，即由於它在不斷地創造其自身。精神世界與自然世界之間仍然存在著這樣的差別，即後者僅不斷地回歸到自身，而前者無疑地又向前進展。

§ 235

把善的眞理設定爲理論的和實踐的理念的統一，意思就是自在自爲的善是達到了的，而客觀世界自在自爲地就是理念，正如理念同時也永恆地設定其自身作爲目的，並通過它的活動去促使目的的實現。這種由於認識的有限性和區別作用而回歸到自身，並通過概念的活動而與它自身同一的生命，就是思辨的理念或絕對理念。

Ⅲ.絕對理念(Die absolute Idee)

§ 236

理念作爲主觀的和客觀的理念的統一，就是理念的概念。——這概念是以理念本身作爲對象，對概念說來，理念即是客體。——在這客體裡，一切的規定都彙集在一起了。因此這種統一乃是絕對和全部的眞理，自己思維著自身的理念，而且在這裡甚至作爲思維著的、作爲邏輯的理念。

附釋：絕對理念首先是理論的和實踐的理念的統一，因此同時也是生命的理念與認識的理念的統一。在認識裡，我們所獲得的理念是處於分離和差別的形態下。認識過程的目的，即在於克服這種分離和差別，而恢復其統一，這統一，在它的直接性裡，最初就是生命的理念。生命的缺陷即在於才只是自在存在著的理念，反之，知識也同樣是片面的，而且只是自爲存在著的理念。兩者的統一和眞理，就是自在自爲存在著的理念，因而是絕對理念。在這以前，我們所有的理念，是經過不同的階段，在發展中作爲我們的對象的理念，但現在理念自己以它本身爲對象了。這就是νόησις νοήσεως（純思或思想之思想），亞里士多德早就稱之爲最高形式的理念了。

§ 237

絕對理念由於在自身內沒有過渡，也沒有前提，一般地說，由於沒有不是流通的和透明的規定性，因此它本身就是概念的純形式，這純形式直觀它的內容，作爲它自己本身。它自己本身就是內容，因爲只有當它在觀念裡，它才把自己和自己區別開來。這樣區別開來的兩方面中的一個方面，就是一個自我同一性，但在這種自我同一性中卻包含有形式的全體，作爲諸規定內容的體系。這個內容就是邏輯體系。在這裡作爲理念的形式，除了仍是這種內容的方法外沒有別的了，——這個方法就是對於理念各環節〔矛盾〕發展的特定的知識。

附釋：一說到絕對理念，我們總會以爲，現在我們總算達到至當不移的全部眞理了。當然對於絕對理念我們可以信口說一大堆很高很遠毫無內容的空話。但理念的眞正內容不是別的，只是我們前此曾經研究過的整個體系。按照這種看法，也可以說，*絕對理念是普遍，但普遍並不單純是與特殊內容相對立的抽象形式，而是絕對的形式，一切的規定和它所設定的全部充實的內容都要回復到這個絕對形式中。在這方面，絕對理念可以比做老人，老人講的那些宗教眞理，雖然小孩子也會講，可是對於老人來說，這些宗教眞理包含著他全部生活的意義。即使這小孩也懂宗教的內容，可是對他來說，在這個宗教眞理之外，還存在著全部生活和整個世界。同樣，人的整個生活與構成他的生活內容的個別事蹟，其關係也是這樣。所有一切的工作均只指向一個目的，及當這目的達到了時，人們不禁詫異，何以除了自己意願的東西以外，沒有得到別的東西。意義在於全部運動。①當一個人追溯他自己的生活經歷時，他會覺得他的目的好像是很狹小似的，可是他全部生活的迂迴曲折都一起包括在他的目的裡了。同樣，絕對理念的內容就是我們迄今所有的全部生活經歷(decursus vitae)。那最後達到的見解就是：構成理念的內容和意義的，乃是整個展開的過程。我們甚至可進一步說，眞正哲學的識見即在於見到：任何事物，一孤立起來看，便顯得狹隘而有侷限，其所取得的意義與價值即由於它是從屬於全體的，並且是理念的一個有機的環節。由此足見，我們已經有了內容，現在我們還須具有的，乃是明白認識到*內容即是理念的活生生的發展。而這種單純的回顧也就包括在理念的形式之內。我

---

① 從*號起，列寧摘錄了一長段(中有刪節)，並加了評語。參看《列寧全集》第三八卷第二五六頁。
——譯者

們前此所考察過的每一個階段，都是對於絕對的一種寫照，不過最初僅是在有限方式下的寫照。①因此每一階段尚須努力向前進展以求達到全體，這種全體的開展，我們就稱之為方法。

§238

思辨方法的各環節為：⑴開始。這就是存在或直接性；它是自為的，簡單的理由，因為它只是開始。但從思辨理念的觀點看來，它是理念的自我規定。這種自我規定，作為概念的絕對的否定性或運動，進行判斷，並設定對它自己本身的否定。那作為開始的存在，最初似乎是抽象的肯定，其實乃是否定，是間接性，是設定起來的，是有前提的。但是存在作為概念的否定（概念能在它的對方得到自身的同一性和自身的確定性），便是尚沒有設定為概念的概念，亦即自在的概念。因此這種存在便是尚沒有經過規定的概念，亦即只是自在的直接的特定概念，也同樣可以說是普遍的東西。

〔說明〕如果方法意味著從直接的存在開始，就是從直觀和知識開始，——這就是有限認識的分析方法的出發點。如果方法是從普遍性開始，這是有限認識的綜合方法的出發點。但邏輯的理念既是普遍的，又是存在著的，既是以概念為前提，又直接地是概念本身，所以它的開

① 從＊號起列寧摘錄了三行。參看《列寧全集》第三八卷第二五六——二五七頁。——譯者

始既是綜合的開始，又是分析的開始。

附釋①：哲學的方法既是分析的又是綜合的，這倒並不是說對這兩個有限認識方法的僅僅平列並用，或單純交換使用，而是說哲學方法揚棄了並包含了這兩個方法。因此在哲學方法的每一運動裡所採取的態度，同時既是分析的又是綜合的。哲學思維，就其僅僅接受它的對象、理念，聽其自然，似乎只是靜觀對象或理念自身的運動和發展來說，可以說是採取的分析方法。這種方式下的哲學思考完全是被動的。但是哲學思維同時也是綜合的，它表示出它自己即是概念本身的活動。不過哲學思維爲了要達到這一目的，卻需要一種認眞的努力去掃除自己那些不斷冒出來的偶然的幻想和特殊的意見。

§ 239

(2)**進展**。進展就是將理念的內容發揮成**判斷**。直接的普遍性，作爲自在的概念就是辯證法，由於辯證法的這種作用，概念自己本身就把它的直接性和普遍性降低爲一個環節。因此它就成爲對「開始」的否定，或者對那最初者予以規定。這樣，它便有了**相關者**，對相異的方面有了**聯繫**，因而進入反思的階段。

---

① 列寧曾全部摘錄了這一大段附釋，見《列寧全集》第三八卷，第二五七頁。——譯者

〔說明〕這種進展也同樣既是分析的，由於通過它的內在的辯證法只是發揮出那已包含在直接的概念內的東西；又是綜合的，因為在這一概念裡，這些差別尚未明白發揮出來。

附釋：在理念的進展裡，「開始」表明其自身還是自在的東西，換言之，它是被設定的，中介性的，既不是存在著的，也不是直接性的。只有對那本身直接意識說來，自然才是開始的、直接性的東西，而精神是以自然為中介的東西。但事實上自然是由精神設定起來的，而精神自身又以自然為它的前提。

§ 240

進展的抽象形式在「存在」的範圍內，是一個對方並過渡到一個對方；在「本質」範圍內，它是映現在對立面內，在「概念」範圍內，它是與個體性相區別的普遍性，繼續保持其普遍性於與它相區別的個體事物之中，並達到與個體事物的同一性。

§ 241

在第二範圍裡，那最初自在存在著的概念，達到了映現，所以它已經是潛在的理念了。這一範圍的發展成爲到第一範圍的回歸，正如第一範圍的發展成爲到第二範圍的過渡一樣。唯有通過這種雙重的運動，區別才取得它應有的地位，即被區別開的雙方的每一方就它自己本身來看，都完成它自己到達了全體，並且在全體中實現其自身與對方的統一。唯有雙方各自揚棄其片面性，它們的統一才不致偏於一面。

§ 242

在第二範圍裡，有差別的雙方的關係發展到它原來那個樣子，即發展到矛盾自己本身。這矛盾表現在無限進展裡。這種表現在無限遞進中的矛盾，只有在目的裡才得到解除。(3)目的。唯有在目的裡，那相區別的事物才被設定爲像它們在概念裡那樣。目的是對最初的起點〔開始〕的否定，但由於目的與最初的起點有同一性，所以目的也是對於它自身的否定。因此目的即是一統一體，在此統一體裡，這兩個意義的最初作爲觀念性的和作爲環節的，作爲被揚棄了的，同時又作爲被保存住了的就結合起來了。概念以它的自在存在爲中介，它的差異，和對它的差異的揚棄而達到它自己與它自己本身的結合，這就是實現了的概念。——這就是說，這概念包括著它所設置的不同的規定在它自己的自爲存在裡。這就是理念。對作爲絕對的最初（在方法裡）的理念來說，目的的達到只是消除了誤認開始似乎是直接的東西，理念似乎是最後成果那種假象。——這就達到了「理念是唯一全體」的認識了。

§243

由此足見，方法並不是外在的形式，而是內容的靈魂和概念①。方法與內容的區別，只在於概念的各環節，即使就它們本身、就它們的規定性來說，也表現爲概念的全體。由於概念的這種規定性或內容自身和形式要返回到理念，所以理念便被表述爲系統的全體，這系統的全體就是唯一的理念。這唯一理念的各特殊環節中的每一環節既自在地是同一理念，復通過概念的辯證法而推演出理念的簡單的自爲存在。在這種方式下，〔邏輯〕科學便以把握住它自身的概念，作爲理念之所以爲理念的純理念的概念而告結束。

§244

自爲的理念，按照它同它自己的統一性來看，就是直觀②，而直觀著的理念就是自然。但是作爲直觀的理念通過外在的反思，便被設定爲具有直接性或否定性的這種片面特性。不過享有絕對自由的理念便不然，它不僅僅過渡爲生命，也不僅僅作爲有限的認識，讓生命映現在自

---

① 列寧摘錄了這句話。見《列寧全集》第三八卷第二五七頁。——譯者

② 馬克思引證了上面這句話，但把「自為的理念」改成「絕對理念、抽象理念」，可資參考。見《黑格爾辯證法和哲學一般的批判》第三〇頁，人民出版社一九五五年版。——譯者

身內，而是在它自身的絕對眞理性裡，它自己決定讓它的特殊性環節，或它最初的規定和它的異在的環節，**直接性的理念**，作爲它的反映，自由地**外化爲自然**。

附釋：我們從理念開始，現在我們又返回到理念的概念了。這種返回到開始，同時即是一種進展。我們所藉以開始的是存在，抽象的存在，而現在我們達到了作爲**存在的理念**。但是這種存在著的理念就是**自然**。①

---

① 列寧摘錄了這節附釋的最末一句話，並結合《大邏輯》作了重要評論。見《列寧全集》第三八卷第二五二—二五三頁。——譯者

術語索引*

A

* 本索引及後面的人名索引係根據 1923 年萊比錫《哲學百科全書》第三版的索引做出，略有增刪。——編者

F

G

H

I

R

S

T

人名索引

A

Anselm, V. Canterbury 安瑟爾謨
1033 年生於義大利奧斯塔，1109 年卒於英國坎特伯雷。中世紀義大利經院哲學家，教會博士，1093 年任坎特伯雷大主教。著有《論道篇》、《獨白篇》和《天主何故化身爲人》等。 ***21, 383, 384***

Aristoteles 亞里士多德
公元前 384 年生於馬其頓斯塔吉拉，前 322 年卒於希臘哈爾斯基。希臘哲學家，科學家。柏拉圖的學生，亞歷山大大帝的教師。著有《工具論》、《形而上學》、《物理學》、《倫理學》、《政治學》和《詩學》等。 ***10, 20, 28,46, 78, 372***

B

Bader, Fr. von 巴德爾
1765-1841 年。德國哲學家。***14, 15, 22***

Böhme, Jakob 波麥
1575 年生於格利茨老賽登貝格，1642 年卒於格利茨。文藝復興時期德國神秘主義哲學家，認爲一切產生於神，一切處於矛盾之中。著有《曙光》、《偉大的神祕》等。 ***13, 15***

Brougham, Zord 布魯漢 ***45***

Brucker, J. J. 布魯克爾 ***10***

C

Canning 甘寧 ***46***

Cicero, Marcus Tullius 西塞羅
公元前 106 年生於義大利阿爾皮諾，前 43 年卒於義大利福爾米亞。羅馬政治家，雄辯家，哲學家，著述廣博，今存演說、唯心論哲學和政治論文多篇及大批書簡，他的文體被譽爲拉丁文典範。 ***23***

D

性論》、《人類理解力研究》等。
116, 130, 136, 143

世主》和《赫爾曼三部曲》等。
232

J

Jacobi 耶可比
1743年生於杜塞爾多夫，1819年卒於慕尼黑。德國哲學家，唯心主義者，形而上學者，有神論者。狄德羅的學生，和謝林、黑格爾私交很深。 *10, 15, 138, 154, 192*

K

Kant, Immanuel 康德
1724年生於東普魯士哥尼斯堡（今蘇聯加里寧格勒），1804年卒於哥尼斯堡。德國哲學家，唯心主義者，不可知論者。著有《純粹理性批判》、《未來形而上學導論》、《實踐理性批判》、《論永久和平》和《道德形而上學》等。
70, 117, 133, 140, 304

Klopstock, Friedrich Gottlieb 克魯普斯托克
1724年生於柯德靈巴克，1803年卒於漢堡。德國詩人，狂飆運動先驅者之一。主張人文主義思想，反對封建制度。著有《厄運》、《救

L

Lalande, J. J. 拉朗德
1732-1807年。法國天文學家。
155

Leibniz, Gottfried Wilhelm von 萊布尼茲
1646 年生於萊比錫，*1716* 年卒於漢諾威。德國哲學家，數學家（微積分創始人之一），歷史學家，外交家，數理邏輯的前驅者。著有《單子論》、《人類理解力新論》等。 *359, 386*

Lessing, Gotthold Ephraim 萊辛
1729年生於卡門茨（德累斯頓地區），1781年卒於不倫瑞克。德國啓蒙運動時期思想家，美學家，劇作家。著有《拉奧孔》、《漢堡劇評》、《愛米麗·迦洛蒂》和《智者拿旦》等。 *10*

N

Newton, Isaac 牛頓
1643年生於英國沃爾斯索普，1724年卒於肯辛頓。英國物理學

小邏輯 / 黑格爾(G. W. Hegel)著；賀麟譯. --
初版. -- 臺北市：臺灣商務, 1998[民87]
面； 公分. --(Open；2：8)
含索引
譯自：System der Philosophie
erster Teil. die Logik
ISBN 957-05-1456-6(平裝)

1. 黑格爾(Hegel, Georg Wilhelm Friedrich, 1770-1831) - 學術思想 - 哲學 2. 理則學

147.51 87003440

廣　告　回　信
板橋郵局登記證
板橋廣字第1011號
免　貼　郵　票

23150
新北市新店區復興路43號8樓
臺灣商務印書館股份有限公司　收

請對摺寄回，謝謝！

OPEN

當新的世紀開啟時，我們許以開闊

OPEN系列／讀者回函卡

感謝您對本館的支持，為加強對您的服務，請填妥此卡，免付郵資寄回，可隨時收到本館最新出版訊息，及享受各種優惠。

■ 姓名：＿＿＿＿＿＿＿＿＿＿　性別：□男 □女

■ 出生日期：＿＿＿＿年＿＿＿＿月＿＿＿＿日

■ 職業：□學生 □公務(含軍警) □家管 □服務 □金融 □製造 □資訊 □大眾傳播 □自由業 □農漁牧 □退休 □其他

■ 學歷：□高中以下（含高中）□大專 □研究所（含以上）

■ 地址：

＿＿＿＿＿＿＿＿＿＿＿＿＿＿＿＿＿＿＿＿

＿＿＿＿＿＿＿＿＿＿＿＿＿＿＿＿＿＿＿＿

■ 電話：(H)＿＿＿＿＿＿＿＿＿＿ (O)＿＿＿＿＿＿＿＿＿＿

■ E-mail：＿＿＿＿＿＿＿＿＿＿＿＿＿＿＿＿

■ 購買書名：＿＿＿＿＿＿＿＿＿＿＿＿＿＿＿＿

■ 您從何處得知本書？

□網路 □DM廣告 □報紙廣告 □報紙專欄 □傳單

□書店 □親友介紹 □電視廣播 □雜誌廣告 □其他

■ 您喜歡閱讀哪一類別的書籍？

□哲學・宗教 □藝術・心靈 □人文・科普 □商業・投資

□社會・文化 □親子・學習 □生活・休閒 □醫學・養生

□文學・小說 □歷史・傳記

■ 您對本書的意見？（A/滿意 B/尚可 C/須改進）

內容＿＿＿＿＿編輯＿＿＿＿＿校對＿＿＿＿＿翻譯＿＿＿＿＿

封面設計＿＿＿＿＿價格＿＿＿＿＿其他＿＿＿＿＿

■ 您的建議：＿＿＿＿＿＿＿＿＿＿＿＿＿＿＿＿

＿＿＿＿＿＿＿＿＿＿＿＿＿＿＿＿＿＿＿＿

※ 歡迎您隨時至本館網路書店發表書評及留下任何意見

臺灣商務印書館 The Commercial Press, Ltd.

23150新北市新店區復興路43號8樓　電話：(02)8667-3712

讀者服務專線：0800-056196　傳真：(02)8667-3709

郵撥：0000165-1號　E-mail：ecptw@cptw.com.tw

網路書店網址：www.cptw.com.tw　網路書店臉書：facebook.com.tw/ecptwdoing

臉書：facebook.com.tw/ecptw　部落格：blog.yam.com/ecptw